Holger Perschke

Rechtsprechungsübersicht
Jugend- und Auszubildendenvertretung

Rechte und Pflichten der Jugend- und Auszubildendenvertretung

Holger Perschke

Rechtsprechungsübersicht
Jugend- und Auszubildendenvertretung

Rechte und Pflichten der Jugend- und Auszubildendenvertretung

5. Auflage 2021

rieder

Dieses Papier ist umweltschonend chlorfrei gebleicht hergestellt.

Geschäftsführerin:
Dipl. Psych. Heidrun Rieder

Erphostr. 40, 48145 Münster
Tel.: 0251/30133, Fax: 0251/30135
www.riederverlag.de

Satz: Ingegerd Giese, Münster
Druck: Books on Demand, Norderstedt

ISBN 978-3-949340-01-7

Vorwort

Die nun vorliegende Rechtsprechungsübersicht JAV soll sowohl der Jugend- und Auszubildendenvertretung als auch dem Betriebsrat einen Überblick über die Rechte und Pflichten und auch Aufgaben sowohl der JAV als auch des Betriebsrats im Verhältnis zur JAV verschaffen. Das vorliegende Werk ist als schnelle Hilfe für die tägliche Arbeit dieser beiden Gremien konzipiert. Die einschlägigen gesetzlichen Bestimmungen sind jedem Kapitel vorangestellt, so dass ein „Parallellesen" im Gesetz entbehrlich ist. Leitsätze und Kernaussagen der bisherigen Rechtsprechung sind wieder zusammengefasst dargestellt, wodurch die Suche nach Antworten in der Praxis und der „passenden" gerichtlichen Entscheidung erleichtert wird.

Denn erst durch die Ausformung, die Gesetze durch die zu ihnen ergangene Rechtsprechung erfahren, „erwachen die Buchstaben des Gesetzes zum Leben" und werden für die tägliche Arbeit der juristischen Laien in diesen beiden Gremien verständlich und nachvollziehbar. Dies ermöglicht dann eine wirkungsvolle weil auch wirksame Umsetzung von Interessenvertretung, was vornehmste Aufgabe sowohl der JAV als auch des Betriebsrats ist. „Wissen (um die Rechtsprechung) ist Macht" und gibt Beruhigung und Selbstvertrauen aber auch Argumentationshilfe zugleich.

Das Buch stellt die bisher zu den Rechten und Pflichten der Jugend- und Auszubildendenvertretung und ihrer Mitglieder ergangene Rechtsprechung dar. Soweit dazu keine Urteile und Beschlüsse existieren, wird die Rechtsprechung zu den Rechten und Pflichten des Betriebsrats und seiner Mitglieder insoweit zitiert, als sie für die Jugend- und Auszubildendenvertretung in entsprechender Anwendung herangezogen werden kann.

Diese Rechtsprechungsübersicht soll vor allem den durchweg entweder noch im Ausbildungsverhältnis oder am Anfang ihrer beruflichen Laufbahn stehenden Mitgliedern der Jugend- und Auszubildendenvertretung den Einstieg in die „Arbeit mit dem Gesetz" erleichtern und ihnen eine Orientierung für ihre anstehenden Aufgaben geben. Gleichzeitig ermöglicht sie natürlich auch dem Betriebsrat und seinen Mitgliedern, sich schnell und zuverlässig über die gegenüber der Jugend- und Auszubildendenvertretung zu beachtenden Rechte und Pflichten zu informieren. Denn nur eine vertrauensvolle und die gesetzlichen Vorgaben wahrende Zusammenarbeit zwischen Betriebsrat und Jugend- und Auszubildendenvertretung garantiert die bestmögliche Wahrung und Wahrnehmung der von der JAV zu vertretenden Interessen der jugendlichen Arbeitnehmer und Auszubildenden.

Ich wünsche allen Lesern und Benutzern viel Spaß und Erfolg bei der Arbeit mit dieser Rechtsprechungsübersicht. Damit verbunden ist die Hoffnung, dass sie einen Beitrag zu einer effektiven und erfolgreichen Arbeit der Jugend- und Auszubildendenvertretung leistet.

Für Kritik, Anmerkungen und Hinweise bin ich jederzeit dankbar.

Köln, im Oktober 2021

Holger Perschke
Richter am Arbeitsgericht
Arbeitsgericht Siegen

Inhaltsverzeichnis

Abkürzungsverzeichnis

a.F.	alte Fassung
AiB	Arbeitsrecht im Betrieb
AP	Arbeitsrechtliche Praxis (Entscheidungssammlung)
ArbG	Arbeitsgericht
ArbGG	Arbeitsgerichtsgesetz
AR-Blattei ES	Entscheidungssammlung der Arbeitsrecht-Blattei
BAG	Bundesarbeitsgericht
BB	Betriebsberater (Zeitschrift)
BBiG	Berufsbildungsgesetz
BT-Drucks.	Bundestags-Drucksache
DB	Der Betrieb (Zeitschrift)
EFZG	Entgeltfortzahlungsgesetz
EzA	Entscheidungssammlung zum Arbeitsrecht
EzB	Entscheidungssammlung zum Berufsbildungsrecht
EzBAT	Entscheidungssammlung zum Bundesangestelltentarifvertrag
iVm	in Verbindung mit
LAG	Landesarbeitsgericht
LAGE	Sammlung der Entscheidungen der Landesarbeitsgerichte
NJW	Neue Juristische Wochenschrift (Zeitschrift)
n.v.	nicht veröffentlicht
NZA	Neue Zeitschrift für Arbeitsrecht
NZA-RR	Neue Zeitschrift für Arbeitsrecht – Rechtsprechungsreport
RzK	Rechtsprechungssammlung zum Kündigungsrecht
ZTR	Zeitschrift für Tarifrecht

A. Errichtung der Jugend- und Auszubildendenvertretung

§ 60 Abs. 1 BetrVG	In Betrieben mit in der Regel mindestens fünf Arbeitnehmern, die das 18. Lebensjahr noch nicht vollendet haben (jugendliche Arbeitnehmer) oder die zu ihrer Berufsausbildung beschäftigt sind, werden Jugend- und Auszubildendenvertretungen gewählt.
§ 5 Abs. 1 S. 1 BetrVG	Arbeitnehmer (Arbeitnehmerinnen und Arbeitnehmer) im Sinne dieses Gesetzes sind Arbeiter und Angestellte einschließlich der zu ihrer Berufsausbildung Beschäftigten, unabhängig davon, ob sie im Betrieb, im Außendienst oder mit Telearbeit beschäftigt werden.
§ 5 Abs. 2 Nr. 4 BetrVG	Als Arbeitnehmer im Sinne dieses Gesetzes gelten nicht Personen, deren Beschäftigung nicht in erster Linie ihrem Erwerb dient und die vorwiegend zu ihrer Heilung, Wiedereingewöhnung, sittlichen Besserung oder Erziehung beschäftigt werden.

I. Arbeitnehmerbegriff nach § 5 BetrVG

„(...) Arbeitnehmer ist, wer auf Grund eines privatrechtlichen Vertrags im Dienste eines anderen zur Leistung weisungsgebundener fremdbestimmter Arbeit in persönlicher Abhängigkeit verpflichtet ist. Das Arbeitsverhältnis ist ein auf den Austausch von Arbeitsleistungen und Vergütung gerichtetes Dauerschuldverhältnis. Die vertraglich geschuldete Leistung ist im Rahmen einer von Dritten bestimmten Arbeitsorganisation zu erbringen. Die Eingliederung in die fremde Arbeitsorganisation zeigt sich insbesondere darin, dass der Beschäftigte einem Weisungsrecht seines Vertragspartners (Arbeitgebers) unterliegt. Das Weisungsrecht kann Inhalt, Durchführung, Zeit, Dauer und Ort der Tätigkeit betreffen. Arbeitnehmer ist derjenige Mitarbeiter, der nicht im Wesentlichen frei seine Tätigkeit gestalten und seine Arbeitszeit bestimmen kann. Selbständig ist dagegen, wer im Wesentlichen frei seine Tätigkeit gestalten und seine Arbeitszeit bestimmen kann, § 84 Abs. 1 S. 2 HGB. Es sind alle Umstände des Einzelfalls in Betracht zu ziehen und in ihrer Gesamtheit zu würdigen. Der jeweilige Vertragstyp ergibt sich aus dem wirklichen Geschäftsinhalt. Widersprechen sich Vereinbarung und tatsächliche Durchführung, ist Letztere maßgebend. (...)"
(BAG, Urteil v. 25.5.2005 – 5 AZR 347/04)

Eingliederung in den Betrieb

Weisungsrecht entscheidendes Kriterium

tatsächliche Durchführung maßgeblich

„(...) Das Betriebsverfassungsgesetz geht vom allgemeinen arbeitsrechtlichen Arbeitnehmerbegriff aus, den es in § 5 Abs. 2 bis 4 (...) für einige Personengruppen erweitert und eingeschränkt hat. Verwendet der Gesetzgeber einen in Rechtsprechung und Literatur gebräuchlichen Begriff, ohne ihn selbst zu definieren, so spricht dies dafür, daß dieser Begriff in der herkömmlichen Bedeutung übernommen werden soll. Aus den ergänzenden Regelungen in § 5 Abs. 2 bis 4 (...) BetrVG ergibt sich unmißverständlich, daß der Gesetzgeber nur insoweit vom allgemeinen Arbeitnehmerbegriff abweichen wollte. (...)"
(BAG, Beschluss v. 12.2.1992 – 7 ABR 42/91)

Geltung des allgemeinen arbeitsrechtlichen Arbeitnehmerbegriffs

II. Zur Berufsausbildung Beschäftigte

1. Begriff der Berufsausbildung

Begriff der Berufsbildung i.S.d. BetrVG

„(...) Der Begriff des Arbeitnehmers (...) ist derjenige, der für das gesamte Betriebsverfassungsgesetz in §5 Abs. 1 S. 1 BetrVG definiert ist. Hiernach sind „Arbeitnehmer im Sinne dieses Gesetzes Arbeiter und Angestellte einschließlich der zu ihrer Berufsausbildung Beschäftigten".
Der in §5 Abs. 1 S. 1 BetrVG verwendete Begriff der Berufsausbildung deckt sich nicht mit dem des Berufsbildungsgesetzes, sondern ist weiter gefasst. Unter §5 Abs. 1 BetrVG fallen nach ständiger Rechtsprechung des Bundesarbeitsgerichts nicht nur die in §1 Abs. 3 BBiG angeführte, breit angelegte berufliche Grundbildung, sondern grundsätzlich alle Maßnahmen, die innerhalb eines Betriebs berufliche Fertigkeiten, Kenntnisse und Fähigkeiten vermitteln. Allerdings umfasst §5 Abs. 1 S. 1 BetrVG nur solche Personen, mit denen der Ausbildende einen auf die Ausbildung gerichteten privatrechtlichen Vertrag geschlossen hat. Dabei ist nicht erheblich, wie die Vertragsparteien ihrerseits die Betätigung rechtlich einordnen oder wie sie sie in ihrem Vertrag bezeichnen. Entscheidend ist vielmehr, wie die Parteien ihr Vertragsverhältnis tatsächlich ausgestalten und durchführen.

privatrechtlicher Vertrag als Voraussetzung

Daneben setzt die Arbeitnehmereigenschaft i.S.d. §5 Abs. 1 S. 1 BetrVG eines zu seiner Berufsausbildung Beschäftigten voraus, dass der Auszubildende in einen Betrieb des Ausbildenden eingegliedert ist. Dies folgt aus dem Tatbestandsmerkmal „beschäftigt", das eine betrieblich-praktische Unterweisung erfordert, in der der Auszubildende seinerseits beruflich aktiv ist. Eine rein schulische Ausrichtung der Ausbildung genügt hingegen nicht. Der Arbeitgeber muss dem Auszubildenden gegenständliche, praktische Aufgaben zum Zwecke der Ausbildung zuweisen. Wer derart innerhalb eines Betriebs eine praktische berufliche Unterweisung erhält, ist im GrundSatz betriebsverfassungsrechtlich Auszubildender und damit Arbeitnehmer im Sinne des §5 Abs. 1 BetrVG. Die betriebsverfassungsrechtliche Arbeitnehmereigenschaft eines zu seiner Berufsausbildung Beschäftigten erfordert hingegen nicht, dass der Auszubildende fremdnützig durch seine Mitarbeit den Betriebszweck fördert und sich dadurch für den Betrieb als nützlich erweist. (...)"
(BAG, Beschluss v. 13.6.2007 – 7 ABR 44/06)

Eingliederung in den Betrieb erforderlich

rein schulische Ausrichtung nicht ausreichend

„(...) Arbeitnehmer in diesem Sinn sind auch die zu ihrer Berufsausbildung Beschäftigten. Hierzu zählen allerdings nicht nur solche Auszubildenden, die aufgrund eines Berufsausbildungsvertrages im Sinne des §3 BBiG beschäftigt werden. Weitergehend ist anerkannt, daß dieser Beschäftigung alle Verträge zugrunde liegen können, aufgrund derer berufliche Kenntnisse und Fähigkeiten betrieblich vermittelt werden sollen. Unerheblich ist, wie die Vertragsparteien die Betätigung rechtlich einordnen oder bezeichnen, entscheidend ist vielmehr die tatsächliche Durchführung. Nicht vorausgesetzt ist auch die Zahlung eines Entgelts für die Ausbildung. Auszubildender im betriebsverfassungsrechtlichen Sinne ist im GrundSatz jeder, der auf privatvertraglicher Grundlage im Betrieb ausgebildet wird. Zu ihrer Berufsausbildung beschäftigt werden daher auch Anlernlinge, Praktikanten, Volontäre, Umschüler, Krankenpflegeschüler und Teilnehmer an firmeneigenen internen Ausbildungsmaßnahmen (ständige Rechtsprechung).
Voraussetzung ist aber, daß es sich um eine betriebliche Ausbildung im Unterschied zu einer nur schulischen Ausbildung handelt. Das ergibt sich schon aus dem Tatbestandsmerkmal „Beschäftigte" in §5 Abs. 1 BetrVG. Beschäftigung setzt eine Eingliederung in den Betrieb voraus. Es muß nicht nur eine schulische, sondern auch eine betrieblich-praktische Unterweisung erfolgen, in der der Auszubildende beruflich aktiv tätig ist. (...) Entscheidend ist, ob die betrieblich-praktische Ausbildung die schulische überwiegt oder ihr zumindest gleichwertig ist. (...)"
(BAG, Beschluss v. 28.7.1992 – 1 ABR 22/92)

tatsächliche Durchführung entscheidend

Zahlung von Entgelt unerheblich

teilweise schulische Ausrichtung unschädlich

„(...) Das Landesarbeitsgericht ist zutreffend davon ausgegangen, daß zu ihrer Berufsausbildung Beschäftigte im Sinne des §5 Abs. 1 BetrVG nur solche Personen sein können, mit denen der Ausbildende einen privatrechtlichen Vertrag geschlossen hat, der die Beschäftigung zur Berufsausbildung zum Inhalt hat. Auch unter dem Gesichtspunkt der Berufsausbildung setzt die Arbeitnehmereigenschaft im Sinne des §5 Abs. 1 BetrVG voraus, daß der Auszubildende aufgrund eines zumindest auch hierauf gerichteten privatrechtlichen Vertrages mit dem ausbildenden Arbeitgeber im Betrieb eine berufliche Unterweisung erhält. Wer aufgrund eines privatrechtlichen Vertrages in einem Betrieb Arbeit leistet, ist grundsätzlich betriebsverfassungsrechtlicher Arbeitnehmer, wer auf privatvertraglicher Grundlage in einem Betrieb ausgebildet wird, ist im GrundSatz betriebsverfassungsrechtlich Auszubildender. Hierfür ist unerheblich, wie die Vertragsparteien die Betätigung rechtlich einordnen oder wie sie ihren Vertrag bezeichnen. Entscheidend ist vielmehr, wie die Parteien ihr Rechtsverhältnis tatsächlich ausgestalten und durchführen. (...)"
(BAG, Beschluss v. 13.5.1992 – 7 ABR 72/91)

privatrechtliche Vertragsgrundlage unabdingbar

2. Ausbildungsbetriebe

„(...)Auszubildende in reinen Ausbildungsbetrieben gelten nicht als Arbeitnehmer im Sinne des §5 BetrVG und sind deshalb gemäß §7 BetrVG nicht wahlberechtigt. Sie sind nicht in den Betrieb eingegliedert und gehören betriebsverfassungsrechtlich nicht zu den Arbeitnehmern dieses Betriebs. Eine Mitarbeit von Auszubildenden in einer selbständigen organisatorischen Einheit im Ausbildungsbetrieb, kann jedenfalls in Fällen, in denen keine von dem Zweck des Ausbildungsbetriebs unabhängigen Ziele verfolgt, sondern damit in Zusammenhang stehende Hilfsfunktionen wahrgenommen werden, nicht zu einer Eingliederung und damit zu einer Wahlberechtigung dieser Auszubildenden führen. (...)"
(BAG, Beschluss v. 16.11.2011 – 7 ABR 48/10)

Auszubildende in reinen Ausbildungsbetrieben keine Arbeitnehmer i.S.v. §5 BetrVG

„(...) Auszubildende, die in einem Betrieb, dessen Zweck die Durchführung der Berufsausbildung für andere Betriebe ist, zusammengefasst sind, sind keine Arbeitnehmer i.S.v. §5 BetrVG. Daher handelt es sich bei auf tariflicher Grundlage geschaffenen Auszubildendenvertretungen in solchen Betrieben auch nicht um Arbeitnehmervertretungen i.S.v. §3 Abs. 1 Nr. 3 BetrVG. Damit ist auch §3 Abs. 5 S. 2 BetrVG weder direkt noch analog anwendbar. (...) Für die bei dem Betrieb TT beschäftigten Auszubildenden ist eine solche Vertretung von Gesetzes wegen nicht zu errichten. Bei dem Betrieb TT handelt es sich nach der Präambel des TV 122 um eine „Qualifizierungsorganisationseinheit", d.h. um einen Betrieb, dessen Zweck die Durchführung der Berufsausbildung für andere Betriebe ist. Die in einem solchen Betrieb beschäftigten Auszubildenden nehmen nicht an der Verwirklichung des arbeitstechnischen Betriebszwecks teil, da dieser gerade in ihrer Ausbildung besteht. Die Auszubildenden eines solchen Betriebs gehören nicht zu dessen Belegschaft und sind keine Arbeitnehmer des Betriebs i.S.v. §5 BetrVG. Sie haben kein Wahlrecht zu einer Jugend- und Auszubildendenvertretung und werden von diesen Gremien nicht vertreten. (...)"
(BAG, Urteil v. 13.8.2008 – 7 AZR 450/07)

Auszubildende in reinen Ausbildungsbetrieben keine Arbeitnehmer i.S.v. §5 BetrVG

„(...) Nach der ständigen Senatsrechtsprechung gelten Auszubildende in einem reinen Ausbildungsbetrieb nicht als Arbeitnehmer i.S.d. §5 Abs. 1 BetrVG. (...)"
(BAG, Beschluss v. 8.8.2007 – 7 ABR 43/06 -; BAG, Beschluss v. 15.11.2006 – 7 ABR 15/06)

„Auszubildende in reinen Ausbildungsbetrieben gelten nicht als Arbeitnehmer im Sinne des §5 BetrVG (...).
Personen, deren Berufsausbildung oder Beschäftigung selbst Gegenstand des Betriebszwecks der betriebsverfassungsrechtlichen Einheit ist, sind keine Arbeitnehmer i.S.d. §5 Abs.1 S. 1 BetrVG, da sie nicht in deren Betriebsorganisation eingegliedert sind. Das gilt auch dann, wenn die Vermittlung einer Berufsausbildung nicht den alleinigen oder überwiegenden Betriebszweck darstellt, sondern daneben vom Arbeitgeber noch weitere arbeitstechnische Zwecke verfolgt werden.
(...) Nach der ständigen Rechtsprechung des Senats gelten Auszubildende in reinen Ausbildungsbetrieben nicht als Arbeitnehmer im Sinne des §5 BetrVG und sind deshalb gemäß §7 BetrVG nicht wahlberechtigt. Ihre Ausbildung vollzieht sich nicht im Rahmen der arbeitstechnischen Zwecksetzung des Ausbildungsbetriebs, der sich darauf beschränkt, anderen Personen eine berufspraktische Ausbildung zu vermitteln. Sie sind deswegen nicht in den Betrieb eingegliedert und gehören betriebsverfassungsrechtlich nicht zu den Arbeitnehmern dieses Betriebs. Denn für die Frage der Zugehörigkeit eines Auszubildenden zur Belegschaft eines Betriebs, in dem er Ausbildung erfährt, ist entscheidend, dass der Auszubildende in vergleichbarer Weise wie ein Arbeiter oder Angestellter in den Betrieb eingegliedert ist. Das ist nur der Fall, wenn sich die berufspraktische Ausbildung im Rahmen des arbeitstechnischen Betriebszwecks vollzieht, zu dessen Erreichung die Arbeiter und Angestellten des Betriebs zusammenwirken. Die Berufsausbildung muss mit dem laufenden Produktions- oder Dienstleistungsprozess des Betriebs dergestalt verknüpft sein, dass die Auszubildenden mit solchen Tätigkeiten beschäftigt werden bzw. diese erlernen, die auch zu den beruflichen Aufgaben von Arbeitern oder Angestellten des Betriebs gehören. Dann sind auch die Auszubildenden in den Betrieb eingegliedert. Sie unterscheiden sich von den im Betrieb beschäftigten Arbeitern und Angestellten unter betriebsverfassungsrechtlichen Gesichtspunkten im Wesentlichen nur dadurch, dass sie durch ihre Einbindung in das Betriebsgeschehen weitgehend erst die Kenntnisse und Fertigkeiten erwerben sollen, die bei den entsprechenden Arbeitern oder Angestellten des Betriebs bereits vorhanden sind und von ihnen zur Förderung des Betriebszwecks eingesetzt werden. Dieser enge Zusammenhang der Berufsausbildung mit den im Betrieb anfallenden, von dessen Arbeitnehmern zu verrichtenden Arbeiten rechtfertigt es, diejenigen, die in solcher Weise zu ihrer Berufsausbildung im Betrieb beschäftigt sind, als Teil der Betriebsbelegschaft anzusehen und sie betriebsverfassungsrechtlich den im Betrieb tätigen Arbeitern und Angestellten gleichzustellen.

Definition des reinen Ausbildungsbetriebs

Berufsausbildung oder Beschäftigung selbst Gegenstand des Betriebszwecks

Verknüpfung von Ausbildung mit Produktions- oder Dienstleistungsprozess erforderlich

Der Senat hat den an den arbeitstechnischen Zweck des Betriebs anknüpfenden Eingliederungsbegriff auf die Beurteilung der Arbeitnehmereigenschaft von im Betrieb beschäftigten Arbeitern und Angestellten erstreckt und ausgeführt, dass die betriebliche Eingliederung eine Beschäftigung des Arbeitnehmers zur Erfüllung der jeweiligen arbeitstechnischen Zwecksetzung des Betriebs erfordere, woran es fehle, wenn der Arbeitnehmer selbst Gegenstand des Betriebszwecks sei.
(...) Personen, deren Berufsausbildung oder Beschäftigung selbst Gegenstand des Betriebszwecks der betriebsverfassungsrechtlichen Einheit ist, sind keine Arbeitnehmer i.S.d. §5 Abs.1 S. 1 BetrVG, da sie nicht in deren Betriebsorganisation eingegliedert sind. Das gilt auch dann, wenn die Vermittlung einer Berufsausbildung nicht den alleinigen oder überwiegenden Betriebszweck darstellt, sondern daneben vom Arbeitgeber noch weitere arbeitstechnische Zwecke verfolgt werden. Für die Eingliederung der zu ihrer Berufsausbildung Beschäftigten kommt es nur darauf an, ob ihr Ausbildungsberuf von den betriebsangehörigen Arbeitern und Angestellten ausgeübt wird. Soweit das nicht der Fall ist, fehlt es auch in diesen Fällen an der Eingliederung. (...)"
(BAG, Beschluss v. 13.6.2007 – 7 ABR 44/06)

3. Umschulung, berufsvorbereitende Maßnahmen und Förderprogramme

„Voraussetzung für die Arbeitnehmereigenschaft zu ihrer Berufsausbildung Beschäftigter i.S.d. § 5 Abs. 1 bzw § 60 Abs. 1 BetrVG ist, daß es sich bei ihrer Ausbildung um eine betriebliche Ausbildung i.S.d. § 1 Abs. 5 BBiG handelt.
Berufliche Rehabilitanden iS des § 56 AFG sind keine Arbeitnehmer i.S. von § 5 Abs. 1, § 60 Abs. 1 BetrVG eines Berufsbildungswerks nach § 23a A-Reha."
(BAG, Beschluss v. 26.1.1994 – 7 ABR 13/92)

berufliche Rehabilitanden keine zur Berufsausbildung Beschäftigten

„Teilnehmer einer Ausbildung in einer Berufsausbildungsstätte, die nach dem Programm zur Förderung der Berufsausbildung von benachteiligten Jugendlichen vom 12. Mai 1980 eine Berufsausbildung betreibt, sind auch dann Auszubildende dieses Betriebes i.S.d. § 5 Abs. 1 BetrVG, wenn sie nicht für die Zwecke des Betriebes ausgebildet werden."
(BAG, Beschluss v. 26.11.1987 – 6 ABR 8/83)

Ausbildung in Berufsausbildungsstätte

„Umschüler und Teilnehmer an berufsvorbereitenden Maßnahmen für jugendliche Arbeitslose, die in einem Betrieb ausgebildet werden, der von der Arbeitsverwaltung hierfür Förderungsmittel erhält, sind als zu ihrer Berufsausbildung Beschäftigte Arbeitnehmer iS von BetrVG § 5 Abs. 1.
Der Begriff Berufsausbildung iS von BetrVG § 5 Abs. 1 ist inhaltlich weiter als der entsprechende Begriff des Berufsbildungsgesetzes. Er umfaßt auch kurzfristige Bildungsmaßnahmen für Umschüler und für Teilnehmer an berufsvorbereitenden Ausbildungsmaßnahmen in Betrieben."
(BAG, Beschluss v. 10.2.1981 – 6 ABR 86/78)

Umschüler und Teilnehmer an geförderten berufsvorbereitenden Maßnahmen

4. Praktikum

„(...) Die von den Schülerpraktikanten zu verrichtende Tätigkeit ist ihrer Art nach keine weisungsgebundene Tätigkeit, die der Verwirklichung des arbeitstechnischen Zwecks des Betriebes des Arbeitgebers zu dienen bestimmt ist. Der EinSatz der Schülerpraktikanten dient in erster Linie der persönlichen Information über einen Teil der sozialen Wirklichkeit, um den Schülern ihre Ausbildungs- und Berufswahl zu erleichtern; der EinSatz soll zu einer kritischen Auseinandersetzung mit der Arbeits- und Berufswelt führen. Der Umstand, daß die Schülerpraktikanten in einem geringfügigen Umfang auch Tätigkeiten wie die Arbeitnehmer des Betriebes ausführen, führt noch nicht dazu, daß ihr EinSatz zu einer ihrer Art nach weisungsgebundenen Tätigkeit wird, die der Verwirklichung des arbeitstechnischen Zwecks des Betriebes zu dienen bestimmt ist. Dem EinSatz der Schülerpraktikanten fehlte, auch wenn sie einzelne Handreichungen machten und nach außen so wirkten, als fungierten sie zeitweilig als Verkäufer oder Dekorateure, nicht das im einzelnen dargelegte schulische Gepräge. Eine weisungsgebundene Tätigkeit lag danach nicht vor, da für die Schülerpraktikanten eine Rechtspflicht, für den Betriebsinhaber zu arbeiten und seinen Anweisungen Folge zu leisten, nicht bestand.
(...) Die Aufnahme der Schülerpraktikanten kann auch nicht als Beschäftigung zum Zwecke der Berufsausbildung (...) angesehen werden. Eine Beschäftigung zur Ausbildung setzt nicht voraus, daß durch diese Beschäftigung der Betriebszweck selbst schon unmittelbar verwirklicht wird. (...) Die Feststellungen des Landesarbeitsgerichts (...) geben aber keine Anhaltspunkte dafür, daß die Aufnahme der Schülerpraktikanten eine Beschäftigung zum Zwecke ihrer Berufsausbildung zum Inhalt haben sollte. Voraussetzung für eine Berufsausbildung im Sinne von § 5 Abs. 1 BetrVG ist es gerade, daß eine Eingliederung des Auszubildenden in den Betrieb des Ausbilders vorliegt und keine lediglich schulische, sondern

Schülerpraktikanten keine zur Berufsausbildung Beschäftigten

fehlende Weisungsgebundenheit

eine zumindest auch betrieblich-praktische Unterweisung erfolgt, in der der Auszubildende auch beruflich aktiv tätig ist. Die nur informatorische Besichtigung des Betriebs oder das bloße Zuschauen bei der betrieblichen Arbeitsleistung anderer Arbeitnehmer des Betriebs genügt nicht. Die Aufnahme der Schülerpraktikanten erfolgte vorliegend aber gerade nicht für eine Beschäftigung zum Zwecke der Berufsausbildung, sondern mit dem Ziel, den Schülern eine kritische Auseinandersetzung mit der Arbeits- und Berufswelt zu ermöglichen und ihnen damit verbunden eine Hilfestellung für die spätere Berufswahl zu geben."
(BAG, Beschluss v. 8.5.1990 – 1 ABR 7/89)

Praktikanten im Rahmen einer berufspraktischen Ausbildung als zur Berufsausbildung Beschäftigte

privatrechtliche Grundlage erforderlich

„Praktikanten sind als wahlberechtigte Arbeitnehmer bei der Wahl eines Betriebsrats zu berücksichtigen, wenn ihnen auf Grund eines privatrechtlichen Vertrages berufliche Kenntnisse, Fertigkeiten und Erfahrungen vermittelt werden sollen. Das ist nicht der Fall, wenn nur ein allgemeiner Einblick in das Arbeitsleben vermittelt werden soll, z.B. im Rahmen eines schulischen Betriebspraktikums. Ein privatrechtlicher Vertrag ist auch zu bejahen, wenn der Praktikant in einem überbetrieblichen Ausbildungszentrum ausgebildet wird und die berufspraktische Ausbildung als Praktikum in einem Betrieb geleistet wird.
Wird der berufspraktischen Ausbildung eine „Schnupperphase" vorgeschaltet, die dazu dient, sich einen Eindruck darüber zu verschaffen, ob Betrieb und Praktikant sich für längere Zeit (hier ein Jahr) aneinander binden wollen, liegt eine Probezeit im Rahmen des Praktikums vor. Auch in dieser Zeit soll der Praktikant die tägliche Arbeit kennen lernen und an ihr mitwirken. Erhält der Praktikant seine Ausbildungsvergütung nicht vom Betrieb, steht dies der Einordnung als Arbeitnehmer nicht entgegen."
(LAG Schleswig-Holstein, Beschluss v. 25.2.2003 – 2 TaBV 39/02)

5. Studenten

Studienordnung entscheidend

„Die Berufsausbildung im Sinne der §5 Abs. 1 und §60 Abs. 1 BetrVG erfolgt auf betrieblicher Ebene. Davon zu unterscheiden ist die Vermittlung praktischer Kenntnisse und Erfahrungen auf Hochschul- und Fachhochschulebene. Vom Inhalt der jeweiligen Studienordnung hängt es ab, wie ein im Rahmen des Studiums abzuleistendes Praktikum einzuordnen ist. Die Hochschulen und Fachhochschulen können die Praktika als Hochschul- oder Fachhochschulmaßnahme ausgestalten, bei deren Durchführung sie sich der Betriebe bedienen, oder so regeln, daß die Studenten während des Praktikums in einer privatrechtlichen Vertragsbeziehung zum Betriebsinhaber stehen.
(...) Der in §60 Abs. 1 und §5 Abs. 1 BetrVG verwandte Begriff „Berufsausbildung" deckt sich nicht mit dem des Berufsbildungsgesetzes, sondern ist weiter gefaßt. Dazu zählt nicht nur die in §1 Abs. 2 BBiG angeführte, breit angelegte berufliche Grundbildung, sondern es fallen alle Maßnahmen darunter, die auf betrieblicher Ebene berufliche Kenntnisse und Fertigkeiten vermitteln, so daß auch Praktikanten Arbeitnehmer i. S.d. Betriebsverfassungsrechts sein können.
Der Umfang und die Tiefe der vermittelten beruflichen Kenntnisse und Fähigkeiten sind nicht entscheidend. Ebensowenig ist die Dauer der Praktika ausschlaggebend. Auch kurzfristigere Bildungsmaßnahmen werden erfaßt. Nicht jedes Praktikum kann als eine Beschäftigung zur Berufsausbildung i. S. von §60 Abs. 1 und §5 Abs. 1 BetrVG angesehen werden. Da die betriebsverfassungsrechtlichen Vorschriften nur betriebliche Ausbildungsmaßnahmen erfassen, ist darauf abzustellen, ob die praktischen Kenntnisse und Erfahrungen auf betrieblicher Ebene oder auf Hochschul- bzw. Fachhochschulebene vermittelt werden. (...) Vom Inhalt der jeweiligen Studienordnung hängt es ab, ob die berufspraktische Tätigkeit nur der Hochschulebene oder auch der betrieblichen Ebene zugeordnet werden

kann. Die Universitäten und Fachhochschulen können die Praktika ausschließlich als Hochschulmaßnahme ausgestalten, bei deren Durchführung sie sich der Betriebe bedienen. Sie können aber auch trotz weitgehender Vorgaben und enger Verzahnung der berufspraktischen Tätigkeit mit den übrigen Teilen des Studiums die Praktika von den Betrieben eigenverantwortlich durchführen lassen.
(...) Das Vorliegen einer Berufsausbildung i. S. von §60 Abs. 1 und §5 Abs. 1 BetrVG hängt zwar nicht davon ab, ob dem Auszubildenden für die Teilnahme an der Ausbildung eine Vergütung gezahlt wird. Die Zahlung einer Vergütung deutet aber in der Regel auf ein Berufsausbildungsverhältnis i. S. dieser Vorschriften hin.

Entgelt als Indiz für Berufsausbildung

(...) Die Einordnung der berufspraktischen Tätigkeit in den Studiengang ändert nichts daran, daß die betriebliche Praxisphase eine Berufsausbildung i. S. von §60 Abs. 1 und §5 Abs. 1 BetrVG ist. Für die Anwendung des Betriebsverfassungsgesetzes ist allein entscheidend, ob der Praktikant aufgrund eines privatrechtlichen Vertrages tätig wird. Wer unter dieser Voraussetzung in einem Betrieb ausgebildet wird, ist betriebsverfassungsrechtlich Auszubildender. (...) Auch privatrechtliche Ausbildungsverhältnisse, für die das Berufsbildungsgesetz nicht gilt, können von §60 Abs. 1 und §5 Abs. 1 BetrVG erfaßt werden. (...)"
(BAG, Beschluss v. 30.10.1991 – 7 ABR 11/91)

6. Sonstige

Krankenschwestern, Krankenpfleger und Krankenpflegehelfer sind Auszubildende i.S.d. §5 BetrVG

„(...) Entscheidend ist, ob die betrieblich-praktische Ausbildung die schulische überwiegt oder ihr zumindest gleichwertig ist. Dies kann aber für die nach dem Gesetz über die Berufe in der Krankenpflege (Krankenpflegegesetz – KrPflG) vom 4. Juni 1985 (BGBl. I S. 893) – nicht einschlägig für die Ausbildung der MTA-Schüler – auszubildenden Krankenschwestern, Krankenpfleger, Krankenpflegehelfer angenommen werden, weil diese ihre Ausbildung zu einem wesentlichen Teil durch Einbindung in die normale pflegerische Tätigkeit erfahren. Insofern liegt eine betriebspraktische Unterweisung vor.
Findet die Ausbildung hingegen in Form rein schulischer Unterrichtung statt, kann von einer betrieblichen „Beschäftigung" zum Zwecke der Berufsausbildung nicht gesprochen werden. Das Ausbildungsverhältnis ist dann weder Berufsausbildungsverhältnis im engeren noch im weiteren Sinne (vgl. §19 BBiG), sondern privatrechtliches Schulverhältnis.

medizinisch-technische Assistenten keine zur Berufsausbildung Beschäftigten

Die Ausbildung der medizinisch-technischen Assistenten ist als „schulische Ausbildung" anzusehen. Maßgebend sind die Bestimmungen des Gesetzes über technische Assistenten in der Medizin (MTA-G) vom 8. September 1971 (BGBl. I S. 1515). (...) Dementsprechend wird die Ausbildung der MTA-Schüler auch insgesamt als schulisch gewertet. (...) Die MTA-Schüler sind demnach nicht als zur „Berufsausbildung Beschäftigte" im Sinne des §5 Abs. 1 BetrVG anzusehen. (...)"
(BAG, Beschluss v. 28.7.1992 – 1 ABR 22/92)

Helfer im freiwilligen sozialen Jahr keine Auszubildenden i.S.v. §5 BetrVG

„Helfer im freiwilligen sozialen Jahr sind weder Arbeitnehmer noch zu ihrer Berufsausbildung Beschäftigte im Sinne des §5 Abs. 1 BetrVG (...). (...)"
(BAG, Beschluss v. 12.2.1992 – 7 ABR 42/91)

Beschäftigung zur Wiedereingewöhnung

„Eine die Arbeitnehmereigenschaft nach §5 Abs. 2 Nr. 4 BetrVG ausschließende Beschäftigung zur Wiedereingewöhnung liegt vor, wenn die Beschäftigung vorwiegend als Mittel zur Behebung eines gestörten Verhältnisses der beschäftigten Person zu geregelter Erwerbsarbeit eingesetzt wird, nicht aber, wenn die Beschäftigung vorwiegend der Vermittlung beruflicher Kenntnisse und Fertigkeiten dient."
(BAG, Beschluss v. 25.10.1989 – 7 ABR 1/88)

„Teilnehmer einer Ausbildung in einer Schule eines Unternehmens, die als private Berufsfach- und Ersatzschule landesrechtlich genehmigt ist, sind Auszubildende i.S.v. BetrVG §5 Abs. 1, wenn sie im Rahmen dieser Ausbildung eine praktische Unterweisung im Betrieb dieses Unternehmens erhalten."
(BAG, Beschluss v. 24.9.1981 – 6 ABR 7/81)

Schüler für Physiotherapie

„Schülerinnen und Schüler an einer einem Krankenhaus angegliederten Schule für Physiotherapie sind auch dann Arbeitnehmer im Sinne von §5 Abs. 1 Satz 1 BetrVG, wenn die praktische Ausbildung nur zu einem geringen Anteil in dem angegliederten Krankenhaus und überwiegend bei anderen Konzernunternehmen oder externen Physiotherapiepraxen stattfindet. (...) Nach der Rechtsprechung des Bundesarbeitsgerichts setzt die Arbeitnehmereigenschaft eines zu seiner Berufsausbildung Beschäftigten im Sinne von §5 Abs. 1 S. 1 BetrVG neben dem Abschluss eines auf die Ausbildung gerichteten privatrechtlichen Vertrags voraus, dass der Auszubildende in einen Betrieb des Ausbildenden eingegliedert ist. Es kommt nicht darauf an, ob er für die Ausbildung eine Geldleistung erhält. Der Auszubildende ist in vergleichbarer Weise wie ein Arbeiter oder Angestellter in den Betrieb eingegliedert, wenn sich seine berufspraktische Ausbildung im Rahmen des arbeitstechnischen Betriebszwecks vollzieht, zu dessen Erreichung die Arbeiter und Angestellten des Betriebs zusammenwirken. Auszubildende unterscheiden sich von den im Betrieb beschäftigten Arbeitern und Angestellten unter betriebsverfassungsrechtlichen Gesichtspunkten im Wesentlichen nur dadurch, dass sie durch ihre Einbindung in das Betriebsgeschehen weitgehend erst die Kenntnisse und Fertigkeiten erwerben sollen, die bei den entsprechenden Arbeitern oder Angestellten des Betriebs bereits vorhanden sind und von ihnen zur Förderung des Betriebszwecks eingesetzt werden.

Abgrenzung zur rein schulischen Ausbildung

Anders als bei einer betrieblichen Ausbildung kann von einer Eingliederung in den Betrieb bei einer schulischen Ausbildung nicht ausgegangen werden. Bei einer rein schulischen Unterweisung ist der zu seiner Berufsausbildung Tätige kein „Beschäftigter". Erforderlich ist vielmehr eine berufspraktische Unterweisung im Rahmen einer arbeitstechnischen Zwecksetzung des Betriebs. Eine betrieblich praktische Unterweisung erfolgt, wenn der Arbeitgeber dem Auszubildenden gegenständliche praktische Aufgaben beruflicher Art zum Zwecke der Ausbildung zuweist. Weiter setzt nach der Rechtsprechung des Bundesarbeitsgerichts eine Beschäftigung zur Berufsausbildung im Sinne von §5 Abs. 1 S. 1 BetrVG voraus, dass die betrieblich praktische Ausbildung überwiegt oder der schulischen Ausbildung zumindest gleichwertig ist. Soweit die Ausbildung in rein schulischer Unterrichtung stattfindet, kann von einer betrieblichen Beschäftigung zum Zwecke der Berufsausbildung nicht gesprochen werden. Die Gewichtung kann dabei nicht allein quantitativ nach Stundenanteilen bemessen werden. Maßgeblich ist vielmehr, ob beide Abschnitte qualitativ die gleiche Bedeutung haben. Entscheidend ist, dass gerade eine Eingliederung des Auszubildenden in den Betrieb des Ausbilders erfolgt und keine lediglich schulische, sondern mindestens auch eine auch betrieblich praktische Unterweisung vorliegt, in der der Auszubildende auch beruflich aktiv tätig ist. Für die Unterwerfung einer Berufsausbildung unter das Betriebsverfassungsrecht reicht es aus, wenn eine Eingliederung des Auszubildenden in den Ausbildungsbetrieb im Rahmen des arbeitstechnischen Betriebszwecks nur Teil eines einheitlichen Ausbildungsganges ist. Die Auszubildenden werden den sonstigen Arbeitnehmern betriebsverfassungsrechtlich gleichgestellt, weil sich die Beschäftigung betrieblich Auszubildender typischerweise und regelmäßig – wie von anderen Arbeitnehmern – im Rahmen einer Eingliederung in den Betrieb zur Verwirklichung eines bestimmten arbeitstechnischen Betriebszwecks vollzieht.

(...) Nach diesen Maßgaben sind die Schülerinnen und Schüler an der Schule für Physiotherapie bei der Arbeitgeberin Auszubildende im Sinne des § 5 Abs. 1 S. 1 BetrVG und damit Arbeitnehmer.
Die notwendige vertragliche Bindung zwischen der Arbeitgeberin und ihren Schülerinnen und Schülern liegt vor. Diese schließen mit der Arbeitgeberin Musterausbildungsverträge auf privatrechtlicher Grundlage, die die Arbeitgeberin dazu verpflichtet, den jeweiligen Schüler für den Beruf eines Physiotherapeuten nach den Bestimmungen des Gesetzes über die Berufe in der Physiotherapie (Masseur- und Physiotherapeutengesetz -MPhG – vom 25.05.1994) auszubilden, wie sich aus § 1 des Musterausbildungsvertrags ergibt.
Die im Antrag genannten Schülerinnen und Schüler sind auch in den Betrieb der Arbeitgeberin eingegliedert. (...) Die Schülerinnen und Schüler der Schule für Physiotherapie bei der Arbeitgeberin erhalten auch ihre berufspraktische Ausbildung im Rahmen des arbeitstechnischen Betriebszwecks der Arbeitgeberin. Die Schülerinnen und Schüler nehmen bei der praktischen Ausbildung an den Therapiesitzungen eines Physiotherapeuten der Arbeitgeberin teil und lernen in diesem Zusammenhang die praktische Seite des Ausbildungsstoffs kennen. Sowohl der die Behandlung durchführende Physiotherapeut, als auch der den Schüler anleitende Lehrer sind Arbeitnehmer der Arbeitgeberin und im Rahmen ihres arbeitstechnischen Betriebszwecks eingesetzt. (...) Wenn die Schülerinnen und Schüler der Schule für Physiotherapie ihre praktische Ausbildung bei der Behandlung von Patienten durch Physiotherapeuten der Arbeitgeberin erfahren, werden sie gerade im Rahmen einer Einrichtung zur Gesundheitsversorgung und der dort gefundenen arbeitstechnischen Organisation, wie es das MPhG voraussetzt, tätig. Die Anleitung durch zwei Arbeitnehmer der Arbeitgeberin unterstreicht die Einbindung in den Betriebszweck. (...) Organisatorisch ist damit der Einsatz der Schülerinnen und Schüler von Seiten der Arbeitgeberin geplant, nämlich durch das Zusammenwirken von Schulleitung und Abteilungsleitung der Physiotherapie. Diese Praxis stellt eine Eingliederung in die Arbeitsorganisation des Klinikums dar, unabhängig davon, ob den Schülerinnen und Schülern „Laufzettel" mitgegeben werden oder ob diese konkret in den Dienstplänen der behandelnden Physiotherapeuten eingetragen sind. (...) Schließlich steht der Eingliederung der Schülerinnen und Schülern in den Betrieb der Arbeitgeberin auch nicht entgegen, dass diese den überwiegenden Teil ihrer praktischen Ausbildung in externen Einrichtungen absolvieren. Auch dieser Teil der praktischen Ausbildung wird von der Arbeitgeberin organisiert. Die Schulleitung unterrichtet die externen Ausbildungsstätten und stimmt mit diesen den Einsatz der Schülerinnen und Schüler ab. Das gilt sowohl für die externen Träger, die zum H. Konzern gehören, als auch für die freien Physiotherapiepraxen, in denen die Schüler tätig sind. (...)"
(LAG Schleswig-Holstein, Beschluss v. 29.11.2016 – 1 TaBV 30/16)

Einsatz im Rahmen des arbeitstechnischen Betriebszwecks

„Die Auszubildenden zur/zum medizinisch technischen Laboratoriumsassistentin/en, medizinisch-technischen Radiologieassistentin/en und zur/zum Physiotherapeutin/en sind beim Krankenhausträger zu ihrer Berufsausbildung Beschäftigte i.S.v. § 5 Abs. 1 BetrVG, wenn der Ausbildungsvertrag mit dem Träger des Krankenhauses, in dem die praktische Ausbildung durchgeführt wird, abgeschlossen wird.
Die Zahlung eines Entgeltes ist kein Tatbestandsmerkmal des Begriffs der „zu ihrer Berufsausbildung Beschäftigten" i.S.d. § 5 Abs. 1 BetrVG. Ebenfalls ohne Bedeutung ist, ob die Auszubildenden als Schüler bezeichnet werden."
(LAG Berlin-Brandenburg, Beschluss v. 16.8.2011 – 3 TaBV 326/11 – nachfolgend bestätigt durch BAG v. 06.11.2013 – 7 ABR 76/11:

Die Arbeitnehmereigenschaft eines zu seiner Berufsausbildung Beschäftigten i.S.v. § 5 BetrVG setzt neben dem Abschluss eines auf die Ausbildung gerichteten privatrechtlichen Vertrages voraus, dass der Auszubildende in einen Betrieb des Ausbildenden eingegliedert ist. Es kommt nicht darauf an, ob der „zu seiner Berufsausbildung Beschäftigte" eine Geldleistung erhält. Bei einer rein schulischen Unterweisung ist der zu seiner Berufsausbildung Tätige mangels betrieblicher Eingliederung kein „Beschäftigter". Erforderlich ist vielmehr eine berufspraktische Unterweisung im Rahmen einer arbeitstechnischen Zwecksetzung des Betriebs.

Eine Beschäftigung zur Berufsausbildung i.S.v. §5 Abs. 1 Satz 1 BetrVG setzt voraus, dass die betrieblich-praktische Ausbildung überwiegt oder der schulischen Ausbildung zumindest gleichwertig ist.

B. Wahl der Jugend- und Auszubildenvertretung

§ 60 Abs. 1 BetrVG	In Betrieben mit in der Regel mindestens fünf Arbeitnehmern, die das 18. Lebensjahr noch nicht vollendet haben (jugendliche Arbeitnehmer) oder die zu ihrer Berufsausbildung beschäftigt sind, werden Jugend- und Auszubildendenvertretungen gewählt.
§ 61 Abs. 1 BetrVG	Wahlberechtigt sind alle in § 60 Abs. 1 genannten Arbeitnehmer des Betriebs.
§ 61 Abs. 2 BetrVG	Wählbar sind alle Arbeitnehmer des Betriebs, die das 25. Lebensjahr noch nicht vollendet haben oder die zu ihrer Berufsausbildung beschäftigt sind; § 8 Abs. 1 S. 3 findet Anwendung. Mitglieder des Betriebsrats können nicht zu Jugend- und Auszubildendenvertretern gewählt werden.
§ 8 Abs. 1 S. 3 BetrVG	Nicht wählbar ist, wer infolge strafgerichtlicher Verurteilung die Fähigkeit, Rechte aus öffentlichen Wahlen zu erlangen, nicht besitzt.

Auszubildender in reinem Ausbildungsbetrieb

„Ein Auszubildender ist in einem Betrieb, dessen arbeitstechnischer Zweck in der Berufsausbildung besteht, auch dann nicht wahlberechtigt, wenn er gelegentlich zusammen mit anderen Mitarbeitern praktische Arbeiten vornimmt.

Definition des Betriebszwecks

Arbeitstechnischer Betriebszweck ist nicht jede im Betrieb anfallende Hilfstätigkeit, die die Verfolgung arbeitstechnischer Zwecke erst ermöglichen soll, wie etwa die Reparatur von Betriebsanlagen durch einen Betriebshandwerker."
(BAG, Beschluss v. 12.9.1996 – 7 ABR 61/95)

Wahlberechtigung in Ausbildungsbetrieb

„Für die Beurteilung der Wahlberechtigung der zu ihrer Berufsausbildung Beschäftigten in reinen Ausbildungsbetrieben ist unerheblich, ob sich eine Vielzahl innerbetrieblicher Regelungen in sozialen Angelegenheiten auch auf die Auszubildenden erstreckt und der Ausbilder gegenüber diesem Personenkreis weisungsbefugt ist."
(BAG, Beschluss v. 20.3.1996 – 7 ABR 34/95)

Wählbarkeit unabhängig von Arbeitsleistung und Dauer der Betriebszugehörigkeit

„(...) Es ist nicht erforderlich, daß im Zeitpunkt der Wahl tatsächlich eine Arbeitsleistung erbracht wird. (...) Wie lange das Praktikantenverhältnis im Zeitpunkt der Wahl bereits bestanden hatte, ist unerheblich. Während die Wählbarkeit zum Betriebsrat eine sechsmonatige Betriebszugehörigkeit voraussetzt, hängt die Wählbarkeit zur Jugend- und Auszubildendenvertretung nicht von einer bestimmten Dauer der Betriebszugehörigkeit ab."
(BAG, Beschluss v. 30.10.1991 – 7 ABR 11/91)

Wahlberechtigung im „Stammbetrieb" bei wechselnden Einsatzbetrieben

zentrale Leitung der Ausbildung entscheidend

„Wird die betriebliche Berufsausbildung abschnittweise jeweils in verschiedenen Betrieben des Ausbildungsunternehmens oder eines mit ihm verbundenen Unternehmens durchgeführt, jedoch von einem der Betriebe des Ausbildungsunternehmens derart zentral mit bindender Wirkung auch für die anderen Betriebe geleitet, daß die wesentlichen der Beteiligung des Betriebsrats unterliegenden, die Ausbildungsverhältnisse berührenden Entscheidungen dort getroffen werden, so gehört der Auszubildende während der gesamten Ausbildungszeit dem die Ausbildung leitenden Stammbetrieb an und ist dort wahlberechtigt zum Betriebsrat und zur Jugend- und Auszubildendenvertretung. Dagegen begründet die vorübergehende Beschäftigung der Auszubildenden in den anderen Betrieben keine Wahlberechtigung zu deren Arbeitnehmervertretungen."
(BAG Beschluss v. 13.3.1991 – 7 ABR 89/89)

Maßgebende Arbeitnehmerzahl für die Größe der JAV bei vorzeitiger Wahl

„Die Mitgliederzahl der Jugendvertretung ist bei einer vorzeitigen Wahl nach der Zahl der bei Erlass des Wahlausschreibens zu dieser Wahl im Betrieb beschäftigten jugendlichen Arbeitnehmer zu bestimmen.
(...) Eine vorzeitige Neuwahl der Jugendvertretung musste stattfinden, nachdem diese auch nach dem Nachrücken von Ersatzmitgliedern nicht mehr mit drei Mitgliedern besetzt war (§64 Abs. 1 Satz 2 iVm §13 Abs. 2 Nr. 2 BetrVG). Die Vorschriften für die vorzeitige Neuwahl des Betriebsrats gelten auch für die Jugendvertretung mit Ausnahme des Tatbestandes des §13 Abs. 2 Nr. 1 BetrVG betreffend die Veränderung der Zahl der Arbeitnehmer; dies hat seinen Grund darin, dass die Amtszeit der Jugendvertreter nur zwei Jahre beträgt. Insoweit, aber auch nur insoweit, kommt es auf die bisherige Zahl von jugendlichen Arbeitnehmern an. Die Jugendvertretung ist daher auch dann neu zu wählen, wenn die Zahl der noch vorhandenen Mitglieder etwa der inzwischen verringerten Zahl der regelmäßig beschäftigten jugendlichen Arbeitnehmer entspricht.
§13 Abs. 2 Nr. 2 BetrVG bestimmt, d a ß eine Neuwahl außerhalb des üblichen Turnus stattzufinden hat, aber nicht, w i e sie stattzufinden hat, d.h. von welcher Arbeitnehmerzahl nunmehr auszugehen ist. Mangels abweichender gesetzlicher Vorschriften ist wie bei der außerplanmäßigen Betriebsratswahl auch bei einer außerplanmäßigen Wahl der Jugendvertretung von der regelmäßigen Zahl jugendlicher Arbeitnehmer zum Zeitpunkt des Erlasses des Wahlausschreibens für die vorzeitige Neuwahl, nicht etwa für die frühere Wahl auszugehen. Wenn auch bei der Jugendvertretung eine Neuwahl gemäß §13 Abs. 2 Nr. 1 BetrVG außer Betracht bleibt, so ergibt sich doch aus dieser Vorschrift, dass der Gesetzgeber bei allen Tatbeständen einer vorzeitigen Neuwahl auch von einer Anpassung der Zahl der Betriebsratsmitglieder oder Jugendvertreter an die veränderte Zahl der Arbeitnehmer ausgeht. Die gegenteilige Auffassung der Rechtsbeschwerde würde gegebenenfalls auch dazu führen, dass bei gestiegener Zahl der jugendlichen Arbeitnehmer diese unzureichend vertreten wären, weil dann dementsprechend auch eine kleinere Jugendvertretung gewählt werden müsste, als der nunmehrigen Zahl der regelmäßig beschäftigten jugendlichen Arbeitnehmer entspricht. (...)“
(BAG, Beschluss v. 22.11.1984 – 6 ABR 9/84)

gewählte Ersatzmitglieder

Im Falle einer Mehrheitswahl werden nur diejenigen nichtgewählten Arbeitnehmer Ersatzmitglieder nach §25 Abs. 2 S. 3 BetrVG, die bei der Betriebsratswahl mindestens eine Stimme erhalten haben.“
(LAG Düsseldorf, Urteil v. 15.4.2011 – 6 Sa 857/10 – LAGE §13 BetrVG 2001 Nr. 1)

Rückgängigmachung des Listensprungs wegen Schutz des Minderheitengeschlechts bei Nichtannahme der Wahl

„Führt der Schutz des Minderheitengeschlechts zu einem sogenannten Listensprung, dann muss dieser rückgängig gemacht werden, wenn sich durch die Nichtannahme der Wahl eines Kandidaten herausstellt, dass es eines Listensprungs nicht bedurft hätte. Dies gebietet der auch bei einer Betriebsratswahl zu beachtende GrundSatz der Wahlgleichheit.
(...) Bei dieser Wahl war ein aus 9 Personen bestehendes Betriebsratsgremium zu wählen. Es standen 3 Listen zur Abstimmung. Die Liste 1) (ver.di-Liste) erhielt 99 Stimmen. Auf ihr befanden sich auf den ersten 5 Listenplätzen Frauen. Auf dem 6. Listenplatz erschien der erste männliche Bewerber, der Beteiligte zu 7). Die Liste 2) erhielt 78 Stimmen. Die ersten 3 Kandidaten dieser Liste waren Frauen. Erst der 4. Kandidat war ein männlicher Bewerber. Die Liste 3) erhielt 41 Stimmen. Auf dem ersten Listenplatz kandidierte ein männlicher Bewerber. Der zweite Platz dieser Liste war mit einer Frau besetzt, der Beteiligten zu 5). Ohne Berücksichtigung des Minderheitengeschlechts wären von Liste 1) 4 Kandidaten, von der Liste 2) 3 Kandidaten und von der Liste 3) beide Kandidaten, also auch die Beteiligte zu 5), gewählt worden. Da in dieser Konstellation nicht die erforderliche Mindestzahl von Angehörigen des- im vorliegenden Fall männlichen – Geschlechts in das Betriebsratsgremium gewählt worden war, stellte der Wahlvorstand einen

sogenannten Listensprung fest. Die Mindestzahl der zu wählenden männlichen Kandidaten (des Minderheitengeschlechts) beträgt im vorliegenden Fall 2. Dies führte dazu, dass die Liste 1) in der Person des Beteiligten zu 7) von der Liste 3) ein weiteres Betriebsratsmandat zuerkannt bekam. Auf die Benachrichtigung ihrer Wahl teilte die an 3. Stelle der Liste 2) kandidierende Frau B. mit Schreiben vom 26.04.2010 dem Wahlvorstand mit, dass sie die Wahl aus persönlichen Gründen nicht annehme. Nach einer außerordentlichen Sitzung des Wahlvorstandes am 29.04.2010 gab dieser noch am selben Tag das Wahlergebnis bekannt. Hiernach waren von der Liste 1), der ver.di-Liste, 5 Personen (Frau B., Frau B., Frau S, Frau H. und der Beteiligte zu 7) gewählt. Die Liste 2) erhielt nach der Bekanntmachung 3 Sitze, nämlich die Beteiligte zu 1), die Beteiligte zu 3) und den Beteiligten zu 4) als männliches Betriebsratsmitglied an ursprünglich 4. Stelle der Liste 2). Die Liste 3) erhielt in der Person des Beteiligten zu 2) lediglich einen Betriebsratssitz. (...)
(...) Das von dem Wahlvorstand in der Sitzung am 29.04.2010 ermittelte Wahlergebnis war fehlerhaft. Denn anstelle des Beteiligten zu 7) ist die Beteiligte zu 5) in den Betriebsrat gewählt worden. Aufgrund der Nichtannahme der Wahl durch die gewählte Kandidatin Frau B. hätte es eines Listensprunges nicht mehr bedurft. Aus verfassungsrechtlichen Gründen, dem Wahlgleichheitsgrundsatz, hätte dieser Listensprung durch den Wahlvorstand rückgängig gemacht und korrigiert werden müssen.
(...) Der Wahlvorstand hat entsprechend dem Wortlaut der verschiedenen Vorschriften der Wahlordnung gehandelt und diese buchstabengetreu nacheinander in der dort vorgesehenen Reihenfolge beachtet. Er hat zunächst die Verteilung der Betriebsratssitze auf die Vorschlagslisten gemäß § 15 Wahlordnung ermittelt, hierbei einen Listensprung festgestellt, so dann gemäß § 17 Wahlordnung die schriftliche Feststellung des Wahlergebnisses getätigt, anschließend gemäß § 17 Wahlordnung die gewählten Kandidaten benachrichtigt und die Ablehnung der Wahl gemäß § 17 Abs. 2 Wahlordnung umgesetzt.
Dieses so ermittelte Ergebnis ist mit dem geltenden Verfassungsrecht nicht in Einklang zu bringen. Die verfassungskonforme Auslegung des § 17 Abs. 2 S. 2 der Wahlordnung gebietet es, nicht nur erstmalig aufgrund der Nichtannahme der Wahl das Minderheitengeschlecht zu berücksichtigen, sondern einen bereits zuvor erfolgten Schutz des Minderheitengeschlechts rückgängig zu machen, wenn einerseits sich durch die Nichtannahme der Wahl herausstellt, dass aufgrund dessen dem Schutz des Minderheitengeschlechts genüge getan worden ist und andererseits diese Konstellation zuvor einen sogenannten Listensprung verursacht hat.
(...) Stellt sich vor Abschluss des Wahlverfahrens gemäß § 18 der Wahlordnung heraus, dass aufgrund der Ablehnung einer Wahl eines Fallkonstellation eintritt, die im Nachhinein den Geschlechterproporz wahrt und einen Listensprung zur Erreichung des Geschlechterproporzes überflüssig macht, dann muss in verfassungskonformer Auslegung der Wahlordnung dieser Listensprung rückgängig gemacht werden. (...)"
(LAG Niedersachsen, Beschluss v. 10.3.2011 – 5 TaBV 96/10)

Beginn der Amtszeit maßgebend für Höchstaltersgrenze

„Scheidet die Jugend- und Auszubildendenvertreterin aus dem Arbeitsverhältnis aus und hat das Ersatzmitglied nach der Wahl, aber vor Amtsbeginn das 25. Lebensjahr vollendet, so rückt es nicht nach. Maßgebender Zeitpunkt für die Höchstaltersgrenze ist der Tag des Beginns der Amtszeit, nicht der Tag der Wahl. Gegebenenfalls sind Neuwahlen anzusetzen."
(LAG Düsseldorf, Beschluss v. 13.10.1992 – 8 TaBV 119/92)

C. Amtszeit der Jugend- und Auszubildendenvertretung und Mitgliedschaft in der Jugend- und Auszubildenvertretung

I. Amtszeit der Jugend- und Auszubildendenvertretung

§ 64 Abs. 1 BetrVG	Die regelmäßigen Wahlen der Jugend- und Auszubildendenvertretung finden alle zwei Jahre in der Zeit vom 1. Oktober bis 30. November statt. Für die Wahl der Jugend- und Auszubildendenvertretung außerhalb dieser Zeit gilt § 13 Abs. 2 Nr. 2 bis 6 und Abs. 3 entsprechend.
§ 64 Abs. 2 BetrVG	Die regelmäßige Amtszeit der Jugend- und Auszubildendenvertretung beträgt zwei Jahre. Die Amtszeit beginnt mit der Bekanntgabe des Wahlergebnisses oder, wenn zu diesem Zeitpunkt noch eine Jugend- und Auszubildendenvertretung besteht, mit Ablauf von deren Amtszeit. Die Amtszeit endet spätestens am 30. November des Jahres, in dem nach Absatz 1 S. 1 die regelmäßigen Wahlen stattfinden. In dem Fall des § 13 Abs. 3 S. 2 endet die Amtszeit spätestens am 30. November des Jahres, in dem die Jugend- und Auszubildendenvertretung neu zu wählen ist. In dem Fall des § 13 Abs. 2 Nr. 2 endet die Amtszeit mit der Bekanntgabe des Wahlergebnisses der neu gewählten Jugend- und Auszubildendenvertretung.
§ 13 Abs. 2 BetrVG	Außerhalb dieser Zeit ist der Betriebsrat zu wählen, wenn 1. ..., 2. die Gesamtzahl der Betriebsratsmitglieder nach Eintreten sämtlicher Ersatzmitglieder unter die vorgeschriebene Zahl der Betriebsratsmitglieder gesunken ist, 3. der Betriebsrat mit der Mehrheit seiner Mitglieder seinen Rücktritt beschlossen hat, 4. die Betriebsratswahl mit Erfolg angefochten worden ist, 5. der Betriebsrat durch eine gerichtliche Entscheidung aufgelöst ist oder 6. im Betrieb ein Betriebsrat nicht besteht.
§ 13 Abs. 3 BetrVG	Hat außerhalb des für die regelmäßigen Betriebsratswahlen festgelegten Zeitraums eine Betriebsratswahl stattgefunden, so ist der Betriebsrat in dem auf die Wahl folgenden Zeitraum der regelmäßigen Betriebsratswahlen neu zu wählen. Hat die Amtszeit des Betriebsrats zu Beginn des für die regelmäßigen Betriebsratswahlen festgelegten Zeitraums noch nicht ein Jahr betragen, so ist der Betriebsrat in dem übernächsten Zeitraum der regelmäßigen Betriebsratswahlen neu zu wählen.

Rücktrittsgründe nicht justiziabel

„Rücktrittsbeschlüsse des Betriebsrats gemäß BetrVG § 13 Abs. 2 Nr. 3 können (...) inhaltlich, insbesondere im Hinblick auf die Gründe nicht überprüft werden."
(BAG, Beschluss v. 3.4.1979 – 6 ABR 64/76)

Eigenkündigung sämtlicher Mitglieder

„Kündigen sämtliche Betriebsratsmitglieder sowie Ersatzmitglieder ihr Arbeitsverhältnis, so endet auch das Amt des Betriebsrats selbst.
Dies gilt jedoch nicht, wenn sich der Arbeitgeber mit einem der Betriebsratsmitglieder noch vor Ablauf der Kündigungsfrist auf eine Fortsetzung des Arbeitsverhältnisses einigt. In diesem Fall existiert der Betriebsrat – bestehend aus dem einzigen verbliebenen Betriebsratsmitglied – weiter.
Kommt der Betriebsrat seiner Verpflichtung zur Durchführung von Neuwahlen gemäß § 13 Abs. 2 Nr. 2 BetrVG nicht nach, obwohl die Zahl der Mitglieder unter die vorgesehene Mindestzahl gesunken ist, so bleibt er dennoch bis zum Ablauf der normalen Amtsperiode im Amt, es sei denn, er wird vorher gemäß § 23 Abs. 1 S. 1 BetrVG aufgelöst oder es wird gemäß § 16 Abs. 2 BetrVG durch das Arbeitsgericht ein Wahlvorstand bestellt, der dann eine Neuwahl einleitet."
(LAG Düsseld., Urt. v. 15.4.2011 – 6 Sa 857/10 – LAGE § 13 BetrVG 2001 Nr. 1)

II. Mitgliedschaft in der Jugend- und Auszubildendenvertretung

§ 65 Abs. 1 BetrVG	Für die Jugend- und Auszubildendenvertretung gelten ... die §§ 24, ... entsprechend.
§ 24 BetrVG	Die Mitgliedschaft im Betriebsrat erlischt durch 1. Ablauf der Amtszeit, 2. Niederlegung des Betriebsratsamtes, 3. Beendigung des Arbeitsverhältnisses, 4. Verlust der Wählbarkeit, 5. Ausschluss aus dem Betriebsrat oder Auflösung des Betriebsrats aufgrund einer gerichtlichen Entscheidung, 6. gerichtliche Entscheidung über die Feststellung der Nichtwählbarkeit nach Ablauf der in § 19 Abs. 2 bezeichneten Frist, es sei denn, der Mangel liegt nicht mehr vor.
§ 64 Abs. 3 BetrVG	Ein Mitglied der Jugend- und Auszubildendenvertretung, das im Laufe der Amtszeit das 25. Lebensjahr vollendet oder sein Berufsausbildungsverhältnis beendet, bleibt bis zum Ende der Amtszeit Mitglied der Jugend- und Auszubildendenvertretung.

„(...) Der Kläger ist zwar noch nicht durch seine Kandidatur zum Betriebsrat, wohl aber durch die Heranziehung zu einer Sitzung des Betriebsrates im Mai 1975 nach § 65 Abs. 1 i.V.m. § 24 Abs. 1 Nr. 4 BetrVG als Mitglied der Jugendvertretung ausgeschieden. (...)"
(BAG, Urteil v. 6.9.1979 – 2 AZR 548/77)

Verlust des JAV-Amtes bei Eintritt in den Betriebsrat

„Wird ein Jugendvertreter, der zugleich Ersatzmitglied des Betriebsrats ist, zu einer Betriebsratssitzung für ein zeitweilig verhindertes Mitglied des Betriebsrats hinzugezogen, endet mit der Sitzungsteilnahme seine Mitgliedschaft in der Jugendvertretung.
(...) Durch das auch nur vorübergehende Einrücken als Ersatzmitglied in den Betriebsrat ist die Wählbarkeitsvoraussetzung nach § 61 Abs. 2 S. 2 BetrVG weggefallen. Sie führt nach § 65 Abs. 1 i.V.m. § 24 Abs. 1 Nr. 4 BetrVG zum sofortigen Erlöschen des Amtes. (...) Die Beendigung der Stellvertretung bewirkt mangels einer entsprechenden gesetzlichen Regelung keine erneute Mitgliedschaft in der Jugendvertretung; das Ersatzmitglied rückt damit nicht wieder in dieses Betriebsverfassungsorgan ein. (...)"
(BAG, Urteil v. 21.8.1979 – 6 AZR 789/77)

endgültiger Verlust des JAV-Amtes auch bei vorübergehendem Nachrücken in den Betriebsrat

„Es ist grundsätzlich Sache eines Doppelmandatierten (Ersatzmitglied des Betriebsrats und Mitglied (Vorsitzender) der Jugend- und Auszubildenden-Vertretung), seinerseits klarzustellen, ob er sein Ersatzbetriebsratsamt oder sein JAV-Amt weiter ausüben will.
(...) Der Betriebsrat konnte im Zeitpunkt der Antragstellung (Anfang Januar 2001) davon ausgehen, der Beteiligte zu 1. habe durch schlüssiges Verhalten sein Amt als Ersatzmitglied des Betriebsrats niedergelegt.
(...) Der Beteiligte zu 1. hat ersichtlich seine Teilnahmen an Betriebsratssitzungen als JAV-Vorsitzender (und nicht als Ersatzmitglied des Betriebsrats) an der Rechtsprechung des Bundesarbeitsgerichts orientiert, wonach ein sowohl als Ersatzmitglied in den Betriebsrat als auch als Mitglied der JAV gewählter Arbeitnehmer sein Amt als JAV-Vertreter verliert, wenn er auch nur als zeitweiliger Ersatz für ein verhindertes Betriebsratsmitglied an einer Betriebsratssitzung teilnimmt (weil dann die Wählbarkeitsvoraussetzung nach § 61 Abs. 2 Satz 2 BetrVG wegfalle).
Auf das ihm angeblich insoweit fehlende Erklärungsbewusstsein kommt es nicht an. Entscheidend ist für die Beschwerderichter, dass für den Betriebsrat – auch zur Vermeidung unter Umständen unwirksamer Betriebsratsbeschlüsse -- ein erhebliches Bedürfnis nach klaren Verhältnissen besteht. Insoweit überwiegt das entsprechende Interesse des Betriebsrats

Verbot des Doppelmandats

und der Belegschaft an Rechtsklarheit die individuellen Belange des einzelnen Mandatsträgers.
Aus diesem Grunde ist es auch grundsätzlich Sache eines Doppelmandatierten (Ersatzmitglied des Betriebsrats und JAV-Vorsitzender), seinerseits klarzustellen, ob er sein Ersatzbetriebsratsamt oder sein JAV-Amt weiterhin ausüben will.
Denn der Betriebsratsvorsitzende muss wissen, wen aus mehreren er als Ersatzmitglied richtigerweise zuzuziehen hat.
Zwar mag man von ihm erwarten, dass er -- um Klarheit zu gewinnen -- auch seinerseits den doppelmandatierten Amtsträger auf diese Fragestellung anspricht. In erster Linie ist es aber Sache des doppelmandatierten Amtsträgers, diese Klärung herbeizuführen. Betriebsverfassungsrechtliche Mandatsträger über ihr Amt grundsätzlich eigenständig und selbstverantwortlich aus. Es ist ihnen von daher zuzumuten, selbst klarzustellen, in welcher Eigenschaft sie betriebsverfassungsrechtlich auftreten. (...)"
(LAG Frankfurt, Beschluss v. 06.09.2001 – 12 TaBV 47/01)

Beginn der Amtszeit maßgebend für Höchstaltersgrenze

„Scheidet die Jugend- und Auszubildendenvertreterin aus dem Arbeitsverhältnis aus und hat das Ersatzmitglied nach der Wahl, aber vor Amtsbeginn das 25. Lebensjahr vollendet, so rückt es nicht nach. Maßgebender Zeitpunkt für die Höchstaltersgrenze ist der Tag des Beginns der Amtszeit, nicht der Tag der Wahl. Gegebenenfalls sind Neuwahlen anzusetzen."
(LAG Düsseldorf, Beschluss v. 13.10.1992 – 8 TaBV 119/92)

Wahl eines Ersatzmitglieds außerhalb des gesetzlichen Turnus

„Eine außerhalb des gesetzlichen Turnus durchgeführte isolierte Wahl eines Ersatzmitgliedes einer Jugend- und Auszubildendenvertretung, die durch das Nachrücken des einzigen gewählten Ersatzmitgliedes in die Stellung des Mitgliedes einer einköpfigen Jugend- und Auszubildendenvertretung veranlasst worden ist, ist nichtig."
(LAG Hamm, Beschluss v. 22.08.1990 – 3 TaBV 54/90)

D. Aufgaben der Jugend- und Auszubildendenvertretung

§ 60 Abs. 2 BetrVG	Die Jugend- und Auszubildendenvertretung nimmt nach Maßgabe der folgenden Vorschriften die besonderen Belange der in Absatz 1 genannten Arbeitnehmer wahr.
§ 70 Abs. 1 BetrVG	Die Jugend- und Auszubildendenvertretung hat folgende allgemeine Aufgaben: 1. Maßnahmen, die den in § 60 Abs. 1 genannten Arbeitnehmern dienen, insbesondere in Fragen der Berufsbildung und der Übernahme der zu ihrer Berufsausbildung Beschäftigten in ein Arbeitsverhältnis, beim Betriebsrat zu beantragen; 1a. Maßnahmen zur Durchsetzung der tatsächlichen Gleichstellung der in § 60 Abs. 1 genannten Arbeitnehmer entsprechend § 80 Abs. 1 Nr. 2a und 2b beim Betriebsrat zu beantragen; 2. darüber zu wachen, dass die zugunsten der in § 60 Abs. 1 genannten Arbeitnehmer geltenden Gesetze, Verordnungen, Unfallverhütungsvorschriften, Tarifverträge und Betriebsvereinbarungen durchgeführt werden; 3. Anregungen von in § 60 Abs. 1 genannten Arbeitnehmern, insbesondere in Fragen der Berufsbildung, entgegenzunehmen und, falls sie berechtigt erscheinen, beim Betriebsrat auf eine Erledigung hinzuwirken. Die Jugend- und Auszubildendenvertretung hat die betroffenen in § 60 Abs. 1 genannten Arbeitnehmer über den Stand und das Ergebnis der Verhandlungen zu informieren; 4. die Integration ausländischer, in § 60 Abs. 1 genannter Arbeitnehmer im Betrieb zu fördern und entsprechende Maßnahmen beim Betriebsrat zu beantragen.

I. Aufgabenerfüllung über den Betriebsrat

JAV kein selbständiges Organ der Betriebsverfassung

Rechte und Pflichten gegenüber Betriebsrat

„(...) Nach der ständigen Rechtsprechung des Bundesarbeitsgerichts ist die Jugend- und Auszubildendenvertretung kein eigenständiger Repräsentant der jugendlichen Arbeitnehmer und kein selbständiges Mitwirkungsorgan der Betriebsverfassung. Ihre Rechte und Pflichten und diejenigen ihrer Mitglieder bestehen gegenüber dem Betriebsrat, nicht gegenüber dem Arbeitgeber. (...)"
(BAG, Beschluss v. 5.4.2000 – 7 ABR 6/99)

Interessenvertretung gegenüber Arbeitgeber alleinige Aufgabe des Betriebsrats

„(...) Zwar wurde mit der Neuregelung der Vorschriften über die Jugendvertretung die rechtliche Stellung der Jugendvertretung verbessert und erweitert, ihr aber nicht die Rechtsstellung eines selbständigen Organs der Betriebsverfassung eingeräumt. Die Vertretung der Interessen aller Arbeitnehmer einschließlich der der Jugendlichen gegenüber dem Arbeitgeber (vgl. § 80 Abs. 1 Nr. 3 BetrVG) obliegt allein dem Betriebsrat. Die Jugendvertretung ist bei der Durchführung der von ihr in Jugendfragen für erforderlich erachteten Maßnahmen auf die Mitwirkung des Betriebsrats angewiesen. (...)"
(BAG, Beschluss v. 21.1.1982 – 6 ABR 17/79)

Zusammenwirken von JAV und Betriebsrat

„(...) Die Jugend- und Auszubildendenvertretung hat nur insoweit eine betriebsverfassungsrechtliche Rechtsstellung, als sie im Rahmen der §§ 60 ff. BetrVG und im Zusammenwirken mit dem Betriebsrat Interessen der jugendlichen Arbeitnehmer wahrnimmt. (...)"
(BAG, Beschluss v. 15.1.1992 – 7 ABR 23/90)

II. Einzelfälle

„Die Jugendvertretung kann gemäß BetrVG § 70 Abs. 1 Nr. 2 mit Zustimmung des Betriebsrats die Arbeitsplätze jugendlicher Arbeitnehmer aufsuchen, ohne daß sie einen konkreten Verdacht der Nichtbeachtung der in BetrVG § 70 Abs. 1 Nr. 2 genannten Vorschriften darlegen muß.

Ausübung der Überwachungsrechte durch JAV-Mitglieder nur mit vorheriger Zustimmung des Betriebsrats

(...) Das Landesarbeitsgericht hat zu Unrecht unentschieden gelassen, ob die Antragsgegnerin der Zustimmung des beteiligten Betriebsrats bedarf, wenn sie zur Erfüllung der der Jugendvertretung durch § 70 Abs. 1 Nr. 2 BetrVG zugewiesenen Aufgaben die Arbeitsplätze jugendlicher Arbeitnehmer aufsuchen wolle, weil der Betriebsrat zu dieser Maßnahme seine Einwilligung vorweg erteilt habe. (...) Der Betriebsrat muß zustimmen.

keine generelle Einwilligung des Betriebsrats zulässig

Der Betriebsrat kann nicht durch eine generelle Einwilligung jede zukünftige Überwachungsmaßnahme der Jugendvertretung im Rahmen des § 70 Abs. 1 Nr. 2 BetrVG gestatten. Dadurch wäre die Jugendvertretung in der Lage, eigenständig neben dem Betriebsrat zu handeln. (...) Die Jugendvertretung hat dem Betriebsrat unter Angabe des konkreten Falles mitzuteilen, daß sie zur Ausübung ihres Überwachungsrechts gem. § 70 Abs. 1 Nr. 2 BetrVG Arbeitsplätze jugendlicher Arbeitnehmer aufsuchen will. Dieser beabsichtigten Maßnahme muß der Betriebsrat zustimmen. Regelmäßig erst nach dieser Zustimmung kann die Jugendvertretung ihr Überwachungsrecht gem. § 70 Abs. 1 Nr. 2 BetrVG ausüben.

Gemäß § 80 Abs. 2 BetrVG kann der Betriebsrat bei Durchführung aller ihm nach dem Betriebsverfassungsgesetz obliegenden Aufgaben aufgrund seines Informationsrechts auch dann tätig werden, wenn keine bestimmten Verdachtsmomente eines drohenden oder erfolgten Verstoßes gegen die zugunsten der Arbeitnehmer ergangenen Regelungen vorliegen. Dies gilt auch für das Überwachungsrecht gem. § 80 Abs. 1 Nr. 1 BetrVG.

Wenn die Jugendvertretung nach § 70 Abs. 1 Nr. 2 BetrVG ein dem Überwachungsrecht des Betriebsrats gem. § 80 Abs. 1 Nr. 1 BetrVG inhaltlich entsprechendes Recht zugunsten jugendlicher Arbeitnehmer hat, so kann weder aus dem unterschiedlichen Wortlaut des § 80 Abs. 2 und des § 70 Abs. 2 BetrVG noch aus dem Inhalt des Überwachungsrechts gem. § 70 Abs. 1 Nr. 2 BetrVG selbst gefolgert werden, daß die Jugendvertretung Arbeitsplätze jugendlicher Arbeitnehmer nur bei konkretem Verdacht der Nichtbeachtung ergangener Vorschriften aufsuchen darf. (...) § 80 Abs. 2 BetrVG gewährt dem Betriebsrat ein umfassendes, d.h. erschöpfendes Informationsrecht gegenüber dem Arbeitgeber, damit er gegenüber den Arbeitnehmern die ihm obliegende soziale Schutzfunktion erfüllen kann. Sie besteht gegenüber allen vom Betriebsverfassungsgesetz erfaßten Arbeitnehmern. § 70 Abs. 2 BetrVG betrifft das entsprechende Recht der Jugendvertretung gegenüber dem Betriebsrat. In beiden Vorschriften geht es somit um das Informationsrecht und damit um die Unterrichtungspflicht durch den Arbeitgeber bzw. durch den Betriebsrat. Beide Vorschriften enthalten jedoch keine abschließende Regelung dahingehend, daß sich der Betriebsrat bzw. die Jugendvertretung allein über den Arbeitgeber bzw. den Betriebsrat die notwendigen Informationen beschaffen kann. Dies folgt schon aus der Möglichkeit, Betriebs- bzw. Jugendversammlungen abzuhalten (§§ 42, 43 bzw. 71 BetrVG) und regelmäßige Sprechstunden einzurichten (§§ 39 bzw. 69 BetrVG). Gerade diese Regelungen zeigen, daß das Vorliegen eines konkreten Verdachts der Nichtbeachtung der in § 80 Abs. 1 Nr. 1 und § 70 Abs. 1 Nr. 2 BetrVG genannten Vorschriften keine Voraussetzung für ein Informationsrecht des Betriebsrats und der Jugendvertretung ist.

Damit wird die Jugendvertretung auch nicht zu einem Kontrollorgan des Betriebsrats bzw. des Arbeitgebers. Das der Jugendvertretung gem. § 70 Abs. 1 Nr. 2 BetrVG obliegende Überwachungsrecht findet seine Schranken hinsichtlich des Betriebsrates zunächst darin, daß die Jugendvertretung der Zustimmung des Betriebsrates bedarf, will sie zur Erfüllung ihrer Überwachungsaufgaben Arbeitsplätze jugendlicher Arbeitnehmer aufsuchen.

Daraus ergibt sich zugleich auch, daß der Zweck des Zugangs zum Arbeitsplatz und seinem Umfeld auf die Erfüllung der zugrunde liegenden betriebsverfassungsrechtlichen Aufgaben gem. § 70 Abs. 1 Nr. 2 BetrVG bezogen sein muß. Für sonstige Kontakte zwischen jugendlichen Arbeitnehmern und Jugendvertretung sind Jugendversammlung, Betriebsversammlung und Sprechstunde geeignet und vom Gesetz vorgesehen. In diesem inhaltlich und von der Zweckrichtung begrenzten Umfang gestattet § 70 Abs. 1 Nr. 2 BetrVG der Jugendvertretung, selbst Überwachungsaufgaben wahrzunehmen, ohne daß ein konkreter Verdacht vorzuliegen braucht. Die Darlegung eines konkreten Verdachts würde im übrigen bedeuten, daß das Überwachungsrecht davon abhängig ist, daß die Jugendvertretung zufällig von einer möglichen Rechtsverletzung des Arbeitgebers Kenntnis erhält oder einen sonstigen Anlaß für ihr Begehren vorbringt. Die Jugendvertretung würde im Ergebnis genötigt, einen Verdacht gegen den Arbeitgeber zu äußern oder irgendeinen sonstigen Grund für ihr Begehren vorzuschieben. Da im übrigen die Zustimmung des Betriebsrats für die Ausübung des Überwachungsrechts durch die Jugendvertretung erforderlich ist, müßte auch der Betriebsrat das Vorliegen eines konkreten Verdachts selbst prüfen. Das würde die Zusammenarbeit zwischen Jugendvertretung und Betriebsrat auf die Dauer belasten."
(BAG, Beschluss v. 21.1.1982 – 6 ABR 17/79)

konkreter Verdacht für Ausübung des Überwachungsrechts nicht erforderlich

„Es bestehen grundsätzlich keine rechtlichen Bedenken gegen die Durchführung einer Fragebogenaktion unter den jugendlichen Arbeitnehmern, soweit sich die Fragen im Rahmen der gesetzlichen Aufgaben der Jugendvertretung und des Betriebsrats halten und Betriebsablauf und Betriebsfrieden nicht gestört werden.

Zulässigkeit einer Fragebogenaktion durch die JAV

(...) Die aus drei Mitgliedern bestehende Jugendvertretung beabsichtigte, im Betrieb der Antragsgegnerin, in dem 274 Arbeitnehmer, davon 32 Auszubildende beschäftigt sind, eine schriftliche Meinungsumfrage bei allen Auszubildenden durchzuführen. Dazu hat sie einen Fragebogen entworfen, der in drei Abschnitte unterteilt ist. Abschnitt I befaßt sich mit dem Betrieb im allgemeinen. Es wird danach gefragt, ob der Auszubildende diese Ausbildungsfirma noch einmal wählen würde, ob er mit der Urlaubsordnung, dem Fahrgeldzuschuß, dem Mittagessen, dem Arbeitsbeginn und – ende und der Pausenregelung zufrieden ist. Weitere Fragen betreffen die Sozialleistungen des Betriebs und die eigenen Leistungen des Auszubildenden im Verhältnis zu den Einrichtungen und Verhältnissen am Arbeitsplatz. Abschnitt II befaßt sich mit Ausbildung und Vorgesetzten. In 27 Fragen wird hier nach dem Verhalten der Vorgesetzten, der Art und Wirksamkeit der Ausbildung gefragt, wobei die Befragten aufgefordert werden, auch Namen zu nennen. Abschnitt III betrifft die Jugendvertretung selbst. Hier werden 16 Fragen gestellt, die im Zusammenhang mit der Tätigkeit, der Notwendigkeit und der Wirksamkeit der Jugendvertretung stehen.
Im Vorwort zu dem Fragebogen wird ausgeführt:
„Die Jugendvertretung der Firma H als Interessenvertretung, in Zusammenarbeit mit dem Betriebsrat, bitten hiermit alle Auszubildenden zur Stellungnahme in schriftlicher Form in bezug auf den Betrieb und die Ausbildung. Außerdem stellen wir uns (die Jugendvertretung) in Form von 15 Fragen selbst zur Kritik. Es soll hierdurch jedem die Möglichkeit gegeben werden, als Ergänzung zu den Jugendversammlungen seine Meinung frei zu äußern, ohne den eigenen Namen zu nennen. Ansonsten dürfen Namen genannt werden; in positiver sowie in negativer Form. Dies gilt im Bezug auf die Ausbildung innerhalb und außerhalb der Lehrwerkstatt sowie in bezug auf die Jugendvertretung. Daher bitten wir Euch die Sache ernst zu nehmen. Die Fragen sollten zu Hause nach reiflicher Überlegung in Ruhe beantwortet werden und am 27. März 1973 in der Zeit von 8.00 Uhr bis 15.00 Uhr im Betriebsratsbüro in einen dafür vorgesehenen Behälter geworfen werden. Die Fragebogen werden von uns in Zusammenarbeit mit dem Betriebsrat

statistisch ausgewertet und das Ergebnis Euch spätestens bei der nächsten Jugendversammlung mitgeteilt. Wir machen darauf aufmerksam, daß es sich hier um eine innerbetriebliche Angelegenheit handelt und bitten Euch, diese Sache vertraulich zu behandeln.
Mit freundlichen Grüßen die Jugendvertretung" (...)

Erforderlichkeit eines Betriebsratsbeschlusses unter Beteiligung der JAV-Mitglieder

(...) Das Landesarbeitsgericht geht zunächst zu Recht davon aus, die Jugendvertretung könne allein keinen gegenüber dem Arbeitgeber wirksamen Beschluß fassen, nur eine Beteiligung der Jugendvertretung an dem Beschluß des Betriebsrats komme in Betracht. Der Gesetzgeber hat mit der Neuregelung der Vorschriften über die Jugendvertretung die rechtliche Stellung der Jugendvertretung zwar verbessert und erweitert, ihr aber nicht die Rechtstellung eines selbständigen Organs der Betriebsverfassung eingeräumt. Die Vertretung der Interessen aller Arbeitnehmer einschließlich der Jugendlichen gegenüber dem Arbeitgeber obliegt dem Betriebsrat. Die Jugendvertretung ist bei der Durchführung der von ihr in Jugendfragen für erforderlich erachteten Maßnahmen auf die Mitwirkung des Betriebsrats angewiesen. Das Landesarbeitsgericht hat deshalb zu Recht angenommen, daß ein Beschluß des Betriebsrats unter Beteiligung der Jugendvertretung über die Durchführung der Meinungsumfrage erforderlich war. An der Abstimmung in der Sitzung des Betriebsrats am 16. Januar 1973 über die Durchführung der Meinungsumfrage haben auch die drei Jugendvertreter teilgenommen. Nach § 67 Abs. 2 BetrVG stand ihnen dieses Stimmrecht zu, da der zu fassende Beschluß überwiegend jugendliche Arbeitnehmer betraf. (...)
Gegen die Durchführung der geplanten Fragebogenaktion bestehen dem Grunde nach keine rechtlichen Bedenken. Das Betriebsverfassungsgesetz enthält zwar keine ausdrückliche gesetzliche Vorschrift über die Zulässigkeit derartiger Maßnahmen. Das besagt aber noch nicht, daß die geplante Maßnahme allein deshalb unzulässig wäre. Es ist vielmehr in erster Linie danach zu fragen, ob die Fragen sich ihrem Inhalt nach auf die Aufgaben des Betriebsrats und der Jugendvertretung beziehen, wie sie im Betriebsverfassungsgesetz festgelegt sind und ob dabei der Zuständigkeitsbereich eingehalten wird. Wenn und soweit dies der Fall ist, ist es grundsätzlich Sache des pflichtgemäßen Ermessens der Betriebsverfassungsorgane, in welcher Weise sie ihre gesetzlichen Aufgaben wahrnehmen wollen, soweit nicht das Gesetz hierfür ausdrückliche Bestimmungen insbesondere Einschränkungen enthält. Der Informationsaustausch zwischen Arbeitnehmern und ihren gewählten Vertretern ist nicht in der Form kanalisiert und eingeschränkt, daß er lediglich in den im Gesetz ausdrücklich als Institution vorgesehenen Formen erfolgen könnte, insbesondere in der Sprechstunde (§ 39, § 69 für Jugendvertretung) und in der Betriebs- oder Abteilungsversammlung (§§ 42 ff.) oder in der Jugendversammlung (§ 71). Die Betriebsversammlung hat kein Monopol für den Dialog zwischen der Arbeitnehmerschaft und ihren gewählten Vertretern.
Der Fragebogen soll nach seinem Vorspruch im übrigen auch der Ergänzung und Vorbereitung einer Jugendversammlung dienen. Daß Betriebsrat und Jugendvertretung in ihrem Informationsaustausch mit der Arbeitnehmerschaft einschließlich der Auszubildenden nicht nur auf Betriebs- bzw. Jugendversammlung und Sprechstunde angewiesen sind, ergibt sich insbesondere auch aus deren allgemeinen Aufgaben, wie sie für den Betriebsrat in § 80 Abs. 1 Nr. 1 – 3 und für die Jugendvertretung in § 70 Abs. 1 normiert sind. Die Wahrnehmung dieser Aufgaben kann ohne weiteres auch dadurch erfolgen, daß die Arbeitnehmerschaft oder eine Gruppe von ihnen dazu veranlaßt wird, selbst Vorschläge und Anregungen vorzubringen. Die Betriebsverfassungsorgane brauchen nicht darauf zu warten, daß betriebsbezogene Vorschläge von der Belegschaft aus vorgebracht werden. Die Möglichkeit einer derartigen Aktion besteht jedenfalls dann, wenn die gewählte Art der Informationsbeschaffung oder des Informationsaustauschs nicht zu über das Gesetz hinausgehenden Eingriffen in die Arbeitgebersphä-

re führt. Das ist hier bei der vorgesehenen Fragenbogenaktion aber auch nicht der Fall. Die Fragebogen sollen von den Auszubildenden zu Hause ausgefüllt und lediglich zu einem bestimmten Zeitpunkt im Betriebsratsbüro in einen Behälter geworfen werden. Ein nennenswerter Zeitaufwand oder eine Störung des Betriebsablaufs ist dadurch kaum zu befürchten. Es ist auch nicht ersichtlich und von der Antragsgegnerin nichts dafür vorgetragen worden, daß die Fragebogenaktion für 32 Auszubildende nennenswerte Kosten verursachen würde, so daß etwa gegen die Kostentragungspflicht durch den Arbeitgeber nach § 40 Abs. 1 irgendwelche Bedenken geltend gemacht werden könnten.

Die geplante Fragebogenaktion hat (...) auch nichts mit der Einführung eines Personalfragebogens im Sinne des § 94 BetrVG zu tun, deren Einführung nur der Arbeitgeber, wenn auch unter Zustimmung des Betriebsrats, betreiben könnte.

Eine überschlägliche Bewertung des Fragebogenkatalogs ergibt auch, daß er sich seinem Inhalt nach durchwegs mit Fragen befaßt, die im Beteiligungsbereich des Betriebsrats bzw. der Jugendvertretung liegen, bzw. eine Kritik an der eigenen Tätigkeit der Jugendvertretung und auch der Vorgesetzten der Auszubildenden ermöglichen. Mögliche und zulässige Erörterungsgegenstände auf einer Betriebs- oder Jugendversammlung können grundsätzlich auch zum Inhalt eines Fragebogens gemacht werden, soweit sie die Arbeitnehmer und hier die Auszubildenden unmittelbar betreffen. Auch in sachlicher Form geäußerte und hier „erfragte“ Kritik an vorhandenen Mißständen im Betrieb, insbesondere auch Kritik an Vorgesetzten und Mitarbeitern und Mitgliedern der Vertretungsorgane der Arbeitnehmerschaft selbst ist zulässig, wenn der Betriebsfrieden nicht beeinträchtigt wird, z. B. Kritik oder Fragestellung in unsachlicher oder ehrverletzender Form. Schließlich kann der Betriebsrat nach § 98 Abs. 2 und 5 BetrVG u. U. sogar die Abberufung eines ungeeigneten Ausbilders verlangen.

Gefährdung oder Störung des Betriebsablaufs und des Betriebsfriedens als Grenze

Ob die Durchführung einer Fragebogenaktion als sinnvoll angesehen werden kann und zu dem gewünschten Erfolg, auch in der beabsichtigten statistischen Auswertung, führt, ist eine allein vom Betriebsrat und Jugendvertretung zu entscheidende Zweckmäßigkeitsfrage, keine Rechtsfrage.

Ist somit die geplante Fragebogenaktion insgesamt gesehen rechtlich zulässig, so könnte doch für einzelne der vorgesehenen Fragen etwas anderes gelten. (...) Wenn auch im allgemeinen die Durchführung einer derartigen Aktion durchaus den GrundSatz der vertrauensvollen Zusammenarbeit (§ 2 Abs. 1) und der Wahrung des Betriebsfriedens (§ 74 Abs. 2 S. 2) dienen kann, weil nämlich mögliche Konfliktsfälle frühzeitig erkannt und durch Verhandlungen zwischen Arbeitgeber und Betriebsrat bereinigt werden können, so besteht auch umgekehrt die Gefahr der Störung des Betriebsfriedens z. B. durch einzelne Fragen, die nicht objektiv gestellt sind, sondern von vornherein eine bestimmte Antwort nahelegen oder unnötig in die Persönlichkeitssphäre anderer Arbeitnehmer durch verletzende Fragestellung und dementsprechend zu erwartende Antworten eingreifen. Gerade bei einer an sich durchaus auch zulässigen anonymen Befragung mit der Bitte um Namensnennung von Vorgesetzten oder auch Mitgliedern von Betriebsverfassungsorganen muß durch entsprechende Gestaltung der Fragen möglichst sicher gestellt werden, daß die Antworten nicht auf rein subjektiven, u. U. Persönlichkeitsrechte verletzenden, Werturteilen beruhen, sondern auf nachprüfbaren konkreten Tatsachen. Insoweit könnten hier unter Umständen Bedenken bestehen z. B. gegen die Fragen II 4 („Fühlst Du Dich durch Deine Vorgesetzten ausgenutzt, von wem?, von wem nicht?“), II 20 („Jeder Mensch macht Fehler: a) gestehen Deine Vorgesetzten Fehler frei und offen ein (ja, nein, nicht immer), wer nicht?; b) oder versuchen sie ihre Fehler zu vertuschen? ja, nein, manchmal, wer nicht?; c) oder versuchen sie sie anderen zuzuschieben? ja, nein, manchmal; wer? wer nicht?“), aber auch III 10, betreffend Aufstellung zur Wahl als Jugendvertreter, insbesondere wegen der gewünschten Namensnennung („Welche

Berücksichtigung der Persönlichkeitsrechte der Betriebsangehörigen

Motive hältst Du bei wem für naheliegend? a) psychologische Interessen, b) gewerkschaftliche Interessen, c) Wichtigtuerei, d) Faulenzer..., e) typisch revolutionäre Naturen, f) Idealismus, g) typische Weltverbesserer wie man sie überall findet"). Bedenklich wären diese Fragen, wenn und soweit ihre Beantwortung und Auswertung dazu führt, daß bestimmte Personen ohne zwingende sachliche Gründe bloßgestellt werden. (...)"
(BAG, Beschluss v. 8.2.1977 – 1 ABR 82/74)

E. Geschäftsführung der Jugend- und Auszubildendenvertretung

I. Vorsitzende(r) der Jugend- und Auszubildendenvertretung

§65 Abs. 1 BetrVG	Für die Jugend- und Auszubildendenvertretung gelten ... §§... 26 ... entsprechend.
§26 Abs. 1 BetrVG	Der Betriebsrat wählt aus seiner Mitte den Vorsitzenden und dessen Stellvertreter.
§26 Abs. 2 BetrVG	Der Vorsitzende des Betriebsrats oder im Fall seiner Verhinderung sein Stellvertreter vertritt den Betriebsrat im Rahmen der von ihm gefassten Beschlüsse. Zur Entgegennahme von Erklärungen, die dem Betriebsrat gegenüber abzugeben sind, ist der Vorsitzende des Betriebsrats oder im Fall seiner Verhinderung sein Stellvertreter berechtigt.

1. Wahl des/der JAV-Vorsitzenden

Unzulässigkeit zusätzlicher Voraussetzungen durch Tarifvertrag

„Ein Tarifvertrag kann nicht wirksam persönliche Wählbarkeitsvoraussetzungen für die Wahl des Vorsitzenden oder stellvertretenden Vorsitzenden des Betriebsrats aufstellen, die über die gesetzlichen Anforderungen nach Maßgabe der BetrVG §8 und BetrVG §26 Abs.1 hinausgehen.
(...) Nach §26 Abs. 1 S. 1 BetrVG 1972 wählt der Betriebsrat „aus seiner Mitte" den Vorsitzenden und dessen Stellvertreter ohne daß das Gesetz eine Einschränkung macht. Die zwingenden Wählbarkeitsvoraussetzungen zählt §8 BetrVG 1972 erschöpfend auf. Demgegenüber enthält §15 BetrVG 1972 nur Empfehlungen für die Zusammensetzung des Betriebsrats im ganzen nach Beschäftigungsarten und Geschlechtern. Vom Gesetz abweichende, zusätzliche Erfordernisse aufstellende Regelungen für nach dem Betriebsverfassungsgesetz 1972 gebildete Betriebsräte kann ein Tarifvertrag nicht normieren. Der organisatorische Bereich des Betriebsverfassungsrechts kann aus Gründen der Rechtssicherheit nur durch Vorschriften des Gesetzes selbst geordnet werden, sofern nicht das Betriebsverfassungsgesetz selbst ausdrücklich abweichende tarifliche Regelungen zuläßt. (...)"
(BAG, Beschluss v. 16.2.1973 – 1 ABR 18/72)

jederzeitige Abwahl ohne Begründung möglich

„Die Abwahl des Betriebsratsvorsitzenden oder seines Stellvertreters ist jederzeit ohne besondere Begründung zulässig; ein Mehrheitsbeschluß genügt."
(BAG, Beschluss v. 1.6.1966 – 1 ABR 18/65)

Möglichkeit der Ablehnung der Wahl

„Wer zum Vorsitzenden oder stellvertretenden Vorsitzenden des Betriebsrats gewählt ist, kann eine solche Wahl ablehnen. Ebenso bestehen gegen einen Verzicht auf die Kandidatur zu einer solchen Wahl keine Bedenken."
(BAG, Beschluss v. 29.1.1965 – 1 ABR 8/64)

jederzeitige Abberufung durch Beschluß möglich

„Der Betriebsratsvorsitzende kann durch Betriebsratsbeschluß jederzeit von seinem Vorsitzendenposten abberufen werden."
(BAG, Beschluss v. 26.1.1962 – 2 AZR 244/61)

„Die nicht geheim durchgeführte Wahl eines Betriebsratsvorsitzenden und dessen Stellvertreter ist jedenfalls dann nicht unwirksam, wenn über den Antrag einer Minderheit von Betriebsratsmitgliedern auf Durchführung einer geheimen Wahl abgestimmt und der Antrag durch Mehrheitsbeschluß abgelehnt worden ist.

offene Wahl des Vorsitzenden

(...) Die Wahl des Betriebsratsvorsitzenden und seines Stellvertreters vom 24.3.1998 ist nicht deswegen rechtsunwirksam, weil die Wahl nicht in geheimen Wahlgängen durchgeführt worden ist. Die Wahlgänge konnten in der Form der offenen Wahl durchgeführt werden, ohne Rücksicht darauf, ob lediglich einer der Antragsteller oder alle neun die Durchführung einer geheimen Wahl beantragt haben, nachdem der Betriebsrat in seiner Gesamtheit sich durch Mehrheitsentscheidung für offene Wahl entschieden hat. (...) §26 Abs. 1 S. 1 BetrVG enthält keine näheren Vorschriften über den Wahlmodus. Die Vorschrift beschränkt sich darauf, festzulegen, daß der Betriebsrat seinen Vorsitzenden und dessen Stellvertreter aus seiner Mitte wählt. Demgegenüber finden sich im Betriebsverfassungsgesetz beispielsweise in §27 Abs. 1 S. 3, §28 Abs. 1 S. 2 und §38 Abs. 2 Satz 1 für interne Wahlen nähere Vorschriften, unter anderem dergestalt, daß eine geheime Wahl stattzufinden hat. Bereits die Gegenüberstellung dieser Vorschriften zeigt, daß der Gesetzgeber für die Wahl des Betriebsratsvorsitzenden und seines Stellvertreters eine geheime Wahl nicht für notwendig erachtet hat und dem Betriebsrat als Gremium die weitere Ausgestaltung des Wahlmodus überlassen hat. (...) Geht man im AnSatz davon aus, daß die Festlegung des Wahlmodus dem Betriebsrat überlassen bleibt, dann muß es konsequent sein, daß dieser durch Mehrheitsentscheidung darüber befinden kann, ob die Wahl geheim oder offen durchzuführen sein soll. Allein die eindeutige Regelung des Gesetzes, die eine geheime Wahl nicht notwendig vorsieht, gebietet eine solche Verfahrensweise nicht, zumal der Gesetzgeber in anderen Wahlverfahren für betriebsratsinterne Wahlen den GrundSatz der geheimen Wahl aufgestellt hat. Die Rechtsprechung des Bundesarbeitsgerichtes geht jedenfalls davon aus, daß ein Betriebsrat darüber beschließen kann, ob geheime oder offene Wahl zu erfolgen hat. Eine geheime Wahl auf Verlangen einer Minderheit des Betriebsrates ist auch weder aufgrund fundamentaler Grundsätze demokratischen Verhaltens, noch aus Gründen des Minderheitenschutzes notwendig. (...) Eine Mehrheitsentscheidung gegen die geheime Wahl verstößt auch nicht im übrigen gegen fundamentale demokratische Grundprinzipien; diesen entspricht es vielmehr, daß der Betriebsrat durch Mehrheitsentscheidung für sich selbst darüber befinden kann, ob geheime oder offene Wahl durchzuführen ist, wenn schon der Gesetzgeber ihm den Wahlmodus freistellt. (...) Übergeordnete verfassungsrechtliche Prinzipien sehen es daher nicht als notwendig an, jede Wahl als eine geheime durchführen zu müssen. (...) Der Betriebsrat konnte daher selbst durch Mehrheitsentscheidung darüber befinden, ob er dem Antrag auf Durchführung einer geheimen Wahl nachkommen wollte oder nicht."

geheime Wahl durch Mehrheitsbeschluss zulässig

(ArbG Bielefeld, Beschluss v. 12.8.1998 – 3 BV 23/98)

2. Stellung des/der Vorsitzenden

Zugang beim Betriebsrat durch Übergabe an den Vorsitzenden

„(...) Das Gesuch des Arbeitgebers (...) muss dem Betriebsrat zugehen, (...). Nach § 26 Abs. 2 Satz 2 BetrVG setzt dies grundsätzlich einen Zugang beim Betriebsratsvorsitzenden oder - im Fall seiner Verhinderung - bei seinem Stellvertreter voraus. Die Norm gilt nicht nur für rechtsgeschäftliche Willenserklärungen, sondern für Erklärungen und Mitteilungen aller Art. Die übrigen Betriebsratsmitglieder sind nur dann zur Entgegennahme von Erklärungen des Arbeitgebers für den Betriebsrat ermächtigt, wenn alle nach § 26 Abs. 2 Satz 2 BetrVG Befugten verhindert sind. Fehlt es hieran, kann das Betriebsratsmitglied lediglich Erklärungsbote des Arbeitgebers sein. In diesem Fall ist ein fristauslösender Zugang beim Betriebsrat erst dann gegeben, wenn das Betriebsratsmitglied die ihm vom Arbeitgeber übergebene Erklärung an den Vorsitzenden des Betriebsrats oder - im Verhinderungsfall - dessen Stellvertreter weiterleitet. (...)"
(BAG, Beschluss v. 28.07.2020 - 1 ABR 5/19 -)

Verhinderung des Betriebsratsvorsitzenden

„(...) Eine Verhinderung im Sinne von § 26 Abs. 2 S. 2 BetrVG liegt vor, wenn der Betriebsratsvorsitzende aus rechtlichen oder tatsächlichen Gründen nicht in der Lage ist, sein Amt auszuüben. Insoweit gilt dasselbe wie für die in § 25 Abs. 1 Satz 2 BetrVG geregelte Verhinderung. Die Arbeitsunfä-

higkeit eines Betriebsratsmitglieds stellt danach nicht notwendigerweise eine Verhinderung dar. Es kann Fälle geben, in denen die Erkrankung den Arbeitnehmer zwar außerstande setzt, seine Arbeitspflichten zu erfüllen, nicht aber sein Betriebsratsamt wahrzunehmen. (...)"
(BAG, Beschluss v. 28.07.2020 – 1 ABR 5/19)

Betriebsrat als Kollegialorgan

„(...) Nach der Konzeption des Betriebsverfassungsgesetzes handelt der Betriebsrat als Kollegialorgan. Er bildet seinen gemeinsamen Willen durch Beschluss (§ 33 Abs. 1 BetrVG). Dieser ist beachtlich, wenn er ordnungsgemäß zustande gekommen ist. Dazu muss der Betriebsrat beschlussfähig iSd. § 33 BetrVG sein und sich auf einer Betriebsratssitzung aufgrund einer mit den Vorschriften des BetrVG in Einklang stehenden Ladung mit dem jeweiligen Sachverhalt befasst und durch Abstimmung eine einheitliche Willensbildung herbeigeführt haben.Eine nicht von einem Betriebsratsbeschluss umfasste Erklärung seines Vorsitzenden ist unwirksam und entfaltet keine Rechtswirkungen. Nach § 26 Abs. 2 Satz 1 BetrVG vertritt der Vorsitzende den Betriebsrat nur im Rahmen der von ihm gefassten Beschlüsse. Allerdings können ohne einen wirksamen Betriebsratsbeschluss abgeschlossene Vereinbarungen vom Betriebsrat durch eine spätere ordnungsgemäße Beschlussfassung nach § 184 Abs. 1 BGB genehmigt werden. (...)"
(BAG v. 9.12.2014 – 1 ABR 19/13)

Willensbildung durch Beschluss des Betriebsrats

nachträgliche Genehmigung möglich

„(...) Die Worte „im Fall seiner Verhinderung" in § 26 Abs. 2 Satz 2 BetrVG bringen zum Ausdruck, dass der Stellvertreter des Vorsitzenden zur Entgegennahme von dem Betriebsrat gegenüber abzugebenden Erklärungen nur berechtigt ist, wenn und solange der Vorsitzende selbst verhindert ist. Für die Beurteilung, unter welchen Voraussetzungen der Betriebsratsvorsitzende verhindert ist, gelten die für die zeitweilige Verhinderung eines Betriebsratsmitglieds nach § 25 Abs. 1 Satz 2 BetrVG maßgebenden Grundsätze entsprechend.
Eine zeitweilige Verhinderung im Sinne von § 25 Abs. 1 Satz 2 BetrVG liegt vor, wenn das Betriebsratsmitglied vorübergehend aus tatsächlichen oder rechtlichen Gründen nicht in der Lage ist, sein Amt auszuüben. Eine tatsächliche Verhinderung ist z.B. bei der auswärtigen Wahrnehmung des Erholungs- oder Bildungsurlaubs, bei Kuraufenthalten, Dienstreisen oder der Teilnahme an Schulungs- oder Bildungsveranstaltungen anzunehmen. Ist ein Betriebsratsvorsitzender aufgrund einer solchen Ortsabwesenheit tatsächlich verhindert, im Betrieb Erklärungen entgegenzunehmen, die dem Betriebsrat gegenüber abzugeben sind, z.B. ein Anhörungsschreiben des Arbeitgebers zu einer beabsichtigten Kündigung, ist gemäß § 26 Abs. 2 Satz 2 BetrVG sein Stellvertreter zur Entgegennahme berechtigt. So verhält es sich aber auch, wenn dem Betriebsrat rechtzeitig angekündigt wird, wann und wo der Arbeitgeber ihm gegenüber außerhalb des Betriebs eine Erklärung abgeben will, die Entgegennahme dieser Erklärung des Arbeitgebers außerhalb des Betriebs vom Betriebsrat bzw. seinem Vorsitzenden nicht abgelehnt wird und der Betriebsratsvorsitzende die Erklärung des Arbeitgebers aufgrund Ortsabwesenheit nicht entgegennehmen kann. Auch in diesem Fall ist der Vorsitzende des Betriebsrats aus tatsächlichen Gründen nicht in der Lage und damit im Sinne von § 26 Abs. 2 Satz 2 BetrVG verhindert, die Erklärung des Arbeitgebers entgegenzunehmen mit der Folge, dass sein Stellvertreter zur Entgegennahme berechtigt ist und eine schriftliche Erklärung dem Betriebsrat zugeht, wenn sie mit Einverständnis des Stellvertreters diesem außerhalb des Betriebs ausgehändigt wird. (...)"
(BAG v. 07.07.2011 – 6 AZR 248/10)

zeitweilige Verhinderung des Vorsitzenden

Zuständigkeit des Stellvertreters

Übergabe von Erklärungen außerhalb des Betriebs

Vorsitzender als gesetzlicher Vertreter des Betriebsrat

„(...) Nach §26 Abs. 2 Satz 1 BetrVG vertritt der Betriebsratsvorsitzende oder im Fall seiner Verhinderung sein Stellvertreter den Betriebsrat im Rahmen der von ihm gefassten Beschlüsse. Der Vorsitzende handelt bei den für den Betriebsrat abzugebenden Erklärungen als dessen gesetzlicher Vertreter. Dies gibt schon der Gesetzeswortlaut vor, wonach die Vertretungsmacht des Vorsitzenden „im Rahmen" der vom Betriebsrat gefassten Beschlüsse besteht. Durch §26 Abs. 2 Satz 1 BetrVG werden die Erklärungen des Vorsitzenden daher nicht auf die bloße Verlautbarung der vom Betriebsrat gefassten Beschlüsse beschränkt. Zu den Aufgaben des Betriebsratsvorsitzenden gehört auch die Abfassung und Unterzeichnung von Schriftstücken (...). (...)"
(BAG v. 30.09.2014 – 1 ABR 32/13)

Erforderlichkeit eines wirksamen Betriebsratsbeschlusses für wirksames Handeln des Vorsitzenden

nachträgliche Genehmigung durch Betriebsratsbeschluss möglich

„Der Betriebsrat kann durch eine nachträgliche Beschlussfassung eine von dem Betriebsratsvorsitzenden zuvor ohne Rechtsgrundlage im Namen des Betriebsrats getroffene Vereinbarung genehmigen.
(...) Vereinbarungen, die der Betriebsratsvorsitzende, sein Stellvertreter (oder ein anderes beauftragtes Betriebsratsmitglied) ohne einen wirksamen Betriebsratsbeschluss abgeschlossen haben, sind nach §177 Abs. 1 BGB schwebend unwirksam. Sie können jedoch vom Betriebsrat durch eine spätere ordnungsgemäße Beschlussfassung nach §184 Abs. 1 BGB genehmigt werden. Nach §26 Abs. 2 Satz 1 BetrVG vertritt der Betriebsratsvorsitzende oder im Fall seiner Verhinderung sein Stellvertreter den Betriebsrat im Rahmen der von ihm gefassten Beschlüsse. Die Beschlüsse des Betriebsrats dienen der internen Willensbildung des Gremiums. Nur ein ordnungsgemäßer Betriebsratsbeschluss schafft die Legitimation für die Handlungen und Erklärungen des Betriebsrats und der für ihn tätigen Personen, soweit nicht durch besondere gesetzliche Regelungen dem Betriebsratsvorsitzenden oder seinem Stellvertreter eine Alleinzuständigkeit zugewiesen ist. Ein unter Missachtung zwingender Verfahrensvorschriften zustande gekommener Beschluss des Betriebsrats ist unwirksam und entfaltet keine Rechtswirkungen. Der Betriebsrat kann aber erneut über die Angelegenheit beschließen. Der im Rahmen einer erneuten Befassung getroffene Beschluss wirkt dabei grundsätzlich nicht auf den Zeitpunkt der erstmaligen und wegen des Verfahrensfehlers unwirksamen Beschlussfassung zurück, sondern schafft erst für die Zukunft eine Rechtsgrundlage für die Handlungen und Erklärungen des Betriebsrats zu diesem Beschlussgegenstand. Der Betriebsrat kann allerdings durch die nachträgliche Beschlussfassung eine vom dem Betriebsratsvorsitzenden zuvor ohne Rechtsgrundlage getroffene Vereinbarung genehmigen. Denn der Betriebsratsvorsitzende handelt im Rahmen der für den Betriebsrat abgegebenen Erklärungen als gesetzlicher Vertreter des Betriebsrats. Fehlt es an einem Betriebsratsbeschluss oder ist der Beschluss unwirksam, handelt der Betriebsratsvorsitzende ohne Vertretungsmacht. Eine von dem Betriebsratsvorsitzenden abgeschlossene Vereinbarung, die nicht auf einem zuvor gefassten wirksamen Betriebsratsbeschluss beruht, ist schwebend unwirksam. Ihre Wirksamkeit hängt nach §177 Abs. 1 BGB von der nachträglichen Zustimmung des Betriebsrats zu der Vereinbarung ab. §177 BGB gilt für alle Rechtsgeschäfte, die von einem Vertreter ohne Vertretungsmacht vorgenommen werden. Die Vorschrift findet daher nicht nur auf die gewillkürte Vertretung, sondern auch dann Anwendung, wenn ein gesetzlicher Vertreter außerhalb der ihm eingeräumten Vertretungsmacht handelt. Genehmigt der Betriebsrat das zunächst ohne Vertretungsmacht abgeschlossene Rechtsgeschäft, wirkt die Genehmigung nach §184 Abs. 1 BGB auf den Zeitpunkt der Vornahme des Rechtsgeschäfts zurück, soweit nichts anderes bestimmt ist. Das von dem Vertreter abgeschlossene Rechtsgeschäft wird auf Grund der Genehmigung so behandelt, als sei es bei seiner Vornahme sogleich wirksam geworden. Das Recht des

Vertretenen, einem in seinem Namen abgeschlossenen Rechtsgeschäft nachträglich zuzustimmen, ist von Gesetzes wegen nicht befristet. Die Genehmigung kann daher grundsätzlich zeitlich unbegrenzt ausgesprochen werden. Der andere Teil kann den Schwebezustand beenden, indem er entweder das Vertretergeschäft widerruft oder den Vertretenen auffordert, sich zur Genehmigung zu erklären (§ 178 BGB).
Die zeitliche Rückerstreckung der Genehmigung auf den Zeitpunkt der Vornahme des Rechtsgeschäfts kann allerdings durch dessen Rechtsnatur ausgeschlossen sein. Dies ist insbesondere bei fristgebundenen Rechtsgeschäften der Fall, z.B. wenn für die Vornahme des Rechtsgeschäfts oder einer Willenserklärung eine gesetzliche oder rechtsgeschäftliche Frist gesetzt ist oder wenn die Rückbeziehung zu sachwidrigen und mit den Wertungen anderer Normen nicht zu vereinbarenden Ergebnissen führt. Die erneute Beschlussfassung des Betriebsrats führt danach nicht stets zu einer zeitlichen Rückerstreckung auf den Zeitpunkt der ersten (unwirksamen) Beschlussfassung. Die Wirkungen der erneuten Beschlussfassung richten sich regelmäßig nicht nach § 184 Abs. 1 BGB, wenn sie nicht die nachträgliche Zustimmung des Betriebsrats zu einem von dem Betriebsratsvorsitzenden, seinem Stellvertreter oder einem sonst im Namen des Betriebsrats handelnden Mitglied abgeschlossenen Vertrag zum Gegenstand hat, da es insoweit an den tatbestandlichen Voraussetzungen des § 177 Abs. 1 BGB fehlt. Hier bleibt es bei dem Grundsatz, dass erst die erstmals wirksame Beschlussfassung die Legitimation für das Handeln des Betriebsrats schafft.
Daneben ist die zeitliche Rückerstreckung der Genehmigung ausgeschlossen, wenn die Beschlussfassung des Betriebsrats erst nach dem für die Beurteilung eines Sachverhalts maßgeblichen Zeitpunkt erfolgt. Diese Einschränkung betrifft insbesondere rechtsgeschäftliche Vereinbarungen, durch die dem Arbeitgeber eine Kostentragungspflicht auferlegt wird. Insoweit wird die Rückwirkung der Genehmigung durch die nach § 40 BetrVG gebotene Erforderlichkeitsprüfung begrenzt. Danach muss der Betriebsrat vor der Verursachung von Kosten nach pflichtgemäßer Würdigung aller Umstände über die Erforderlichkeit entscheiden. Die Frage der Erforderlichkeit ist von dem Zeitpunkt des Beschlusses aus zu beurteilen, der die Kosten ausgelöst hat. So hat der Senat entschieden, dass ein nach dem Besuch einer Schulungsveranstaltung gefasster Betriebsratsbeschluss, in dem die Teilnahme des Betriebsratsmitglieds gebilligt wird, keinen Anspruch des Betriebsrats nach § 40 Abs. 1 BetrVG auf Kostentragung durch den Arbeitgeber begründet. Des weiteren können wie bei der Änderung oder Aufhebung von Betriebsratsbeschlüssen Gesichtspunkte des Vertrauensschutzes einer zeitlichen Rückerstreckung der Genehmigung entgegenstehen. (...)“
(BAG, Beschluss v. 10.10.2007 – 7 ABR 51/06)

keine Rückwirkung bei Kostentragungspflicht des Arbeitgebers

„(...) Der Betriebsratsvorsitzende handelt bei der Übermittlung der Beschlüsse des Betriebsrats (...) nicht als Vertreter des Betriebsrats im Willen, sondern lediglich als Vertreter in der Erklärung.
(...) Nach § 26 Abs. 2 Satz 1 BetrVG vertritt der Betriebsratsvorsitzende den Betriebsrat im Rahmen der von ihm gefaßten Beschlüsse. Der Betriebsratsvorsitzende ist daher zur Abgabe von Erklärungen für den Betriebsrat zuständig. Dazu gehört auch die Abfassung und Unterzeichnung von Schriftstücken (...). Lediglich im Falle der Verhinderung des Betriebsratsvorsitzenden obliegt diese Aufgabe nach § 26 Abs. 2 Satz 1 BetrVG seinem Stellvertreter.
(...) Der Betriebsratsvorsitzende handelt bei der Übermittlung der Beschlüsse des Betriebsrats an den Arbeitgeber nicht als Vertreter des Betriebsrats im Willen, sondern lediglich als dessen Vertreter in der Erklärung. Er trifft daher nicht anstelle des Betriebsrats eine diesem obliegende Entscheidung, sondern informiert lediglich den Arbeitgeber über die von dem Betriebsrat getroffene Entscheidung. (...)“
(BAG, Beschluss v. 19.3.2003 – 7 ABR 15/02)

Vorsitzender ist Vertreter in der Erklärung und nicht im Willen

Willensbildung durch Betriebsrat als Gremium

„Der Betriebsratsvorsitzende vertritt den Betriebsrat nur im Rahmen der von ihm gefaßten Beschlüsse und ist deshalb nicht Vertreter des Betriebsrat im Willen, sondern nur Vertreter in der Erklärung.
Gibt der Betriebsratsvorsitzende für den Betriebsrat eine Erklärung ab, so spricht eine – allerdings jederzeit widerlegbare – Vermutung dafür, daß der Betriebsrat einen entsprechenden Beschluß gefaßt hat.
(...) Es ist zwar richtig, daß eine nicht durch einen entsprechenden Beschluß des Gesamtbetriebsrats gedeckte Erklärung seines Vorsitzenden unwirksam ist. Denn der Vorsitzende vertritt den Gesamtbetriebsrat nur im Rahmen der von ihm gefaßten Beschlüsse (§§26 Abs. 3 Satz 1, 51 Abs. 1 Satz 1 BetrVG); er ist also nicht Vertreter im Willen, sondern nur Vertreter in der Erklärung. Wenn aber der Vorsitzende des Gesamtbetriebsrats für diesen eine Erklärung abgibt, so spricht eine -- allerdings jederzeit widerlegbare – Vermutung dafür, daß der Gesamtbetriebsrat einen entsprechenden Beschluß gefaßt hat. (...)“
(BAG, Urteil v. 17.2.1981 – 1 AZR 290/78)

(widerlegbare) Vermutung für Vorliegen eines Beschlusses

„Der Vorsitzende des Personalrats ist dessen Vertreter lediglich in der Erklärung, nicht in der Willensbildung.“
(BAG, Urteil v. 26.9.1963 – 2 AZR 220/63)

II. Sitzungen der Jugend- und Auszubildendenvertretung

§65 Abs. 2 BetrVG	Die Jugend- und Auszubildendenvertretung kann nach Verständigung des Betriebsrats Sitzungen abhalten; §29 gilt entsprechend. An diesen Sitzungen kann der Betriebsratsvorsitzende oder ein beauftragtes Betriebsratsmitglied teilnehmen.
§29 Abs. 2 BetrVG	Die weiteren Sitzungen beruft der Vorsitzende des Betriebsrats ein. Er setzt die Tagesordnung fest und leitet die Verhandlung. Der Vorsitzende hat die Mitglieder des Betriebsrats zu den Sitzungen rechtzeitig unter Mitteilung der Tagesordnung zu laden. Dies gilt auch für die Schwerbehindertenvertretung sowie für die Jugend- und Auszubildendenvertreter, soweit sie ein Recht auf Teilnahme an der Betriebsratssitzung haben. Kann ein Mitglied des Betriebsrats oder der Jugend- und Auszubildendenvertretung an der Sitzung nicht teilnehmen, so soll es dies unter Angabe der Gründe unverzüglich dem Vorsitzenden mitteilen. Der Vorsitzende hat für ein verhindertes Betriebsratsmitglied oder für einen verhinderten Jugend- und Auszubildendenvertreter das Ersatzmitglied zu laden.
§29 Abs. 3 BetrVG	Der Vorsitzende hat eine Sitzung einzuberufen und den Gegenstand, dessen Beratung beantragt ist, auf die Tagesordnung zu setzen, wenn dies ein Viertel der Mitglieder des Betriebsrats oder der Arbeitgeber beantragt.
§29 Abs. 4 BetrVG	Der Arbeitgeber nimmt an den Sitzungen, die auf sein Verlangen anberaumt sind, und an den Sitzungen, zu denen er ausdrücklich eingeladen ist, teil. Er kann einen Vertreter der Vereinigung der Arbeitgeber, der er angehört, hinzuziehen.
§65 Abs. 1 BetrVG	Für die Jugend- und Auszubildendenvertretung gelten (...) §§30, 31, (...) sowie die §§34, (...) entsprechend.
§30 Abs. 1BetrVG	Die Sitzungen des Betriebsrats finden in der Regel während der Arbeitszeit statt. Der Betriebsrat hat bei der Ansetzung von Betriebsratssitzungen auf die betrieblichen Notwendigkeiten Rücksicht zu nehmen. Der Arbeitgeber ist vom Zeitpunkt der Sitzung vorher zu verständigen. Die Sitzungen des Betriebsrats sind nicht öffentlich. Sie finden als Präsenzsitzung statt.
§ 30 Abs. 2 BetrVG	Abweichend von Absatz 1 Satz 5 kann die Teilnahme an einer Betriebsratssitzung mittels Video- und Telefonkonferenz erfolgen, wenn 1. die Voraussetzungen für eine solche Teilnahme in der Geschäftsordnung unter Sicherung des Vorrangs der Präsenzsitzung festgelegt sind, 2. nicht mindestens ein Viertel der Mitglieder des Betriebsrats binnen einer von dem Vorsitzenden zu bestimmenden Frist diesem gegenüber widerspricht und 3. sichergestellt ist, dass Dritte vom Inhalt der Sitzung keine Kenntnis nehmen können. Eine Aufzeichnung der Sitzung ist unzulässig.
§ 30 Abs. 3 BetrVG	Erfolgt die Betriebsratssitzung mit der zusätzlichen Möglichkeit der Teilnahme mittels Video- und Telefonkonferenz, gilt auch eine Teilnahme vor Ort als erforderlich.
§31 BetrVG	Auf Antrag von einem Viertel der Mitglieder des Betriebsrats kann ein Beauftragter einer im Betrieb vertretenen Gewerkschaft an den Sitzungen beratend teilnehmen; in diesem Fall sind der Zeitpunkt der Sitzung und die Tagesordnung der Gewerkschaft rechtzeitig mitzuteilen.

1. Einladung zur Sitzung

Sinn und Zweck rechtzeitiger Ladung

„(...) Die Vorschrift des §29 Abs. 2 Satz 3 BetrVG dient mittelbar der Willensbildung des Betriebsrats, indem sie dem einzelnen Betriebsratsmitglied eine sachgerechte Sitzungsvorbereitung ermöglichen und ihn vor unbedachten und unvorbereiteten Entscheidungen schützen soll. Die rechtzeitige Ladung unter Übermittlung der Tagesordnung soll ihm Gelegenheit geben, sich ein Bild über die zu treffenden Entscheidungen zu machen und ihm die

ordnungsgemäße Vorbereitung auf die Sitzung

Möglichkeit eröffnen, sich sachgerecht und ordnungsgemäß auf die Betriebsratssitzung vorbereiten zu können.Damit wird eine, demokratischen Grundprinzipien gerecht werdende Willensbildung des Betriebsrats gewährleistet und der Gefahr einer Überrumpelung einzelner Betriebsratsmitglieder bei der Beratung und anschließenden Abstimmung entgegengewirkt. (...)"
(BAG v. 15.04.2014 – 1 ABR 2/13 (B))

Pflicht zur Ladung von Ersatzmitgliedern bei Verhinderung von JAV-Mitgliedern

Beachtung der Reihenfolge des Nachrückens

„(...) Die Ladung aller Betriebsratsmitglieder einschließlich etwaiger Ersatzmitglieder unter gleichzeitiger Mitteilung der Tagesordnung ist eine wesentliche Voraussetzung für das ordnungsgemäße Zustandekommen eines Betriebsratsbeschlusses. Ist ein Betriebsratsmitglied verhindert, an der Sitzung teilzunehmen, ist ein Ersatzmitglied zu laden (§25 Abs. 1 Satz 2 BetrVG). Nach §25 Abs. 2 Satz 1 BetrVG werden die Ersatzmitglieder unter Berücksichtigung des §15 Abs. 2 BetrVG der Reihe nach aus den nichtgewählten Arbeitnehmern derjenigen Vorschlagslisten entnommen, denen die zu ersetzenden Mitglieder angehören. (...)"
(BAG, Beschluss v. 18.1.2006 – 7 ABR 25/05)

rechtzeitige Ladung Voraussetzung für wirksame Beschlussfassung

„(...) Die ordnungsgemäße Mitteilung der Tagesordnung ist aber ebenso wie die rechtzeitige Ladung Voraussetzung für eine wirksame Beschlußfassung. (...)"
(BAG, Urteil v. 28.4.1988 – 6 AZR 405/86)

mündliche Ladung möglich

„(...) Eine besondere Form für die Ladung ist im Gesetz aber nicht vorgesehen, so daß diese auch mündlich erfolgen kann. (...)"
(BAG, Beschluss v. 8.2.1977 – 1 ABR 82/74)

keine gesetzlichen Formvorschriften und Fristen

Zugang der Ladung erforderlich

1 Tag als ausreichende Ladungsfrist

„(...) Für die Ladung ist dabei keine besondere Form vorgeschrieben. Erforderlich ist aber, dass sie in verkehrsüblicher Weise in die tatsächliche Verfügungsgewalt aller Betriebsratsmitglieder gelangt, sodass diese unter normalen Umständen von ihr Kenntnis nehmen können. Hier ist die Ladung unter Mitteilung der Tagesordnung zwar sehr kurzfristig, nämlich am selben Tag erfolgt. Die schließt aber eine rechtzeitige Ladung nicht aus. Vielmehr muss der Betriebsrat auch in Eilfällen handlungsfähig sein und daher ist in unvorhergesehenen Eilfällen auch eine ganz kurzfristige Einladung zulässig. Den Betriebsratsmitgliedern war der Gegenstand der Beratung aufgrund der vorausgegangenen Betriebsratssitzung bekannt. (...)"
(LAG Berlin-Brandenburg, Beschluss v. 26.11.2019 – 11 TaBV 837/19)

2 Tage als zu kurze Ladungsfrist bei umfangreicher Tagesordnung

„(...) Die rechtzeitige Ladung zu den Betriebsratssitzungen unter Mitteilung der Tagesordnung ist unverzichtbare Voraussetzung für die Wirksamkeit eines in der Sitzung gefassten Beschlusses. Eine Ladungsfrist von zwe i Tagen ist bei umfangreicher Tagesordnung zu kurz.
(...) Nach §29 Abs. 2 Satz 3 BetrVG hat der Betriebsratsvorsitzende die Pflicht, zu den Sitzungen rechtzeitig unter Mitteilung der Tagesordnung zu laden. Die Einhaltung dieser Vorschrift ist unverzichtbare Voraussetzung für die Wirksamkeit eines in der Sitzung gefassten Beschlusses. Zwar ist im Gesetz keine konkrete Ladungsfrist vorgesehen, jedoch muss der Begriff Rechtzeitigkeit so verstanden werden, dass eine angemessene Frist gewählt werden muss, die so bemessen ist, dass sich die Betriebsratsmitglieder im Vorfeld der Betriebsratssitzung sachgerecht vorbereiten können. Die Frist soll den Betriebsratsmitgliedern Gelegenheit geben, sich ein Bild über die in der Sitzung zu treffenden Entscheidungen zu machen und es ihnen ermöglichen, sich auf die Beratung der einzelnen Tagesordnungspunkte ordnungsgemäß vorzubereiten. Die Kenntnis der Tagesordnung ist ferner erforderlich, um notwendige Vorberatungen mit den Betriebsratskollegen durchzuführen. Damit wird eine demokratischen Grundprinzipien gerecht werdende Willensbildung des Betriebsrats gewährleistet und der Gefahr einer Überrumpelung einzelner Betriebsratsmitglieder bei der Beratung und anschließenden Abstimmung entgegengewirkt. (...)"
(LAG Frankfurt, Beschluss v. 12.03.2015 – 5 TaBV 124/14)

„(...) Besondere Fristen und Formen für die Ladung zu einer Betriebsratssitzung sieht das Betriebsverfassungsgesetz nicht vor. Eine Ladung kann auch mündlich oder telefonisch erfolgen. Eine Ladung muss nur so rechtzeitig erfolgen, dass das Betriebsratsmitglied sich auf die Sitzung einrichten kann. (...)"
(LAG Hamm, Urteil v. 1.7.2011 – 10 Sa 2223/10 – n.v.)

keine gesetzlichen Formvorschriften und Fristen

2. Mitteilung der Tagesordnung

„(...) Die Vorschrift des §29 Abs.2 Satz3 BetrVG dient mittelbar der Willensbildung des Betriebsrats, indem sie dem einzelnen Betriebsratsmitglied eine sachgerechte Sitzungsvorbereitung ermöglichen und ihn vor unbedachten und unvorbereiteten Entscheidungen schützen soll. Die rechtzeitige Ladung unter Übermittlung der Tagesordnung soll ihm Gelegenheit geben, sich ein Bild über die zu treffenden Entscheidungen zu machen und ihm die Möglichkeit eröffnen, sich sachgerecht und ordnungsgemäß auf die Betriebsratssitzung vorbereiten zu können.Damit wird eine, demokratischen Grundprinzipien gerecht werdende Willensbildung des Betriebsrats gewährleistet und der Gefahr einer Überrumpelung einzelner Betriebsratsmitglieder bei der Beratung und anschließenden Abstimmung entgegengewirkt. (...)"
(BAG v. 15.04.2014 – 1 ABR 2/13 (B))

Sinn und Zweck rechtzeitiger Ladung

ordnungsgemäße Vorbereitung auf die Sitzung

„(...) Nach ständiger Rechtsprechung ist die Einhaltung der Vorschrift des §29 Abs.2 Satz3 BetrVG unverzichtbare Voraussetzung für die Wirksamkeit eines Betriebsratsbeschlusses. Die vorherige Mitteilung der Tagesordnung soll den Betriebsratsmitgliedern Gelegenheit geben, sich ein Bild über die in der Sitzung zu treffenden Entscheidungen zu machen und es ihnen ermöglichen, sich auf die Beratung der einzelnen Tagesordnungspunkte ordnungsgemäß vorzubereiten. Nur bei Kenntnis der Tagesordnung hat ein verhindertes Betriebsratsmitglied die Möglichkeit, seine Betriebsratskollegen schon vorher über seine Auffassung zu unterrichten und sie zu überzeugen oder sie gegebenenfalls auch nur zu bitten, seine Argumente in der Betriebsratssitzung zumindest vorzutragen.
Im Hinblick auf den Zweck dieser Vorschrift leistet der Tagesordnungspunkt „Verschiedenes" nichts; er unterrichtet die Betriebsratsmitglieder allenfalls davon, daß von der zeitlichen Planung der Sitzung her gesehen noch mit allgemeinen Erörterungen zu rechnen ist bzw. Zeit für weitere Anregungen zur Verfügung steht. Das Landesarbeitsgericht hat daher richtig gesehen, daß im Hinblick auf eine vom Betriebsratsvorsitzenden geplante Beschlußfassung der Tagesordnungspunkt „Verschiedenes" dem Fehlen einer Tagesordnung gleichsteht. (...)"
(BAG, Beschluss v. 28.10.1992 – 7 ABR 14/92)

unter TOP „Verschiedenes" grundsätzlich keine wirksame Beschlussfassung möglich

Sinn und Zweck der Mitteilung der Tagesordnung

„(...) Die ordnungsgemäße Mitteilung der Tagesordnung ist aber ebenso wie die rechtzeitige Ladung Voraussetzung für eine wirksame Beschlußfassung. (...) Die vorherige Mitteilung der Tagesordnung soll den Betriebsratsmitgliedern Gelegenheit geben, sich ein Bild über die in der Sitzung zu treffenden Entscheidungen zu machen und es ihnen ermöglichen, sich auf die Beratung der einzelnen Tagesordnungspunkte ordnungsgemäß vorzubereiten. Jedes einzelne Betriebsratsmitglied soll dadurch in die Lage versetzt werden, seine Meinung in die Beratungen des Betriebsrats mit der nötigen Kenntnis und dem erforderlichen Sachverstand einzubringen.
(...) Die vorherige Mitteilung der Tagesordnung – und sei es auch nur formlos – bereitet im allgemeinen keinerlei Schwierigkeiten und erleichtert, weil sie die Möglichkeit einer Vorbereitung auf die Tagesordnungspunkte eröffnet, in der Regel die Betriebsratsarbeit. (...)"
(BAG, Urteil v. 28.4.1988 – 6 AZR 405/86)

vorherige Mitteilung der Tagesordnung Voraussetzung für wirksame Beschlussfassung

mündliche Mitteilung möglich

konkrete Angabe der Tagesordnungspunkte erforderlich

Angabe des genauen Sachverhalts in Tagesordnung nicht erforderlich

„(...) Die Aufstellung der Tagesordnung und ihre Mitteilung an alle Betriebsratsmitglieder soll ermöglichen, dass sich die Mitglieder auf die Sitzung vorbereiten können; daher muss die Tagesordnung die zu behandelnden Punkte möglichst konkret angeben – ohne überhöhte Anforderungen zu stellen. Daher genügt z.B. bei der zu beschließenden Einleitung eines Gerichtsverfahrens die Nennung des Streitgegenstandes und angestrebten Ergebnisses. (...) die Erreichung des (...) Zwecks der vorherigen Mitteilung der Tagesordnung wird erreicht, wenn möglichst genau der Tagesordnungspunkt, also das Thema der Sitzung benannt wird, erfordert aber gerade nicht die vollständige Mitteilung aller unter dem jeweiligen Tagesordnungspunkt zu besprechenden Sachverhaltsumstände. (...)“
(ArbG Potsdam, Beschluss v. 02.10.2019 – 3 BV 15/19)

3. Verhinderung von JAV-Mitgliedern

§65 Abs. 1 BetrVG	Für die Jugend- und Auszubildendenvertretung gelten (...) die §§(...) 25 (...) entsprechend.
§25 Abs. 1 BetrVG	Scheidet ein Mitglied des Betriebsrats aus, so rückt ein Ersatzmitglied nach. Dies gilt entsprechend für die Stellvertretung eines zeitweilig verhinderten Mitglieds des Betriebsrats.
§25 Abs. 2 BetrVG	Die Ersatzmitglieder werden unter Berücksichtigung des §15 Abs. 2 der Reihe nach aus den nichtgewählten Arbeitnehmern derjenigen Vorschlagslisten entnommen, denen die zu ersetzenden Mitglieder angehören. Ist eine Vorschlagsliste erschöpft, so ist das Ersatzmitglied derjenigen Vorschlagsliste zu entnehmen, auf die nach den Grundsätzen der Verhältniswahl der nächste Sitz entfallen würde. Ist das ausgeschiedene oder verhinderte Mitglied nach den Grundsätzen der Mehrheitswahl gewählt, so bestimmt sich die Reihenfolge der Ersatzmitglieder unter Berücksichtigung des §15 Abs. 2 nach der Höhe der erreichten Stimmzahlen.
§15 Abs. 2 BetrVG	Das Geschlecht, das in der Belegschaft in der Minderheit ist, muß mindestens entsprechend seinem zahlenmäßigen Verhältnis im Betriebsrat vertreten sein, wenn dieser aus mindestens drei Mitgliedern besteht.

a) Sinn und Zweck von §25 BetrVG

Sicherung der Handlungsfähigkeit

„(...) Gesetzeszweck des §25 BetrVG ist, die Tätigkeit des Betriebsrats und seine Beschlußfähigkeit (§33 BetrVG) zu sichern. (...)“
(BAG, Urteil v. 15.11.1984 – 2 AZR 341/83)

§ 25 BetrVG als zwingende gesetzliche Regelung

„(...) Die Heranziehung von Ersatzmitgliedern ist in § 25 Abs. 2 BetrVG konkret geregelt. Diese Grundsätze sind zwingend und stehen nicht zur Disposition des Betriebsratsvorsitzenden oder des Betriebsrats. (...)“
(LAG Baden-Württemberg, Beschluss v. 05.12.2018 – 10 TaBV 1/18 -)

Sicherstellung stets vollzähliger und dem Wählerwillen entsprechender Besetzung des Gremiums

Gewährleistung der Möglichkeit wirksamer Beschlussfassung

Vermeidung selbst kurzer Unterbesetzungen

„(...) Die Vorschrift des § 1
25 Abs. 2 BetrVG begründet kein eigenes Recht eines Betriebsratsmitglieds über die Heranziehung von Ersatzmitgliedern, sondern enthält formelles Recht über die Zusammensetzung des Betriebsrats, dessen Verletzung Auswirkungen auf die Wirksamkeit von Beschlüssen des Gremiums haben kann, ohne dass dem einzelnen Betriebsratsmitglied ein gerichtlich durchsetzbares Kontrollrecht eingeräumt wäre. Dies ergibt sich aus dem Normzweck des § 25 Abs. 2 BetrVG. Das Nachrücken des Ersatzmitglieds während der zeitweiligen Verhinderung eines ordentlichen Betriebsratsmitglieds soll im Interesse einer möglichst wirksamen Wahrnehmung betriebsverfassungsrechtlicher Befugnisse eine stets vollzählige und dem Wählerwillen entsprechende Besetzung des Betriebsrats sicherstellen. Es soll nicht nur die Möglichkeit einer wirksamen Beschlussfassung nach § 33 Abs. 2 BetrVG gewährleisten. Vielmehr sollen selbst kurze Unterbesetzungen vermieden werden. Dementsprechend dient die Vorschrift dem Zweck, die Tätigkeit des Betriebsrats und seine Beschlussfähigkeit zu sichern. Die Vorschrift soll die Kontinuität der Arbeit des Betriebsrats und seine Beschlussfähigkeit dadurch gewährleisten, dass bei Ausscheiden von Betriebsratsmitgliedern Ersatzmitglieder endgültig oder vorübergehend nachrücken. Normzweck ist die Sicherung der Kontinuität der Betriebsratsarbeit, der Beschlussfassung durch den Betriebsrat nach § 33 BetrVG und darüber hinaus die Gewährleistung einer möglichst vollständigen und stetigen Besetzung des Betriebsrats. Die Vorschrift dient der Wahrung der Kontinuität der Arbeit des Betriebsrats und seiner Beschlussfähigkeit. (...)“
(LAG Frankfurt, Beschluss v. 26.03.2018 – 16 TaBV 215/17 -)

b) tatsächliche Verhinderung

Arbeitsunfähigkeit eines freigestellten Betriebsratsmitglieds

„Während der Dauer einer ärztlich attestierten Arbeitsunfähigkeit ist ein nach § 38 Abs. 1 BetrVG freigestelltes Betriebsratsmitglied an der Wahrnehmung seines Amts verhindert. (...) Eine in diesem Fall vom Arzt attestierte Arbeitsunfähigkeit hat zur Folge, dass das Betriebsratsmitglied stets verhindert ist, da es ihm krankheitsbedingt unmöglich ist, seine Amtspflichten auszuüben. Ob und in welchem Umfang er sich (subjektiv) zur Wahrnehmung derselben in der Lage sieht, ist unerheblich. (...) Infolgedessen beurteilt sich bei einem vollständig freigestellten Betriebsratsmitglied die Arbeitsunfähigkeit nach der von ihm auszuübenden Betriebsratstätigkeit. (...) Attestiert ein Arzt einem vollständig freigestellten Betriebsratsmitglied arbeitsunfähig erkrankt zu sein, steht damit fest, dass diesem eine Erfüllung der ihm während seiner Freistellung nach § 38 Abs. 1 BetrVG obliegenden Pflichten krankheitsbedingt nicht möglich und es an der Wahrnehmung seiner Betriebsratstätigkeit gehindert ist. Dass es sich bei der Erfüllung von Betriebsratsaufgaben um die Wahrnehmung eines Ehrenamts handelt (§ 37 Abs. 1 BetrVG), ist insoweit unerheblich. (...) Eine „Teilarbeitsunfähigkeit" im Sinne einer nur partiellen Unmöglichkeit zur Ausübung von Betriebsratsaufgaben gibt es bei einem vollständig freigestellten Betriebsratsmitglied nicht. (...)"
(BAG, Beschluss v. 28.07.2020 – 1 ABR 5/19)

Arbeitsunfähigkeit als Verhinderungsgrund

„(...) Die Arbeitsunfähigkeit eines Betriebsratsmitglieds stellt danach nicht notwendigerweise eine Verhinderung dar. Es kann Fälle geben, in denen die Erkrankung den Arbeitnehmer zwar außerstande setzt, seine Arbeitspflichten zu erfüllen, nicht aber sein Betriebsratsamt wahrzunehmen. (...)"
(BAG, Beschluss v. 28.07.2020 – 1 ABR 5/19)

zeitliche Pflichtenkollision entscheidend

eigenverantwortliche Prüfungspflicht des Mitglieds

„(...) Einer solchen Zweckbestimmung steht entgegen, dass im Betriebsverfassungsgesetz eine Differenzierung zwischen wichtigen und unwichtigen Betriebsratssitzungen bei der Prüfung einer Verhinderung durch das einzelne Betriebsratsmitglied nicht vorgesehen ist, da es auch keine wesentlichen oder unwesentlichen Beschlüsse des Betriebsrats gibt. Das Betriebsverfassungsgesetz geht vielmehr davon aus, dass ein Betriebsratsmitglied ungeachtet der Themen einer Betriebsratssitzung für sich entscheiden soll, ob es wegen anderweitiger Pflichten an der Teilnahme an einer Sitzung des Betriebsrats gehindert ist. Diese Entscheidung über eine rein zeitliche Pflichtenkollision hat es eigenverantwortlich zu treffen und darüber zu befinden, welche Pflicht für ihn vorrangig wahrzunehmen ist. Das tatsächliche Vorliegen eines Verhinderungsgrundes aufgrund einer Pflichtenkollision hat der Vorsitzende grundsätzlich nicht nachzuprüfen. Allerdings ist es Aufgabe des Betriebsratsmitglieds, dem Betriebsratsvorsitzenden rechtzeitig das Vorliegen eines Verhinderungsfalles anzuzeigen. (...)"
(BAG v. 15.04.2014 – 1 ABR 2/13 (B))

Verhinderung bei Erholungsurlaub

„Eine zeitweilige Verhinderung i.S.v. §25 Abs. 1 S. 2 BetrVG liegt vor, wenn ein Betriebsratsmitglied aus rechtlichen oder tatsächlichen Gründen nicht in der Lage ist, sein Amt auszuüben.
Diese Voraussetzung ist während des Erholungsurlaubs eines Betriebsratsmitglieds jedenfalls dann erfüllt, wenn es nicht zuvor seine Bereitschaft angezeigt hat, trotz des Urlaubs für Betriebsratstätigkeiten zur Verfügung zu stehen.

Verhinderung bei arbeitsfrei

Ein Betriebsratsmitglied ist nicht deshalb i.S.v. §25 Abs. 1 S. 2 BetrVG zeitweilig verhindert, weil es arbeitsfrei hat. Anders als im Falle bewilligten Erholungsurlaubs ist einem Betriebsratsmitglied die Wahrnehmung von Betriebsratsaufgaben außerhalb der persönlichen Arbeitszeit nicht grundsätzlich unzumutbar."
(BAG, Urteil v. 27.9.2012 – 2 AZR 955/11 – 2013, 1060)

„Wird einem ordentlichen Betriebsratsmitglied Erholungsurlaub bewilligt, führt dies nicht nur zum Ruhen seiner Verpflichtung zur Arbeitsleistung, sondern zugleich zur Suspendierung seiner Amtspflichten. Dem Betriebsratsmitglied wird während seines Erholungsurlaubs die Verrichtung seiner Amtspflichten zwar nicht ohne Weiteres objektiv unmöglich, grundsätzlich aber unzumutbar. Das Betriebsratsmitglied gilt im Fall des Erholungsurlaubs jedenfalls so lange als zeitweilig verhindert im Sinne von §25 Abs. 1 S. 2 BetrVG, wie es nicht seine Bereitschaft, während des Urlaubs Betriebsratstätigkeiten zu verrichten, positiv anzeigt."
(BAG, Urteil v. 8.9.2011 – 2 AZR 388/10)

Verhinderung bei Erholungsurlaub

„(...) Eine zeitweilige Verhinderung im Sinne von §25 Abs. 1 Satz 2 BetrVG liegt vor, wenn das Betriebsratsmitglied vorübergehend aus tatsächlichen oder rechtlichen Gründen nicht in der Lage ist, sein Amt auszuüben. Eine tatsächliche Verhinderung ist zB bei der auswärtigen Wahrnehmung des Erholungs- oder Bildungsurlaubs, bei Kuraufenthalten, Dienstreisen oder der Teilnahme an Schulungs- oder Bildungsveranstaltungen anzunehmen. (...)"
(BAG v. 07.07.2011 – 6 AZR 248/10)

Urlaub, Kur, Dienstreise und Schulungsveranstaltung als Verhinderungsgrund

„Eine zeitweilige Verhinderung eines Personalratsmitglieds an der Ausübung seines Amtes liegt in der Regel vor, wenn das Personalratsmitglied sich krank gemeldet hat und dem Dienst fernbleibt. In diesem Falle tritt das nächstberufene Ersatzmitglied anstelle des abwesenden Personalratsmitglieds in den Personalrat ein (...), auch wenn sich später herausstellt, daß das ordentliche Personalratsmitglied nicht arbeitsunfähig krank war und deshalb unberechtigt dem Dienst ferngeblieben ist."
(BAG, Urteil v. 5.9.1986 – 7 AZR 175/85)

krankheitsbedingtes Fernbleiben als Verhinderungsgrund

„(...) Die krankheitsbedingte Arbeitsunfähigkeit des Betriebsratsmitgliedes kann zur zeitweiligen Verhinderung (...) führen; sie muß es aber nicht. (...) Der Senat neigt zu der Ansicht, bei krankheitsbedingter Arbeitsunfähigkeit bestehe eine Vermutung für die Amtsunfähigkeit des Betriebsratsmitglieds (...)"
(BAG, Urteil v. 15.11.1984 – 2 AZR 341/83)

Vermutung für Verhinderung bei Arbeitsunfähigkeit

„(...) Das bloße Arbeiten im Home Office stellt keinen Hinderungsgrund für die Teilnahme an der Betriebsratssitzung dar. (...) Weder steht es im Belieben des Betriebsratsmitglieds -auch wenn es sich im Home Office befindet- nach eigenem Ermessen zu entscheiden, ob es an einer Betriebsratssitzung teilnimmt oder nicht. Das bloße Arbeiten im Home Office stellt keinen Hinderungsgrund für die Teilnahme an der Betriebsratssitzung dar. (...)"
(LAG Frankfurt, Beschluss v. 08.02.2021 – 16 TaBV 185/20 -)

Home-Office kein Verhinderungsgrund

„Die Ladung eines Ersatzmitglieds setzt (...) voraus, dass das ordentliche Betriebsratsmitglied seine Verhinderung unter Angabe von Gründen dem Vorsitzenden unverzüglich mitteilt, § 29 Abs 2 S 5 BetrVG, und ein Verhinderungsgrund i.S.v. § 25 Abs 1 S 2 BetrVG vorliegt. Ein Betriebsratsmitglied ist zeitweilig verhindert, wenn es aus tatsächlichen oder rechtlichen Gründen vorübergehend nicht in der Lage ist, sein Amt auszuüben. Dagegen steht es dem Betriebsratsmitglied nicht zu, sich willkürlich nach freiem Ermessen vertreten zu lassen, etwa indem es sich weigert, an einer Betriebsratssitzung teilzunehmen, weil diese z.B. außerhalb seiner individuellen Arbeitszeit stattfindet oder es schlicht keine Lust hat. Das Betriebsratsmitglied kann nicht frei darüber entscheiden, ob es seiner Arbeit nachgeht oder an der Betriebsratssitzung teilnimmt. Die Erfüllung der Betriebsratsaufgaben hat grundsätzlich Vorrang gegenüber derjenigen aus dem Arbeitsvertrag. Dies ergibt sich bereits aus § 37 Abs. 2 BetrVG. Sofern ein Betriebsratsmitglied ohne triftigen Verhinderungsgrund der Betriebsratssitzung fernbleibt, darf deshalb kein Ersatzmitglied geladen werden. (...)"
(LAG Schleswig Holstein, Urteil v. 10.06.2020 – 6 Sa 179/19)

objektive Verhinderung maßgeblich

Verhinderung wegen beruflicher Unabkömmlichkeit

„Im Einzelfall kann die Verhinderung eines Betriebsratsmitglieds auch dann gegeben sein, wenn das betroffene Betriebsratsmitglied in seiner Stellung als Arbeitnehmer im Betrieb unabkömmlich ist. Nur wenn Anhaltspunkte für eine pflichtwidrige Entscheidung des jeweiligen Betriebsratsmitglieds vorliegen, kann Veranlassung bestehen, den angegebenen Hinderungsgrund nachzuprüfen und gegebenenfalls auf die Ladung eines Ersatzmitgliedes zu verzichten.

(...) Nach der zutreffenden Rechtsprechung des Bundesarbeitsgerichts ist die Ladung aller Betriebsratsmitglieder einschließlich etwaiger Ersatzmitglieder nach Maßgabe des §25 Abs. 1 BetrVG eine wesentliche Voraussetzung für das ordnungsgemäße Zustandekommen eines Betriebsratsbeschlusses. Wird für ein zeitweilig verhindertes Mitglied ein vorhandenes Ersatzmitglied nicht geladen, so ist der Betriebsrat an einer wirksamen Beschlussfassung gehindert. Auf diese Weise wird sichergestellt, dass normalerweise nur Beschlüsse in der nach §9 BetrVG vorgegebenen Regelbesetzung gefasst werden.

(...) Allgemein liegt die zeitweilige Verhinderung eines Betriebsratsmitgliedes immer dann vor, wenn es aus tatsächlichen oder rechtlichen Gründen nicht in der Lage ist, die anstehenden Amtsgeschäfte wahrzunehmen. Im Einzelfall können die Voraussetzungen auch dann erfüllt sein, wenn das betroffene Betriebsratsmitglied in seiner Stellung als Arbeitnehmer im Betrieb unabkömmlich ist, weil die von ihm geschuldete Arbeitsleistung unbedingt, z.B. im Interesse wartender Kunden oder zur Behebung eines Notfalls, sofort erbracht werden muss.

Entscheidung nach pflichtgemäßem Ermessen bei Interessenkonflikt zwischen Amts- und Arbeitspflicht

Liegt ein solcher Interessenkonflikt zwischen Amts- und Arbeitspflicht vor, hat das betroffene Betriebsratsmitglied unter Wahrung der von ihm eingegangenen Verpflichtung zur gewissenhaften Amtsführung darüber zu entscheiden, welchen Pflichten es den Vorrang einräumt. Entscheidet es sich dafür, die Arbeit zu erbringen, ist sodann vom Betriebsratsvorsitzenden im Rahmen des §29 Abs. 2 Satz 6 BetrVG regelmäßig davon auszugehen, dass ein Verhinderungsfall gegeben ist. Nur wenn Anhaltspunkte für eine pflichtwidrige Entscheidung des jeweiligen Betriebsratsmitgliedes vorliegen, kann Veranlassung bestehen, den angegebenen Hinderungsgrund nachzuprüfen und ggf. auf die Ladung eines Ersatzmitgliedes zu verzichten. (...)"
(LAG Hamm, Beschluss v. 08.12.2017 – 13 TaBV 72/17

Betriebsablaufstörungen kein Verhinderungsgrund

„Die Erfüllung von Betriebsratsaufgaben hat Vorrang vor derjenigen aus dem Arbeitsvertrag, sodass Betriebsablaufstörungen, die durch die Teilnahme an einer Betriebsratssitzung bedingt sind, keinen Verhinderungsgrund i.S.v. §25 Abs. 1 Satz2 BetrVG darstellen."
(LAG Schlesw.-Holst., Beschluss v. 1.11.2012 – 5 TaBV 13/12 – DB 2012, 2814)

„Ein Betriebsratsmitglied ist bei Abwesenheit wegen Urlaub, Erziehungsurlaub oder ähnlichem solange als verhindert anzusehen, wie es dem Betriebsratsvorsitzenden nicht positiv angezeigt hat, dass es ungeachtet der Abwesenheitssituation seine Betriebsratstätigkeit durchführen möchte.

(...) Bei der Feststellung der Gesamtzahl der Betriebsratsmitglieder waren diejenigen Betriebsratsmitglieder nicht mitzuzählen, die sich im Erziehungsurlaub befanden. Denn diese waren als vorübergehend verhindert anzusehen, ohne dass es auf die zwischen den Beteiligten streitige Frage ankam, ob sie dem Betriebsratsvorsitzenden vorab mitgeteilt hatten, sie wollten aus persönlichen Gründen während des Erziehungsurlaubes keiner Betriebsratstätigkeit nachkommen.

Eine zeitweilige Verhinderung liegt nicht nur dann vor, wenn dem Betriebsratsmitglied die Amtsausübung objektiv unmöglich ist, sondern es reicht für die Verhinderung aus, wenn es aus tatsächlichen oder rechtlichen Gründen nicht in der Lage ist, seine betriebsverfassungsrechtlichen Amtsobliegenheiten auszuüben. So gilt z.B. ein Betriebsratsmitglied, das seinen Urlaub am Ort des Betriebes verbringt und ohne weiteres an den Betriebsratssitzungen teilnehmen könnte, zunächst als verhindert. Sofern ein solches Betriebsratsmitglied gleichwohl seiner Betriebsratstätigkeit nachkommt, gilt dies auf der anderen Seite als zulässige Amtsausübung. Ebenso ist von einer Verhinderung eines Betriebsratsmitgliedes auszugehen, wenn sich dieses krank meldet, selbst dann, wenn sich im Nachhinein herausstellt, dass das Betriebsratsmitglied tatsächlich nicht arbeitsunfähig krank war. Als weitere Verhinderungsgründe werden Beschäftigungsverbote nach dem Mutterschutzgesetz, Erziehungsurlaub nach dem Bundeserziehungsgeldgesetz bzw. Elternzeit, Kuraufenthalte, Zivildienst, Wehrdienst, Montage, Dienstreisen und Teilnahme an Schulungsmaßnahmen angesehen. Für diese zeitweilig verhinderten Mitglieder sind – sofern vorhanden – Ersatzmitglieder zu laden. Eine Verhinderung eines Betriebsratsmitgliedes liegt nur dann nicht vor, wenn es willkürlich, z.B. aus Desinteresse seiner Betriebsratstätigkeit nicht nachkommt.

Verhinderung bei Urlaub, Elternzeit, Arbeitsunfähigkeit, Dienstreisen, Schulungen u.s.w.

Im Grundsatz ist davon auszugehen, dass ein Betriebsratsmitglied bei Abwesenheit wegen Urlaub, Erziehungsurlaub oder ähnlichem solange als verhindert anzusehen ist, wie es dem Betriebsratsvorsitzenden nicht positiv angezeigt hat, dass es ungeachtet der Abwesenheitssituation seine Betriebsratstätigkeit durchführen möchte. Denn nur so kann der Betriebsratsvorsitzende bei der Ladung zur Betriebsratssitzung mit ausreichender Sicherheit feststellen, ob das Betriebsratsmitglied selbst oder aber ein Ersatzmitglied zu laden ist. Da von dieser (zutreffenden) Prüfung aber die Wirksamkeit der vom Betriebsrat zu treffenden Beschlüsse abhängt, bedarf es dazu ausreichender Klarheit. Dies gilt auch für den Fall der Inanspruchnahme von Elternzeit, sofern sie nicht in Form der Verringerung der Arbeitszeit in Anspruch genommen wird. Da in der Regel Anspruch auf Elternzeit nur bis zur Vollendung des dritten Lebensjahres eines Kindes besteht, ist zunächst davon auszugehen, dass dem Betriebsratsmitglied, das während der Elternzeit zur Betreuung des Kindes insgesamt dem Betrieb fernbleibt, die Betriebsratstätigkeit während der Elternzeit unzumutbar ist, es sei denn es hat zuvor mitgeteilt, es wolle der Betriebsratstätigkeit während der Elternzeit nachkommen. Denn nur dann besteht eine ausreichende Klarheit bei der Einladung zur Betriebsratssitzung und bei der Beschlussfassung darüber, ob der Betriebsrat ordnungsgemäß besetzt und beschlussfähig ist. (...)"
(LAG Berlin, Beschluss v. 1.3.2005 – 7 TaBV 2220/04)

Amtsausübung gleichwohl möglich und zulässig

Erforderlichkeit der Anzeige gegenüber Vorsitzendem

„Einem Betriebsratsmitglied ist es persönlich unzumutbar, während des Urlaubs das Ehrenamt auszuführen. Der Urlaub des Betriebsrats führt zu dessen zeitweiliger Verhinderung.
Durch rechtzeitige Anzeige beim Betriebsratsvorsitzenden könne die zeitweilige Verhinderung aufgehoben werden, wenn das Betriebsratsmitglied während des Urlaubs Betriebsratstätigkeiten ausführt.
Rechtsfolge ist jedoch für das verhinderte Betriebsratsmitglied nicht, dass der Jahresurlaub unterbrochen wird. Der Betriebsrat setzt in diesem Fall freiwillig seinen Urlaub ein.
(...) Die Bewilligung des Erholungsurlaubs führte (...) nicht nur zum Ruhen der Verpflichtung zur Erbringung der Arbeitsleistung. Sie führte zugleich auch zur Suspendierung der Amtspflichten als Mitglied des Betriebsrates. Das Bundesarbeitsgericht führt dazu aus, dem Betriebsratsmitglied sei es regelmäßig persönlich unzumutbar, sein Ehrenamt auszuüben. Die Urlaubsgewährung führe damit regelmäßig zu einer zeitweiligen Verhinderung des Betriebsratsmitglieds im Sinne des §25 AbSatz 1 Satz 2 BetrVG (vgl. BAG vom 8.9.2011 – 2 AZR 388/10). Wenn allerdings das Mitglied des Betriebsrats während seines Erholungsurlaubs Betriebsratsarbeit ausführe, sei dies möglich. Das Betriebsratsmitglied habe allerdings aus Gründen der Rechtssicherheit und Rechtsklarheit dies rechtzeitig gegenüber dem Vorsitzenden anzuzeigen. Für diesen Zeitraum der Ausübung von

Verhinderung bei Erholungsurlaub

Erfüllung / Erlöschen des Urlaubsanspruchs

Betriebsratstätigkeit sei die zeitweilige Verhinderung nach §25 AbSatz 1 Satz 2 BetrVG aufgehoben. Rechtsfolge der Aufhebung der Verhinderung des Betriebsrats nach §25 BetrVG ist jedoch nicht, dass dessen Urlaub rechtlich unterbrochen wird und der Tag der Betriebsratstätigkeit nicht auf den Jahrsurlaub angerechnet wird. Das Bundesarbeitsgericht stellt in seiner Entscheidung vom 8.9.2011, a.a.O. darauf ab, dass das Betriebsratsamt nach §37 AbSatz 1 BetrVG ein Ehrenamt sei. Die Aufhebung der Verhinderung des Betriebsrats durch dessen Anzeige löst lediglich die Rechtsfolgen für ein etwaiges Vertretungsmitglied des Betriebsrats aus. Der Betriebsrat selbst setzt freiwillig seinen Urlaub für die Tätigkeit ein. Das müsste er nicht. Das BAG hält dies auch für unzumutbar. Wenn der Betriebsrat jedoch dennoch Betriebsratstätigkeit während seines Urlaubs ausübt, sind das persönliche Gründe, die nicht betrieblich veranlasst sind und die den einmalig bewilligten Urlaub nicht zu unterbrechen vermögen.

kein Freizeitausgleich

(...) Die Unterbrechung des Urlaubs eines Betriebsratsmitglieds, um an einer Betriebsratssitzung teilzunehmen, erfolgt nicht aus betriebsbedingten Gründen, so dass kein Anspruch auf entsprechende Vergütung von Mehrarbeitsstunden besteht. (...)"
(ArbG Cottbus, Urteil v. 15.8.2012 – 2 Ca 147/12 – n.v.)

c) rechtliche Verhinderung

„Ein Betriebsratsmitglied ist von der Beschlussfassung des Betriebsrats über den Antrag des Arbeitgebers auf Zustimmung zur Versetzung eines Arbeitnehmers nicht deshalb ausgeschlossen, weil es sich selbst auch auf die betreffende Stelle beworben hat.

(...) Nach der Rechtsprechung des Bundesarbeitsgerichts setzt eine zeitweilige Verhinderung iSv. §25 Abs. 1 Satz 2 BetrVG nicht zwingend eine tatsächliche Verhinderung des Betriebsratsmitglieds voraus. Vielmehr kann ein Betriebsratsmitglied auch aus rechtlichen Gründen zeitweilig an der Wahrnehmung seines Amts verhindert sein. Wie das Bundesarbeitsgericht wiederholt entschieden hat, ist ein Betriebsratsmitglied grundsätzlich von seiner Organtätigkeit ausgeschlossen bei Maßnahmen und Regelungen, die es individuell und unmittelbar betreffen. Als Teil der vom Betriebsrat repräsentierten Belegschaft sind die Betriebsratsmitglieder allerdings häufig von den vom Betriebsrat im Rahmen seiner Mitbestimmung zu treffenden Entscheidungen mehr oder weniger auch selbst betroffen. Von ihnen wird daher grundsätzlich erwartet, dass sie sich als von der Belegschaft gewählte Amtsinhaber bei diesen Entscheidungen nicht von persönlichen Interessen leiten lassen. Ein Ausschluss von der Ausübung ihres Amts ist daher auch aus Gründen der Rechtssicherheit und der Funktionsfähigkeit des Betriebsrats nur dann geboten und gerechtfertigt, wenn typischerweise davon ausgegangen werden muss, dass das Betriebsratsmitglied sein Amt wegen seiner persönlichen Interessen nicht mehr mit der erforderlichen Unabhängigkeit wahrnehmen kann. Hiervon ist in den Fällen der individuellen und unmittelbaren Betroffenheit des Betriebsratsmitglieds auszugehen.

rechtliche Verhinderung bei individueller unmittelbarer Betroffenheit

bloß mittelbare Betroffenheit nicht ausreichend

An einer individuellen Betroffenheit fehlt es, wenn das Betriebsratsmitglied nur als Angehöriger eines aus mehreren Personen bestehenden Teils der Belegschaft betroffen ist. Eine unmittelbare Betroffenheit liegt nicht vor, wenn mit der Maßnahme oder Regelung nur mittelbare Auswirkungen, Reflexe oder die Steigerung oder Verringerung tatsächlicher Chancen und Aussichten verbunden sind. Für die Mitbestimmung des Betriebsrats bei personellen Einzelmaßnahmen nach §99 BetrVG bedeutet dies, dass von einer unmittelbaren und individuellen Betroffenheit des Betriebsratsmitglieds regelmäßig nur dann gesprochen werden kann, wenn das Betriebsratsmitglied gerade die Person ist, auf die sich das Zustimmungsersuchen des Arbeitgebers unmittelbar richtet. Der Umstand, dass ein Betriebsratsmitglied zu einer Gruppe von Mitbewerbern gehört, aus welcher

der Arbeitgeber eine andere Person ausgewählt hat, genügt dagegen regelmäßig nicht, um das Betriebsratsmitglied als von seiner Amtsausübung ausgeschlossen anzusehen. Aus der Begründung einer Zustimmungsverweigerung des Betriebsrats können schon deshalb keine Rückschlüsse auf eine etwaige Betroffenheit des Betriebsratsmitglieds gezogen werden, weil der Betriebsratsvorsitzende die zeitweilige rechtliche Verhinderung eines Betriebsratsmitglieds bereits bei der Einberufung der Betriebsratssitzung zu beurteilen und erforderlichenfalls ein Ersatzmitglied zu laden hat. (...)"
(BAG v. 24.04.2013 – 7 ABR 82/11)

„(...) Der Betriebsratsvorsitzende ist zwar, ebenso wie jedes andere Betriebsratsmitglied, von seiner Organtätigkeit ausgeschlossen bei Entscheidungen, die ihn individuell und unmittelbar betreffen. Dies folgt aus dem allgemeinen Grundsatz, daß zur Vermeidung von Interessenkollisionen niemand „Richter in eigener Sache" sein kann. Der Betriebsrat hat die Interessen der von ihm repräsentierten Belegschaft wahrzunehmen. Diese Aufgabe kann er nicht ordnungsgemäß erfüllen, wenn bei der Beschlußfassung die eigenen Interessen von Betriebsratsmitgliedern so stark sind, daß diese gegenüber den Interessen der Belegschaft in den Vordergrund treten. Liegt eine derartige Interessenkollision bei einem Betriebsratsmitglied vor, ist es gehindert, an der Beratung und Beschlußfassung teilzunehmen. Dadurch soll verhindert werden, daß Gründe des Eigeninteresses zu einer dem Betriebsratsmitglied günstigen Entscheidung führen.
(...) Hat der Betriebsratsvorsitzende an der Beratung und Beschlußfassung des Betriebsrats über seine eigene Eingruppierung teilgenommen, fehlte es an einer ordnungsgemäßen Beschlußfassung des Betriebsrats, denn der Betriebsratsvorsitzende war wegen der bestehenden Interessenkollision gehindert, an der Beschlußfassung mitzuwirken. (...)"
(BAG, Beschluss v. 19.3.2003 – 7 ABR 15/02)

kein „Richter in eigener Sache"

Interessenkollision bei eigener Eingruppierung

Verhinderung bei Beratung und Beschlussfassung

„(...) Eine Verhinderung des Betriebsratsmitglieds wegen persönlicher Betroffenheit liegt vor, wenn es in seiner Stellung als Arbeitnehmer individuell und unmittelbar betroffen ist. Gerade dann besteht die Gefahr, daß die von dem Organmitglied zu wahrenden kollektiven Interessen von eigenen Interessen überlagert werden. Eine solche Konfliktsituation hat das Bundesarbeitsgericht bei der Zustimmung zur Kündigung des Betriebsratsmitglieds nach § 103 BetrVG gesehen. Eine typische Interessenkollision besteht aber auch bei personellen Einzelmaßnahmen im Sinne des § 99 BetrVG, also bei Versetzungen und Umgruppierungen. (...)"
(BAG, Beschluss v. 3.8.1999 – 1 ABR 30/98)

rechtliche Verhinderung bei unmittelbarer Betroffenheit in eigenen Rechten

Kündigung, Versetzung und Umgruppierung

„Ein Betriebsratsmitglied ist wegen Interessenkollision verhindert, an einer die eigene Umgruppierung betreffenden Beschlußfassung des Betriebsrats und auch an der ihr vorangegangenen Beratung teilzunehmen.
Für das verhinderte Mitglied ist ein Ersatzmitglied zu laden. Die Nichtbeachtung dieser Pflicht führt zur Unwirksamkeit des Beschlusses (...).
(...) Ein Betriebsratsmitglied ist grundsätzlich von seiner Organtätigkeit ausgeschlossen bei Maßnahmen und Regelungen, die es individuell und unmittelbar betreffen. Dies ist zwar im Betriebsverfassungsgesetz nicht ausdrücklich geregelt. Der Ausschluß folgt aber aus dem allgemeinen Grundsatz, daß zur Vermeidung von Interessenkollisionen niemand „Richter in eigener Sache" sein kann. Der Betriebsrat hat als Organ die Interessen der von ihm repräsentierten Belegschaft zu artikulieren. Diese Funktion ist nicht mehr gesichert, wenn bei der Beschlußfassung die Eigeninteressen von Betriebsratsmitgliedern so stark sind, daß diese gegenüber den Interessen der Belegschaft in den Vordergrund treten. Über diesen allgemeinen Grundsatz, der sich auch in vielfältigen gesetzlichen Regelungen niederschlägt, besteht für das Betriebsverfassungsgesetz in Rechtsprechung und Literatur im Ergebnis kein Streit.

Pflicht zur Ladung des (richtigen) Ersatzmitglieds (ggf. auch für nur einen TOP)

Ausschluss auch von Beratung

Liegt eine derartige Interessenkollision vor, ist das Betriebsratsmitglied zeitweilig verhindert im Sinne des §25 BetrVG.
Die Verhinderung bezieht sich nicht nur auf die Beschlußfassung, sondern auch auf die Beratung. Andernfalls käme es zu dem sinnwidrigen Ergebnis, daß das Ersatzmitglied an der Beschlußfassung zu beteiligen wäre, ohne zuvor an der Beratung über deren Gegenstand teilgenommen zu haben. Zwischen Beratung und Beschlußfassung kann insoweit nicht sinnvoll unterschieden werden. Soll der Ausschluß des Betriebsratsmitglieds verhindern, daß persönliche Interessen die Willensbildung des Organs Betriebsrat beeinflussen, kann dieses Ziel nur erreicht werden, wenn sich der Ausschluß auch auf die Beratung erstreckt. In ihr wird die Willensbildung des Betriebsrats nämlich maßgeblich vorbereitet.
(...) Das Betriebsratsmitglied wird dadurch gegenüber anderen Arbeitnehmern nicht benachteiligt. Der Ausschluß von der Beratung bedeutet nicht, daß das Betriebsratsmitglied nicht angehört werden kann, soweit der Betriebsrat dies für angemessen oder erforderlich hält. Insoweit gilt nichts anderes als für jedes „normale" Belegschaftsmitglied. Diese Anhörung ist jedoch nicht mit der Teilnahme an der Beratung zu verwechseln. Das zeigt schon der Umstand, daß an ihr auf der Seite des Betriebsrats das für das verhinderte Betriebsratsmitglied nachgerückte Ersatzmitglied teilnimmt.
Erfolglos wendet die Rechtsbeschwerde weiter ein, die Annahme einer zeitweiligen Verhinderung und das dadurch gebotene Nachrücken eines Ersatzmitglieds könne zu Nachteilen für das betroffene Betriebsratsmitglied führen, etwa wenn der Nachrücker auf einer Konkurrenzliste kandidiert habe. Bei Personenwahl, wie sie hier vorliegt, gibt es keine konkurrierenden Listen (§14 Abs. 3 BetrVG). Für den Fall der Listenwahl sieht §25 Abs. 2 Satz 2 BetrVG die Möglichkeit der listenübergreifenden Vertretung ausdrücklich vor und nimmt damit die Risiken in Kauf, auf die sich der Betriebsrat beruft. Im übrigen ist es ein normaler demokratischer Vorgang, daß sich unterschiedliche Organisationen an der Betriebsratswahl beteiligen. Unabhängig von der jeweiligen „Herkunft" haben alle Betriebsratsmitglieder, die ins Amt gelangen – sei es auch nur vorübergehend als Ersatzmitglied –, dieses ohne Rücksicht auf eventuelle persönliche Differenzen nach den allgemeinen Grundsätzen des §75 BetrVG wahrzunehmen. Eine rechtlich greifbare „gegenläufige Interessenkollision", die es grundsätzlich ausschlösse, bei Verhinderung eines Betriebsratsmitglieds wegen Kollision mit eigenen Interessen ein Ersatzmitglied zu beteiligen, läßt sich (...) hieraus nicht ableiten. (...)"
(BAG, Beschluss v. 3.8.1999 – 1 ABR 30/98)

„Im Zustimmungsverfahren nach §103 BetrVG ist das Betriebsratsmitglied, dem gekündigt werden soll, rechtlich verhindert, an der Beratung und Beschlußfassung des Betriebsrats über die Kündigung teilzunehmen. Für das betroffene Betriebsratsmitglied ist ein Ersatzmitglied gemäß §25 Abs. 1 Satz 2 BetrVG zu laden.
Ist kein Ersatzmitglied für das betroffene Betriebsratsmitglied eingeladen worden, nimmt dieses vielmehr an der Beratung über seine eigene Kündigung teil, so ist der Betriebsratsbeschluß über die Kündigung nichtig. Unschädlich ist es, wenn bei Teilnahme des Ersatzmitglieds das betroffene Betriebsratsmitglied Gelegenheit erhält, zu den Vorwürfen des Arbeitgebers Stellung zu nehmen.
(...) In eigenen Angelegenheiten hat das betroffene Betriebsratsmitglied kein Stimmrecht. Das selbstbetroffene Betriebsratsmitglied ist jedenfalls im Rahmen des Zustimmungsverfahrens nach §103 Abs. 1 BetrVG auch gehindert, an der der Abstimmung vorausgehenden Beratung teilzunehmen, weil die Beratung und die anschließende Abstimmung über die Zustimmung zur fristlosen Kündigung nach dem im Betriebsverfassungsgesetz geregelten Verfahren über die Mitwirkung der einzelnen Betriebsratsmitglieder eine Einheit bilden und nicht aufteilbar sind. Nach §25 Abs. 1 Satz 2 BetrVG rückt

für ein zeitweilig verhindertes Betriebsratsmitglied ein Ersatzmitglied nach. Würde für die Mitwirkung des betroffenen Betriebsratsmitgliedes an der Beratung etwas anderes gelten als für die Mitwirkung an der Abstimmung, müßte sich das Ersatzmitglied entweder ohne vorausgehende Beratung an der Abstimmung beteiligen oder es müßten zwei aufeinanderfolgende Beratungen in unterschiedlicher Besetzung stattfinden, beides liefe Sinn und Zweck des § 103 BetrVG zuwider und wäre darüberhinaus unpraktikabel. Entscheidend ist, daß von einem persönlich betroffenen Betriebsratsmitglied eine sachbezogene objektive Beratung nicht erwartet werden kann. Das von der Beratung und Abstimmung ausgeschlossene Betriebsratsmitglied gilt als zeitweilig verhindert im Sinne des § 25 Abs. 1 Satz 2 BetrVG, so daß an seine Stelle ein Ersatzmitglied als Vertreter tritt. Eine zeitweilige Verhinderung im Sinne des § 25 Abs. 1 Satz 2 BetrVG liegt nämlich nicht nur dann vor, wenn das Betriebsratsmitglied aus tatsächlichen Gründen an der Ausübung seines Amtes verhindert ist, sondern auch dann, wenn es aus rechtlichen Gründen von der Teilnahme ausgeschlossen ist. (...)"
(BAG, Urteil v. 23.8.1984 – 2 AZR 391/83)

rechtliche Verhinderung im Zustimmungsersetzungsverfahren nach § 103 BetrVG

„Erklärt sich das um die Stelle konkurrierende Betriebsratsmitglied selbst für verhindert, hat der Vorsitzende des Betriebsrates das tatsächliche Vorliegen eines rechtlichen Hinderungsgrundes nicht nachzuprüfen. Vielmehr darf der Betriebsratsvorsitzende – bzw. im Fall der Verhinderung des Vorsitzenden der Stellvertreter – ohne eigene Ermittlungen davon ausgehen, dass sich das Betriebsratsmitglied seiner gesetzlichen Pflicht nicht ohne triftigen Grund entzieht."
(LAG Hamburg, Beschluss v. 19.9.2012 – H 6 TaBV 2/12 – n.v.)

keine Nachprüfungspflicht bei selbsterklärter rechtlicher Verhinderung

„(...) Ein Betriebsratsmitglied ist wegen Interessenkollision gehindert, an einer die eigene Umgruppierung betreffenden Beschlussfassung des Betriebsrats und auch an der ihr vorangegangenen Beratung teilzunehmen. Für das verhinderte Mitglied ist ein Ersatzmitglied zu laden. Die Nichtbeachtung dieser Pflicht führt zur Unwirksamkeit des Beschlusses. (...)"
(LAG Rheinland-Pfalz, Beschluss v. 10.2.2012 – 6 TaBV 17/11 – n.v.)

rechtliche Verhinderung bei eigener Umgruppierung

„(...) Ein Betriebsratsmitglied, das vom Arbeitgeber fristlos gekündigt werden soll, ist wegen Interessenkollision verhindert, an einer die Zustimmung zur außerordentlichen Kündigung betreffenden Beschlussfassung des Betriebsrats und auch an der ihr vorangehenden Beratung teilzunehmen. Für das verhinderte Mitglied ist ein Ersatzmitglied zu laden. Dass das Betriebsratsmitglied zuvor während der Betriebsratssitzung Gelegenheit erhalten hat, zu den Vorwürfen des Arbeitgebers Stellung zu nehmen, ist unschädlich. (...)"
(LAG Hamm, Urteil v. 1.7.2011 – 10 Sa 2223/10 – n.v.)

rechtliche Verhinderung bei beabsichtigter fristloser Kündigung des Amtsinhabers

„Ein von einer beabsichtigten außerordentlichen Kündigung betroffenes Betriebsratsmitglied ist nicht dann wegen Interessenkollision verhindert, an einer Betriebsratssitzung beratend und abstimmend teilzunehmen, wenn der Betriebsrat gegen die einseitige Einstellung eines Mitarbeiters nach den §§ 99, 101 BetrVG vorgehen will, der das Betriebsratsmitglied wegen der beabsichtigten außerordentlichen Kündigung ersetzen soll.
Ebenso wenig liegt eine Verhinderung vor, wenn der Betriebsrat seine Freistellung von Anwaltskosten und deren Durchsetzung beschließt, die durch die ohne Mitbestimmung des Betriebsrats durchgeführte Einstellung eines Mitarbeiters entstanden sind, der als ErSatz für das noch zu kündigende Betriebsratsmitglied vorgesehen ist. Soweit vom Betriebsrat kollektivrechtliche Interessen durchgesetzt werden sollen, reicht eine bloße mittelbare Betroffenheit eines Betriebsratsmitglieds nicht aus, um dessen Verhinderung anzunehmen.

(...) Eine Verhinderung des Betriebsratsmitglieds wegen persönlicher Betroffenheit liegt aber nur dann vor, wenn es in seiner Stellung als Arbeitnehmer individuell und unmittelbar betroffen ist. Gerade dann besteht die Gefahr, dass die von dem Organmitglied zu wahrenden kollektiven Interessen von eigenen Interessen überlagert werden. Eine solche Konfliktsituation hat das Bundesarbeitsgericht etwa bei der Zustimmung zur Kündigung des Betriebsratsmitglieds nach § 103 BetrVG gesehen. Das gleiche gilt, wenn der Ausschluss eines Betriebsratsmitglieds aus dem Betriebsrat nach § 23 Abs. 1 BetrVG beschlossen werden soll. Eine typische Interessenkollision besteht aber auch bei personellen Einzelmaßnahmen im Sinne des § 99 BetrVG, insbesondere bei Versetzungen und Umgruppierungen.

bloße mittelbare Betroffenheit keine rechtliche Verhinderung

keine rechtliche Verhinderung bei organisatorischen Angelegenheiten

Bei der Beschlussfassung über organisatorische Angelegenheiten des Betriebsrates liegt dagegen keine zeitweilige Verhinderung der persönlich betroffenen Betriebsratsmitglieder vor. Diese können in organisatorischen Angelegenheiten mitberaten und mitbestimmen, auch wenn es um Funktionen geht, für die sie sich selbst bewerben oder die sie innehaben. So liegt ein Ausschlussgrund nicht vor bei einer Beschlussfassung des Betriebsrates über die Teilnahme eines Betriebsratsmitglieds an einer Schulungsveranstaltung oder bei einem Beschluss über die Beauftragung eines Rechtsanwalts für die Vertretung des Betriebsrats in einem Beschlussverfahren, auch wenn es in dem zugrunde liegenden Beschlussverfahren um eine personelle Einzelmaßnahme gegenüber dem Betriebsratsmitglied geht. (...)“
(LAG Hamm, Beschluss v. 10.3.2006 – 10 TaBV 151/05)

rechtliche Verhinderung bei Betroffenheit des Ehepartners

„Ein Betriebsratsmitglied ist wegen Interessenkollision verhindert, an einer die Umgruppierung und die Versetzung betreffenden Beschlussfassung des Betriebsrats und auch an der ihr vorhergehenden Beratung teilzunehmen, wenn diese personellen Maßnahmen gemäß § 99 Abs. 1 Satz 1 BetrVG seinen Ehepartner betreffen.“
(LAG Düsseldorf, Beschluss v. 16.12.2004 – 11 TaBV 79/04)
„Das zu kündigende Betriebsratsmitglied kann bei dem Beauftragungsbeschluß eines Rechtsanwaltes für die Vertretung des Betriebsrates in einem Zustimmungsersetzungsverfahren (§ 103 Abs. 2 BetrVG) beraten und mitbestimmen. Es ist nicht davon durch Selbstbetroffenheit ausgeschlossen.“
(LAG Hamm, Beschluss v. 10.6.1998 – 3 TaBV 15/98)

d) Reihenfolge des Nachrückens

„(...) Die Ersatzmitglieder sind der Reihe nach aus den nichtgewählten Arbeitnehmern derjenigen Vorschlagslisten heranzuziehen, denen die zu vertretenden Mitglieder angehören (§ 25 Abs. 2 Satz 1 BetrVG 1972). Das bedeutet, daß das erste Ersatzmitglied solange dem Betriebsrat angehört, wie ein Vertretungsfall besteht. Bei zeitweiliger Verhinderung mehrerer ordentlicher Betriebsratsmitglieder rücken aus der jeweiligen Vorschlagsliste soviel Ersatzmitglieder nach wie ordentliche Betriebsratsmitglieder verhindert sind. So wird sichergestellt, daß die Ersatzmitglieder mit den nach den gewählten Betriebsratsmitgliedern nächsthöheren Stimmenzahlen am häufigsten als Vertreter hinzugezogen werden. Das ist der Sinn dieser Regelung.

Berücksichtigung der Stimmenverhältnisse

Die Beklagte meint, die Vertretung des jeweiligen Ersatzmitgliedes einer Vorschlagsliste sei auf die Dauer der Verhinderung desjenigen Betriebsratsmitglieds, das die Vertretung ausgelöst habe, beschränkt; überschneide ein weiterer Vertretungsfall den ersten Vertretungsfall, so müsse das zweite Ersatzmitglied für die gesamte Dauer dieses zweiten Vertretungsfalls in den Betriebsrat nachrücken. Hierfür findet sich im Gesetz keine Grundlage. Es ist auch aus praktischen Gründen einfacher, für jeden Zeitabschnitt die Zahl der Vertretungsfälle zu ermitteln. Aus der Vorschlagsliste ist dann zu ersehen, welche Ersatzmitglieder dem Betriebsrat jeweils angehören. (...)“
(BAG, Urteil v. 17.1.1979 – 5 AZR 891/77)

„Scheiden mehrere Mitglieder des Betriebsrates gleichzeitig aus dem Gremium aus und wird dadurch die Geschlechterquote unterschritten, so ist der Nachrücker, der für eine Person des Minderheitengeschlechts zurückstehen muss, nach den Regelungen in § 15 Abs. 5 WO zu bestimmen. (...) Unstreitig sind zum 01.01.2016 mit der unternehmerischen Umorganisation zeitgleich 5 Betriebsratsmitglieder, darunter 2 Frauen, ausgeschieden. Für diese ausgeschiedenen Mitglieder rücken gemäß § 25 Abs. 1 BetrVG fünf Ersatzmitglieder kraft Gesetzes nach. Wurde der Betriebsrat – wie hier – nach den Grundsätzen der Verhältniswahl gewählt, sieht § 25 Abs. 2 Satz 1 BetrVG für die Reihenfolge der Nachrücker vor, dass die Ersatzmitglieder unter Berücksichtigung des § 15 Abs. 2 BetrVG der Reihe nach aus den nichtgewählten Arbeitnehmern derjenigen Vorschlagslisten entnommen werden, denen die zu ersetzenden Mitglieder angehören. Diese Regelung ist zwingend. Damit sichert § 25 Abs. 2 BetrVG auch im Falle des Nachrückens von Betriebsratsmitgliedern, dass in der Regel den jeweiligen Listen die Zahl der Betriebsratssitze erhalten bleibt, die ihrem Anteil an den Wählerstimmen entsprechen. Mit der Beibehaltung der Reihenfolge nach den Listenplätzen ist zugleich gewährleistet, dass zunächst diejenigen Bewerber und Bewerberinnen in den Betriebsrat nachrücken, die aufgrund ihrer Platzierung auf den vorderen Listenplätzen für die jeweilige Liste standen und die Wählerentscheidung regelmäßig stärker beeinflusst haben. Bezogen auf den vorliegenden Fall bedeutet dies, dass für die fünf ausgeschiedenen Betriebsratsmitglieder aus den jeweiligen Listen, also der Liste 2, 3 und 4, entsprechend der Zahl der ausgeschiedenen Mitglieder die Ersatzmitglieder an sich in der Reihenfolge der Listenplätze in den Betriebsrat nachrücken würden. Allerdings sind bei allen drei Listen die unmittelbar nachfolgen Listenplätze mit Männern besetzt. Dies betrifft auch die Liste 4 mit dem Beteiligten zu 1, der dort auf dem Listenplatz 7 als zweiter Nachrücker anstehen würde.
Da das Minderheitengeschlecht nach § 15 Abs. 2 BetrVG aber mit mindestens 6 Betriebsratsmitgliedern vertreten sein muss, nach dem Ausscheiden aber nur noch mit 4 Betriebsratsmitgliedern vertreten war, wäre es damit nicht entsprechend § 15 Abs. 2 BetrVG im Betriebsrat repräsentiert. Zur Wahrung der Quote nach § 15 Abs. 2 BetrVG müssen mithin zwei Frauen in den Betriebsrat nachrücken. Diese Regelungen zur Vertretung des Minderheitengeschlechts sind verfassungsgemäß.
Regelungen dazu, wie die Quote des Minderheitengeschlechts bei gleichzeitigem Ausscheiden mehrerer Betriebsratsmitglieder aus verschiedenen Listen zu wahren ist, enthält § 25 Abs. 2 BetrVG indes nicht ausdrücklich. Scheidet nur ein Betriebsratsmitglied aus und wird dadurch die Mindestquote unterschritten, lässt sich die Reihenfolge leicht bestimmen. Soweit auf der Liste als unmittelbare Nachrücker Angehörige des anderen Geschlechts fungieren, werden diese bis zum Erreichen des Listenplatzes eines Mitglieds des Minderheitengeschlechts übersprungen. Ist die Liste erschöpft, bestimmt § 25 Abs. 2 Satz 2 BetrVG, dass auf die Ersatzmitglieder der Liste zurückzugreifen ist, auf die nach den Grundsätzen der Verhältniswahl der nächste Sitz entfallen wäre. Dies gilt auch, wenn zwar nicht die Liste als Ganzes erschöpft ist, aber eine Vorschlagsliste keinen Wahlbewerber des Minderheitengeschlechts (mehr) enthält, der nachrücken müsste.
Anders liegen die Dinge dann, wenn – wie hier – die Quote des Minderheitengeschlechts bei gleichzeitigem Ausscheiden mehrerer Betriebsratsmitglieder aus verschiedenen Listen zu wahren ist. Das beschriebene Vorgehen nach § 25 Abs. 2 BetrVG für die Bestimmung des Nachrückers beantwortet nämlich nicht die Frage, wie in diesen Fällen die Quote des Minderheitengeschlechts gewahrt werden soll. Es fehlt an ausdrücklichen Regelungen dazu, aus welcher Liste dann die Person des Minderheitengeschlechts nachrücken muss, um die Quote zu erfüllen, bei welcher Liste also die Reihenfolge der Listenplätzen für die Nachrücker verändert werden muss und welcher Liste möglicherweise sogar der Verlust des Listenplatzes droht, weil auf den nachfolgenden Listenplätzen keine Person eines Min-

Wahrung des Schutzes des Minderheitengeschlechts bei Verhältniswahl bei gleichzeitigem Ausscheiden mehrere Mitglieder

derheitengeschlechts mehr vertreten ist. Die Entscheidung darüber, welche Liste ihren Betriebsratssitz mit einer nachrückenden Person des Minderheitengeschlechts besetzt, hat zudem unmittelbar Auswirkungen auf das Nachrücken der Ersatzmitglieder der anderen Listen, da – bei Erfüllen der Quote – dort das reguläre Ersatzmitglied, also dasjenige, das nach seinem Listenplatz an der Reihe ist, nachrücken kann.

Die Liste bzw. der Nachrücker, der für eine Person des Minderheitengeschlechts zurückstehen muss, ist nach den Regelungen in §15 Abs. 5 WO bestimmen.

Nach §15 Abs. 1 Nr. 5 WO ist für die Erreichung der Quote des Minderheitengeschlechts zunächst diejenige Liste heranzuziehen, auf die mit der niedrigsten Höchstzahl (nach d'Hondt) der – letzte – Sitz im Betriebsrat entfallen ist. Bezüglich dieser Liste ist die Quote durch Überspringen des Bewerbers des Mehrheitsgeschlechts zu gewährleisten. An dessen Stelle tritt innerhalb derselben Liste die Person des Minderheitengeschlechts auf dem nächsten nachfolgenden Listenplatz. §15 Abs. 5 Nr. 2 enthält des Weiteren Regelungen für den Fall, dass auf dieser Liste keine Person des Minderheitengeschlechts mehr vorhanden ist.

Diese in §15 Abs. 5 WO getroffene Regelung betrifft eine mit dem hiesigen Sachverhalt vergleichbare Situation. Die Vorschrift regelt – bezogen auf den Zeitpunkt nach der Wahl – wie zu verfahren ist, wenn nach der nach d'Hondt erfolgten Besetzung der Betriebsratssitze das Minderheitengeschlecht nicht hinreichend vertreten ist. Diese Vorschrift bestimmt insbesondere, wie aus mehreren Listen diejenige Liste herauszufinden ist, auf der ein auf einem vorrangigen Listenplatz befindliches Mitglieds des Mehrheitsgeschlechts zugunsten eines Wahlbewerbers des Minderheitengeschlechts auf einem nachrangigen Listenplatz zurückzustehen hat. Diese Situation aber ist vergleichbar mit dem hiesigen Sachverhalt. Es macht für die Frage der Quotierung nach dem Geschlecht keinen Unterschied, ob die Besetzung mehrerer Betriebsratssitze unmittelbar nach der Wahl oder aber die zeitgleiche Besetzung mehrerer Betriebsratssitze durch Nachrücken während der Wahlperiode ansteht. Auch in dem hier zu entscheidenden Sachverhalt ist gleichermaßen diejenige Liste zu bestimmen, dessen Ersatzmitglied zugunsten eines Ersatzmitglieds des Minderheitengeschlechts zurückzutreten hat, oder aber sogar die Liste, die einen Sitz im Betriebsrat verlieren soll, falls keine Person des Minderheitengeschlechts mehr auf der Vorschlagsliste als Nachrücker zur Verfügung steht.

Demgegenüber enthält die (...) Vorschrift des §17 Abs. 2 WO nur Bestimmungen dazu, wie ein Betriebsratssitz nachzubesetzen ist, wenn die gewählte Person die Wahl nicht annimmt. Nach §17 Abs. 2 WO tritt an die Stelle der gewählten Person, die ihre Wahl ablehnt, wenn diese dem Minderheitengeschlecht angehört und dann die Quote nicht mehr gewahrt ist, die in derselben Liste in der Reihenfolge nach ihr benannte Person, die ebenfalls dem Minderheitengeschlecht angehört. §17 Abs. 2 WO enthält jedoch keinen Mechanismus zur etwa notwendigen Auswahl der entsprechenden Liste, bei der die Veränderungen erforderlich sind. Eines solchen Mechanismus bedarf es im Rahmen des §17 Abs. 2 WO auch nicht, weil die Liste und die Person bereits feststehen, die Nichtannahme der Wahl nur Auswirkungen auf die weiteren Bewerber und Bewerberinnen derselben Liste haben sollen, im Regelfall aber nicht zu einer Umsortierung auch bei den übrigen Listen führen soll, um dann der Quotenregelung entsprechen zu können.

Auch das in §15 Abs. 5 WO geregelte Verfahren als solches zur Auswahl der Liste und desjenigen Nachrückers, der für eine Person des Minderheitengeschlechts zurückstehen soll, spricht für eine Analogie auf die vorliegende Fallkonstellation. Nach §15 Abs.5 WO wird auf die Person mit der niedrigsten Höchstzahl, also diejenige Person, auf die im Ergebnis die wenigsten Stimmen entfallen sind, abgestellt. Damit werden die Grundsätze der Listenwahl für die Besetzung des Betriebsrats bei der Nachbesetzung durch die Ersatzmitglieder im Wesentlichen eingehalten. Grundsätzlich

werden die frei werdenden Betriebsratssitze mit Nachrückern der jeweiligen Listen besetzt. Die Reihenfolge der Listenplätze wird hinsichtlich desjenigen Listenplatzes durchbrochen, auf den die wenigsten Stimmen entfallen sind, der also gleichsam den geringsten Rückhalt in der Wählerschaft hat. Damit wird dem Umstand Rechnung getragen, dass die Listen durch ihre Wahlbewerber repräsentiert werden und damit jede Liste ein besondere Interesse daran hat, dass zunächst die Bewerber und Bewerberinnen der vorderen Listenplätze in den Betriebsrat einrücken.
Die (Wieder-)Herstellung der Quote erfolgt damit „von unten" her. Die Anknüpfung an die niedrigste d'Hondt-Zahl, die in bestimmten Fällen sogar zu einem „Listensprung" führen kann, trägt dem Rechnung. Der mit der geringsten Stimmenzahl errungene Betriebsratssitz muss zur Realisierung des gesetzgeberischen Ziels der Geschlechterquotierung im Konfliktfall zur Disposition stehen.
Demgegenüber würde ein Rückgriff auf § 17 Abs. 2 WO bedeuten, dass allein aus dem Umstand heraus, dass eine Liste bereits eine Person des Minderheitengeschlechts im Betriebsrat hatte, also auch schon vorher auf einem vorderen Listenplatz aufgestellt hatte, nun – nur weil diese Person ausscheidet – für diese eine Verpflichtung bestünde, unter Rückgriff auf hintere Listenplätze einen freiwerdenden Betriebsratssitz erneut mit einer Person des Minderheitengeschlechts zu besetzen. Dies wäre dann sogar verbunden mit der Gefahr, den Betriebsratssitz möglicherweise ganz zu verlieren, wenn keine weitere Person des Minderheitengeschlechts auf den hinteren Plätzen der Liste steht. Eine solche Regelung trüge den Grundsätzen der Verhältniswahl nicht Rechnung. § 15 Abs. 2 BetrVG, der die Quotenregelung enthält und auch bei der Nachbesetzung des Betriebsrats durch Ersatzmitglieder zu berücksichtigen ist, sieht bestimmte Quoten für die einzelnen Listen nicht vor. Vielmehr bezieht sich die Quotenregelung ausschließlich auf den Betriebsrat als gesamtes Organ. Von welcher Liste das Betriebsratsmitglied des Minderheitengeschlechts stammt, ist für die Erfüllung der Quote unbeachtlich. (...)"
(LAG Berlin-Brandenburg, Beschluss v. 25.07.2017 – 7 TaBV 358/17)

Anzeige der Verhinderung als Aufgabe des Mitglieds

„(...) Das verhinderte Betriebsratsmitglied hat selbst seine Verhinderung dem Betriebsratsvorsitzenden anzuzeigen. Es ist nicht dessen Aufgabe, zu ermitteln, ob er das Mitglied oder das Ersatzmitglied laden soll, auch dann nicht, wenn das originäre Mitglied häufig erkrankt ist. (...)"
(LAG Frankfurt, Urteil v. 25.07.2014 – 14 Sa 167/13)

zwingende Reihenfolge des Nachrückens

„Nach § 29 Abs. 2 Satz 6 BetrVG hat der Betriebsratsvorsitzende für den Fall der Verhinderung eines Betriebsratsmitglieds nicht irgendein sondern „das" entsprechende Ersatzmitglied zu laden. Die Reihenfolge der zu ladenden Ersatzmitglieder folgt zwingend aus § 25 Abs. 2 BetrVG und ist nicht dispositiv."
(LAG Schleswig-Holstein, Beschluss v. 1.11.2012 – 5 TaBV 13/12 – DB 2012, 2814)

Beginn der Amtszeit maßgeblicher Zeitpunkt für Höchstaltersgrenze

„Scheidet die Jugend- und Auszubildendenvertreterin aus dem Arbeitsverhältnis aus und hat das Ersatzmitglied nach der Wahl, aber vor Amtsbeginn das 25. Lebensjahr vollendet, so rückt es nicht nach. Maßgebender Zeitpunkt für die Höchstaltersgrenze ist der Tag des Beginns der Amtszeit, nicht der Tag der Wahl. Gegebenenfalls sind Neuwahlen anzusetzen."
(LAG Düsseldorf, Beschluss v. 13.10.1992 – 8 TaBV 119/92)

Berücksichtigung des Geschlechts in der Minderheit

„Erfolgte eine Betriebsratswahl nach den Grundsätzen der Verhältniswahl, so tritt an die Stelle eines ausgeschiedenen bzw. zeitweilig verhinderten Mitglieds das dem gleichen Geschlecht angehörende Ersatzmitglied, das auf der Liste als nächster Vertreter vorgeschlagen ist, wenn dies zur Wahrung der Mindestquote nach § 15 Abs 2 BetrVG erforderlich ist. Ansonsten folgt der nächste Vertreter auf der Liste ohne Hinblick auf das Geschlecht.

Die Auslegung von §25 BetrVG ergibt, dass eine Überfüllung der Minderheitengeschlechterquote infolge eines Nachrückvorgangs grundsätzlich unbeachtlich ist. Er eröffnet dem Betriebsrat keine Möglichkeit, das bekanntgegebene Wahlergebnis nachträglich bei einem Nachrückvorgang zu korrigieren. Er kann nur bei einem Nachrückvorgang zur Wahrung der Geschlechterquote eine andere nachrückende Person bezeichnen.
Die Auslegung von §15 Abs 2 BetrVG stellt keine Ermächtigung dafür dar, einen Listensprung nach der Bekanntgabe des Wahlergebnisses zu korrigieren, etwa weil das Nachrücken eines Betriebsratsmitglieds des Minderheitengeschlechts die Quote erfüllt.
Ausschlaggebend für die Quote nach §25 Abs 2 S 1 BetrVG iVm §15 Abs. 2 BetrVG ist allein der Zeitpunkt der Betriebsratswahl, nicht der Zeitpunkt eines Nachrückvorgangs."
(ArbG Köln, Beschluss v. 12.11.2014 – 17 BV 296/14)

4. Sitzungsniederschrift

§ 65 Abs. 1 BetrVG	Für die Jugend- und Auszubildendenvertretung gelten (...) die §§ 34, (...) entsprechend.
§ 34 Abs. 1 BetrVG	Über jede Verhandlung des Betriebsrats ist eine Niederschrift aufzunehmen, die mindestens den Wortlaut der Beschlüsse und die Stimmenmehrheit, mit der sie gefasst sind, enthält. Die Niederschrift ist von dem Vorsitzenden und einem weiteren Mitglied zu unterzeichnen. Der Niederschrift ist eine Anwesenheitsliste beizufügen, in die sich jeder Teilnehmer eigenhändig einzutragen hat. Nimmt ein Betriebsratsmitglied mittels Video- und Telefonkonferenz an der Sitzung teil, so hat es seine Teilnahme gegenüber dem Vorsitzenden in Textform zu bestätigen. Die Bestätigung ist der Niederschrift beizufügen.
§ 34 Abs. 2 BetrVG	Hat der Arbeitgeber oder ein Beauftragter einer Gewerkschaft an der Sitzung teilgenommen, so ist ihm der entsprechende Teil der Niederschrift abschriftlich auszuhändigen. Einwendungen gegen die Niederschrift sind unverzüglich schriftlich zu erheben; sie sind der Niederschrift beizufügen.
§ 34 Abs. 3 BetrVG	Die Mitglieder des Betriebsrats haben das Recht, die Unterlagen des Betriebsrats und seiner Ausschüsse jederzeit einzusehen.

„(...) Die Beweisbedürftigkeit einer umstrittenen Beschlussfassung des Betriebsrats entfällt zwar nicht durch eine Sitzungsniederschrift über die Betriebsratssitzung, aus der eine entsprechende Beschlussfassung ersichtlich ist. Deren Aufnahme in das Protokoll begründet keine gesetzliche Vermutung im Sinne des § 292 ZPO dafür, dass der dort wiedergegebene Beschluss von den anwesenden Betriebsratsmitgliedern gefasst worden ist. Der Sitzungsniederschrift kommt ein hoher Beweiswert zu, der bei der nach § 286 Abs 1 ZPO gebotenen Würdigung über die Beschlussfassung des Betriebsrats zu berücksichtigen ist. Eine Aufklärung über den Verlauf der Betriebsratssitzung und die Beschlussfassung ist daher regelmäßig entbehrlich, wenn der Betriebsrat ein den Anforderungen des § 34 BetrVG genügendes Protokoll der Betriebsratssitzung vorlegt, aus dem die vom Arbeitgeber bestrittene Beschlussfassung ersichtlich ist. (...)"
(BAG, Beschluss v. 22.11.2017 – 7 ABR 46/16)

Beweiswert einer Sitzungsniederschrift

„(...) Einer Sitzungsniederschrift nach § 34 BetrVG kommt ein hoher Beweiswert in Bezug auf die darin protokollierte Beschlussfassung des Betriebsrats zu.
(...) Die Beweisbedürftigkeit der zwischen den Betriebsparteien umstrittenen Beschlussfassung entfällt nicht bereits, wenn der Betriebsrat eine Sitzungsniederschrift über die Betriebsratssitzung vorlegt, aus der die Beschlussfassung ersichtlich ist. Deren Aufnahme in das Protokoll begründet jedoch keine gesetzliche Vermutung iSd. § 292 ZPO dafür, dass der dort wiedergegebene Beschluss von der Mehrheit der anwesenden Betriebsratsmitglieder gefasst worden ist. Eine solche Beweisregel enthält § 34 BetrVG nicht. Eine dahingehende gesetzliche Vermutung würde zudem zu unsachgemäßen Ergebnissen führen. Würde bereits aufgrund der Sitzungsniederschrift das Vorliegen einer dort wiedergegebenen Beschlussfassung des Betriebsrats vermutet, obläge es dem Arbeitgeber, den vollen Beweis für das Nichtvorliegen der vermuteten Tatsache als Hauptbeweis zu führen. Dazu müsste er deren Gegenteil behaupten und beweisen. Die Erschütterung der Beweiskraft der Sitzungsniederschrift wäre dazu allein nicht ausreichend. Dies würde die Anforderungen an die Darlegungslast des Arbeitgebers überfordern. Dieser hat regelmäßig keine Kenntnis vom Ablauf der Betriebsratssitzungen. Deshalb kann er allenfalls Umstände, die ernsthafte und begründete Zweifel an der Richtigkeit und Vollständigkeit der Sitzungsniederschrift begründen können, vortragen.

Beweiswert einer Sitzungsniederschrift bzgl. der Beschlussfassung

Sitzungsniederschrift begründet keine gesetzliche Vermutung

Allerdings ist das Landesarbeitsgericht im Ausgangspunkt zutreffend davon ausgegangen, dass einer Sitzungsniederschrift ein besonderer Beweiswert zukommen kann. Eine Aufklärung über den Verlauf der Betriebsratssitzung und die Beschlussfassung ist regelmäßig entbehrlich, wenn der Betriebsrat ein den Anforderungen des §34 BetrVG genügendes Protokoll der Betriebsratssitzung vorlegt, aus dem die vom Arbeitgeber bestrittene Beschlussfassung ersichtlich ist. Hierfür spricht die einer Sitzungsniederschrift zukommende Beweisfunktion.

Zwar handelt es sich bei der Niederschrift nach §34 BetrVG lediglich um eine Privaturkunde. Nach der gesetzlichen Beweisregel des §416 ZPO begründet die vom Aussteller unterschriebene Privaturkunde vollen Beweis dafür, dass die in ihr enthaltenen Erklärungen vom Aussteller herrühren. Damit kommt der Sitzungsniederschrift nur ein formeller Beweiswert in Bezug auf die von ihren Unterzeichnern abgegebenen Erklärungen über eine am Sitzungstag erfolgte Beschlussfassung des Betriebsrats mit dem in der Niederschrift wiedergegebenen Wortlaut zu. Anders als eine öffentliche Urkunde (§§417, 418 ZPO) begründet sie keinen Beweis über den Verlauf der Betriebsratssitzung und den Inhalt der dort gefassten Beschlüsse.

ordnungsgemäße Niederschrift wichtigster gesetzlich vorgesehener Nachweis für Tatsache der Beschlussfassung

Dennoch kommt der Sitzungsniederschrift aufgrund ihrer durch §34 Abs.1 BetrVG besonders ausgestalteten Form ein hoher Beweiswert zu, der bei der nach §286 Abs.1 ZPO gebotenen Würdigung über die Beschlussfassung des Betriebsrats zu berücksichtigen ist.

Eine ordnungsgemäße Niederschrift ist der gesetzlich vorgesehene und wichtigste Nachweis für die Tatsache einer Beschlussfassung durch den Betriebsrat. Zwar hängt deren Wirksamkeit regelmäßig nicht von der Aufnahme des Betriebsratsbeschlusses in das Sitzungsprotokoll ab, da die Niederschrift nicht Teil der Beschlussfassung selbst ist. Die Anfertigung einer Niederschrift ist für die Wirksamkeit eines in der Betriebsratssitzung gefassten Beschlusses nur erforderlich, wenn dieser aufgrund gesetzlicher Vorgaben (zB §27 Abs.2 Satz3, §§36, 50 Abs.2 Satz3 BetrVG) der Schriftform bedarf.

Dokumentationsfunktion der Sitzungsniederschrift

Der Sitzungsniederschrift ist aber durch §34 BetrVG eine besondere Dokumentationsfunktion zugewiesen. Da dem Protokoll für die weit überwiegende Anzahl der Betriebsratsbeschlüsse keine konstitutive Bedeutung zukommt, können die im Gesetz enthaltenen Vorgaben über den Mindestinhalt einer Sitzungsniederschrift nur dahin verstanden werden, dass sie einen für Betriebsrat und Dritte gleichermaßen bedeutsamen Nachweis über die gefassten Betriebsratsbeschlüsse bewirken soll.

Nach §34 Abs.1 Satz1 BetrVG muss die Niederschrift den Beschlussinhalt sowie das Stimmenverhältnis enthalten, daneben sind ihr eine von den Sitzungsteilnehmern unterzeichnete Anwesenheitsliste sowie schriftliche Einwendungen gegen den Inhalt der Niederschrift beizufügen (§34 Abs.1 Satz3, Abs.2 Satz2 BetrVG). Diese Angaben ermöglichen eine Beurteilung über das ordnungsgemäße Zustandekommen eines Betriebsratsbeschlusses. Dies gilt auch für etwaige Ladungsmängel. Die vermeintlich übergangenen Betriebsratsmitglieder können insoweit schriftliche Einwendungen erheben. Durch die Dokumentation der gesetzlich normierten Angaben wird ein in der Folgezeit möglicherweise entstehender Streit um das Vorliegen und den Inhalt eines Betriebsratsbeschlusses weitgehend vermieden. Ebenso wird etwaigen Beweisschwierigkeiten entgegen gewirkt, die durch den Zeitablauf und die wechselnde personelle Zusammensetzung des Betriebsrats entstehen können. Eine Sitzungsniederschrift ist daher solange aufzubewahren, wie ihr Inhalt von rechtlicher Bedeutung ist.

Der Dokumentationsfunktion einer Sitzungsniederschrift und dem damit verbundenen Beweiswert steht nicht entgegen, dass die Niederschrift vom Betriebsrat selbst erstellt wird. Der gebotene Schutz gegen mögliche Unrichtigkeiten und Irrtümer bei der Protokollierung ist nach der Vorstellung des Gesetzgebers dadurch gewahrt, dass diese nicht nur von dem Betriebsratsvorsitzenden, sondern zusätzlich von einem weiteren Betriebsratsmitglied unterzeichnet werden muss (§34 Abs.1 Satz2 BetrVG), sie

von sämtlichen Mitgliedern eingesehen werden kann (§34 Abs. 3 BetrVG) und Einwendungen gegen ihren Inhalt erhoben werden können, die der Niederschrift beizufügen und damit schriftlich dokumentiert sind (§34 Abs. 2 Satz 2 BetrVG).
Wird aus der Sitzungsniederschrift die ordnungsgemäße Beschlussfassung des Betriebsrats ersichtlich, bedarf es daher im Regelfall keiner weitergehenden tatsächlichen Darlegungen oder einer darauf gerichteten Durchführung einer Beweisaufnahme. Vielmehr obliegt es dann dem Arbeitgeber, den Beweiswert der Niederschrift zu erschüttern oder unter Beweisantritt einen für die Führung des Gegenbeweises über das (Nicht-)Vorliegen eines wirksamen Betriebsratsbeschlusses geeigneten Vortrag zu halten. Erst einem solchen Vortrag muss das Arbeitsgericht nachgehen. (...)"
(BAG v. 30.09.2014 – 1 ABR 32/13)

Einsichtsrecht in gespeicherte Daten und e-mails als Unterlagen des Betriebsrats

„Jedes Mitglied des Betriebsrats verfügt nach §34 Abs. 3 BetrVG über ein unabdingbares Recht, auf Datenträgern gespeicherte Dateien und E-Mails des Betriebsrats auf elektronischem Wege zu lesen.

keine datenschutzrechtlichen Einschränkungen

Das Einsichtsrecht der Betriebsratsmitglieder kann nicht durch Maßnahmen nach §9 S. 1 BDSG 1990 iVm der dazu geltenden Anlage in Bezug auf personenbezogene Daten beschränkt werden.
(...) Zu Recht sind die Vorinstanzen davon ausgegangen, dass auch auf Datenträgern gespeicherte elektronische Dateien Unterlagen i.S.d. §34 Abs. 3 BetrVG sind und dass die Mitglieder des Betriebsrats deshalb das Recht haben, jederzeit die Unterlagen einzusehen. Das Einsichtsrecht umfasst die Möglichkeit zur Einsichtnahme auf elektronischem Weg. Es kann nicht – auch nicht durch Beschluss des Betriebsrats – unter Berufung auf die Notwendigkeit des Datenschutzes ganz oder teilweise ausgeschlossen oder beschränkt werden.
(...) Zu den Unterlagen des Betriebsrats gehören nach dem Wortlaut und dem Zweck des Gesetzes nicht nur die Sitzungsniederschriften, sondern sämtliche Aufzeichnungen und Materialien, die der Betriebsrat oder ein Ausschuss angefertigt hat und die ständig zur Verfügung stehen. Das gilt unabhängig davon, ob diese Aufzeichnungen in Papierform verkörpert oder in Dateiform elektronisch auf Datenträgern gespeichert sind. Es ist nicht ersichtlich, dass das BetrVG dem Begriff der Unterlagen in §34 Abs. 3 einen anderen Bedeutungsgehalt zumisst als in §80 Abs. 2 Satz 2. Für diese Vorschrift ist anerkannt, dass sich dass Auskunftsrecht des Betriebsrats auch auf Informationen bezieht, die der Arbeitgeber auf Datenträgern abgespeichert hat. Zu den Unterlagen zählt insbesondere auch das E-Mail-Konto des Betriebsrats, unter dem er seine Korrespondenz führt. Das Recht, die elektronisch gespeicherten Unterlagen des Betriebsrats einzusehen, umfasst das Leserecht auf elektronischem Weg. (...)
§34 Abs. 3 BetrVG sieht vor, dass die Einsichtnahme „jederzeit" erfolgen kann. Das ist nicht gewährleistet, wenn Betriebsratsmitglieder auf ausgedruckte und abgeheftete Dateien verwiesen werden, die bereits zuvor in elektronischer Form vorliegen und auf elektronischem Weg eingesehen werden können, ihnen der Zugriff zu dieser Zeit aber nicht ermöglicht wird. Ein Ausdrucken der Dateien und Abheften in Ordnern stellt einen mit dem Wortlaut des Gesetzes nicht zu vereinbarenden Zwischenschritt dar, der technisch nicht erforderlich ist. Ein jederzeitiges elektronisches Einsichtsrecht kann sämtlichen Mitgliedern ohne großen Aufwand gewährt werden.

jederzeitiges elektronisches Einsichtsrecht

Im GegenSatz zu einer Kommunikation in Papierform müssen eingehende Poststücke nicht erst geöffnet, in einem Eingangsfach gesammelt oder nach einem System abgelegt werden, damit sie dort eingesehen werden können. Sie können vielmehr auf elektronischem Weg sofort zur Verfügung gestellt werden. Den Betriebsratsmitgliedern muss lediglich der Zugang zu dem Server des Betriebsrats gewährt werden, z.B. in gleicher Weise wie dies für den Vorsitzenden des Betriebsrats, dessen Stellvertreter oder die Systemadministratorin geschehen ist.

(...) Die durch das Erstellen von Ausdrucken unvermeidbaren Verzögerungen der Einsichtnahmemöglichkeit, die u.a. von den Anwesenheitszeiten der Sekretärin, von der Büroorganisation und dem täglichen Arbeitsanfall abhängen, sind nicht mit dem Sinn und Zweck des Gesetzes in Einklang zu bringen. §34 Abs. 3 BetrVG soll sicherstellen, dass sich jedes Betriebsratsmitglied ohne zeitliche Verzögerung über die Vorgänge im Betriebsrat informieren kann (vgl. BT-Drucks. VI/2729 S. 23). Durch den damit zum Ausdruck gebrachten GrundSatz der gleichen Informationsmöglichkeiten will das Gesetz ausschließen, dass Mitglieder aufgrund ihres Status oder aufgrund übertragener Sonderaufgaben (z.B. als Vorsitzender oder dessen Stellvertreter, als Ausschussmitglied, Systemadministrator oder aufgrund einer Freistellung) gegenüber Betriebsratsmitgliedern ohne besondere Funktionen über einen Informationsvorsprung verfügen. Deshalb ordnet das Gesetz ausdrücklich an, dass sich alle Betriebsratsmitglieder selbst dann einen Überblick über die Gesamttätigkeit des Betriebsrats verschaffen können, wenn der Betriebsrat von der Möglichkeit der Delegation von Aufgaben auf Ausschüsse Gebrauch macht. Es liegt in der Natur der Sache, dass Mitglieder, die nach §38 BetrVG von ihrer beruflichen Tätigkeit freigestellt sind, durch die Kontinuität ihrer Arbeit im Betriebsrat regelmäßig über ein aktuelleres Wissen der betriebsratsrelevanten Themen verfügen. Umso deutlicher wird der Zweck des §34 Abs. 3 BetrVG, dass alle übrigen Mitglieder des Betriebsrats zumindest die Möglichkeit haben müssen, sich „jederzeit" zu informieren.

gleicher Informationsstand als Gesetzeszweck

Grundsatz der gleichen Informationsmöglichkeiten

Mitglieder des Organs mit unbeschränktem elektronischen Leserecht verfügen gegenüber Betriebsratsmitgliedern, denen dieses Recht verwehrt wird, über einen erheblichen Informationsvorsprung, der mit dem Gesetzeszweck nicht zu vereinbaren ist. Sie können die aktuellen Inhalte einer Datei zeitnah zur Kenntnis nehmen und haben so die Möglichkeit der Erörterung von Sachthemen auf dem aktuellen Stand, während alle anderen Betriebsratsmitglieder erst abwarten müssen, bis die Arbeitsschritte abgeschlossen und die Texte bzw. Daten freigegeben und in Papierform abgelegt werden. Sie können dadurch nicht in gleicher Weise Themen jederzeit im Betriebsrat aufgreifen und inhaltlich beeinflussen. Zudem bietet die elektronische Datenverarbeitung eine schnellere Orientierung, da das Suchen und Auffinden von bestimmten Dokumenten auf elektronischem Weg mit Hilfe von Suchfunktionen wesentlich erleichtert bzw. bei umfangreichen Datenmengen häufig erst ermöglicht wird. Auch wenn die schriftlichen Akten sorgfältig geführt werden, lässt sich die Suche nach bestimmten Dokumenten regelmäßig nicht gleich effektiv gestalten. Besonders zum Tragen kommt der Informationsvorsprung, wenn nur bestimmte Mitglieder des Betriebsrats das jederzeitige Leserecht des E-Mail-Kontos haben, weil sich die Korrespondenz über E-Mails durch ihre Unmittelbarkeit auszeichnet.

Kontrollmöglichkeit bzgl. Aufgabenwahrnehmung

Schließlich bezweckt das Recht auf jederzeitige Information, dass das einzelne Mitglied jederzeit die Aufgabenwahrnehmung der anderen Betriebsratsmitglieder kontrollieren kann. Verwaltet der Betriebsrat seine Dokumente in elektronischer Form, lässt sich dieses Kontrollrecht nur bei einer elektronischen Einsichtnahme effektiv ausüben. Elektronisch gespeicherte Daten sind leicht abzuändern. Ob der Ausdruck einer Datei vollständig ist und ihren aktuellen Stand wiedergibt, kann nur durch einen Abgleich mit dem Inhalt der Datei selbst festgestellt werden. Das Kontrollrecht erstreckt sich auch auf die Tätigkeiten des Vorsitzenden, der den Betriebsrat nach §26 Abs. 2 Satz 1 BetrVG im Rahmen der gefassten Beschlüsse nach außen vertritt. Mit dieser Zielrichtung dient §34 Abs. 3 BetrVG automatisch auch dem Minderheitenschutz .

Der Einsichtnahme in gespeicherte Daten auf elektronischem Weg steht nicht die Rechtsprechung entgegen, nach der dem einzelnen Betriebsratsmitglied im Rahmen der Einsichtnahme nach §34 Abs. 3 BetrVG das Erstellen von Fotokopien untersagt werden kann. Sie stellt im Wesentlichen darauf ab, dass es zur Erstellung der Ablichtung einer Übergabe der Unterlagen an das Betriebsratsmitglied bedürfe. Dieser Gesichtspunkt ist bei einem elektronischen (Lese-) Zugriff nicht von Bedeutung. Bei dem elektronischen Lesezugriff wird das Dokument nicht von seinem Platz auf dem Server entfernt. Die Unterlagen des Betriebsrats bleiben damit zu jedem Zeitpunkt vollständig. Entgegen der Rechtsansicht des Betriebsrats kommt es in diesem Zusammenhang nicht darauf an, ob bei einem elektronischen Datenzugriff auf dem Arbeitsplatzrechner des Betriebsratsmitglieds eine Kopie des Dokuments erstellt werden kann. Dem kann durch angemessene technische Maßnahmen zum Schutz von Daten, wie Sperrung von Druck- und Kopierfunktion bestimmter Bereiche, begegnet werden.

Unabdingbarkeit des Einsichtsrechts

Das Einsichtsrecht einzelner Mitglieder des Betriebsrats ist unabdingbar. Es kann weder durch die Geschäftsordnung noch durch einen Beschluss des Betriebsrats eingeschränkt werden. Es kommt danach nicht auf den Streit der Beteiligten an, ob der Betriebsrat das elektronische Einsichtsrecht nach §34 Abs.3 BetrVG überhaupt beschränkt hat und ob seine tatsächliche Handhabung auf einer Rechtsgrundlage beruht.

(...) Der Senat sieht es dabei keineswegs als zwangsläufig an, dass Betriebsratsmitgliedern von ihren eigenen Rechnern aus Zugang zu allen Daten des Betriebsrats eröffnet wird oder an den Betriebsrat gerichtete E-Mails an die persönlichen Betriebsadressen seiner Mitglieder weitergeleitet werden müssen. Entscheidend ist, dass jedes Mitglied von bestimmten Geräten aus jederzeit mit zumutbarem Aufwand den vollständigen Datenbestand einschließlich des E-Mail-Kontos einsehen kann. Diese Maßnahmen, über die der Betriebsrat durch entsprechende Beschlüsse zu entscheiden hat, dürfen allerdings nicht wie im vorliegenden Fall dazu führen, dass das Leserecht für einzelne Mitglieder inhaltlich beschränkt wird. (...)“
(BAG, Beschluss v. 12.8.2009 - 7 ABR 15/08)

Zumutbarkeit des Aufwands für Ausübung des Einsichtsrechts

keine gesetzliche Bestimmung des Protokollführers

keine gesetzliche Bestimmung des Zeitpunkts der Erstellung des Protokolls

„(...) Nach §34 Abs. 1 Satz 1 BetrVG ist über jede Verhandlung des Betriebsrates eine Niederschrift aufzunehmen, die mindestens den Wortlaut der Beschlüsse und die Stimmenmehrheit, mit der sie gefaßt sind, enthält. Das Gesetz, insbesondere §34 BetrVG, bestimmt indessen nicht, wer die Niederschrift aufzunehmen hat. Zudem läßt die Vorschrift offen, ob die Sitzungsniederschrift während der Sitzung zu erstellen ist oder gegebenenfalls anhand von Notizen auch erst nach der Sitzung erstellt werden darf. Deshalb läßt sich aus §34 Abs. 1 Satz 1 BetrVG kein Anspruch des Betriebsrates ableiten, eine ihm nicht angehörende Person zum Zwecke der Protokollführung zu seinen Sitzungen hinzuzuziehen. (...)“
(BAG, Beschluss v. 17.10.1990 - 7 ABR 69/89)

kein Anspruch auf Herstellung von Kopien von Betriebsratsunterlagen

„Das Recht des einzelnen Betriebsratsmitglieds auf Einsichtnahme in die Unterlagen des Betriebsrats nach §34 Abs.3 BetrVG schließt nicht das Recht auf Herstellung von Fotokopien dieser Unterlagen ein.

kein Anspruch auf Überlassung von Unterlagen

(...) §34 Abs. 3 BetrVG eröffnet für das einzelne Betriebsratsmitglied nur die Möglichkeit der Einsichtnahme in die Unterlagen des Betriebsrats. Die Bestimmung ist nicht über ihren Wortlaut hinaus auslegbar. Die Befugnis zur Einsichtnahme umfaßt nicht das Recht, Überlassung der Unterlagen zu fordern. Das aber ist, wenn auch nur zeitlich kurzfristig, Voraussetzung, um die vom Kläger beabsichtigten Handlungen, nämlich die Herstellung von Fotokopien dieser Unterlagen zu ermöglichen. Die Erleichterung der Betriebsratstätigkeit im Einzelfall, wenn die dem Betriebsrat als Organ zur Verfügung stehenden oder von ihm selbst hergestellten Unterlagen von dem einzelnen Betriebsratsmitglied nicht nur eingesehen werden können, sondern ihm in Kopie vorliegen, rechtfertigt (...) keine weitergehende Auslegung des Rechts auf Einsichtnahme nach §34 Abs. 3 BetrVG über den Wortlaut dieser Bestimmung hinaus.

(...) Der Senat verkennt nicht, daß in Einzelfällen es durchaus zweckmäßig sein kann, daß den einzelnen Mitgliedern des Betriebsrats jeweils Unterlagen zur Verfügung stehen; daraus kann aber nicht geschlossen werden,

das Recht nach §34 Abs.3 BetrVG müsse über den gesetzlichen Inhalt hinaus erweitert werden. Vielmehr besteht in solchen Fällen die Möglichkeit, die Überlassung von Unterlagen im gesetzlich zulässigen Rahmen durch einen Beschluß des Betriebsrats herbeizuführen. (...)"
(BAG, Beschluss v. 27.5.1982 – 6 ABR 66/79)

Hinweis für die Praxis:

Nach §34 Abs. 3 BetrVG steht das Einsichtsrecht in die Unterlagen des Betriebsrats nur den Betriebsratsmitgliedern zu. JAV-Mitglieder haben danach kein Einsichtsrecht in die Unterlagen des Betriebsrats. Soweit §65 Abs. 1 BetrVG die entsprechende Geltung von §34 BetrVG anordnet, gilt dies für die Unterlagen der JAV und das Einsichtsrecht der JAV-Mitglieder in diese Unterlagen. Zu beachten ist jedoch die gesetzliche Unterrichtungspflicht des Betriebsrates gegenüber der JAV nach §70 Abs. 2 S. 1 BetrVG.

fehlende/mangelhafte Niederschrift grundsätzlich kein Unwirksamkeitsgrund für Beschlussfassung

„(...) Zuzustimmen ist dem Landesarbeitsgericht darin, daß die Wirksamkeit eines Betriebsratsbeschlusses nicht von der Festlegung des Beschlusses in der Niederschrift abhängt, da die Niederschrift nicht Teil der Beschlußfassung selbst ist. Die Feststellung, daß und welcher Beschluß gefaßt worden ist, kann auch durch andere Beweismittel geführt werden. (...)"
(BAG, Beschluss v. 8.2.1977 – 1 ABR 82/74)

kein Einsichtsrecht für ausgeschiedene/ehemalige Amtsinhaber

„Ausgeschiedene Betriebsratsmitglieder haben kein Einsichtsrecht in Betriebsratsprotokolle."
(LAG Frankfurt, Beschluss v. 25.10.2012 – 9 TaBV 129/12 – AiB 2013, 326, Rechtsbeschwerde anhängig beim BAG unter – 7 ABR 92/12)

kein Einsichtsrecht des Arbeitgebers in Dateien

„Der Arbeitgeber ist nicht berechtigt, in die Dateien des Betriebsrates, die sich im Betriebsratslaufwerk des EDV-Systems des Arbeitgebers befinden, Einblick zu nehmen und, tut er es doch, diese zu verwerten."
(LAG Düsseldorf, Beschluss v. 7.3.2012 – 4 TaBV – 87/11 – n.v.)

5. Teilnahme mittels Video- und Telefonkonferenz

„(...) Sofern ein Betriebsratsmitglied mittels Video- und Telefonkonferenz an einer Sitzung teilnehmen möchte, ist ein entsprechender Beschluss des Gremiums erforderlich und es muss gegebenenfalls nach § 29 Abs 3 BetrVG beantragt werden, dass dieser Gegenstand auf die Tagesordnung gesetzt wird. (...)
(LAG Frankfurt, Beschluss v. 08.02.2021 – 16 TaBV 185/20 – noch zu §129 BetrVG)

III. Beschlüsse der Jugend- und Auszubildendenvertretung

§65 Abs. 1 BetrVG	Für die Jugend- und Auszubildendenvertretung gelten ... die §§... 33 Abs. 1 und 2 ... entsprechend.
§33 Abs. 1 BetrVG	Die Beschlüsse des Betriebsrats werden, soweit in diesem Gesetz nichts anderes bestimmt ist, mit der Mehrheit der Stimmen der anwesenden Mitglieder gefasst. Betriebsratsmitglieder, die mittels Video- und Telefonkonferenz an der Beschlussfassung teilnehmen, gelten als anwesend. Bei Stimmengleichheit ist ein Antrag abgelehnt.
§33 Abs. 2 BetrVG	Der Betriebsrat ist nur beschlussfähig, wenn mindestens die Hälfte der Betriebsratsmitglieder an der Beschlussfassung teilnimmt; Stellvertretung durch Ersatzmitglieder ist zulässig.

1. Beschlussfähigkeit

analoge Anwendung von §22 BetrVG bei Verhinderung von mehr als der Hälfte der Mitglieder bei Fehlen weiterer Ersatzmitglieder

„Ist ein Betriebsrat für die Dauer der Äußerungsfristen des §102 Abs.2 BetrVG beschlußunfähig iS des §33 Abs. 2 BetrVG, weil in dieser Zeit mehr als die Hälfte der Betriebsratsmitglieder an der Amtsausübung verhindert ist und nicht durch Ersatzmitglieder vertreten werden kann, so nimmt der Rest-Betriebsrat in entsprechender Anwendung des §22 BetrVG die Mitbestimmungsrechte des §102 Abs. 2 BetrVG wahr.
(...) Funktionsunfähig ist der Betriebsrat insbesondere dann, wenn alle Betriebsrats- und Ersatzmitglieder nicht nur kurzfristig, d. h. nicht nur für wenige Tage, an der Ausübung ihres Amtes verhindert sind. Der Betriebsrat wird allerdings noch nicht dadurch funktionsunfähig, daß ein Teil seiner Mitglieder ausgeschieden oder zeitweilig verhindert ist, da in diesem Fall gemäß §25 Abs. 1 Satz2 BetrVG ein Ersatzmitglied nachrückt. Sind aber Ersatzmitglieder nicht mehr vorhanden, die für die ausgeschiedenen oder verhinderten Betriebsratsmitglieder in den Betriebsrat nachrücken können, so kann dies dazu führen, daß der Betriebsrat gemäß §33 Abs. 2 BetrVG nicht mehr beschlußfähig ist, wenn nicht mindestens die Hälfte der Betriebsratsmitglieder an der Beschlußfassung teilnimmt.
Für diesen Fall ist §22 BetrVG entsprechend anzuwenden. Diese Vorschrift sieht u. a. vor, daß der Rest-Betriebsrat die Geschäfte weiterführt, bis ein neuer Betriebsrat gewählt und das Wahlergebnis bekanntgegeben ist, wenn die Gesamtzahl der Betriebsratsmitglieder auch nach Eintreten sämtlicher Ersatzmitglieder unter die nach §§9, 11 BetrVG vorgeschriebene Zahl gesunken ist. In diesem Fall ist für die Beschlußfähigkeit des Betriebsrats von der Zahl der noch vorhandenen Betriebsratsmitglieder auszugehen, und der Betriebsrat ist beschlußfähig, wenn mindestens die Hälfte der noch vorhandenen Mitglieder an der Beschlußfassung teilnimmt.
Ist ein Betriebsrat vorübergehend beschlußunfähig (vgl. §33 Abs. 2 BetrVG), weil ein Teil der Betriebsratsmitglieder zeitweilig verhindert ist, so kommt eine Neuwahl, die nur bei dauerndem Wegfall von Betriebsratsmitgliedern durchzuführen ist, nicht in Betracht. In entsprechender Anwendung des §22 BetrVG sind aber die verbleibenden Mitglieder als befugt anzusehen, während der Zeit der Verhinderung die Geschäfte des Betriebsrats weiterzuführen. Demgemäß ist für die Beschlußfähigkeit des Betriebsrats von der Zahl der die Geschäfte weiterführenden Betriebsratsmitglieder auszugehen und der Betriebsrat beschlußfähig, wenn mindestens die Hälfte der verbleibenden Betriebsratsmitglieder an der Beschlußfassung teilnimmt.
Dieser analogen Anwendung des §22 BetrVG steht nicht entgegen, daß es sich bei §22 BetrVG um eine Ausnahmebestimmung handelt, denn in den Grenzen des Grundgedankens der Ausnahmevorschrift ist eine Analogie statthaft. Mit der Regelung des §22 BetrVG soll gewährleistet werden, daß die Belegschaft auch dann durch den Betriebsrat vertreten bleibt und die

Erhalt der Funktionsfähigkeit des Betriebsrats als gesetzlicher Grundgedanke

dem Betriebsrat obliegenden Aufgaben und Rechte, insbesondere die ihm eingeräumten Mitwirkungs- und Mitbestimmungsrechte, wahrgenommen werden können, wenn die Gesamtzahl der Betriebsratsmitglieder sich verringert hat. Diesem Grundgedanken entspricht nicht nur der gesetzlich geregelte Fall, bei dem die Gesamtzahl der Betriebsratsmitglieder nach Eintreten sämtlicher Ersatzmitglieder wegen Ausscheidens von Betriebsratsmitgliedern gesunken ist, er hat auch zu gelten, wenn der Betriebsrat zeitweilig beschlußunfähig ist, weil ein Teil der Betriebsratsmitglieder an der Amtsausübung zeitweilig verhindert ist und keine Ersatzmitglieder mehr zur Verfügung stehen. (...)"
(BAG, Beschluss v. 18.8.1982 – 7 AZR 437/80)

„(...) Nach §33 Abs.2 BetrVG ist der Betriebsrat beschlussfähig, wenn mindestens die Hälfte der Betriebsratsmitglieder an der Beschlussfassung teilnimmt. Ist die Gesamtzahl der Mitglieder auch nach Eintreten sämtlicher Ersatzmitglieder unter die nach §9 BetrVG vorgesehene Zahl gesunken, ist bis zur Neuwahl des Betriebsrats von der Zahl der noch vorhandenen Betriebsratsmitglieder auszugehen. Denn nach §22 BetrVG führt der verbleibende Betriebsrat bis zu diesem Zeitpunkt die Geschäfte weiter. In analoger Anwendung von §22 BetrVG gilt dies auch in den Fällen, in denen infolge einer vorübergehenden Verhinderung von Betriebsratsmitgliedern der Betriebsrat auch nach Einrücken der Ersatzmitglieder nicht mehr mit der vorgeschriebenen Zahl besetzt ist.
(...) Waren aber die Mitglieder des Betriebsrats, die sich im Erziehungsurlaub befanden, bei der Feststellung der Zahl der maßgeblichen Betriebsratsmitglieder ebenso wie die bereits ausgeschiedenen Mitglieder nicht mitzuzählen, hat an den jeweiligen Beschlüssen mehr als die Hälfte der vorhandenen Mitglieder teilgenommen. Dass die Gesamtzahl der Betriebsratsmitglieder aufgrund der Rücktritte und der fehlenden Ersatzmitglieder unter die nach §9 BetrVG vorgeschriebene Zahl gesunken war, war für die hier gegebene Beschlussfassung nicht maßgeblich. (...)"
(LAG Berlin, Beschluss v. 1.3.2005 – 7 TaBV 2220/04)

2. Beschlussfassung

Beschlussfassung als Abstimmung über bestimmten Antrag

„Ein Beschluss des Betriebsrats nach § 33 BetrVG erfordert grundsätzlich eine förmliche Abstimmung über einen bestimmten Antrag. Eine stillschweigende Beschlussfassung gibt es nicht. Allenfalls kommt eine Beschlussfassung durch schlüssiges (konkludentes) Verhalten in Betracht, etwa dergestalt, dass festgestellt wird, es werde kein Widerspruch (oder nur der Widerspruch einer Minderheit) gegen einen zur Abstimmung gestellten Antrag erhoben. (...) Dem Protokoll der Betriebsratssitzung lässt sich keine konkludente Beschlussfassung entnehmen. (...) Es ist keine Handlung der Betriebsratsmitglieder protokolliert, in der zugleich eine Beschlussfassung iSd. § 33 BetrVG liegen könnte. Nicht einmal die Durchführung der Wahl an sich ist in dem Protokoll vermerkt. (...)"
(BAG, Beschluss v. 24.03.2021 – 7 ABR 6/2)

Unzulässigkeit stillschweigender Beschlussfassung

„(...) Der Betriebsrat kann seine Beschlüsse nicht stillschweigend fassen, sondern nur auf Grund einer ordnungsgemäßen Ladung aller Betriebsratsmitglieder unter Mitteilung der jeweiligen Tagesordnung durch förmlichen Beschluss. (...)"
(BAG, Beschluss v. 19.1.2005 – 7 ABR 24/04)

„(...) Denn der Betriebsrat handelt als Kollegialorgan. Seine Entscheidungen trifft er durch Beschlüsse, in denen sich seine Willensbildung vollzieht. Die in einem von §33 BetrVG vorgegebenen Verfahren gefaßten Beschlüsse sind Voraussetzungen seiner Handlungen und Erklärungen. An sie knüpft das

BetrVG weitreichende Rechtsfolgen für Arbeitnehmer und Arbeitgeber. Das verlangt, daß sich der Betriebsrat als Gremium mit den zur Entscheidung anstehenden Sachverhalten befaßt und eine einheitliche Willensbildung durch Abstimmung herbeiführt. Dagegen genügt es nicht, wenn der Anwalt für den Betriebsrat tatsächlich tätig geworden ist. Denn der Betriebsrat kann seine Beschlüsse nicht etwa stillschweigend fassen, sondern nur aufgrund einer ordnungsgemäßen Ladung aller Betriebsratsmitglieder unter Mitteilung der jeweiligen Tagesordnung. (...)"
(BAG, Beschluss v. 14.2.1996 – 7 ABR 25/95)

Willensbildung im Gremium nach ordnungsgemäßer Ladung unter Mitteilung der Tagesordnung

„(...) Nach allgemeiner Auffassung gibt es (...) keine stillschweigende Beschlußfassung des Betriebsrats. (...)"
(BAG, Beschluss v. 13.11.1991 – 7 ABR 18/91)

„(...) Ein ordnungsgemäßer Betriebsratsbeschluss erfordert, dass der Beschluss nach §33 Abs. 1 BetrVG mit der Mehrheit der Stimmen der anwesenden Mitglieder gefasst wird. Ein Betriebsrat ist nur beschlussfähig, wenn mindestens die Hälfte der Betriebsratsmitglieder an der Beschlussfassung teilnimmt, §33 Abs. 2 BetrVG. Betriebsratsbeschlüsse können grundsätzlich nur auf einer ordnungsgemäßen Sitzung des Betriebsrates gefasst werden. Die Beschlussfassung setzt darüber hinaus eine ordnungsgemäße Ladung der Betriebsratsmitglieder unter Mitteilung der Tagesordnung voraus, §29 Abs. 2 und 3 BetrVG. (...)"
(LAG Hamm, Beschluss v. 10.3.2006 – 10 TaBV 151/05)

Unzulässigkeit der Beschlussfassung im Umlaufverfahren

3. Unwirksamkeit von Beschlüssen

„(...) Jedenfalls ist der Beschluss deshalb unwirksam, weil es an einer ordnungsgemäßen Einberufung der Betriebsratssitzung und Ladung hierzu nach § 29 Abs. 2 Satz 1 und Satz 3 BetrVG fehlt.
Die Erklärung einer Zustimmungsverweigerung iSd. § 99 Abs. 3 Satz 1 BetrVG bedarf zu ihrer Wirksamkeit eines darauf gerichteten Beschlusses des Betriebsrats. Dies folgt aus dem Wortlaut der Vorschrift, wonach die Zustimmungsverweigerung dem Betriebsrat obliegt. Hierfür spricht auch die Konzeption des Betriebsverfassungsgesetzes. Der Betriebsrat handelt als Kollegialorgan, das seinen gemeinsamen Willen durch Beschluss bildet (§ 33 Abs. 1 Satz 1 BetrVG). Der Beschluss über eine Zustimmungsverweigerung ist beachtlich, wenn er ordnungsgemäß zustande gekommen ist. Dazu muss der Betriebsrat beschlussfähig iSd. § 33 BetrVG sein und sich auf einer Betriebsratssitzung aufgrund einer mit den Vorschriften des Betriebsverfassungsgesetzes in Einklang stehenden Ladung mit dem jeweiligen Sachverhalt befasst und durch Abstimmung eine einheitliche Willensbildung herbeigeführt haben. Eine ordnungsgemäße Sitzung setzt nach § 29 Abs. 2 Satz 1 und Satz 3 BetrVG voraus, dass der Vorsitzende - im Verhinderungsfall sein Stellvertreter - die Sitzung einberuft und die Betriebsratsmitglieder von ihm - im Verhinderungsfall von seinem Stellvertreter - rechtzeitig unter Mitteilung einer Tagesordnung zur Betriebsratssitzung geladen worden sind. Hieran fehlt es. (...) Die Verfahrensverstöße haben die Unwirksamkeit des auf der Sitzung des Betriebsrats am 17. August 2015 gefassten Beschlusses über die Zustimmungsverweigerung zur Folge.
Die Rechtsfolge eines festgestellten Verfahrensverstoßes hängt grundsätzlich von der Bedeutung dieser formellen Anforderung für eine ordnungsgemäße Beschlussfassung ab. Lediglich Verstöße gegen Verfahrensvorschriften, die für das ordnungsgemäße Zustandekommen eines Betriebsratsbeschlusses als wesentlich anzusehen sind, können zur Unwirksamkeit des Beschlusses führen. Denn die Beachtung von Verfahrensvorschriften vermag nur dann Vorrang vor dem Bedürfnis nach Rechtssicherheit zu beanspruchen, wenn deren Verletzung so schwerwiegend ist, dass der Fortbestand des Beschlusses von der Rechtsordnung nicht hingenommen

werden kann. Anhand des Regelungszwecks der Verfahrensvorschrift ist zu bestimmen, ob die Verletzung der hierdurch geschützten Interessen stärker zu gewichten ist als das Interesse an der Aufrechterhaltung des Beschlusses. Dies kommt typischerweise bei groben Verstößen gegen wesentliche Verfahrensvorschriften in Betracht. In anderen Fällen überwiegen die durch die Verfahrensregelung geschützten Interessen nicht zwingend das Interesse an der Aufrechterhaltung des Beschlusses.
Bei den Regelungen in § 29 Abs. 2 Satz 1 und Satz 3 BetrVG handelt es sich um wesentliche Verfahrensvorschriften. Der Gesetzgeber hat dem Betriebsratsvorsitzenden in Satz 1 der Norm ausdrücklich die Pflicht zugewiesen, nach der konstituierenden Sitzung des Betriebsrats dessen weitere Sitzungen einzuberufen und die anderen Betriebsratsmitglieder hierzu zu laden. Durch die Beschränkung nicht nur des Einberufungs-, sondern auch des Ladungsrechts auf die Person des Vorsitzenden soll eine ordnungsgemäße Arbeit des Betriebsratsgremiums gewährleistet werden. Der Vorsitzende legt im Rahmen seines pflichtgemäßen Ermessens sowohl Zeitpunkt als auch Ort der Sitzung fest und hat durch die Ladung der Betriebsratsmitglieder sicherzustellen, dass diese die Möglichkeit haben, an der Sitzung teilzunehmen. Dadurch lenkt er die inhaltliche Arbeit des Betriebsrats. Könnte jedes Betriebsratsmitglied eine Sitzung einberufen und zu dieser laden, bestünde die Gefahr, dass eine strukturierte und damit zielorientierte Arbeit des Betriebsratsgremiums nicht mehr gewährleistet wäre. Auch § 29 Abs. 3 BetrVG zeigt, dass den Verfahrensvorschriften in § 29 Abs. 2 Satz 1 und Satz 3 BetrVG eine besondere Bedeutung zukommt. Danach kann grundsätzlich nicht das einzelne Betriebsratsmitglied die Einberufung einer Sitzung erzwingen, sondern nur ein an der Gesamtgröße des Betriebsrats orientiertes Quorum.
(...) Ob – abweichend von § 29 Abs 2 S 1 und S 3 BetrVG – einem Betriebsrat auch ohne Einberufung einer Sitzung und Ladung durch dessen Vorsitzenden ein Recht zum Selbstzusammentritt zustehen kann, hat der Senat offengelassen, da es vorliegend hierzu keiner Entscheidung bedurfte. Gleiches gilt für die Frage der nachträglichen Heilung eines Verstoßes gegen § 29 Abs 2 S 1 und S 3 BetrVG. (...)
Ob die Verstöße nachträglich geheilt werden können, kann dahinstehen. Nach dem Zweck der verletzten Verfahrensvorschriften käme eine nachträgliche Heilung allenfalls dann in Betracht, wenn - was vorliegend nicht der Fall war - alle (ggf. durch Ersatzmitglieder vertretene) Betriebsratsmitglieder zur Sitzung des Betriebsrats am 17. August 2015 erschienen wären.Anders als im Fall einer fehlenden oder fehlerhaften Tagesordnung bei einer durch den Vorsitzenden erfolgten Einberufung einer Sitzung des Betriebsrats und der Ladung hierzu reicht es nicht aus, dass nur die beschlussfähig Erschienenen einen einstimmigen Beschluss fassen. Da nach den gesetzlichen Vorgaben nur der Vorsitzende und - im Verhinderungsfall - sein Stellvertreter eine Sitzung einberufen und hierzu laden können, sind die Betriebsratsmitglieder nicht gehalten, dem nachzukommen. Sie müssen nicht damit rechnen, dass auf einem solchen Zusammentreffen Beschlüsse für den Betriebsrat gefasst werden. Um die ordnungsmäße Willensbildung des Betriebsratsgremiums und die Teilnahme an den Entscheidungen des Gremiums durch das einzelne gewählte Mitglied zu gewährleisten, könnte eine Heilung dieses Fehlers daher nur dann erfolgen, wenn das Betriebsratsgremium bei der Sitzung vollzählig wäre. (...)“
(BAG, Beschluss v. 28.07.2020 – 1 ABR 5/19)

(...) Nimmt der verhinderte Vorsitzende des Betriebsrats an einer Betriebsratssitzung teil, führt dies zur Unwirksamkeit eines darin gefassten Beschlusses. (...)“
(LAG Baden-Württemberg v. 05.12.2018 – 10 TaBV 1/18)

„Eine mangels Übermittlung der Tagesordnung im Sinne des §29 Abs 2 S3 BetrVG verfahrensfehlerhafte Ladung zu einer Betriebsratssitzung kann durch die ordnungsgemäß geladenen Mitglieder und Ersatzmitglieder des Betriebsrats in der Betriebsratssitzung geheilt werden, wenn der Betriebsrat beschlussfähig im Sinne des §33 Abs 2 BetrVG ist und die Anwesenden einstimmig beschließen, über einen Regelungsgegenstand zu beraten und abzustimmen."
(BAG, Beschluss v. 22.11.2017 – 7 ABR 46/16)

Unwirksamkeit des Beschlusses wegen fehlender Tagesordnung

Heilung durch einstimmige Beschlussfassung

„Einzelne Mitglieder des Betriebsrats können im arbeitsgerichtlichen Beschlussverfahren nicht klären lassen, ob der jeweilige Leiter der Betriebsratssitzung das Abstimmungsverhalten anderer Betriebsratsmitglieder zutreffend gewürdigt und in der Folge die nach §33 Abs. 1 Satz 1 BetrVG erforderliche Mehrheit der Stimmen richtig festgestellt hat. Hierfür fehlt ihnen die erforderliche Antragsbefugnis. (...)"
(BAG, Beschluss v. 07.06.2016 – 1 ABR 30/14)

kein Klagrecht einzelner Betriebsratsmitglieder

„(...) Die Ladung aller Betriebsratsmitglieder ist nach §29 BetrVG grundsätzlich wesentliche Voraussetzung für das ordnungsgemäße Zustandekommen eines Betriebsratsbeschlusses. Wird für ein zeitweilig verhindertes Betriebsratsmitglied ein vorhandenes Ersatzmitglied nicht geladen, ist der Betriebsrat an einer wirksamen Beschlussfassung gehindert. (...)"
(BAG v. 24.04.2013 – 7 ABR 82/11)

unwirksamer Beschluss bei unterbliebener Ladung eines Ersatzmitglieds

„(...) Die zeitweise Anwesenheit von nicht zur Beschlussfassung herangezogenen Ersatzmitgliedern in der Betriebsratssitzung führt nicht zur Unwirksamkeit der während dieses Zeitraums gefassten Betriebsratsbeschlüsse, wenn keines der Betriebsratsmitglieder den hierin liegenden Verstoß gegen das Gebot der Nichtöffentlichkeit von Betriebsratssitzungen (§30 S. 4 BetrVG) beanstandet hat.
(...) Nur Verstöße gegen Verfahrensvorschriften, die für das ordnungsgemäße Zustandekommen eines Betriebsratsbeschlusses als wesentlich anzusehen sind, führen zu dessen Unwirksamkeit. Nicht jeder Verstoß gegen die formellen Anforderungen einer ordnungsgemäßen Betriebsratssitzung bewirkt die Unwirksamkeit eines darin gefassten Beschlusses, sondern nur ein solcher, der so schwerwiegend ist, dass der Fortbestand des Beschlusses von der Rechtsordnung nicht hingenommen werden kann. Ob die Verletzung der durch die Verfahrensvorschrift geschützten Interessen stärker zu gewichten ist als das Interesse an der Aufrechterhaltung des Beschlusses, ist anhand des Regelungszwecks der Norm zu bestimmen. Die Beachtung des in §30 Satz 4 BetrVG normierten Gebots der Nichtöffentlichkeit von Betriebsratssitzungen ist grundsätzlich als wesentlich für die Wirksamkeit eines in der Sitzung gefassten Betriebsratsbeschlusses anzusehen. Die Vorschrift soll die sachgemäße Behandlung der Tagesordnungspunkte in einer Betriebsratssitzung sicherstellen. Eine solche setzt die Möglichkeit einer unbefangenen Aussprache unter den Betriebsratsmitgliedern und einer Beschlussfassung frei von Einflüssen Dritter voraus. Durch das Gebot der Nichtöffentlichkeit von Betriebsratssitzungen wird nicht nur die Amtsführung des Betriebsrats, sondern auch die der einzelnen Betriebsratsmitglieder geschützt. Allerdings können diese selbst darüber befinden, ob sie durch die Anwesenheit einer nicht teilnahmeberechtigten Person bei der Wahrnehmung ihres Mandats beeinträchtigt werden. Ein wesentlicher, zur Unwirksamkeit des gefassten Beschlusses führender Verstoß gegen §30 Satz 4 BetrVG liegt daher allenfalls vor, wenn zumindest ein Betriebsratsmitglied vor der Behandlung eines Tagesordnungspunkts die Anwesenheit einer nicht teilnahmeberechtigten Person ausdrücklich beanstandet hat und diese anwesend bleibt. (...)"
(BAG v. 30.09.2014 – 1 ABR 32/13)

Unwirksamkeit eines Beschlusses wegen Anwesenheit von Ersatzmitgliedern nur bei entsprechender Rüge der Sitzungsteilnehmer

Sinn und Zweck des Gebots der Nichtöffentlichkeit der Sitzung

Andeutung einer Änderung der Rechtsprechung zur Unwirksamkeit eines Beschlusses bei Teilnahme eines rechtlich verhinderten Mitglieds an der Beschlussfassung

„(...) Es kann offen bleiben, ob uneingeschränkt an der im Beschluss des Senats vom 24. April 2013 – 7 ABR 82/11) zum Ausdruck kommenden Beurteilung festzuhalten ist, wonach die Mitwirkung eines rechtlich verhinderten Betriebsratsmitglieds – stets – zur Unwirksamkeit des unter seiner Beteiligung gefassten Betriebsratsbeschlusses führt.Hiergegen könnte die – generelle – Überlegung sprechen, dass nicht jeder Verstoß gegen die formellen Anforderungen einer ordnungsgemäßen Betriebsratssitzung die Unwirksamkeit eines darin gefassten Beschlusses bewirkt, sondern nur ein solcher, der so schwerwiegend ist, dass der Fortbestand des Beschlusses von der Rechtsordnung nicht hingenommen werden kann. Hinsichtlich der weitreichenden Rechtsfolge der Unwirksamkeit des Betriebsratsbeschlusses wegen der Mitwirkung eines „befangenen" Betriebsratsmitglieds wäre ggf. auch zu bedenken, dass das Betriebsverfassungsgesetz – anders als etwa in § 49 ArbGG oder § 41 ff. ZPO geregelt – kein (Zwischen-)Verfahren zur Feststellung der Befangenheit von Betriebsratsmitgliedern kennt und die entsprechenden Beurteilungen typischerweise schwierige Wertungsfragen beinhalten. (...)"
(BAG v. 06.11.2013 – 7 ABR 84/11)

Änderung der bisherigen Rechtsprechung des Bundesarbeitsgerichts

„Eine mangels Übermittlung der Tagesordnung verfahrensfehlerhafte Ladung zu einer Betriebsratssitzung kann durch die im Übrigen ordnungsgemäß geladenen Mitglieder und Ersatzmitglieder des Betriebsrats in der Betriebsratssitzung geheilt werden, wenn dieser beschlussfähig iSd. § 33 Abs. 2 BetrVG ist und die Anwesenden einstimmig beschließen, über einen Regelungsgegenstand zu beraten und abzustimmen.
Nicht erforderlich ist, dass an dieser Sitzung alle Betriebsratsmitglieder teilnehmen.
(...) Nach der Konzeption des Betriebsverfassungsgesetzes handelt der Betriebsrat als Kollegialorgan. Er bildet seinen gemeinsamen Willen durch Beschluss (§ 33 Abs. 1 BetrVG). Dieser ist beachtlich, wenn er ordnungsgemäß zustande gekommen ist. Dazu muss der Betriebsrat beschlussfähig iSd. § 33 BetrVG sein und sich auf einer Betriebsratssitzung aufgrund einer mit den Vorschriften des BetrVG in Einklang stehenden Ladung mit dem jeweiligen Sachverhalt befasst und durch Abstimmung eine einheitliche Willensbildung herbeigeführt haben. Eine ordnungsgemäße Sitzung setzt voraus, dass die Betriebsratsmitglieder vom Vorsitzenden rechtzeitig unter Mitteilung einer Tagesordnung zur Betriebsratssitzung geladen worden sind (§ 29 Abs. 2 Satz 3 BetrVG).

Unwirksamkeit des Beschlusses wegen fehlender Tagesordnung

(...) Nach der Rechtsprechung des Bundesarbeitsgerichts führen nur Verstöße gegen Verfahrensvorschriften, die für das ordnungsgemäße Zustandekommen eines Betriebsratsbeschlusses als wesentlich anzusehen sind, zur Unwirksamkeit des Beschlusses. Danach bewirkt nicht jeder Verstoß gegen die formellen Anforderungen einer ordnungsgemäßen Betriebsratssitzung die Unwirksamkeit eines darin gefassten Beschlusses, sondern nur ein solcher, der so schwerwiegend ist, dass der Fortbestand des Beschlusses von der Rechtsordnung nicht hingenommen werden kann. Nur dann kann die Beachtung von Verfahrensvorschriften Vorrang vor dem Bedürfnis nach Rechtssicherheit beanspruchen.
Anhand des Regelungszwecks der verletzten Verfahrensvorschrift ist zu bestimmen, ob die Verletzung der hierdurch geschützten Interessen stärker zu gewichten ist, als das Interesse an der Aufrechterhaltung des Beschlusses. Dies kommt typischerweise bei groben Verstößen gegen wesentliche Verfahrensvorschriften in Betracht. In anderen Fällen überwiegen die durch die Verfahrensregelung geschützten Interessen nicht zwingend das Interesse an der Aufrechterhaltung des Beschlusses.
Nach diesen Grundsätzen ist die Beachtung des § 29 Abs. 2 Satz 3 BetrVG und die dort ausdrücklich angeordnete Ladung der Betriebsratsmitglieder einschließlich etwaiger Ersatzmitglieder unter Mitteilung der Tagesordnung als wesentlich für die Wirksamkeit eines in der Sitzung gefassten Betriebsratsbeschlusses anzusehen.Das gibt der Zweck dieser Regelung vor.

Die Vorschrift des §29 Abs. 2 Satz 3 BetrVG dient mittelbar der Willensbildung des Betriebsrats, indem sie dem einzelnen Betriebsratsmitglied eine sachgerechte Sitzungsvorbereitung ermöglichen und ihn vor unbedachten und unvorbereiteten Entscheidungen schützen soll. Die rechtzeitige Ladung unter Übermittlung der Tagesordnung soll ihm Gelegenheit geben, sich ein Bild über die zu treffenden Entscheidungen zu machen und ihm die Möglichkeit eröffnen, sich sachgerecht und ordnungsgemäß auf die Betriebsratssitzung vorbereiten zu können.Damit wird eine, demokratischen Grundprinzipien gerecht werdende Willensbildung des Betriebsrats gewährleistet und der Gefahr einer Überrumpelung einzelner Betriebsratsmitglieder bei der Beratung und anschließenden Abstimmung entgegengewirkt.
Erfolgt die Ladung zu einer Betriebsratssitzung ohne Übermittlung der Tagesordnung, ist der Gesetzesverstoß auch evident. Die ausdrückliche Anordnung des §29 Abs. 2 Satz 3 BetrVG belässt dem Betriebsratsvorsitzenden keinen Handlungsspielraum.

Heilungsmöglichkeit durch einstimmigen Beschluss eines beschlussfähigen Gremiums

Nach der bisherigen Rechtsprechung des Siebten und des Ersten Senats des Bundesarbeitsgerichts soll allerdings die fehlende Aufnahme eines Tagesordnungspunkts oder das Fehlen einer Tagesordnung in der Ladung zu einer Betriebsratssitzung geheilt werden können, indem der vollständig versammelte Betriebsrat einstimmig sein Einverständnis hierzu erklärt und die neue Tagesordnung beschließt. Anderenfalls könne ein Beschluss des Betriebsrats zu einem nicht in der Tagesordnung aufgeführten Punkt nicht wirksam gefasst werden. (...) An dieser Rechtsprechung, wonach ein zur Unwirksamkeit eines Betriebsratsbeschlusses führender Ladungsmangel iSd. §29 Abs. 2 Satz 3 BetrVG nur geheilt werden kann, wenn ein vollständig versammelter Betriebsrat in der Betriebsratssitzung die Aufstellung oder Ergänzung der Tagesordnung einstimmig beschließt, hält der Senat nicht fest. Dem Schutz der Willensbildung des Betriebsrats wird bereits durch das Erfordernis der Einstimmigkeit für die Ergänzung oder Aufstellung einer Tagesordnung angemessen und hinreichend Rechnung getragen.

Unwirksamkeit eines Beschlusses nur bei Verstoß gegen wesentliche Verfahrensvorschriften

Die Anwesenheit aller Mitglieder des Betriebsrats als Voraussetzung der Heilung eines wegen Nichtbeachtung von §29 Abs. 2 Satz 3 BetrVG verfahrensfehlerhaften Betriebsratsbeschlusses wird vom Zweck dieser Verfahrensvorschrift nicht gefordert; mit der Konzeption der Vertretungsregelung des §25 BetrVG ist sie nicht vereinbar. Dem hat sich der Siebte Senat auf Anfrage des erkennenden Senats vom 9. Juli 2013 (- 1 ABR 2/13 (A)) im Beschluss vom 22. Januar 2014 (- 7 AS 6/13) unter Aufgabe seiner bisherigen Rechtsprechung angeschlossen.
Die Mitteilung der Tagesordnung bezweckt nicht, einem verhinderten (originären) Betriebsratsmitglied Gelegenheit zu geben, seine Betriebsratskollegen außerhalb der Sitzung über seine Auffassung zu unterrichten und sie hiervon zu überzeugen. Das folgt aus §25 BetrVG. Nach dieser Vorschrift hat im Verhinderungsfall ein Ersatzmitglied an den Beratungen und Abstimmungen teilzunehmen. Dieses ist bei einer zeitweiligen Verhinderung des ordentlichen Mitglieds für deren Dauer vollwertiges Mitglied des Betriebsrats mit allen sich aus dieser Stellung ergebenden Rechten und Pflichten. An Weisungen des originären Betriebsratsmitglieds ist es ebenso wenig wie die übrigen Mitglieder des Betriebsrats gebunden. Schützenswerte Einflussmöglichkeiten auf die Willensbildung des Betriebsrats stehen einem zeitweilig verhinderten Betriebsratsmitglied gerade nicht zu.
Die Mitteilung der Tagesordnung dient auch nicht dazu, dem einzelnen Betriebsratsmitglied die sachgerechte Auflösung einer etwaigen Terminkollision zu ermöglichen. Einer solchen Zweckbestimmung steht entgegen, dass im Betriebsverfassungsgesetz eine Differenzierung zwischen wichtigen und unwichtigen Betriebsratssitzungen bei der Prüfung einer Verhinderung durch das einzelne Betriebsratsmitglied nicht vorgesehen ist, da es auch keine wesentlichen oder unwesentlichen Beschlüsse des Betriebsrats gibt. Das Betriebsverfassungsgesetz geht vielmehr davon aus, dass ein Betriebsratsmitglied ungeachtet der Themen einer Betriebsratssitzung für sich entscheiden soll, ob es wegen anderweitiger Pflichten an der Teilnahme

an einer Sitzung des Betriebsrats gehindert ist. Diese Entscheidung über eine rein zeitliche Pflichtenkollision hat es eigenverantwortlich zu treffen und darüber zu befinden, welche Pflicht für ihn vorrangig wahrzunehmen ist. Das tatsächliche Vorliegen eines Verhinderungsgrundes aufgrund einer Pflichtenkollision hat der Vorsitzende grundsätzlich nicht nachzuprüfen. Allerdings ist es Aufgabe des Betriebsratsmitglieds, dem Betriebsratsvorsitzenden rechtzeitig das Vorliegen eines Verhinderungsfalles anzuzeigen. Die Erfüllung dieser Pflicht wird dem Betriebsratsmitglied bereits durch die Angabe der zeitlichen und örtlichen Lage der Betriebsratssitzung ermöglicht. Diese Angaben sind der Ladung zu entnehmen; der Tagesordnung bedarf es dazu nicht. Fehlt es bei der Betriebsratssitzung ohne vorherige Mitteilung seiner Verhinderung, besteht der Zweck einer Tagesordnung nicht darin, die Willensbildung eines pflichtwidrig abwesenden Betriebsratsmitglieds zu schützen.

Danach verdient ein Betriebsratsmitglied, das eine bestimmte Tagesordnung für unwichtig erachtet, keinen Schutz davor, dass die anwesenden Betriebsratsmitglieder einen weiteren Tagesordnungspunkt einstimmig auf die Tagesordnung setzen. Im Übrigen führte die bisherige Auffassung auch dazu, dass eine Ergänzung der Tagesordnung nur bei vollständiger Anwesenheit aller originär gewählten Betriebsratsmitglieder möglich und bei Heranziehung von Ersatzmitgliedern, also bei Fehlen auch nur eines originär gewählten Betriebsratsmitglieds ausgeschlossen wäre. Zu Recht hat der Siebte Senat im Beschluss vom 22. Januar 2014 darauf hingewiesen, dass damit insbesondere in größeren Betriebsräten, bei denen häufig ein oder mehrere Betriebsratsmitglieder zeitweilig verhindert sind, eine Ergänzung der Tagesordnung weitgehend unmöglich wäre und hierdurch die praktische Betriebsratsarbeit erheblich erschwert würde. Dies gilt insbesondere für Angelegenheiten der Mitbestimmung bei personellen Einzelmaßnahmen, in denen dem Betriebsrat nach seiner Unterrichtung nur ein Zeitraum von einer Woche zur Verfügung steht, nach dessen ungenutztem Ablauf die Zustimmung des Betriebsrats als erteilt gilt.

Es kann dahinstehen, ob die nach § 29 Abs. 2 Satz 3 BetrVG vorgeschriebene Mitteilung der Tagesordnung auch dem Zweck dient, einem Betriebsratsmitglied die Prüfung zu ermöglichen, ob er bei einem bestimmten Tagesordnungspunkt möglicherweise wegen Selbstbetroffenheit verhindert ist und dies dem Betriebsratsvorsitzenden rechtzeitig mitzuteilen. Selbst wenn hiervon ausgegangen würde, bedeutet dies nicht, dass ein Mangel der Tagesordnung nur bei einem vollständigen Erscheinen aller heranzuziehenden Mitglieder des Betriebsrats geheilt werden könnte.

Für die Heilung eines Verfahrensmangels iSd. § 29 Abs. 2 Satz 3 BetrVG reicht es nach dem Zweck dieser Ladungsvorschrift aus, dass alle Betriebsratsmitglieder einschließlich erforderlicher Ersatzmitglieder rechtzeitig zur Sitzung geladen worden sind und die beschlussfähig (§ 33 Abs. 2 BetrVG) Erschienenen auf dieser Sitzung eine Ergänzung oder Erstellung der Tagesordnung einstimmig beschließen.

Das Erfordernis der Einstimmigkeit schützt das einzelne Betriebsratsmitglied davor, über betriebsverfassungsrechtliche Angelegenheiten befinden zu müssen, mit denen es sich aus seiner Sicht noch nicht angemessen befasst und noch keine abschließende Meinung gebildet hat. Um diesen Schutz zu erreichen, wird von ihm lediglich verlangt, der Ergänzung oder der Erstellung einer bisher nicht vorhandenen Tagesordnung ohne Begründung die Zustimmung zu verweigern. Bereits dadurch wird der Betriebsrat an einer abschließenden Willensbildung in der betreffenden Angelegenheit gehindert. Dagegen genügt es nicht, wenn die anwesenden Betriebsratsmitglieder mit einfacher oder qualifizierter Mehrheit für die Ergänzung oder Aufstellung einer Tagesordnung stimmen. Dadurch wird die eigenständige Willensbildung des einzelnen Betriebsratsmitglieds nicht hinreichend geschützt. Vielmehr wäre es auf die Unterstützung anderer Mitglieder des Betriebsrats angewiesen. Dem soll die Verfahrensvorschrift des § 29 Abs. 2 Satz 3 BetrVG aber gerade entgegenwirken. Der einstimmige Beschluss

kann von dem nach Maßgabe von § 33 Abs. 2 BetrVG beschlussfähigen Betriebsrat gefasst werden. Das vollständige Erscheinen aller Mitglieder des Betriebsrats ist nicht erforderlich. Der Normzweck des § 29 Abs. 2 Satz 3 BetrVG verlangt keine Einschränkung der allgemeinen Regelung über die Beschlussfähigkeit des Betriebsrats, wenn dieser über die Ergänzung oder Aufstellung einer Tagesordnung in der laufenden Betriebsratssitzung zu entscheiden hat. Diesem wird vielmehr durch das Einstimmigkeitserfordernis hinreichend Rechnung getragen. (...)"
(BAG v. 15.04.2014 – 1 ABR 2/13 (B); beachte aber oben BAG v. 06.11.2013 – 7 ABR 84/11))

„(...) Wirkt an der Beschlussfassung des Betriebsrats eine hierzu nicht berechtigte Person mit, führt dies in der Regel zur Nichtigkeit des Beschlusses (BAG 3. August 1999 – 1 ABR 30/98), es sei denn, der Fehler hatte offensichtlich keinen Einfluss auf das Abstimmungsergebnis. (...)"
(BAG, Beschluss v. 6.12.2006 – 7 ABR 62/05)

Hinweis für die Praxis:

Seltsam an diesen Ausführungen in der zitierten Entscheidung ist, dass das Bundesarbeitsgericht einerseits ausführt, es komme für die Frage der Unwirksamkeit auch auf das Abstimmungsergebnis an, andererseits aber ausdrücklich Bezug nimmt auf eine frühere Entscheidung, in der ausgeführt wird, dass es gerade nicht auf das Abstimmungsergebnis ankommt, da dies gerade nicht feststellbar sei, wenn ein Betriebsratsmitglied zu Unrecht nicht an der vorhergehenden Beratung teilgenommen habe. Die beiden Entscheidungen stammen jedoch von unterschiedlichen Senaten. Es bleibt abzuwarten, wie das Bundesarbeitsgericht sich letztlich in dieser Frage positioniert, sollte sie erneut entschieden werden müssen.

Unwirksamkeit des Beschlusses wegen fehlender ordnungsgemäßer Ladung

„Dem Arbeitgeber ist es nicht verwehrt, sich auf einen Ladungsmangel (hier nicht ordnungsgemäße Ladung der Betriebsratsmitglieder) zu berufen. (...) Der Beschlussfassung über die Beauftragung des Antragstellers lag kein wirksamer Beschluss des Betriebsrats zugrunde. Es fehlt an einer ordnungsgemäßen Ladung der Betriebsratsmitglieder zur Sitzung am 26. September 2002.
(...) Die Wirksamkeit eines Betriebsratsbeschlusses setzt voraus, dass er in einer Betriebsratssitzung gefasst worden ist, zu der die Mitglieder des Betriebsrats gem. § 29 Abs. 2 Satz 3 BetrVG rechtzeitig unter Mitteilung der Tagesordnung geladen worden sind. Die Ladung aller Betriebsratsmitglieder einschließlich etwaiger Ersatzmitglieder unter gleichzeitiger Mitteilung der Tagesordnung ist eine wesentliche Voraussetzung für das ordnungsgemäße Zustandekommen eines Betriebsratsbeschlusses. Ist ein Betriebsratsmitglied verhindert, an der Sitzung teilzunehmen, ist ein Ersatzmitglied zu laden (§ 25 Abs. 1 Satz 2 BetrVG). Nach § 25 Abs. 2 Satz 1 BetrVG werden die Ersatzmitglieder unter Berücksichtigung des § 15 Abs. 2 BetrVG der Reihe nach aus den nichtgewählten Arbeitnehmern derjenigen Vorschlagslisten entnommen, denen die zu ersetzenden Mitglieder angehören.

Unwirksamkeit des Beschlusses wegen Teilnahme des falschen Ersatzmitglieds

Wird bei der Heranziehung der Ersatzmitglieder gegen die in § 25 Abs. 2 BetrVG vorgesehene Reihenfolge verstoßen, leidet der Beschluss an einem erheblichen Mangel und ist deshalb unwirksam. Wird für ein zeitweilig verhindertes Mitglied ein vorhandenes Ersatzmitglied nicht geladen, ist der Betriebsrat an einer wirksamen Beschlussfassung gehindert.

plötzliche Verhinderung als Ausnahmefall

Hiervon ist nur dann eine Ausnahme zu machen, wenn ein Betriebsratsmitglied plötzlich verhindert und es dem Betriebsrat nicht mehr möglich ist, das Ersatzmitglied rechtzeitig zu laden. (...)"
(BAG, Beschluss v. 18.1.2006 – 7 ABR 25/05)

gerichtliche Aufklärungspflicht

„(...) Das Bestreiten des Arbeitgebers mit Nichtwissen, dass ein wirksamer Betriebsratsbeschluss vorliegt, ist ein genügender Anlass, die gerichtliche Aufklärungspflicht auszulösen. (...)"
(BAG, Beschluss v. 19.1.2005 – 7 ABR 24/04)

Ergänzung der Tagesordnung bei Zustimmung durch alle vollzählig versammelten Mitglieder

fehlender Widerspruch ausreichend

„(...) Für die Wirksamkeit des Beschlusses ist es ohne Bedeutung, (...) ob jedenfalls in der Ladung zur Betriebsratssitzung (...) der betreffende Tagesordnungspunkt hinreichend deutlich aufgeführt war. Selbst wenn dies nicht der Fall gewesen sein sollte, konnte ein solcher Mangel dadurch geheilt werden, daß alle Mitglieder des vollzählig versammelten Betriebsrats mit der entsprechenden Ergänzung der Tagesordnung einverstanden waren. Für das Einverständnis ist es ausreichend, daß kein Mitglied der Ergänzung widersprochen hat. (...)"
(BAG, Beschluss v. 18.2.2003 – 1 ABR 17/02)

„Für ein verhindertes Mitglied ist ein Ersatzmitglied zu laden. Die Nichtbeachtung dieser Pflicht führt zur Unwirksamkeit des Beschlusses.
(...) Ist das von der Entscheidung unmittelbar betroffene Betriebsratsmitglied als zeitweilig verhindert anzusehen, an Beratung und Beschlußfassung teilzunehmen, so ist ein Ersatzmitglied zu laden. Unterbleibt dies, leidet der Beschluß an einem erheblichen Mangel und ist deshalb unwirksam. Die Ladung aller Betriebsratsmitglieder einschließlich etwaiger Ersatzmitglieder unter gleichzeitiger Mitteilung der Tagesordnung ist gem. § 29 BetrVG eine wesentliche Voraussetzung für das ordnungsgemäße Zustandekommen eines Betriebsratsbeschlusses. Wird für ein zeitweilig verhindertes Mitglied ein vorhandenes Ersatzmitglied nicht geladen, so ist der Betriebsrat an einer wirksamen Beschlußfassung gehindert. Hiervon ist nur dann eine Ausnahme zu machen, wenn ein Betriebsratsmitglied plötzlich verhindert ist und es dem Betriebsrat nicht mehr möglich ist, das Ersatzmitglied rechtzeitig zu laden. Dies gilt auch dann, wenn es sich um die Verhinderung eines Mitglieds wegen persönlicher Betroffenheit handelt; wird für dieses Mitglied ein Ersatzmitglied nicht geladen, ist der Beschluß gleichfalls als nichtig anzusehen.

Unwirksamkeit des Beschlusses bei Nichtladung eines Ersatzmitglieds

Zu Unrecht meint der Rechtsbeschwerdeführer, diese Folgen träten nicht ein, wenn der Fehler – so im vorliegenden Fall – offensichtlich ohne Einfluß auf das Abstimmungsergebnis geblieben sei. (...) Diese Frage ist hier ohne Bedeutung, denn vorliegend besteht der Mangel der Beschlußfassung in der fehlenden Beteiligung eines Ersatzmitglieds. Insoweit ist gar nicht festzustellen, ob das Ergebnis bei ordnungsgemäßer Beteiligung anders ausgefallen wäre. Das Ersatzmitglied hatte überhaupt keine Gelegenheit, seine Meinung in die Beratung einzubringen.
Dahingestellt bleiben kann, ob nach dem mit dem Ausschluß des persönlich betroffenen Mitglieds verfolgten Zweck zu verhindern, daß Gründe des Eigeninteresses zu einer ihm günstigen Entscheidung führen, eine Ausnahme von der Nichtigkeitsfolge für den Fall zu machen ist, daß der Beschluß des Betriebsrats zuungunsten dieses Mitglieds ausfällt – wofür allerdings manches spricht – (...)"
(BAG, Beschluss v. 3.8.1999 – 1 ABR 30/98)

grundsätzliche keine wirksame Beschlussfassung unter TOP „Verschiedenes"

(...) Nach ständiger Rechtsprechung ist die Einhaltung der Vorschrift des § 29 Abs. 2 Satz 3 BetrVG unverzichtbare Voraussetzung für die Wirksamkeit eines Betriebsratsbeschlusses. Die vorherige Mitteilung der Tagesordnung soll den Betriebsratsmitgliedern Gelegenheit geben, sich ein Bild über die in der Sitzung zu treffenden Entscheidungen zu machen und es ihnen ermöglichen, sich auf die Beratung der einzelnen Tagesordnungspunkte ordnungsgemäß vorzubereiten. Im Hinblick auf den Zweck dieser Vorschrift leistet der Tagesordnungspunkt „Verschiedenes" nichts; er unterrichtet die Betriebsratsmitglieder allenfalls davon, daß von der zeitlichen Planung der Sitzung her gesehen noch mit allgemeinen Erörterungen zu rechnen ist bzw. Zeit für weitere Anregungen zur Verfügung steht. Im Hinblick auf eine vom

Betriebsratsvorsitzenden geplante Beschlußfassung steht der Tagesordnungspunkt „Verschiedenes" dem Fehlen einer Tagesordnung gleich. Der Tagesordnungspunkt „Verschiedenes" ermöglicht nur Diskussionen, aber keine verbindliche Beschlußfassung.
Es besteht gerade auch für das Betriebsverfassungsrecht kein Anlaß, diese strengen Maßstäbe aufzulockern und etwa zwischen „wesentlichen" und „unwesentlichen" Beschlüssen zu unterscheiden. Beschlüsse des Betriebsrats haben in aller Regel unmittelbare Auswirkungen auch auf die Rechtsstellung des Arbeitgebers; das trifft auch im vorliegenden Falle eines Entsendungsbeschlusses nach §37 Abs.6 BetrVG zu. Insoweit ist eine Grenzziehung zwischen wesentlichen und unwesentlichen Beschlüssen praktisch nicht möglich. Es dient daher der Rechtsklarheit und damit gerade auch dem reibungslosen Ablauf der Betriebsratsarbeit, wenn auch im Betriebsverfassungsrecht unter dem Tagesordnungspunkt „Verschiedenes" grundsätzlich keine Beschlüsse gefaßt werden können, die unmittelbare Rechtswirkungen erzeugen. (...)"
(BAG, Beschluss v. 28.10.1992 – 7 ABR 14/92)

Unwirksamkeit des Beschlusses bei gesetzeswidrigem Inhalt

„(...) Ein Betriebsratsbeschluß ist nichtig, wenn er entweder einen gesetzwidrigen Inhalt hat oder nicht ordnungsgemäß zustande gekommen ist. Die Nichtigkeit der Beschlußfassung wird jedoch nicht durch jeden Mangel des Verfahrens bewirkt, sondern nur durch grobe Verstöße gegen Verfahrensvorschriften, die für das ordnungsgemäße Zustandekommen als wesentlich anzusehen sind. Eine wesentliche Voraussetzung für das ordnungsgemäße Zustandekommen des Betriebsratsbeschlusses ist die gemäß §29 BetrVG erfolgte ordnungsgemäße Ladung aller Betriebsratsmitglieder einschließlich etwaiger Ersatzmitglieder unter Mitteilung der Tagesordnung. Wird daher für ein zeitweilig verhindertes Betriebsratsmitglied kein Ersatzmitglied geladen, so ist der Betriebsrat an einer wirksamen Beschlußfassung gehindert. Das gilt allerdings dann nicht, wenn ein Betriebsratsmitglied plötzlich verhindert ist und es dem Betriebsratsvorsitzenden nicht mehr möglich ist, das Ersatzmitglied rechtzeitig zu laden. (...)"
(BAG, Urteil v. 23.8.1984 – 2 AZR 391/83)

Aufnahme in Niederschrift keine Wirksamkeitsvoraussetzung

„(...) Zuzustimmen ist dem Landesarbeitsgericht darin, daß die Wirksamkeit eines Betriebsratsbeschlusses nicht von der Festlegung des Beschlusses in der Niederschrift abhängt, da die Niederschrift nicht Teil der Beschlußfassung selbst ist. Die Feststellung, daß und welcher Beschluß gefaßt worden ist, kann auch durch andere Beweismittel geführt werden. (...)"
(BAG, Beschluss v. 8.2.1977 – 1 ABR 82/74)

Stimmrecht der JAV-Mitglieder bei Beschlussfassung über Schulungsteilnahme

„Beschließt der Betriebsrat entsprechend dem Antrag der Jugendvertretung, den Jugendvertreter zur Teilnahme an einer Schulungs- und Bildungsveranstaltung nach BetrVerfG §37 Abs.6 von seiner beruflichen Tätigkeit freizustellen, dann wird die Rechtswirksamkeit des Beschlusses nicht dadurch in Frage gestellt, daß die oder der Jugendvertreter an diesem Freistellungsbeschluß nicht gemäß BetrVerfG §67 Abs.2 mitgewirkt haben. Rechtsunwirksam könnte ein solcher Beschluß allenfalls dann sein, wenn der Jugendvertreter durch seine Stimme die Beschlußfassung hätte beeinflussen können.
(...) Das Recht, über die Teilnahme eines Jugendvertreters an einer Schulungs- und Bildungsveranstaltung nach §37 Abs.6 BetrVG zu beschließen, steht ausschließlich dem Betriebsrat zu, mögen auch die Jugendvertreter gemäß §67 Abs.2 BetrVG bei diesem Beschluß mitstimmen können.
(...) Die formelle Rechtswirksamkeit des Beschlusses des Betriebsrats wird auch nicht (...) dadurch in Frage gestellt, daß etwa der beteiligte Jugendvertreter an dem Freistellungsbeschluß des Betriebsrats nicht gemäß §67 Abs.2 BetrVG mitgewirkt hat. Aus den (...) Schriftsätzen ergibt sich, daß der Beschluß auf Freistellung des Jugendvertreters auf dessen Antrag hin gefaßt wurde. Rechtsunwirksam könnte der Beschluß allenfalls dann sein,

wenn der beteiligte Jugendvertreter durch seine Stimme das Ergebnis der Beschlußfassung hätte beeinflussen können. Entspricht der Beschluß des Betriebsrats aber dem Antrag des einzigen Jugendvertreters, dann ist sein Einverständnis zu unterstellen, auch wenn er an dem Beschluß selbst nicht mitgewirkt haben sollte. (...)"
(BAG, Beschluss v. 6.5.1975 – 1 ABR 135/73)

Unwirksamkeit des Beschlusses wegen erforderlicher aber unterlassener Ladung des Ersatzmitglieds

„(...) Grundsätzlich hat der Betriebsratsvorsitzende bei Verhinderung eines Mitglieds das entsprechende Ersatzmitglied zu laden, § 29 Abs. 2 Satz 6 BetrVG. Sofern ein Ersatzmitglied im Falle der Verhinderung eines ordentlichen Mitglieds nicht geladen wird, ist der Betriebsrat ungeachtet seiner Beschlussfähigkeit an einer wirksamen Beschlussfassung gehindert. Die Ladung eines Ersatzmitglieds setzt jedoch voraus, dass das ordentliche Betriebsratsmitglied seine Verhinderung unter Angabe von Gründen dem Vorsitzenden unverzüglich mitteilt, § 29 Abs. 6 Satz 5 BetrVG, und ein Verhinderungsgrund i.S.v. § 25 Abs. 1 Satz 2 BetrVG vorliegt. Das Gleiche gilt, wenn der Betriebsratsvorsitzende die Verhinderung eines regulären Mitglieds kennt oder hätte kennen müssen, z.B. weil das Mitglied seit längerer Zeit krank ist und aus diesen Gründen nicht zur Sitzung kommen kann.(...)"
(LAG Schleswig-Holstein, Urteil v. 10.06.2020 - 6 Sa 179/19)

rechtliche Verhinderung bei eigener Beschwerde

„Betriebsratsmitglieder, die eine Beschwerde im Sinne des §85 BetrVG beim Betriebsrat angebracht haben, sind bei der Beschlussfassung des Betriebsrats sowohl hinsichtlich der Berechtigung der Beschwerde (§85 AbSatz 1 BetrVG) als auch hinsichtlich der Anrufung einer Einigungsstelle (§85 Absatz 2 BetrVG) gemäß §25 AbSatz 1 Satz 2 BetrVG ausgeschlossen. Die mit ihrer Mitwirkung gefassten Beschlüsse sind unwirksam.
Ein Betriebsratsmitglied ist bei Maßnahmen und Regelungen, die es in seiner Stellung als Arbeitnehmer individuell und unmittelbar betreffen, grundsätzlich von seiner Organtätigkeit ausgeschlossen. Die Funktion des Betriebsrats als Organ der von ihm repräsentierten Belegschaft ist nicht mehr gesichert, wenn bei der Wahrnehmung der gesetzlichen Beteiligungsrechte die Eigeninteressen der betroffenen Betriebsratsmitglieder für ihre Amtsführung bestimmend sein können. Liegt eine derartige Interessenkollision vor, ist das Betriebsratsmitglied zeitweilig verhindert im Sinne des §25 Absatz 1 Satz 2 BetrVG.
(...) Es bestehen indes formelle Hindernisse (...). Weder der Beschluss (...) vom 04.04.2012 (...) noch der Beschluss vom 25.04.2012 (...) waren formell ordnungsgemäß. An der Beratung und Beschlussfassung über die entsprechenden Tagesordnungspunkte haben Betriebsrätinnen teilgenommen, die verhindert waren, §25 AbSatz 1 Satz 2 BetrVG.
Nach der Rechtsprechung des Bundesarbeitsgerichts, der sich das erkennende Gericht anschließt, ist ein Betriebsratsmitglied bei Maßnahmen und Regelungen, die es in seiner Stellung als Arbeitnehmer individuell und unmittelbar betreffen, grundsätzlich von seiner Organtätigkeit ausgeschlossen. Das folgt aus dem allgemeinen Grundsatz, wonach niemand „Richter in eigener Sache" sein kann. Die Funktion des Betriebsrats als Organ der von ihm repräsentierten Belegschaft ist nicht mehr gesichert, wenn bei der Wahrnehmung der gesetzlichen Beteiligungsrechte die Eigeninteressen der betroffenen Betriebsratsmitglieder für ihre Amtsführung bestimmend sein können. Liegt eine derartige Interessenkollision vor, ist das Betriebsratsmitglied zeitweilig verhindert i.S.d. §25 AbSatz 1 Satz 2 BetrVG und darf sich an der Beratung und der Beschlussfassung der ihn betreffenden Angelegenheit nicht beteiligen. Wirkt das betroffene Betriebsratsmitglied trotz einer bestehenden Interessenkollision an der Beratung oder Beschlussfassung in einer eigenen Angelegenheit mit, leidet der Betriebsratsbeschluss an einem erheblichen Mangel und ist grundsätzlich unwirksam (vgl. Bundesarbeitsgericht, Beschluss vom 10.11.2009 – 1 ABR 64/08). (...)"
(LAG Nürnberg, Beschluss v. 16.10.2012 – 7 TaBV 28/12; beachte aber oben BAG v. 06.11.2013 – 7 ABR 84/11)

„(...) Beschlüsse des Betriebsrates können an inhaltlichen und formellen Mängeln leiden. Nicht jeder Verstoß gegen das ordnungsgemäße Verfahren der Beschlussfassung führt zur Unwirksamkeit des Beschlusses. Das ist nur dann der Fall, wenn eine Verfahrensvorschrift verletzt wird, die für das Zustandekommen des Beschlusses wesentlich ist."
(LAG Berlin-Brandenburg, Beschluss v. 7.9.2012 – 10 TaBV 1297/12 – n.v.)

Verletzung wesentlicher Verfahrensvorschriften

„(...) Ein Betriebsratsmitglied ist wegen Interessenkollision gehindert, an einer die eigene Umgruppierung betreffenden Beschlussfassung des Betriebsrats und auch an der ihr vorangegangenen Beratung teilzunehmen. Für das verhinderte Mitglied ist ein Ersatzmitglied zu laden. Die Nichtbeachtung dieser Pflicht führt zur Unwirksamkeit des Beschlusses. (...)"
(LAG Rheinland-Pfalz, Beschluss v. 10.2.2012 – 6 TaBV 17/11 – n.v.)

Unwirksamkeit des Beschlusses wegen Nichtladung eines Ersatzmitglieds

„Wirkt an der Beschlussfassung des Betriebsrats eine hierzu nicht berechtigte Person mit, führt dies in der Regel zur Nichtigkeit des Beschlusses, es sei denn, der Fehler hatte offensichtlich keinen Einfluss auf das Abstimmungsergebnis."
(LAG München, Beschluss v. 14.6.2011 – 7 TaBV 84/10 – n.v.; beachte aber BAG v. 06.11.2013 – 7 ABR 84/11)

Unwirksamkeit des Beschlusses wegen Mitwirkung unberechtigter Person

„Vor dem Hintergrund eines ausufernden Bestreitens von Betriebsratsbeschlüssen ins Blaue hinein muss die Anwendung des § 138 Abs. 4 ZPO wieder den Erfordernissen eines betriebsverfassungsrechtlichen Beschlussverfahrens gerecht werden.
Das Bestreiten des Arbeitgebers kann sich daher nicht darin erschöpfen, ohne irgendwelchen Anhaltspunkte ins Blaue hinein einen ordnungsgemäßen Betriebsratsbeschluss zu bestreiten."
(LAG Frankfurt, Beschluss v. 14.7.2011 – 9 TaBV 192/10 – n.v.)

Bestreiten eines ordnungsgemäßen Beschlusses durch Arbeitgeber nur bei Anhaltspunkten

„Betriebsratsbeschlüsse können nicht im Umlaufverfahren gefaßt werden."
(LAG Köln, Beschluss v. 25.11.1998 – 2 TaBV 38/98)

keine wirksame Beschlussfassung im Umlaufverfahren

4. Wiederholung / Genehmigung des (unwirksamen) Beschlusses

„(...) Ein unter Missachtung zwingender Verfahrensvorschriften zustande gekommener Beschluss des Betriebsrats ist unwirksam und entfaltet keine Rechtswirkungen. Der Betriebsrat kann aber erneut über die Angelegenheit beschließen. Der im Rahmen einer erneuten Befassung getroffene Beschluss wirkt dabei grundsätzlich nicht auf den Zeitpunkt der erstmaligen und wegen des Verfahrensfehlers unwirksamen Beschlussfassung zurück, sondern schafft erst für die Zukunft eine Rechtsgrundlage für die Handlungen und Erklärungen des Betriebsrats zu diesem Beschlussgegenstand. Der Betriebsrat kann allerdings durch die nachträgliche Beschlussfassung eine vom dem Betriebsratsvorsitzenden zuvor ohne Rechtsgrundlage getroffene Vereinbarung genehmigen. (...)"
(BAG, Beschluss v. 10.10.2007 – 7 ABR 51/06)

Möglichkeit erneuter Beschlussfassung

Genehmigung vorherigen Handelns des Vorsitzenden

nachträgliche Beschlussfassung bei gerichtlichem Verfahren

„(...) die Unwirksamkeit eines Betriebsratsbeschlusses über die Einleitung eines Beschlußverfahrens und die Beauftragung eines Rechtsanwalts kann durch einen ordnungsgemäßen späteren Beschluß, wenn er noch vor Abschluß der ersten Instanz gefaßt wird, geheilt werden. (...)"
(BAG, Beschluss v. 18.2.2003 – 1 ABR 17/02)

Verlesung und Genehmigung des Sitzungsprotokolls keine erneute Beschlussfassung

„(...) Die Verlesung und Genehmigung des Protokolls der vorherigen Sitzung steht einer erneuten Beschlußfassung nicht gleich. Auch ist unerheblich, daß die Betriebsratsmitglieder, die in der Sitzung vom 10. September 1987 gefehlt hatten, nunmehr anwesend waren und keine Einwendungen gegen das Protokoll erhoben. Denn eine erneute Beschlußfassung kann darin nicht gesehen werden. (...)"
(BAG, Beschluss v. 28.10.1992 – 7 ABR 14/92)

5. Änderung / Aufhebung von Beschlüssen

Aufhebungsmöglichkeit bis zur Wirksamkeit gegenüber Dritten

„Solange ein Beschluß des Betriebsrates noch nicht Dritten gegenüber wirksam geworden, insbesondere also dem Arbeitgeber noch nicht mitgeteilt worden ist, kann er jederzeit vom Betriebsrat durch ordnungsgemäßen Beschluß aufgehoben oder geändert werden."
(LAG Hamm, Beschluss v. 22.10.1991 – 13 TaBV 36/91)

6. Durchführung der Beschlüsse

keine wirksame Beschlussfassung durch JAV gegenüber Arbeitgeber

Interessenvertretung gegenüber Betriebsrat als Aufgabe der JAV

Durchführung der Beschlüsse gegenüber Arbeitgeber durch Betriebsrat

„Die Jugendvertretung kann alleine keine gegenüber dem Arbeitgeber wirksamen Beschlüsse fassen.
(...) Das neue Betriebsverfassungsgesetz hat entgegen dem bisherigen Recht die Vorschriften über die Jugendvertretung in einem besonderen Teil zusammengefaßt und erweitert. Der Gesetzgeber hat mit dieser Neuregelung die rechtliche Stellung der Jugendvertretung zwar verbessert, ihr aber ebensowenig wie nach dem BetrVG 1952 die Rechtsstellung eines selbständigen Organs der Betriebsverfassung eingeräumt. Sie ist weder ein vom Betriebsrat unabhängiges Mitbestimmungsorgan, noch hat sie eigene durchsetzbare Mitbestimmungsrechte erhalten. Sie ist auch nicht die alleinige Interessenvertretung der jugendlichen Arbeitnehmer. Die Vertretung der Interessen aller Arbeitnehmer einschließlich der Jugendlichen steht vielmehr im Verhältnis zum Arbeitgeber weiterhin ausschließlich dem Betriebsrat zu. Die der Jugendvertretung zugewiesenen Aufgaben sind vorwiegend überwachender oder beratender Art (§ 70 Abs. 1 BetrVG 1972). Sie hat in allen Angelegenheiten, die die jugendlichen Arbeitnehmer betreffen, zwar ein weitgehendes Antrags- und Mitspracherecht (vgl. § 67 Abs. 1 und 2 BetrVG 1972). Auf ihren Antrag muß auch ein Beschluß des Betriebsrates auf die Dauer von einer Woche ausgesetzt werden, wenn die Mehrheit der Jugendvertreter diesen Beschluß als eine erhebliche Beeinträchtigung wichtiger Interessen der jugendlichen Arbeitnehmer erachtet (§ 66 Abs. 1 BetrVG 1972). Die Jugendvertretung ist auch befugt, in allen die jugendlichen Arbeitnehmer betreffenden Angelegenheiten selbst Beschlüsse zu fassen. Die Durchführung dieser Beschlüsse erfordert jedoch in jedem einzelnen Fall die Einschaltung des Betriebsrates, wie sich aus § 67 Abs. 2 BetrVG 1972 ergibt. Die Abhängigkeit der Jugendvertretung vom Betriebsrat zeigt sich auch darin, daß sie die zur Durchführung ihrer Aufgaben erforderlichen Unterlagen nur vom Betriebsrat und nicht unmittelbar vom Arbeitgeber verlangen kann (§ 70 Abs. 2 BetrVG 1972); sie kann nur nach Verständigung mit dem Betriebsrat Sitzungen abhalten (§ 65 Abs. 2 BetrVG 1972) und nur mit seinem Einverständnis Jugendversammlungen einberufen (§ 71 BetrVG 1972). Die Jugendvertretung kann somit die ihr nach dem Betriebsverfassungsgesetz obliegenden Aufgaben nur in enger Zusammenarbeit mit dem Betriebsrat erfüllen.

Dieser Auffassung steht auch nicht entgegen, daß §65 Abs. 1 BetrVG 1972 für die dort aufgeführten Vorschriften, also auch §37 BetrVG 1972, eine entsprechende Anwendung vorschreibt. Aus den Worten „entsprechende Anwendung" kann nicht gefolgert werden, insoweit trete die Jugendvertretung an die Stelle des Betriebsrates, sie könne also selbst die erforderlichen Beschlüsse ohne Einschaltung des Betriebsrates fassen. „Entsprechende Anwendung" heißt hier soviel wie „unter Beachtung der in §§60 ff. BetrVG 1972 der Jugendvertretung im Zusammenwirken mit dem Betriebsrat zugewiesenen Aufgaben. (...)"
(BAG, Urteil v. 20.11.1973 – 1 AZR 331/73)

IV. Geschäftsordnung der Jugend- und Auszubildendenvertretung

§65 Abs. 1 BetrVG	Für die Jugend- und Auszubildendenvertretung gelten (...) die §§ ... 36 ... entsprechend.
§36 BetrVG	Sonstige Bestimmungen über die Geschäftsführung sollen in einer schriftlichen Geschäftsordnung getroffen werden, die der Betriebsrat mit der Mehrheit der Stimmen seiner Mitglieder beschließt.

Inhalt einer Geschäftsordnung

„(...) Die Geschäftsordnung des Betriebsrats kann nur Vorschriften über die Führung der Geschäfte enthalten, also Bestimmungen darüber, in welcher Art und Weise der Betriebsrat seine Aufgaben erfüllen will. Eine Angelegenheit, über die nur gemeinsam mit dem Arbeitgeber entschieden werden kann, kann somit nicht durch die Geschäftsordnung geregelt werden. (...)"
(BAG, Urteil v. 16.1.1979 – 6 AZR 683/76)

Verbot der Stimmenthaltung

Pflicht zur Führung eines „Tätigkeitsbuches"

„Regelungen in der Geschäftsordnung eines Betriebsrats, die den Ausschluss der Zulässigkeit einer Stimmenthaltung bei einer Beschlussfassung des Betriebsrats sowie eine normierte Verpflichtung der einzelnen Betriebsratsmitglieder zur schriftlichen Dokumentation durchgeführter Betriebsratsarbeit in einem Tätigkeitsbuch (Dauer und Art der Tätigkeit) vorsehen, sind rechtsunwirksam."
(LAG München, Beschluss v. 28.05.2015 – 4 TaBV 4/15)

keine Änderung der gesetzlichen Vorschriften möglich, sondern nur ihre inhaltliche Ausgestaltung

„Die zwingenden gesetzlichen Bestimmungen der §§ 26 ff. BetrVG können durch die Geschäftsordnung des Betriebsrates nicht geändert, sondern nur näher ausgestaltet und ergänzt werden.
(...) § 36 BetrVG als Rechtsgrundlage hierfür bestimmt, dass in einer (...) schriftlichen Geschäftsordnung des Betriebsrates, die mit der (qualifizierten) Mehrheit der Betriebsratsmitglieder zu beschließen ist, „sonstige Bestimmungen über die Geschäftsführung getroffen werden". Mit solchen „sonstigen Bestimmungen über die Geschäftsführung des Betriebsrates" sind allein formale Verfahrensregelungen zur Ordnung der internen Betriebsratsarbeit, der technischen Festlegung von Verfahrensabläufen gemeint, wobei der Rahmen durch die zwingenden gesetzlichen Bestimmungen der §§ 26 ff. BetrVG gezogen ist – diese können durch die Geschäftsordnung des Betriebsrates nicht geändert, sondern nur näher ausgestaltet und ergänzt werden; auch können in einer Geschäftsordnung keine zusätzlichen Pflichten und Aufgaben begründet werden. Unter solche formalen Verfahrensregelungen fallen alle Angelegenheiten, die sich auf die Durchführung der dem Betriebsrat durch das Betriebsverfassungsgesetz übertragenen Aufgaben beziehen, also etwa die Einberufung der Ladung zu den Betriebsratssitzungen; Ladungsfristen, Form von Ladungen, Mitteilung der Tagesordnung; Termine / Rhythmus der Betriebsratssitzungen; deren Ablauf

und Protokollierung; Ordnung in den Sitzungen; die Bekanntmachung von Beschlüssen; das Abstimmungsverfahren; ggf. die Bildung von weiteren Ausschüssen des Betriebsrates; unter Umständen auch die Konkretisierung des Begriffs der laufenden Geschäfte i.S.d. § 27 Abs. 2 u. Abs. 3 BetrVG und Ähnliches.
(ArbG München, Beschluss v. 25.05.2020 – 6 BV 41/19)

V. Sprechstunden der Jugend- und Auszubildendenvertretung

§69 BetrVG	In Betrieben, die in der Regel mehr als fünfzig der in §60 Abs. 1 genannten Arbeitnehmer beschäftigen, kann die Jugend- und Auszubildendenvertretung Sprechstunden während der Arbeitszeit einrichten. Zeit und Ort sind durch Betriebsrat und Arbeitgeber zu vereinbaren. §39 Abs. 1 Satz 3 und 4 gilt entsprechend. An den Sprechstunden der Jugend- und Auszubildendenvertretung kann der Betriebsratsvorsitzende oder ein beauftragtes Betriebsratsmitglied beratend teilnehmen.
§39 Abs. 1 Satz 3 und 4 BetrVG	Kommt eine Einigung nicht zustande, so entscheidet die Einigungsstelle. Der Spruch der Einigungsstelle ersetzt die Einigung zwischen Arbeitgeber und Betriebsrat.

VI. Schulungs- und Bildungsveranstaltungen

§65 Abs. 1 BetrVG	Für die Jugend- und Auszubildendenvertretung gelten ... §§ ... 37, 40 ... entsprechend.
§37 Abs. 6 Satz 1 BetrVG	Die Absätze 2 und 3 gelten entsprechend für die Teilnahme an Schulungs- und Bildungsveranstaltungen, soweit diese Kenntnisse vermitteln, die für die Arbeit des Betriebsrats erforderlich sind.
§40 Abs. 1 BetrVG	Die durch die Tätigkeit des Betriebsrats entstehenden Kosten trägt der Arbeitgeber.

1. Erforderlichkeit eines Betriebsratsbeschlusses

„Auch dann, wenn der Betriebsrat auf einen Beschluss der Jugend- und Auszubildendenvertretung Bezug nimmt und diesen „bestätigt", ist dies unschädlich, wenn der Betriebsrat ersichtlich eine eigene Entscheidung treffen wollte. (...) Auf die (...) Frage der Beschlussfähigkeit der Jugend- und Auszubildendenvertretung kommt es nicht an. Nicht diese, sondern der Betriebsrat ist für die Entscheidung über die Teilnahme eines Mitglieds der Jugend- und Auszubildendenvertretung an einer Schulungsveranstaltung zuständig: Die Jugend- und Auszubildendenvertretung hat keine selbständigen Mitwirkungs- und Mitbestimmungsrechte, sondern kann nur durch und über den Betriebsrat tätig werden. Einen solchen Beschluss hat der Betriebsrat (...) getroffen. Dass darin auf den Beschluss der Jugend- und Auszubildendenvertretung Bezug genommen wird und dieser „bestätigt" wird, ist unschädlich, denn ersichtlich wollte der Betriebsrat eine eigene Entscheidung treffen. (...)"
(LAG Niedersachsen, Beschluss v. 31.01.2019 – 10 TaBVGa 6/19)

„(...) Daneben ist die zeitliche Rückerstreckung der Genehmigung ausgeschlossen, wenn die Beschlussfassung des Betriebsrats erst nach dem für die Beurteilung eines Sachverhalts maßgeblichen Zeitpunkt erfolgt. Diese Einschränkung betrifft insbesondere rechtsgeschäftliche Vereinbarungen, durch die dem Arbeitgeber eine Kostentragungspflicht auferlegt wird. Insoweit wird die Rückwirkung der Genehmigung durch die nach § 40 BetrVG gebotene Erforderlichkeitsprüfung begrenzt. Danach muss der Betriebsrat vor der Verursachung von Kosten nach pflichtgemäßer Würdigung aller Umstände über die Erforderlichkeit entscheiden. Die Frage der Erforderlichkeit ist von dem Zeitpunkt des Beschlusses aus zu beurteilen, der die Kosten ausgelöst hat. So hat der Senat entschieden, dass ein nach dem Besuch einer Schulungsveranstaltung gefasster Betriebsratsbeschluss, in dem die Teilnahme des Betriebsratsmitglieds gebilligt wird, keinen Anspruch des Betriebsrats nach § 40 Abs. 1 BetrVG auf Kostentragung durch den Arbeitgeber begründet. (...)"
(BAG, Beschluss v. 10.10.2007 – 7 ABR 51/06)

Erforderlichkeit eines wirksamen Beschlusses vor Schulungsteilnahme

Keine Möglichkeit nachträglicher Genehmigung

„Der Anspruch des Betriebsrats gegen den Arbeitgeber auf Übernahme von Kosten nach § 40 Abs. 1 BetrVG, die einem Betriebsratsmitglied anläßlich des Besuchs einer Schulungsveranstaltung nach § 37 Abs. 6 BetrVG entstanden sind, setzt einen Beschluß des Betriebsrats zur Teilnahme an der vom Betriebsratsmitglied besuchten Veranstaltung voraus. Ein vorangehender Beschluß über die Teilnahme an einem anderen Seminar genügt nicht.

vorheriger Beschluss über konkrete Schulungsmaßnahme

Ein Beschluß des Betriebsrats, der nach dem Besuch der Schulung gefaßt wird und in dem die Teilnahme des Betriebsratsmitglieds gebilligt wird, begründet keinen Anspruch des Betriebsrats nach § 40 Abs. 1 BetrVG auf Kostentragung.
(...) Nach der ständigen Rechtsprechung des Senats hat der Betriebsrat zu entscheiden, ob ein Betriebsratsmitglied zu einer Schulungsveranstaltung entsandt werden soll. Dabei hat er zu prüfen, ob die Teilnahme erforderlich i.S.d. § 37 Abs. 6 BetrVG ist oder nicht. Diese Entscheidung kann er nicht nach seinen subjektiven Vorstellungen treffen. Vielmehr ist die Erforderlichkeit unter Berücksichtigung aller Umstände des Einzelfalls anhand der konkreten Verhältnisse des Betriebs und der sich stellenden Betriebsratsaufgaben zu bestimmen. Dazu hat er die Interessen der Belegschaft an einer sachgerechten Ausübung der Betriebsratstätigkeit einerseits und berechtigte Interessen des Arbeitgebers andererseits gegeneinander abzuwägen. Zu diesen Umständen gehören nicht nur z. B. das Thema der Schulung sowie deren voraussichtliche Kosten, sondern auch der Zeitpunkt der Veranstaltung. Das folgt aus den Regelungen in § 37 Abs. 6 Satz 2 bis 4 BetrVG. Insbesondere bei der Entsendung des Betriebsratsvorsitzenden muß der Betriebsrat abwägen, ob er und/oder der Arbeitgeber in dem vorgesehenen Zeitraum auf die Anwesenheit des Vorsitzenden verzichten kann. Denn es können wichtige mitbestimmungspflichtige Entscheidungen anstehen, die dessen Anwesenheit angebracht erscheinen lassen und eine Verschiebung der Schulungsteilnahme gebieten. Der Schulungszeitpunkt ist auch bei freigestellten Betriebsratsmitgliedern von Bedeutung. Sie stehen für die Dauer der Schulungsteilnahme nicht für die Erledigung von Betriebsratsaufgaben zur Verfügung. Ihre Aufgaben müssen von den übrigen Mitgliedern und ggf. von Ersatzmitgliedern wahrgenommen werden. Die damit verbundenen Arbeitsausfälle muß der Arbeitgeber überbrücken können. Deshalb folgt aus einer einmal getroffenen Entscheidung des Betriebsrats keine Teilnahmeberechtigung zu einer anderen Veranstaltung gleichen Inhalts. Er muß vielmehr einen erneuten Beschluß sowohl hinsichtlich des Zeitpunkts als auch über die Erforderlichkeit der Schulungsteilnahme zu dieser Zeit fassen.
(...) Im übrigen ist ein nachträglicher Beschluß auch in einem früheren Verfahrensstadium ohne Bedeutung für die Kostentragungspflicht des Arbeitgebers. Nach § 40 Abs. 1, § 37 Abs. 6 BetrVG hat der Betriebsrat das

Erforderlichkeitsprüfung unter Berücksichtigung aller Umstände des Einzelfalls

Interessenabwägung bei Festlegung des Schulungszeitpunktes

Kein „Vorratsbeschluss" möglich

Alleinbeurteilungsrecht über die Erforderlichkeit der Teilnahme eines seiner Mitglieder an einer bestimmten Schulungsveranstaltung. Dabei hat er auch die konkret betroffenen Interessen des Arbeitgebers gerade hinsichtlich der zeitlichen Lage zu berücksichtigen. Das gebietet eine Beschlußfassung vor dem Besuch der Veranstaltung. Eine Entscheidung nach einem Zeitpunkt, von dem an Freistellungen tatsächlich in Anspruch genommen und Kosten entstanden sind, ist rechtlich nicht möglich. (...)"
(BAG, Beschluss v. 8.3.2000 – 7 ABR 11/98)

Erforderlichkeit eines vorherigen Betriebsratsbeschlusses über Teilnahme eines JAV-Mitglieds an Schulungsmaßnahme

„(...) Die Jugend- und Auszubildendenvertretung ist jedoch kein eigenständiger Repräsentant der jugendlichen Arbeitnehmer und kein selbständiges Mitwirkungsorgan der Betriebsverfassung. Ihre Rechte und Pflichten bestehen vornehmlich im Verhältnis zum Betriebsrat und nicht unmittelbar zum Arbeitgeber. Die Vertretung der Interessen aller Arbeitnehmer einschließlich der Jugendlichen und Auszubildenden gegenüber dem Arbeitgeber obliegt ausschließlich dem Betriebsrat, so daß die Teilnahme eines Jugend- und Auszubildendenvertreters an einer Schulungsveranstaltung der Beschlußfassung durch den Betriebsrat bedarf. (...)"
(BAG, Beschluss v. 30.3.1994 – 7 ABR 45/93 -; BAG, Beschluss v. 15.1.1992 – 7 ABR 23/90)

Zuständigkeit des örtlichen Betriebsrats zur Beschlussfassung über Entsendung eines (Gesamt)JAV-Mitglieds zu einer Schulungsveranstaltung

„(...) Der einzelne Betriebsrat, nicht der Gesamtbetriebsrat, ist zur Beschlußfassung über die Entsendung eines Jugendvertreters auf eine Schulungs- und Bildungsveranstaltung auch dann berufen, wenn der Jugendvertreter zugleich Gesamtjugendvertreter ist und es dem Betriebsrat nicht darauf ankommt, ob der Jugendvertreter als Jugendvertreter und (oder) als Gesamtjugendvertreter an der Schulung teilnimmt.
Ein Gesamtjugendvertreter kann nur in seiner Ursprungseigenschaft als Jugendvertreter nach BetrVG § 37 Abs. 6 geschult werden. Dabei gehören aber Aufgaben und Befugnisse der Gesamtjugendvertretung in gewissem Umfang auch zu dem erforderlichen Wissen eines Jugendvertreters.
(...) Nur wenn ein ordnungsgemäßer Beschluß gefaßt wurde, kann der Besuch einer Schulungs- und Bildungsveranstaltung eine Kostentragungspflicht des Arbeitgebers nach § 40 Abs. 1 BetrVG auslösen. Wie der Senat schon mehrfach entschieden hat, kann insoweit die Jugendvertretung allein keine gegenüber dem Arbeitgeber wirksame Beschlüsse fassen, sondern nur der Betriebsrat, wobei dann eine Beteiligung der Jugendvertretung nach § 67 BetrVG in Betracht kommt.
(...) Andererseits kann nicht verkannt werden, daß die Mitglieder der Gesamtjugendvertretung als Delegierte der einzelnen Jugendvertretungen notwendig auch deren Mitglieder sind, also eine Doppelfunktion haben, was beim Wirtschaftsausschuß nur für ein Betriebsratsmitglied zutreffen muß. Außerdem sind die Betriebsverfassungsorgane Einzelbetriebsrat, Gesamtbetriebsrat, einzelne Jugendvertretung und Gesamtjugendvertretung nach Sinn und Zweck des Gesetzes auf eine enge Zusammenarbeit angewiesen. Der Aufgabenkreis der Einzelvertretungen und der Gesamtvertretungen ist vorbehaltlich der jeweiligen Zuständigkeit nach dem Gesetz im Prinzip gleich. Deshalb werden auch im wesentlichen gleiche Kenntnisse benötigt und das Mitglied der einzelnen Jugendvertretung muß zudem etwas wissen von der Zuständigkeit des Organs, mit dem es zusammenarbeiten soll, also insbesondere auch von der Gesamtjugendvertretung. Insoweit gehören Aufgaben und Befugnisse der Gesamtjugendvertretung im gewissen Umfang auch zum erforderlichen Wissen des einzelnen Jugendvertreters. (...)"
(BAG, Beschluss v. 10.6.1975 – 1 ABR 140/73)

„Beschließt der Betriebsrat entsprechend dem Antrag der Jugendvertretung, den Jugendvertreter zur Teilnahme an einer Schulungs- und Bildungsveranstaltung nach BetrVerfG §37 Abs. 6 von seiner beruflichen Tätigkeit freizustellen, dann wird die Rechtswirksamkeit des Beschlusses nicht dadurch in Frage gestellt, daß die oder der Jugendvertreter an diesem Freistellungsbeschluß nicht gemäß BetrVerfG §67 Abs. 2 mitgewirkt haben. Rechtsunwirksam könnte ein solcher Beschluß allenfalls dann sein, wenn der Jugendvertreter durch seine Stimme die Beschlußfassung hätte beeinflussen können.

Stimmrecht der JAV-Mitglieder bei Beschlussfassung durch den Betriebsrat

(...) Das Recht, über die Teilnahme eines Jugendvertreters an einer Schulungs- und Bildungsveranstaltung nach §37 Abs. 6 BetrVG zu beschließen, steht ausschließlich dem Betriebsrat zu, mögen auch die Jugendvertreter gemäß §67 Abs. 2 BetrVG bei diesem Beschluß mitstimmen können.

(...) Die formelle Rechtswirksamkeit des Beschlusses des Betriebsrats wird auch nicht (...) dadurch in Frage gestellt, daß etwa der beteiligte Jugendvertreter an dem Freistellungsbeschluß des Betriebsrats nicht gemäß §67 Abs. 2 BetrVG mitgewirkt hat. Aus den (...) Schriftsätzen ergibt sich, daß der Beschluß auf Freistellung des Jugendvertreters auf dessen Antrag hin gefaßt wurde. Rechtsunwirksam könnte der Beschluß allenfalls dann sein, wenn der beteiligte Jugendvertreter durch seine Stimme das Ergebnis der Beschlußfassung hätte beeinflussen können. Entspricht der Beschluß des Betriebsrats aber dem Antrag des einzigen Jugendvertreters, dann ist sein Einverständnis zu unterstellen, auch wenn er an dem Beschluß selbst nicht mitgewirkt haben sollte. (...)"

Unterstellung des Einverständnisses bei fehlender Mitwirkung der JAV-Mitglieder

Unwirksamkeit des Beschlusses des Betriebsrats nur bei Möglichkeit der Beeinflussung des Abstimmungsergebnisses durch JAV-Mitglieder

(BAG, Beschluss v. 6.5.1975 – 1 ABR 135/73)

„Die Teilnahme eines Jugendvertreters an einer Schulungsveranstaltung bedarf der Beschlußfassung durch den Betriebsrat.

Macht ein Jugendvertreter ErSatz von Kosten geltend, die ihm aus Anlaß der Teilnahme an einer Schulungsveranstaltung für Jugendvertreter entstanden sind, dann gehört zu den antragsbegründenden Tatsachen der Vortrag, daß er mit Zustimmung des Betriebsrats eine Schulungsveranstaltung besucht hat.

(...) Der Senat hat bereits in seinem Urteil vom 20. November 1973 – 1 ABR 331/73 – ausgesprochen, daß die Entsendung eines Jugendvertreters zu einer Schulungsveranstaltung stets der Mitwirkung des Betriebsrats bedarf.

vorherige Beschlussfassung allein durch JAV unzureichend für Schulungsteilnahme

(...) Die Jugendvertretung kann zwar die Teilnahme eines oder mehrerer ihrer Mitglieder an einer solchen Veranstaltung für erforderlich ansehen und einen entsprechenden Beschluß fassen. Ein solcher Beschluß bedarf aber in jedem Falle der Mitwirkung des Betriebsrats, wobei hier dahinstehen kann, ob die Mitglieder der Jugendvertretung in der Betriebsratssitzung lediglich ein Teilnahmerecht nach §67 Abs. 1 BetrVG 1972 oder auch ein Stimmrecht nach §67 Abs. 2 in Verbindung mit §33 Abs. 3 haben. Wird die Zustimmung des Betriebsrats nicht eingeholt oder wird sie verweigert, dann ist die Jugendvertretung nicht berechtigt unter Umgehung des Betriebsrats, Jugendvertreter zur Teilnahme an einer solchen Veranstaltung von ihrer beruflichen Tätigkeit ohne Minderung ihres Arbeitsentgelts freizustellen. Ein solcher Beschluß wäre rechtsunwirksam, die Entsendung der Jugendvertreter daher unzulässig mit der Folge, daß ein Anspruch auf Erstattung der durch den Besuch der Veranstaltung entstandenen Kosten nicht besteht. Demnach ist Voraussetzung für den von einem Mitglied der Jugendvertretung geltend gemachten Anspruch auf Erstattung der ihm durch den Besuch einer gewerkschaftlichen Schulungsveranstaltung entstandenen Kosten, daß der Betriebsrat der Teilnahme des Jugendvertreters an dieser Veranstaltung zugestimmt und er deshalb insoweit von seiner beruflichen Tätigkeit freigestellt ist. (...)"

(BAG, Beschluss v. 10.5.1974 – 1 ABR 57/73)

2. Vermittlung von erforderlichen Kenntnissen

„(...) Eine Schulungsmaßnahme für einen Jugend- und Auszubildendenvertreter mit arbeitsrechtlichem Schwerpunkt, die etwa ein Vierteljahr vor Neuwahl der Jugend- und Auszubildendenvertretung stattfindet, ist erforderlich in einem Betrieb, der über 700 Arbeitnehmer beschäftigt.
(...) Die Schulungsmaßnahme („Jugend- und Auszubildendenvertretung Teil II“) hat arbeitsrechtliche Fragen zum Schwerpunkt, insbesondere solche, die mit der Arbeit der Jugend- und Auszubildendenvertretung im Zusammenhang stehen. (...)“
(LAG Niedersachsen, Beschluss v. 31.01.2019 – LAGE § 37 BetrVG 2001 Nr 18)

Schulungsveranstaltung zum Thema „Gesundheitsschutz“

Jugendschutz als erforderlicher Schwerpunkt der Schulung

„Auch Jugendvertreter können im Hinblick auf die ihnen nach BetrVG § 70 Abs. 1 Nr. 2 obliegenden Aufgaben nach BetrVG § 37 Abs. 6 über „Gesundheitsschutz im Betrieb“ geschult werden, wenn dabei der Jugendschutz im Mittelpunkt steht.
Das ist aber nicht der Fall, wenn eine unter vorgenanntem Thema stehende Schulungsveranstaltung speziell die in BetrVG § 87 Abs. 1, insbesondere Nr. 7 genannten Mitbestimmungsrechte behandelt, weil Mitbestimmungsrechte nur vom Betriebsrat wahrgenommen werden können.
(...) Das Landesarbeitsgericht hat zu wenig auf den entscheidenden Unterschied des Umfangs und der Qualität der Aufgaben zwischen Betriebsrat einerseits und Jugendvertretung andererseits abgehoben. Der Senat hält es zwar für möglich, daß auch Jugendvertreter im Hinblick auf die Bestimmung des § 70 Abs. 1 Nr. 2 BetrVG 1972 im Rahmen einer nach § 37 Abs. 6 BetrVG 1972 zu beurteilenden Veranstaltung über „Gesundheitsschutz im Betrieb“ geschult werden können. Dann muß aber – wie sich aus § 70 Abs. 1 Nr. 2 BetrVG 1972 zwanglos ergibt – der Jugendschutz im Mittelpunkt stehen. Die Erforderlichkeit der in Rede stehenden Schulung für die Arbeit der Jugendvertretung ist aber bereits deshalb zu verneinen, weil es sich bei dieser Schulung (...) nicht um eine spezielle Schulung für Jugendvertreter gehandelt hat. Handelte es sich aber um eine allgemeine Betriebsräteschulung, dann ist schon aus diesem Grund die Teilnahme von Jugendvertretern daran nicht „erforderlich“.
Die Aufgaben der Jugendvertretung sind gegenüber den Aufgaben des Betriebsrats eingeschränkt. Zwar gelten nach § 65 Abs. 1 BetrVG 1972 für die Jugendvertretung u.a. auch die §§ 37 und 40 BetrVG 1972 entsprechend und so können Jugendvertreter nach § 37 Abs. 6 BetrVG 1972 ebenso wie die Mitglieder des Betriebsrats an Schulungs- und Bildungsveranstaltungen ohne Minderung des Arbeitsentgelts bei Kostentragung durch den Arbeitgeber teilnehmen. Zu fordern ist dabei aber, daß dort Kenntnisse vermittelt werden, die für die Tätigkeit in der Jugendvertretung erforderlich sind. Die Rechtsprechung des Bundesarbeitsgerichts zu § 37 Abs. 6 und § 40 Abs. 1 BetrVG 1972 für die Betriebsräte kann hinsichtlich der Jugendvertretung nur „entsprechend“ angewendet werden. „Entsprechende Anwendung“ bedeutet aber unter Beachtung und im Rahmen der der Jugendvertretung in den §§ 60 ff. BetrVG 1972 eingeräumten Rechte und zugewiesenen Aufgaben. (...)“
(BAG, Beschluss v. 10.6.1975 – 1 ABR 139/73)

Beurteilung der Erforderlichkeit der Schulung nach konkreter betrieblicher Situation und Wissensstand des JAV-Mitglieds

„(...) Der Senat sieht vielmehr den Unterschied des § 37 Abs. 6 zu Abs. 7 BetrVG darin, daß es sich bei den in Abs. 6 angesprochenen Schulungs- und Bildungsveranstaltungen um solche handelt, die Kenntnisse vermitteln, die für die Betriebsratstätigkeit erforderlich sind, während die in Abs. 7 genannten Veranstaltungen für die Arbeit des Betriebsrats lediglich geeignete Kenntnisse vermitteln. Erforderlich für die Arbeit des Betriebsrats sind nach Ansicht des Senats solche Kenntnisse, die der Betriebsrat unter Berücksichtigung der konkreten Situation des einzelnen Betriebes und des Wissensstandes des Betriebsrats alsbald oder doch aufgrund einer

typischen Fallgestaltung demnächst benötigt, um seine derzeitigen oder demnächst anfallenden Aufgaben sachgerecht wahrnehmen zu können. Schulungs- und Bildungsveranstaltungen im Sinne des § 37 Abs. 7 BetrVG brauchen dagegen nur mittelbar etwas mit der Betriebsratstätigkeit zu tun zu haben. Auf diesen Veranstaltungen werden im allgemeinen Kenntnisse vermittelt, die nicht in einem unmittelbaren Zusammenhang mit einer konkreten betrieblichen Situation im oben wiedergegebenen Sinne stehen; sie brauchen für die Arbeit des Betriebsrats lediglich geeignet zu sein, also förderliche und nützliche Kenntnisse zu vermitteln. (...)"
(BAG, Beschluss v. 6.5.1975 – 1 ABR 135/73)

„(...) Der (...) Satz, daß die in einer für Jugendvertreter durchgeführten Schulungs- und Bildungsveranstaltung nach BetrVerfG § 37 Abs. 6 vermittelten Kenntnisse für die Arbeit der Jugendvertretung „unbedingt erforderlich" sein müßten, stellt keine gegenüber Betriebsratsschulungen besondere, verschärfte Erforderlichkeitsvoraussetzung auf. Mit den Worten „unbedingt erforderlich" sollte lediglich verdeutlicht werden, daß eine Schulung für Jugendvertreter nur insoweit als erforderlich angesehn werden kann, als sie zur ordnungsgemäßen Durchführung des ihnen nach dem Betriebsverfassungsgesetz obliegenden, gegenüber dem Betriebsrat kleineren Aufgaben- und Wirkungskreises notwendig ist.
(...) Schulungs- und Bildungsveranstaltungen dieser Art können aber nach Auffassung des Senats nur dann als erforderlich für die Betriebsratstätigkeit angesehen werden, wenn sie von ihrer Thematik her schwerpunktmäßig darauf ausgerichtet sind, die Kenntnisse über das neue Betriebsverfassungsgesetz zu vermitteln, ohne die dem Betriebsrat eine fach- und sachgerechte Ausübung seiner gesetzlichen Aufgaben nicht möglich ist. Dabei ist von einer Gesamtbetrachtung des angebotenen Lehrprogramms auszugehen. Diese von dem Senat für die Teilnahme der Betriebsratsmitglieder an Schulungs- und Bildungsveranstaltungen aufgestellten Grundsätze gelten auch für die Jugendvertreter.
Demnach ist (...) für den Begriff der Erforderlichkeit unerheblich, ob es sich bei den in den Schulungsveranstaltungen vermittelten Kenntnissen um allgemeine Grundkenntnisse oder um Spezialkenntnisse handelt. Maßgebend ist allein, ob nach den Umständen des Einzelfalls in den Schulungsveranstaltungen bestimmte allgemeine Grundkenntnisse oder besondere Spezialkenntnisse vermittelt werden, die für die Arbeit des Betriebsrats oder wie hier der Jugendvertretung notwendig sind.
Bei der Beurteilung der Erforderlichkeit einer Schulung der Jugendvertreter im Sinne des § 37 Abs. 6 BetrVG ist jedoch (...) von einem kleineren notwendigen Wissensumfang auszugehen als bei Betriebsratsmitgliedern. Die Jugendvertreter bedürfen keiner so eingehenden Schulung und Einführung in das neue Betriebsverfassungsgesetz wie Betriebsratsmitglieder.
(...) Bei der Beurteilung der Frage, ob der Besuch einer Schulungsveranstaltung für die Arbeit der Jugendvertreter erforderlich ist, ist somit einmal darauf abzustellen, ob die Schulung von ihrer Thematik her gesehen darauf ausgerichtet ist, die für die sachgerechte Durchführung der Jugendarbeit notwendigen Kenntnisse zu vermitteln, zum anderen, ob der Betriebsrat bei seiner Beschlußfassung über die Entsendung des Jugendvertreters den GrundSatz der Verhältnismäßigkeit beachtet hat. Die Erforderlichkeit der Schulung wird nicht dadurch in Frage gestellt, daß das Lehrprogramm auch Sachgebiete umfaßt, deren Kenntnisse aufgrund der „konkreten Situation" eines Betriebes für die dort anfallenden Betriebsratsaufgaben oder die Aufgaben der Jugendvertretung nicht erforderlich sind. Bei dem Begriff ‚erforderlich' handelt es sich (...) um einen unbestimmten Rechtsbegriff. Dem Betriebsrat steht daher bei seiner Beschlußfassung über die Entsendung des Jugendvertreters ein gewisser Beurteilungsspielraum zu, der aber stets gebietet, daß die in den Schulungs- und Bildungsveranstaltungen vermittelten Kenntnisse für die Tätigkeit der Jugendvertretung nicht nur verwertbar oder nützlich, sondern notwendig sind. Der Betriebsrat hat die

Notwendigkeit der Kenntnisse zur Aufgabenerfüllung

Verwertbarkeit oder Nützlichkeit der Kenntnisse nicht ausreichend

Frage, ob die Entsendung eines Betriebsratsmitglieds oder wie hier eines Jugendvertreters zu einer Schulungs- und Bildungsveranstaltung nach §37 Abs. 6 BetrVG erforderlich ist, nicht nur nach seinem rein subjektiven Ermessen zu beantworten, er muß sich vielmehr auf den Standpunkt eines vernünftigen Dritten stellen, der die Interessen des Arbeitgebers einerseits, des Betriebsrats und der Arbeitnehmerschaft andererseits gegeneinander abwägt. (...) Der Betriebsrat hat im Zeitpunkt des von ihm gefaßten Beschlusses aus seiner – objektivierten – Sicht zu prüfen, ob er die Entsendung des Betriebsratsmitglieds oder des Jugendvertreters für erforderlich halten durfte. Dabei kommt es (...) in erster Linie darauf an, ob der Betriebsrat bei einer Gesamtbetrachtung des ihm mitgeteilten Lehrplans entnehmen durfte, daß die Schulung schwerpunktmäßig der Vermittlung der für die Tätigkeit des beteiligten Jugendvertreters notwendigen Kenntnisse diente.
(...) Mit dem Wort „unbedingt" sollte lediglich verdeutlicht werden, daß eine Schulung von Jugendvertretern nur insoweit als erforderlich angesehen werden kann, als sie zur ordnungsgemäßen Durchführung der ihnen im Betriebsverfassungsgesetz zugewiesenen, gegenüber dem Betriebsrat kleineren Aufgaben- und Wirkungskreise notwendig sind. (...) Es verbleibt deshalb (...) dabei, daß die Vermittlung von Kenntnissen über das Jugendarbeitsschutzgesetz und das Berufsbildungsgesetz nicht erforderlich sind. Gegen die Behandlung dieser Sachgebiete in einer Schulungs- und Bildungsveranstaltung ist jedoch dann nichts einzuwenden, wenn sie am Rande zur Vervollständigung des Lehrprogramms behandelt werden.

JArbSchG und BBiG als Schulungsthema

(...) Das Gebot (...) verpflichtet den Betriebsrat darauf bedacht zu sein, die durch die Entsendung eines Betriebsratsmitglieds oder wie hier eines Jugendvertreters zu einer Schulung anfallenden Kosten auf das notwendige Maß zu beschränken. (...)"
(BAG, Beschluss v. 6.5.1975 – 1 ABR 135/73)

Schwerpunkt der Schulungsveranstaltung entscheidend

„Bei der Beurteilung der Frage, ob die Teilnahme eines Jugendvertreters an einer Schulungs- und Bildungsveranstaltung insgesamt unter BetrVerfG §37 Abs. 6 fällt, die teils für die Arbeit der Jugendvertretung erforderliche, teils geeignete Kenntnisse vermittelt, ist ausschlaggebend, welche Themen der Schulung das Gepräge geben.
Eine teilweise Bejahung einer Schulung als erforderlich für die Tätigkeit eines Jugendvertreters kommt nur dann in Betracht, wenn die unterschiedlichen Themen so klar voneinander abgegrenzt sind, das ein zeitweiser Besuch der Schulungs- und Bildungsveranstaltung möglich und sinnvoll ist.
(...) Nach §65 Abs. 1 BetrVG 1972 gelten für die Jugendvertretung u.a. die §§37 und 40 BetrVG 1972 entsprechend. Die Jugendvertreter sind daher nach §37 Abs. 6 BetrVG 1972 ebenso wie die Mitglieder des Betriebsrats für die Teilnahme an Schulungs- und Bildungsveranstaltungen ohne Minderung des Arbeitsentgelts freizustellen, soweit diese Kenntnisse vermitteln, die für die Tätigkeit in der Jugendvertretung erforderlich sind. Nach der ständigen Rechtsprechung des Senats hat der Arbeitgeber gemäß §40 Abs. 1 BetrVG 1972 die Kosten einer Schulungs- und Bildungsveranstaltung dann zu tragen, wenn diese Kenntnisse vermittelt, die für die Tätigkeit des Betriebsrats erforderlich sind (§37 Abs. 6 BetrVG 1972). Da §65 Abs. 1 BetrVG 1972 eine entsprechende Anwendung der dort angeführten gesetzlichen Vorschriften vorschreibt, ist diese Rechtsprechung des Senats bei Teilnahme von Jugendvertretern an Schulungs- und Bildungsveranstaltungen ebenfalls „entsprechend" anzuwenden.
Der Senat hat bereits (...) ausgeführt, daß die Worte „entsprechende Anwendung" bedeuten unter Beachtung und im Rahmen der der Jugendvertretung in den §§60 ff. BetrVG 1972 eingeräumten Rechte und zugewiesenen Aufgaben.

Berücksichtigung der konkreten Rechte und Aufgaben der JAV

Die Erforderlichkeit der Teilnahme an einer Schulungs- und Bildungsveranstaltung für Jugendvertreter bestimmt sich somit danach, inwieweit die dort vermittelten Kenntnisse für die Tätigkeit der Jugendvertreter auch im Hinblick auf ihre nur zweijährige Amtszeit unbedingt notwendig sind. (...) Der Aufgaben- und Wirkungskreis der Jugendvertretung ist demnach gegenüber dem des Betriebsrats sehr viel begrenzter. Zur sachgerechten Wahrnehmung der ihr in Jugendangelegenheiten übertragenen Aufgaben sind daher auch nicht die gleichen umfangreichen und eingehenden Kenntnisse des Betriebsverfassungsgesetzes und anderer zugunsten der jugendlichen Arbeitnehmer ergangenen gesetzlichen Bestimmungen und kollektiven Normen erforderlich, wie sie der Betriebsrat zur sachgemäßen Durchführung der ihm obliegenden Aufgaben haben muß. Dieser begrenzte Aufgaben- und Wirkungskreis der Jugendvertretung sowie ihre Abhängigkeit vom Betriebsrat macht aber (...) Schulungsveranstaltungen für Jugendvertreter nicht entbehrlich. Die Teilnahme an Schulungs- und Bildungsveranstaltungen im Sinne des §37 Abs. 6 BetrVG 1972 kann im allgemeinen dann für erforderlich angesehen werden, wenn die Jugendvertreter erstmals in die Jugendvertretung gewählt worden sind. Die für Jugendvertreter durchgeführten Schulungen haben sich jedoch nach dem der Jugendvertretung im Verhältnis zu dem des Betriebsrats eingeräumten kleineren Aufgaben- und Wirkungskreis auszurichten und sich auf die Vermittlung der Kenntnisse zu beschränken, die für die sachgemäße Durchführung der ihnen nach dem BetrVG 1972 obliegenden Aufgaben unbedingt erforderlich sind.

Berücksichtigung der gegenüber dem Betriebsrat kürzeren Amtszeit der JAV

Einführung in das BetrVG für neu gewählte JAV-Mitglieder unabdingbar

(...) Von den in der Schulungsveranstaltung behandelten Themen ist die Einführung der Jugendvertreter in das Betriebsverfassungsgesetz für ihre Tätigkeit in der Jugendvertretung ohne weiteres als erforderlich anzusehen. Die Mitglieder der Jugendvertretung müssen, um die ihnen nach dem Gesetz obliegenden Aufgaben sachgerecht durchführen zu können, Kenntnisse der ihnen in dem neuen Betriebsverfassungsgesetz zugewiesenen Aufgaben und der ihnen gegenüber dem Betriebsrat eingeräumten Rechte haben.

JArbSchG und BBiG als Schulungsthemen

Dagegen ist die Vermittlung von Kenntnissen über die Vorschriften des Jugendarbeitsschutzgesetzes und des Berufsbildungsgesetzes für die Arbeit der Jugendvertretung im Betrieb nicht in diesem Ausmaß erforderlich. Die notwendigen Kenntnisse des Jugendarbeitsschutzgesetzes können gegebenenfalls unter Einschaltung des Betriebsrats – dem es vor allem obliegt, die Durchführung der Arbeitsschutzbestimmungen zu überwachen – u.U. durch Eigenstudium erworben werden. Seit über 13 Jahren hat das Jugendarbeitsschutzgesetz keine wesentlichen Änderungen erfahren; seine Vorschriften sind so gefaßt, daß auch ein Laie seinen Inhalt verstehen und sich mit ihnen vertraut machen kann. Für die Arbeit der Jugendvertretung ist es ausreichend, wenn sie den wesentlichen Inhalt der Vorschriften des Jugendarbeitsschutzgesetzes kennt. Jedenfalls sind eingehende und speziellere Kenntnisse der Vorschriften des Jugendarbeitsschutzgesetzes die in einer Schulungsveranstaltung vermittelt werden könnten, für ihre Tätigkeit nicht unbedingt erforderlich.

Ebensowenig benötigen die Mitglieder der Jugendvertretung eingehende Kenntnisse über die Vorschriften des Berufsbildungsgesetzes. Das Berufsbildungsgesetz regelt insbesondere die vertraglichen Beziehungen des Ausbildenden zu den Auszubildenden sowie die Voraussetzungen, die vorliegen müssen, damit ein Betrieb Arbeitnehmer ausbilden kann. Wenn nach §70 Abs. 1 Nr. 1 BetrVG 1972 der Jugendvertretung in Fragen der Berufsbildung gegenüber dem Betriebsrat ein Antragsrecht zusteht, dann bezieht sich dieses Antragsrecht auf das in den §§96 bis 98 BetrVG 1972 dem Betriebsrat gegenüber dem Arbeitgeber in Fragen der Berufsbildung eingeräumte Beteiligungsrecht, das aber gerade bei der Berufsausbildung nur im Rahmen der schon bestehenden eingehenden gesetzlichen Regelungen ausgeübt werden kann.

Soweit an den letzten vier Schulungstagen Planspiele zu dem an den ersten beiden Tagen behandelten Thema durchgeführt wurden, ergibt sich weder aus dem Vortrag des Antragstellers noch den Aussagen der beteiligten Jugendvertreter etwas dafür, inwieweit diese Planspiele einen unmittelbaren

Bezug zu den eigentlichen, der Jugendvertretung eingeräumten Aufgaben haben. (...) Die Planspiele mögen zwar für die Arbeit der Jugendvertreter nützlich und zur Veranschaulichung der vermittelten theoretischen Kenntnisse geeignet gewesen sein. Es ist aber nicht ersichtlich, daß sie unbedingt erforderlich waren, um die Tätigkeit als Jugendvertreter ausüben zu können. Eine Gesamtbeurteilung der streitigen Schulung ergibt, daß in ihr überwiegend Kenntnisse vermittelt wurden, die für die Tätigkeit der Jugendvertretung zwar nützlich und geeignet, aber nicht unbedingt erforderlich im Sinne des § 37 Abs. 6 BetrVG 1972 waren.
Wird eine Schulungsveranstaltung wie hier als einheitliches Ganzes angeboten, dann ist bei der Beurteilung der Frage, ob ihr Besuch erforderlich war, darauf abzustellen, welche der dort vermittelten Kenntnisse der Schulung das Gepräge gegeben haben. Eine nachträgliche „Teilung" der Veranstaltung kommt nicht in Betracht. Nach dem Vorhergesagten diente der Lehrgang schwerpunktmäßig der Vermittlung von Kenntnissen, die für die Tätigkeit der Jugendvertreter nicht erforderlich, sondern nur nützlich waren; die Einführung in die eigentlichen der Jugendvertretung nach dem Gesetz obliegenden Aufgaben nahm demgegenüber nur einen verhältnismäßig kleinen Raum ein. Derartige Veranstaltungen können nicht als Schulungs- und Bildungsveranstaltung im Sinne des § 37 Abs. 6 BetrVG 1972 anerkannt werden.
(...) Schon im Hinblick auf die nur zweijährige Amtszeit der Jugendvertreter müssen sich Schulungsveranstaltungen nach Dauer und Umfang auf das Maß beschränken, das wirklich notwendig ist, um den Jugendvertretern die für ihre Tätigkeit in der Jugendvertretung unbedingt erforderlichen Kenntnisse zu vermitteln. Die Schulungsträger sind jedenfalls gehalten, die Schulungen für Jugendvertreter so anzulegen, daß sie in dem in § 37 Abs. 6 aufgezeigten Rahmen bleiben.
(...) Die Aufteilung einer Schulungs- und Bildungsveranstaltung kommt nur in Betracht, wenn die Themen klar von einander abgegrenzt und zeitlich so behandelt werden, daß ein teilweiser Besuch möglich und sinnvoll ist. Aus den vorstehenden Ausführungen ergibt sich jedoch, daß nach der Art, wie die Schulungsveranstaltung durchgeführt worden ist, eine klare Abgrenzung und Konzentration der Themen tatsächlich nicht durchgeführt wurde. Eine nachträgliche „Aufteilung" der Veranstaltung kommt dann nicht in Betracht."
(BAG, Beschluss v. 10.5.1974 – 1 ABR 60/73)

3. Kostentragungspflicht des Arbeitgebers

Umfang der Kostentragungspflicht

„Zu den nach § 40 Abs 1 BetrVG vom Arbeitgeber zu tragenden Kosten, die durch die Betriebsratstätigkeit entstehen, gehören die Kosten, die anlässlich der Teilnahme eines Betriebsratsmitglieds an einer Schulungsveranstaltung nach § 37 Abs 6 BetrVG entstanden sind. Neben den eigentlichen Seminargebühren hat der Arbeitgeber auch die notwendigen Reise-, Übernachtungs- und Verpflegungskosten des Betriebsratsmitglieds zu tragen. (Rn.11) Allerdings steht die Pflicht des Arbeitgebers zur Kostentragung nach § 40 Abs 1 BetrVG unter dem in § 2 Abs 1 BetrVG normierten Gebot der vertrauensvollen Zusammenarbeit. Der Betriebsrat hat darauf bedacht zu sein, die durch seine Tätigkeit verursachten Kosten auf das notwendige Maß zu beschränken.
Aus dieser Obliegenheit folgt, dass das Betriebsratsmitglied für Reisen zu Schulungsveranstaltungen grundsätzlich das kostengünstigste zumutbare Verkehrsmittel in Anspruch zu nehmen hat. Dabei ist das Betriebsratsmitglied grundsätzlich nicht verpflichtet, seinen privaten PKW einzusetzen.

Bildung einer Fahrgemeinschaft

Entschließt es sich aber, bei einer von mehreren Betriebsratsmitgliedern durchzuführenden Reise seinen privaten PKW zu nutzen, ist es für ihn und die anderen Betriebsratsmitglieder grundsätzlich zumutbar, eine Fahrgemeinschaft zu bilden. Dies gilt nur dann nicht, wenn die Bildung einer Fahrgemeinschaft aufgrund besonderer, vom Betriebsratsmitglied darzu-

legender Umstände im Einzelfall als nicht zumutbar erscheint, z.B. wenn die begründete Besorgnis besteht, dass der Mitfahrende sich dadurch in eine besondere Gefahr begibt. (...)"
(BAG, Beschluss v. 24.10.2018 – 7 ABR 23/17)

keine Kostentragungspflicht des Arbeitgebers bei erst nachträglicher wirksamer Beschlussfassung über Schulungsteilnahme

„(...) Daneben ist die zeitliche Rückerstreckung der Genehmigung ausgeschlossen, wenn die Beschlussfassung des Betriebsrats erst nach dem für die Beurteilung eines Sachverhalts maßgeblichen Zeitpunkt erfolgt. Diese Einschränkung betrifft insbesondere rechtsgeschäftliche Vereinbarungen, durch die dem Arbeitgeber eine Kostentragungspflicht auferlegt wird. Insoweit wird die Rückwirkung der Genehmigung durch die nach §40 BetrVG gebotene Erforderlichkeitsprüfung begrenzt. Danach muss der Betriebsrat vor der Verursachung von Kosten nach pflichtgemäßer Würdigung aller Umstände über die Erforderlichkeit entscheiden. Die Frage der Erforderlichkeit ist von dem Zeitpunkt des Beschlusses aus zu beurteilen, der die Kosten ausgelöst hat. So hat der Senat entschieden, dass ein nach dem Besuch einer Schulungsveranstaltung gefasster Betriebsratsbeschluss, in dem die Teilnahme des Betriebsratsmitglieds gebilligt wird, keinen Anspruch des Betriebsrats nach §40 Abs. 1 BetrVG auf Kostentragung durch den Arbeitgeber begründet. (...)"
(BAG, Beschluss v. 10.10.2007 – 7 ABR 51/06)

Begrenzung der Kostentragungspflicht des Arbeitgebers nach Erforderlichkeit und Verhältnismäßigkeit

„(...) Als Anspruchsgrundlage kommt nur §40 Abs. 1 in Verb. mit §37 Abs. 6 und §65 Abs. 1 BetrVG in Betracht. Die Teilnahme von Betriebsratsmitgliedern oder Jugend- und Auszubildendenvertretern an einer Schulungsveranstaltung nach §37 Abs. 6, §65 Abs. 1 BetrVG gehört zur Tätigkeit des Betriebsrats oder der Jugend- und Auszubildendenvertretung im Sinne des §40 Abs. 1 und §65 Abs. 1 BetrVG (ständige Rechtsprechung des BAG). Diese Kostenerstattungspflicht des Arbeitgebers nach §40 Abs. 1 in Verb. mit §37 Abs. 6 und §65 Abs. 1 BetrVG ist durch die Grundsätze der Erforderlichkeit und Verhältnismäßigkeit (...) eingeschränkt. (...)"
(BAG, Beschluss v. 15.1.1992 – 7 ABR 23/90)

Erforderlichkeit wirksamer vorheriger Beschlussfassung durch Betriebsrat

„(...) Nur wenn ein ordnungsgemäßer Beschluß gefaßt wurde, kann der Besuch einer Schulungs- und Bildungsveranstaltung eine Kostentragungspflicht des Arbeitgebers nach §40 Abs. 1 BetrVG auslösen. Die Jugendvertretung kann insoweit allein keine gegenüber dem Arbeitgeber wirksame Beschlüsse fassen, sondern nur der Betriebsrat, wobei dann eine Beteiligung der Jugendvertretung nach §67 BetrVG in Betracht kommt."
(BAG, Beschluss v. 10.6.1975 – 1 ABR 140/73)

Freistellung für Dauer der Schulungsteilnahme

„(...) Nach §65 Abs. 1 BetrVG, der u.a. auf §37 und §40 BetrVG verweist, sind die Jugendvertreter ebenso wie die Betriebsratsmitglieder gemäß §37 Abs. 6 BetrVG in Verbindung mit Abs. 2 dieser Vorschrift für die Teilnahme an Schulungs- und Bildungsveranstaltungen ohne Minderung des Arbeitsentgelts freizustellen, soweit diese Kenntnisse vermitteln, die für die Tätigkeit in der Jugendvertretung erforderlich sind. Der Arbeitgeber hat grundsätzlich die dem Jugendvertreter aus Anlaß der Teilnahme an einer solchen Schulungsveranstaltung entstandenen Kosten zu tragen. (...)"
(BAG, Beschluss v. 6.5.1975 – 1 ABR 135/73)

4. Gewerkschaftliche Veranstaltungen

Verbot der Gewinnerzielung bei gewerkschaftlichen Schulungen auch bei Durchführung der Veranstaltung durch 100%-iges „Tochterunternehmen“

„Die Kostenerstattungspflicht des Arbeitgebers nach §40 iVm §37 Abs. 6 und §65 Abs. 1 BetrVG ist nicht nur durch die Grundsätze der Erforderlichkeit und Verhältnismäßigkeit, sondern auch durch den koalitionsrechtlichen GrundSatz eingeschränkt, daß die Gewerkschaften aus den Schulungsveranstaltungen zumindest keinen Gewinn erzielen dürfen. Diese Einschränkung der Kostenerstattungspflicht gilt jedenfalls auch dann, wenn eine Gewerkschaft einer GmbH, deren Anteile sie zu 100% hält, die Durchführung der Schulungsveranstaltung überträgt und sich einen bestimmenden Einfluß auf die Ausgestaltung der Schulung vorbehält.
(...) Mit der Durchführung einer Schulungsveranstaltung nach §65 Abs. 1, §37 Abs. 6 BetrVG nehmen die Gewerkschaften ihre betriebsverfassungsrechtliche Unterstützungsfunktion wahr, wie sie u. a. in §2 Abs. 1 BetrVG angesprochen ist. Insoweit können sie nur die ihnen entstandenen, lehrgangsbezogenen Kosten verlangen. Die Gewerkschaften können aber nicht, auch nicht durch das Dazwischenschalten einer juristischen Person, deren Gesellschaftsanteile ihre Vermögensverwaltungsgesellschaft zu 100 % hält, die Kostentragungspflicht der Arbeitgeber erweitern und sich nicht auf diesem Weg die Schulungsveranstaltungen nach §37 Abs. 6 BetrVG als Einnahmequelle zur Gewinnerzielung erschließen.

Gewerkschaft als „sozialer Gegenspieler“ des Arbeitgebers

Wenn die Schulungsveranstaltungen von einer Kapitalgesellschaft durchgeführt werden, deren sämtliche Anteile im Eigentum des sozialen Gegenspielers sind, fließen ihm auch die wirtschaftlichen Vorteile aus diesem Geschäft zu, entweder durch erhöhte Gewinnausschüttung, durch Verringerung der Verluste aus anderen Geschäften oder durch Wertsteigerung der Gesellschaftsanteile. (...)“
(BAG, Beschluss v. 30.3.1994 – 7 ABR 45/93)

Verbot der Gewinnerzielung bei gewerkschaftlichen Schulungen

„Die Kostenerstattungspflicht des Arbeitgebers nach §40 in Verbindung mit §37 Abs. 6 und §65 Abs. 1 BetrVG ist durch den koalitionsrechtlichen GrundSatz eingeschränkt, daß die Gewerkschaft aus den Schulungsveranstaltungen zumindest keinen Gewinn erzielen darf.

keine Pflicht des Arbeitgebers zur Finanzierung des „sozialen Gegenspielers“

(...) Diese Kostenerstattungspflicht des Arbeitgebers nach §40 Abs. 1 in Verb. mit §37 Abs. 6 und §65 Abs. 1 BetrVG ist durch (...) den koalitionsrechtlichen Grundsatz, daß kein Verband zur Finanzierung des gegnerischen Verbandes verpflichtet werden kann, eingeschränkt. Die koalitionsrechtlich gewährleistete finanzielle Unabhängigkeit der sozialen Gegenspieler wird nicht schon dadurch beeinträchtigt, daß eine Gewerkschaft die Schulung veranstaltet und der Arbeitgeber die Kosten dieser Schulung zu erstatten hat. Die Gewerkschaften können, nicht zuletzt aufgrund ihrer betriebsverfassungsrechtlichen Unterstützungsfunktion, wie sie u.a. in §2 Abs. 1 BetrVG angesprochen ist, Schulungs- und Bildungsveranstaltungen nach §37 Abs. 6 BetrVG durchführen, ohne die Kosten dieser Schulung selbst tragen zu müssen (ständige Rechtsprechung des BAG). Die betriebsverfassungsrechtliche Kostenerstattungspflicht des Arbeitgebers nach §40 Abs. 1 BetrVG entfällt nicht schon deshalb, weil eine Gewerkschaft Schulungsveranstalter ist. (...) Die Grundsätze des Koalitionsrechts schränken aber die Kostenerstattungspflicht des Arbeitgebers insoweit ein, als die Unabhängigkeit vom sozialen Gegenspieler nicht beeinträchtigt werden darf. Der Arbeitgeber hat lediglich die tatsächlichen Kosten zu tragen, die der Gewerkschaft durch die konkrete Schulung entstehen. Im vorliegenden Fall kann dahingestellt bleiben, ob an der Auffassung festzuhalten ist, daß dem Arbeitgeber über §40 Abs. 1 BetrVG keine Vorhaltekosten (Generalunkosten) gewerkschaftlicher Schulungseinrichtungen auferlegt werden dürfen (so die bisherige Rechtsprechung des Bundesarbeitsgerichts). Da die Gewerkschaft aus den Schulungsveranstaltungen nach §37 Abs. 6 BetrVG zumindest keinen Gewinn erzielen darf (st.Rspr.), hat der Arbeitgeber zu Recht die verlangte weitergehende Kostenerstattung abgelehnt. (...)“
(BAG, Beschluss v. 15.1.1992 – 7 ABR 23/90)

5. Verfahren

keine Beteiligung der JAV bei gerichtlichem Streit über Höhe der Schulungskosten

„(...) Die Jugend- und Auszubildendenvertretung ist in einem Verfahren, in dem über die Höhe der vom Arbeitgeber zu tragenden Schulungskosten gestritten wird, nicht zu beteiligen.
(...) Die betriebsverfassungsrechtliche Rechtsstellung der Jugend- und Auszubildendenvertretung wird durch den Streit, in welcher Höhe die Schulungskosten von der Arbeitgeberin zu tragen sind, nicht unmittelbar berührt. (...)"
(BAG, Beschluss v. 30.3.1994 – 7 ABR 45/93)

6. Veranstaltungen nach §37 Abs. 7 BetrVG

§37 Abs. 7 BetrVG	Unbeschadet der Vorschrift des Absatzes 6 hat jedes Mitglied des Betriebsrats während seiner regelmäßigen Amtszeit Anspruch auf bezahlte Freistellung für insgesamt drei Wochen zur Teilnahme an Schulungs- und Bildungsveranstaltungen, die von der zuständigen obersten Arbeitsbehörde des Landes nach Beratung mit den Spitzenorganisationen der Gewerkschaften und der Arbeitgeberverbände als geeignet anerkannt sind. Der Anspruch nach Satz 1 erhöht sich für Arbeitnehmer, die erstmals das Amt eines Betriebsratsmitglieds übernehmen und auch nicht zuvor Jugend- und Auszubildendenvertreter waren, auf vier Wochen. Absatz 6 Satz 2 bis 6 findet Anwendung.

Fortzahlung der Vergütung für Zeit der Teilnahme

„Ein Arbeitgeber, der auf Fortzahlung der Vergütung für die Zeit der Teilnahme eines Mitglieds des Betriebsrats oder der Jugendvertretung an einer nach BetrVG §37 Abs. 7 anerkannten Schulungs- und Bildungsveranstaltung in Anspruch genommen wird, kann gegen den Zahlungsanspruch nicht einwenden, die Veranstaltung sei nicht geeignet iS dieser Vorschrift. (...) Das Landesarbeitsgericht hat zu Recht einen Anspruch der Klägerin gegen die Beklagte auf Zahlung der Ausbildungsvergütung für die Zeit der Teilnahme an der Seminarveranstaltung bejaht. Der Anspruch der Klägerin wird hier über §65 und §37 Abs. 7 Satz 1 BetrVG vermittelt. (...)“
(BAG, Urteil v. 17.12.1981 – 6 AZR 546/78)

Vermittlung geeigneter Kenntnisse für Teilnahme an Veranstaltungen nach §37 Abs. 7 BetrVG ausreichend

Förderlichkeit und Nützlichkeit für JAV-Arbeit

„(...) Der Senat sieht vielmehr den Unterschied des §37 Abs. 6 zu Abs. 7 BetrVG darin, daß es sich bei den in Abs. 6 angesprochenen Schulungs- und Bildungsveranstaltungen um solche handelt, die Kenntnisse vermitteln, die für die Betriebsratstätigkeit erforderlich sind, während die in Abs. 7 genannten Veranstaltungen für die Arbeit des Betriebsrats lediglich geeignete Kenntnisse vermitteln. Erforderlich für die Arbeit des Betriebsrats sind nach Ansicht des Senats solche Kenntnisse, die der Betriebsrat unter Berücksichtigung der konkreten Situation des einzelnen Betriebes und des Wissensstandes des Betriebsrats alsbald oder doch aufgrund einer typischen Fallgestaltung demnächst benötigt, um seine derzeitigen oder demnächst anfallenden Aufgaben sachgerecht wahrnehmen zu können. Schulungs- und Bildungsveranstaltungen im Sinne des §37 Abs. 7 BetrVG brauchen dagegen nur mittelbar etwas mit der Betriebsratstätigkeit zu tun zu haben. Auf diesen Veranstaltungen werden im allgemeinen Kenntnisse vermittelt, die nicht in einem unmittelbaren Zusammenhang mit einer konkreten betrieblichen Situation im oben wiedergegebenen Sinne stehen; sie brauchen für die Arbeit des Betriebsrats lediglich geeignet zu sein, also förderliche und nützliche Kenntnisse zu vermitteln. (...)“
(BAG, Beschluss v. 6.5.1975 – 1 ABR 135/73)

7. Schulungsanspruch der Ersatzmitglieder

grundsätzlich kein Schulungsanspruch für Ersatzmitglieder

„Die Teilnahme des nicht endgültig nachgerückten Ersatzmitglieds einer einköpfigen Jugendvertretung an Schulungs- und Bildungsveranstaltungen ist im Regelfall für die Arbeit der Jugendvertretung nicht erforderlich.
(...) Nach dem in §65 Abs. 1 BetrVG 1972 u.a. in Bezug genommenen §37 Abs. 6 BetrVG 1972 sind Jugendvertreter von ihrer beruflichen Tätigkeit ohne Minderung ihres Arbeitsentgelts für die Teilnahme an Schulungs- und Bildungsveranstaltungen freizustellen, soweit diese Kenntnisse vermitteln, die für die Arbeit der Jugendvertretung erforderlich sind. (...) Diese Vorschriften gelten nur für die ordentlichen Betriebsratsmitglieder und Jugendvertreter, nicht aber für deren Ersatzmitglieder im Sinne des §25 Abs. 1 BetrVG 1972. (...)

Ersatzmitglieder stehen, solange sie nicht vorübergehend oder im Falle des vorzeitigen Ausscheidens eines Betriebsratsmitgliedes oder eines Jugendvertreters für den Rest der Amtszeit des Betriebsrats oder der Jugendvertretung endgültig in diese eingetreten sind, völlig außerhalb des Betriebsrats und der Jugendvertretung. Die den Betriebsräten und Jugendvertretern im Betriebsverfassungsgesetz eingeräumten besonderen Rechte und Pflichten gelten für Ersatzmitglieder nicht. Sie haben somit auch keinen Anspruch auf Freistellung von ihrer beruflichen Tätigkeit für die Teilnahme an einer Schulungs- und Bildungsveranstaltung im Sinne des §37 Abs. 6 BetrVG 1972. Das gilt auch dann, wenn der Betriebsrat oder (...) die Jugendvertretung aus einer Person besteht. Auch dann ist es völlig offen, ob und wann ein Vertretungsfall eintreten oder gar ein endgültiges Nachrücken stattfinden wird.
Es trifft auch nicht zu, daß in den Fällen der Verhinderung oder des Wegfalls des einzigen Jugendvertreters das Ersatzmitglied nicht die Möglichkeit habe, sich über die an ihn herangetragenen Fragen mit einem Mitglied des Betriebsrates zu beraten. Das Ersatzmitglied des einzigen Jugendvertreters ist im Falle der Vertretung in den auf ihn zukommenden Fragen nicht auf sich alleine angewiesen. Die Jugendvertretung ist kein selbständiges vom Betriebsrat unabhängiges Mitbestimmungsorgan der Betriebsverfassung. Die Vertretung der Interessen aller Arbeitnehmer einschließlich der Jugendlichen steht auch nach dem neuen Betriebsverfassungsgesetz nach wie vor auch dem Betriebsrat zu. Die Jugendvertretung ist bei der Durchsetzung der von ihr in Jugendangelegenheiten für erforderlich gehaltenen Maßnahmen auf die Mitwirkung des Betriebsrats angewiesen. Der Betriebsrat muß daher ebenfalls in den Angelegenheiten, die die jugendlichen Arbeitnehmer betreffen, die Kenntnisse besitzen, die erforderlich sind, um die Interessen der Jugendlichen gegenüber dem Arbeitgeber sachgerecht wahrnehmen zu können. Der Betriebsrat ist darüber hinaus wie aus §80 Abs. 1 Nr. 5, aber auch aus §68 und §70 Abs. 2 BetrVG 1972 folgt, verpflichtet, mit der Jugendvertretung (...) zur Förderung der Belange der jugendlichen Arbeitnehmer eng zusammenzuarbeiten. Unter „enger Zusammenarbeit" im Sinne dieser gesetzlichen Vorschrift gehört auch die Pflicht des Betriebsrats, die Jugendvertretung in allen Angelegenheiten der jugendlichen Arbeitnehmer zu beraten und ihr die zur sachgerechten Wahrnehmung ihrer Aufgaben notwendigen Hinweise zu geben. Einer Schulung des Ersatzmitgliedes für den Fall der Stellvertretung eines zeitweilig verhinderten Jugendvertreters bedarf es daher grundsätzlich nicht. Das gilt insbesondere, wenn sich die Stellvertretung gerade auf die Teilnahme an einer Schulungs- und Bildungsveranstaltung beziehen soll.

Ausnahme bei häufigen und längeren Vertretungszeiten

Die Freistellung eines Ersatzmitgliedes für die Teilnahme an einer Schulungs- und Bildungsveranstaltung im Sinne des §37 Abs. 6 BetrVG 1972 könnte allenfalls dann in Betracht kommen, wenn dieser den Jugendvertreter häufig und für längere Zeit vertreten müßte. (...)"
(BAG, Beschluss v. 10.5.1974 – 1 ABR 47/73)

VII. Kosten und Sachaufwand der Jugend- und Auszubildendenvertretung

§ 65 Abs. 1 BetrVG	Für die Jugend- und Auszubildendenvertretung gelten ... die §§ ... 40 ... entsprechend.
§ 40 Abs. 1 BetrVG	Die durch die Tätigkeit des Betriebsrats entstehenden Kosten trägt der Arbeitgeber.
§ 40 Abs. 2 BetrVG	Für die Sitzungen, die Sprechstunden und die laufende Geschäftsführung hat der Arbeitgeber in erforderlichem Umfang Räume, sachliche Mittel, Informations- und Kommunikationstechnik sowie Büropersonal zur Verfügung zu stellen.

Kosten der JAV als Teil der Betriebsratskosten

„(...) Nach der ständigen Rechtsprechung des Bundesarbeitsgerichts ist die Jugend- und Auszubildendenvertretung kein eigenständiger Repräsentant der jugendlichen Arbeitnehmer und kein selbständiges Mitwirkungsorgan der Betriebsverfassung. Ihre Rechte und Pflichten und diejenigen ihrer Mitglieder bestehen gegenüber dem Betriebsrat, nicht gegenüber dem Arbeitgeber. Geht ein Mitglied der Jugend- und Auszubildendenvertretung zur Erfüllung seiner Aufgaben nach dem Betriebsverfassungsgesetz Zahlungspflichten ein, sind diese Teil der vom Betriebsrat verursachten Kosten, die der Arbeitgeber bei Vorliegen der Voraussetzungen des § 40 Abs. 1 BetrVG zu tragen hat.

Zu den vom Arbeitgeber nach § 40 Abs. 1 BetrVG zu tragenden Kosten der Tätigkeit des Betriebsrats können auch solche gehören, die durch das Führen von Rechtsstreitigkeiten in betriebsverfassungsrechtlichen Angelegenheiten entstehen, in denen die betriebsverfassungsrechtliche Rechtsstellung eines Mitglieds eines Betriebsverfassungsorgans betroffen ist. Deswegen sind bei einem Mitglied der Jugend- und Auszubildendenvertretung ebenso wie bei einem Betriebsratsmitglied die Kosten aus der Hinzuziehung eines Anwalts erstattungsfähig, die zur sachgerechten Verteidigung ihrer Rechtsstellung in einem Ausschlußverfahren nach § 23 Abs. 1 BetrVG erforderlich sind. In einem solchen Verfahren wird das Mitglied der Jugend- und Auszubildendenvertretung ausschließlich wegen seiner betriebsverfassungsrechtlichen Rechtsstellung und mit dem Ziel seines Ausschlusses aus einem gesetzlichen Gremium der Betriebsverfassung in Anspruch genommen.

Übernahme von Rechtsanwaltskosten durch Arbeitgeber abhängig von Streitgegenstand

Dagegen besteht nach der ständigen Rechtsprechung des Senats kein betriebsverfassungsrechtlicher Kostenerstattungsanspruch, wenn ein Mitglied eines betriebsverfassungsrechtlichen Gremiums seine individual-rechtlichen Interessen gegenüber dem Arbeitgeber wahrnimmt. Deshalb sind Anwaltskosten, die ein Betriebsratsmitglied aufgrund seiner Beteiligung in einem Verfahren nach § 103 Abs. 2 BetrVG entstanden sind, nicht nach § 40 Abs. 1 BetrVG erstattungsfähig, weil es sich nicht um eine Betriebsratstätigkeit handelt und die in diesem Verfahren zu berücksichtigenden kollektiven Interessen vom Betriebsrat selbst zu wahren sind. Nichts anderes gilt für die Beteiligung eines Mitglieds der Jugend- und Auszubildendenvertretung in einem Beschlußverfahren, das die Auflösung eines Arbeitsverhältnisses im Anschluß an den Abschluß der Ausbildung zum Gegenstand hat. In einem solchen Verfahren ist der Betriebsrat zu beteiligen, um das kollektive Interesse der Belegschaft an der Kontinuität der Amtsführung der Jugend- und Auszubildendenvertretung in das Verfahren einzubringen. Die Beteiligung des jeweiligen Mitglieds der Jugend- und Auszubildendenvertretung dient ausschließlich dessen individual-rechtlichem Interesse an der Fortsetzung seiner Tätigkeit bei dem Arbeitgeber aufgrund eines Arbeitsverhältnisses, das infolge eines schriftlichen Weiterbeschäftigungsverlangens entstanden war. Das zeigt auch die Nachwirkungsvorschrift des § 78 a Abs. 3 BetrVG. Sie verdeutlicht, daß ein Auflösungsverfahren nach § 78 a Abs. 4 BetrVG nicht einmal das Bestehen einer Mitgliedschaft in der Jugend- und Auszubildendenvertretung bei Einleitung des Beschlußverfahrens voraussetzt. (...)"
(BAG, Beschluss v. 5.4.2000 – 7 ABR 6/99)

„(...) Zu den Kosten der Tätigkeit des Betriebsrats und der Jugend- und Auszubildendenvertretung zählen auch die Schulungskosten der Mitglieder dieser betriebsverfassungsrechtlichen Organe (ständige Rechtsprechung des BAG). (...)“
(BAG, Beschluss v. 30.3.1994 – 7 ABR 45/93)

Kostentragungspflicht des Arbeitgebers bzgl. Schulungskosten

„(...) Wenn das einzelne Mitglied des Betriebsrats oder der Jugend- und Auszubildendenvertretung zur Erfüllung betriebsverfassungsrechtlicher Aufgaben Kosten verauslagt oder Zahlungspflichten eingeht, ergibt sich sein Kostenerstattungs- oder Freistellungsanspruch aus seiner Amtstätigkeit. Anspruchsgrundlage für den abgeleiteten Anspruch des Mitglieds der Jugend- und Auszubildendenvertretung ist §65 Abs. 1, §40 Abs. 1 BetrVG. (...)“
(BAG, Beschluss v. 30.3.1994 – 7 ABR 45/93)

Kostentragungspflicht im Hinblick auf Amtstätigkeit

„Der Betriebsrat hat nach einem Umzug des Betriebs (hier: Krankenhaus) regelmäßig einen Anspruch darauf, dass ihm Räume für seine Betriebsratsarbeit in den neuen Räumlichkeiten überlassen werden. Das gilt jedenfalls dann, wenn im Neubau – bis auf 5 Arbeitnehmer – alle ca. 865 weiteren Arbeitnehmer beschäftigt sind und der Hin- und Rückweg zwischen den zugewiesenen Räumen und dem Krankenhaus im Neubau ca. 15 min beträgt. In besonders gelagerten Fällen kann eine Unterbringung außerhalb des Betriebsgebäudes zulässig sein (hier bejaht für einen Konferenzraum des BR für mindestens 20 Personen).
Ein Anspruch auf einen eigenen Büroraum im Neubau hat auch eine fünfköpfige JAV.

Kostentragungspflicht im Hinblick auf Amtstätigkeit

Die zugewiesenen Räume müssen die Anforderungen der ArbStättVO erfüllen.
(...) Der JAV ist ebenfalls im Neubau ein Betriebsratsbüro zur Verfügung zu stellen. Dies allerdings nicht in der vom Betriebsrat begehrten Größe und mit zwei PC-Arbeitsplätzen. (...) Der entsprechende Anspruch folgt aus den §§65 Abs. 1, 40 Abs. 2 BetrVG.
Für die Geltendmachung des Anspruchs ist der Betriebsrat aktivlegitimiert. Ansprüche auf Sachmittel für die JAV sind vom Betriebsrat geltend zu machen.
Die Voraussetzungen des Anspruchs liegen dem Grunde nach vor.
Entgegen der Auffassung des Arbeitsgerichts hat die JAV Anspruch auf die Nutzung eines eigenen Büroraums. Die JAV erledigt ihre Aufgaben unabhängig vom Betriebsrat. Sie muss diesem auch nachkommen können, wenn das Betriebsratsbüro und das Besprechungszimmer besetzt sind. Ihre Sitzungen hat sie nach Erforderlichkeit abzuhalten, nicht aber sich nach den zeitlichen Vorgaben des Betriebsrats zu richten. Vor allem aber müssen ihre Mitglieder bei Anliegen der von ihnen vertretenen Wähler mit diesen – soweit erforderlich – jederzeit ein vertrauliches Gespräch führen können, ohne dass weitere Personen (Betriebsratsmitglieder) im Raum anwesend sind.
Der Anspruch ist auch darauf gerichtet, dass sich der Raum im Betriebsgebäude und damit im Neubau befindet. Hier sind aus Sicht des Beschwerdegerichts dieselben Erwägungen maßgeblich, die es rechtfertigen, dass der Betriebsrat sein Büro im Neubau zugewiesen erhält. Für die Mitglieder der JAV bestehen insoweit dieselben Erschwernisse, wie für die nicht freigestellten Betriebsratsmitglieder. Im konkreten Fall müsste sich ein JAV Mitglied bei einem Anliegen mit den Betroffenen erst in das Gebäude A. D. begeben, um dort die Sache vertraulich zu besprechen und anschließend wieder zurückkehren. Das ist zeitaufwendig und umständlich und geeignet, die Beschäftigten davon abzuhalten, sich an die JAV zu wenden.
Allerdings genügt die Ausstattung des Büros mit nur einem PC-Arbeitsplatz. Für einen weitergehenden Bedarf hat der Betriebsrat nichts dargelegt. Es ist kein JAV-Mitglied dauerhaft freigestellt. Eventuelle Anfragen am PC dürften

nur in den aller-seltensten Fällen gleichzeitig der Bearbeitung bedürfen. In diesen Fällen könnte die JAV immer noch beim Betriebsrat nachfragen oder eines der beiden JAV Mitglieder, das den PC benötigt, muss warten. Da der Raum für die JAV nur mit einem PC-Arbeitsplatz ausgestattet ist, wird auch eine Raumgröße von 30 m^2 nicht benötigt. Insoweit fällt ins Gewicht, dass die Arbeitgeberin unwidersprochen im Beschwerdetermin vorgetragen hat, dass sie für den Fall einer Raumgröße von 30 m^2 eine Wand einreißen müsse, was mit erheblichem weiteren Aufwand und dem Verlust eines weiteren Büroraums verbunden wäre. Dementsprechend hat das Beschwerdegericht den Raumbedarf für die JAV auf 25 m^2 reduziert. Das dürfte der ASR A 1.2 gerade noch entsprechen. (...)"
(LAG Schleswig-Holstein, Beschluss v. 31.05.2017 – 1 TaBV 48/16)

VIII. Ehrenamt und Arbeitsversäumnis

§65 Abs. 1 BetrVG	Für die Jugend- und Auszubildendenvertretung gelten (...) die §§(...) 37 (...) entsprechend.
§37 Abs. 1 BetrVG	Die Mitglieder des Betriebsrats führen ihr Amt unentgeltlich als Ehrenamt.
§37 Abs. 2 BetrVG	Mitglieder des Betriebsrats sind von ihrer beruflichen Tätigkeit ohne Minderung des Arbeitsentgelts zu befreien, wenn und soweit es nach Umfang und Art des Betriebes zur ordnungsgemäßen Durchführung ihrer Aufgaben erforderlich ist.
§37 Abs. 3 BetrVG	Zum Ausgleich für Betriebsratstätigkeit, die aus betriebsbedingten Gründen außerhalb der Arbeitszeit durchzuführen ist, hat das Betriebsratsmitglied Anspruch auf entsprechende Arbeitsbefreiung unter Fortzahlung des Arbeitsentgelts. Betriebsbedingte Gründe liegen auch vor, wenn die Betriebsratstätigkeit wegen der unterschiedlichen Arbeitszeiten der Betriebsratsmitglieder nicht innerhalb der persönlichen Arbeitszeit erfolgen kann. Die Arbeitsbefreiung ist vor Ablauf eines Monats zu gewähren; ist dies aus betriebsbedingten Gründen nicht möglich, so ist die aufgewendete Zeit wie Mehrarbeit zu vergüten.
§37 Abs. 4 BetrVG	Das Arbeitsentgelt von Mitgliedern des Betriebsrats darf einschließlich eines Zeitraums von einem Jahr nach Beendigung der Amtszeit nicht geringer bemessen werden als das Arbeitsentgelt vergleichbarer Arbeitnehmer mit betriebsüblicher beruflicher Entwicklung. Dies gilt auch für allgemeine Zuwendungen des Arbeitgebers.

1. Erforderliche Arbeit der Jugend- und Auszubildendenvertretung

Einschränkung der Ab- und Rückmeldepflicht

„Ein Betriebsratsmitglied muss sich grundsätzlich bei seinem Arbeitgeber abmelden, bevor es an seinem Arbeitsplatz Betriebsratstätigkeit verrichtet. Das gilt nicht, wenn es nach den Umständen des Einzelfalls nicht ernsthaft in Betracht kommt, die Arbeitseinteilung vorübergehend umzuorganisieren. Der Arbeitgeber kann dann aber verlangen, dass ihm die Gesamtdauer der in einem bestimmten Zeitraum ausgeübten Betriebsratstätigkeit nachträglich mitgeteilt wird.
Die Ab- und Rückmeldepflicht eines Betriebsratsmitglieds entfällt nicht schon dann, wenn es ihm bei gewissenhafter Prüfung nicht erforderlich erscheint, die arbeitsvertraglich geschuldete Arbeit umzuorganisieren. Sie entfällt vielmehr nur, wenn eine Umorganisation durch den Arbeitgeber anlässlich der vom Betriebsratsmitglied versehenen Betriebsratstätigkeit nicht ernsthaft in Betracht kommt.“
(BAG, Beschluss v. 29.6.2011 – 7 ABR 135/09)

Beurteilungsspielraum des JAV-Mitglieds

„Bei der Prüfung, ob die Befreiung von der Arbeitspflicht zur Erfüllung einer Betriebsratsaufgabe erforderlich ist, steht dem Betriebsrat ein gerichtlich nur eingeschränkt überprüfbarer Beurteilungsspielraum zu. Dabei hat das Betriebsratsmitglied nicht nur die Interessen des Betriebsrates, sondern auch die des Arbeitgebers zu berücksichtigen.“
(BAG, Urteil v. 21.6.2006 – 7 AZR 418/05)

sozialversicherungsrechtliche Beratung keine Aufgabe der JAV

„Die Beratung von Arbeitnehmern in sozialversicherungsrechtlichen Fragen gehört nach dem BetrVG nicht zu den Aufgaben des Betriebsrats.“
(BAG, Beschluss v. 4.6.2003 – 7 ABR 42/02)

Pflicht zur Abmeldung und Rückmeldung beim Verlassen des Arbeitsplatzes zur Amtsausübung

„Betriebsratsmitglieder sind arbeitsvertraglich verpflichtet, sich beim Arbeitgeber abzumelden, wenn sie den Arbeitsplatz zur Ausübung von Betriebsratstätigkeit verlassen; danach müssen sie sich wieder zurückmelden (st.Rspr)

Inhalt dieser Verpflichtung ist nur die ordnungsgemäße Unterrichtung. Wie diese bewirkt wird, steht dem Betriebsratsmitglied frei. Eine persönliche Meldung kann der Arbeitgeber nicht verlangen."
(BAG, Beschluss v. 13.5.1997 – 1 ABR 2/97)

Pflicht zur Mitteilung von Ort und voraussichtlichen Dauer der JAV-Tätigkeit
Keine Pflicht zur Mitteilung der Art der JAV-Tätigkeit

Darlegungs- und Beweislast im Entgeltprozess beim JAV-Mitglied

„Bei der Abmeldung für die Erledigung von Betriebsratsaufgaben hat das Betriebsratsmitglied dem Arbeitgeber Ort und voraussichtliche Dauer der beabsichtigten Betriebsratstätigkeit mitzuteilen. Angaben auch zur Art der Betriebsratstätigkeit können nicht verlangt werden.
Für die Prüfung des Entgeltfortzahlungsanspruchs nach §37 Abs. 2 BetrVG in Verbindung mit §611 BGB kann der Arbeitgeber auch Angaben zur Art der durchgeführten Betriebsratstätigkeit fordern, wenn anhand der betrieblichen Situation und des geltend gemachten Zeitaufwandes erhebliche Zweifel an der Erforderlichkeit der Betriebsratstätigkeit bestehen.
Für die gesetzlichen Voraussetzungen des Entgeltfortzahlungsanspruchs nach §37 Abs. 2 BetrVG in Verbindung mit §611 BGB ist das Betriebsratsmitglied darlegungspflichtig. Es besteht eine abgestufte Darlegungslast."
(BAG, Urteil v. 15.3.1995 – 7 AZR 643/94)

keine Pflichtverletzung bei falscher Beurteilung von Aufgaben bei schwieriger/ungeklärter Rechtslage

„Ist ein Betriebsratsmitglied der objektiv fehlerhaften Ansicht, eine Betriebsratsaufgabe wahrzunehmen, kommt eine Abmahnung des Arbeitgebers wegen einer dadurch bedingten Versäumnis der Arbeitszeit nicht in Betracht, wenn es sich um die Verkennung schwieriger oder ungeklärter Rechtsfragen handelt."
(BAG, Urteil v. 31.8.1994 – 7 AZR 893/93)

Abmahnung bei Verletzung der Abmeldepflicht

„Die Pflicht eines nicht freigestellten Betriebsratsmitgliedes, sich vor Beginn seiner unter §37 Abs. 2 BetrVG fallenden Betriebsratstätigkeit beim Arbeitgeber abzumelden, beruht jedenfalls auch auf dem Arbeitsvertrag. Die Verletzung dieser Pflicht kann Gegenstand und Inhalt einer entsprechenden Abmahnung durch den Arbeitgeber sein."
(BAG, Urteil v. 15.7.1992 – 7 AZR 466/91)

Anspruch auf Reduzierung des Arbeitspensums zur ordnungsgemäßen Durchführung der JAV-Aufgaben

„Die Freistellungspflicht des Arbeitgebers nach §37 Abs. 2 BetrVG erschöpft sich nicht darin, den Betriebsratsmitgliedern die zur ordnungsgemäßen Durchführung ihrer Aufgaben erforderliche freie Zeit zu gewähren. Auch bei der Zuteilung des Arbeitspensums muß der Arbeitgeber auf die Inanspruchnahme des Betriebsratsmitglieds durch Betriebsratstätigkeit während der Arbeitszeit angemessen Rücksicht nehmen.
Die Freistellungspflicht des Arbeitgebers nach §37 Abs. 2 BetrVG gebietet nicht eine pauschale Senkung des Arbeitspensums von Betriebsratsmitgliedern."
(BAG, Beschluss v. 27.6.1990 – 7 ABR 43/89)

keine Pflicht zur schriftlichen Aufzeichnung der JAV-Tätigkeit
stichwortartige Beschreibung bei Abmeldung

„Es besteht keine Verpflichtung von Betriebsratsmitgliedern zur schriftlichen Aufzeichnung der Dauer ihrer Betriebsratstätigkeit.
Das Betriebsratsmitglied muß sich jedoch wie jeder andere Arbeitnehmer beim Verlassen des Arbeitsplatzes abmelden. Zur Abmeldung gehört eine stichwortartige Beschreibung des Gegenstands der Betriebsratstätigkeit nach Art, Ort und Zeit, nicht jedoch eine nähere Darlegung des Inhalts der Tätigkeit, die dem Arbeitgeber eine Kontrolle der Betriebsratstätigkeit ermöglichen könnte."
(BAG, Beschluss v. 14.2.1990 – 7 ABR 13/88)

Anspruch auf bezahlte Arbeitsbefreiung vor und/oder nach JAV-Sitzung außerhalb der persönlichen Arbeitszeit

„Nimmt ein Betriebsratsmitglied an einer außerhalb seiner persönlichen Arbeitszeit stattfindenden Betriebsratssitzung teil und ist es ihm deswegen unmöglich oder unzumutbar, seine vor oder nach der Betriebsratssitzung liegende Arbeitszeit einzuhalten, so hat es insoweit gemäß §37 Abs. 2 BetrVG einen Anspruch auf bezahlte Arbeitsbefreiung (hier: Bezahlte

Arbeitsbefreiung während der Nachtschicht wegen Teilnahme an einer tagsüber stattfindenden Betriebsratssitzung)."
(BAG, Urteil v. 7.6.1989 – 7 AZR 500/88)

„Betriebsratsmitglieder sind bei Abmeldung vom Arbeitsplatz weder verpflichtet, die Namen von Arbeitnehmern anzugeben, die sie im Betrieb aufsuchen wollen, noch sind sie verpflichtet, generell auf die Sprechstunde des Betriebsrats zu verweisen."
(BAG, Beschluss v. 23.6.1983 – 6 ABR 65/80)

keine Pflicht zur Namensnennung

kein genereller Verweis auf Sprechstunden

„Nimmt ein nicht freigestelltes Betriebsratsmitglied Betriebsratstätigkeit wahr, die es für erforderlich halten konnte, kommt eine Abmahnung des Arbeitgebers wegen der dadurch bedingten Versäumung von Arbeitszeit nicht in Betracht."
(BAG, Urteil v. 6.8.1981 – 6 AZR 1086/79)

Beurteilungsspielraum bei Bewertung der Erforderlichkeit

„(...) Jedes Betriebsratsmitglied muß sich auf Betriebsratssitzungen vorbereiten. Das geschieht in vielfältiger Weise, etwa durch Informationen im Betrieb, Rückfragen und Aussprachen, Einholen von Rechtsrat usw., je nach den Erfordernissen der Tagesordnung. Für diese Vorbereitung braucht das Betriebsratsmitglied Zeit. Es kann dafür Arbeitszeit in Anspruch nehmen (§37 Abs. 2 BetrVG 1972). (...)"
(BAG, Beschluss v. 6.9.1979 – 2 AZR 548/77)

Vorbereitungszeit für JAV-Sitzungen als erforderliche JAV-Arbeit

„Es gehört weder zu den dem Betriebsrat in BetrVG §80 Abs. 1 Nr. 1 zugewiesenen Aufgaben, darüber zu wachen, daß der Arbeitgeber bei der Berechnung des Lohnes die Vorschriften des Lohnsteuerrechts und die hierzu ergangenen Richtlinien beachtet, noch ist es seine Aufgabe, einzelne Arbeitnehmer in steuerrechtlichen Fragen zu beraten oder ihnen dieserhalb beizustehen."
(BAG, Beschluss v. 11.12.1973 – 1 ABR 37/73)

steuerrechtliche Beratung und Überwachung keine Aufgabe der JAV

„Ein Betriebsratsmitglied hat möglichst an allen Betriebsratssitzungen teilzunehmen."
(BAG, Beschluss v. 3.6.1969 – 1 ABR 1/69)

Pflicht zur Teilnahme an JAV-Sitzungen

2. Erhalt des Entgeltanspruchs

„Für einen Entgeltfortzahlungsanspruch nach §37 Abs. 2 BetrVG gelten dieselben tariflichen Ausschlussfristen, die auf den ausschließlich arbeits- und tarifvertraglichen Entgeltanspruch Anwendung finden."
(BAG, Urteil v. 8.9.2010 – 7 AZR 513/09)

Geltung tarifvertraglicher Ausschlussfristen

„Der Anspruch auf Vergütungsfortzahlung eines Betriebsratsmitglieds setzt voraus, dass es während der Zeit der Arbeitsbefreiung gesetzliche Aufgaben des Betriebsrates wahrnimmt. Die Arbeitsbefreiung muss weiterhin zur ordnungsgemäßen Durchführung der Aufgaben des Betriebsrates erforderlich sein."
(BAG, Urteil v. 21.6.2006 – 7 AZR 418/05)

Wahrnehmung erforderlicher JAV-Aufgaben Voraussetzung des Entgeltanspruchs

„§ 12a Abs. 1 Satz 1 ArbGG schließt den Anspruch auf Erstattung erstinstanzlicher Rechtsanwaltskosten auch dann aus, wenn sie einem Betriebsratsmitglied bei der auf §37 Abs. 2 BetrVG gestützten Verfolgung seines Lohnanspruchs im Urteilsverfahren entstanden sind."
(BAG, Beschluss v. 30.6.1993 – 7 ABR 45/92)

keine Kostentragungspflicht des Arbeitgebers bzgl.

Rechtsanwaltskosten des JAV-Mitglieds im Entgeltprozess

„Der Begriff des fortzuzahlenden Arbeitsentgelts im Sinne des (...) §37 Abs. 2 BetrVG kann mangels einer Tariföffnungsklausel nicht in Tarifverträgen modifiziert werden."
(BAG, Urteil v. 28.8.1991 – 7 AZR 137/90)

keine Modifizierung des Entgeltanspruchs durch Tarifvertrag

„Ein Betriebsratsmitglied, das vor seiner Freistellung von der beruflichen Tätigkeit Sonntags-, Feiertags- oder Nachtarbeit geleistet und dafür steuerfreie Zuschläge zum Lohn erhalten hat, kann nach seiner Freistellung vom Arbeitgeber nicht deren unversteuerte Auszahlung verlangen.

keine Pflicht des Arbeitgebers zum Ausgleich steuerrechtlicher Nachteile bei Freistellung

Der Arbeitgeber ist gegenüber dem Betriebsratsmitglied auch nicht verpflichtet, die Differenz zum Nettolohn zu zahlen, die sich für den Arbeitnehmer daraus ergibt, daß nach seiner Freistellung als Betriebsratsmitglied die an ihn weiterzuzahlenden Zuschläge für Sonntags-, Feiertags- und Nachtarbeit steuerpflichtig sind."
(BAG, Urteil v. 22.8.1985 – 6 AZR 504/83)

Umfang der Darlegungslast des JAV-Mitglieds im Entgeltprozess

„Für die Beurteilung des Lohnanspruchs eines Betriebsratsmitglieds nach BetrVG §37 Abs. 2 iVm BGB §611 Abs. 1 bedarf es eines Tatsachenvortrags, aus dem auf die Erforderlichkeit der Betriebsratstätigkeit geschlossen werden kann. Dazu gehört eine stichwortartige Beschreibung des Gegenstandes der Tätigkeit nach Art, Ort und Zeit, nicht dagegen einer näheren Darlegung ihres Inhalts, die dem Arbeitgeber etwa eine Kontrolle der Betriebsratstätigkeit ermöglichen könnte."
(BAG, Urteil v. 19.6.1979 – 6 AZR 638/77)

Sinn und Zweck des §37 Abs. 2 BetrVG

„BetrVG §37 Abs. 2 will (...) sicherstellen, daß dem Betriebsratsmitglied, sofern es wegen seiner Tätigkeit als Betriebsratsmitglied Arbeitszeit versäumt, der ihm nach dem Arbeitsvertrag zustehende Lohn erhalten bleibt."
(BAG, Beschluss v. 30.1.1973 – 1 ABR 22/72)

Umfang des gesicherten Entgelts

„(...) Zum Arbeitsentgelt iSd. § 37 Abs. 2 BetrVG gehören neben der Grundvergütung alle Zuschläge und Zulagen, die das Betriebsratsmitglied ohne Arbeitsbefreiung verdient hätte, insbesondere Zuschläge für Mehr-, Über-, Nacht-, Sonn- und Feiertagsarbeit, Erschwernis- und Sozialzulagen. (...)"
(LAG Rheinland-Pfalz, Urteil v. 07.05.2019 – 6 Sa 15/19)

Förderung der Bereitschaft zur Amtsübernahme

„(...) Das Verbot der Minderung des Arbeitsentgeltes bedeutet, dass dem Betriebsratsmitglied das Arbeitsentgelt gemäß § 611 BGB weiter zu zahlen ist, was es verdient hätte, wenn es keine Betriebsratstätigkeit geleistet, sondern gearbeitet hätte. (...) Das Verbot der Entgeltminderung gemäß §37 Abs 2 BetrVG hat auch den Zweck, die Bereitschaft des Arbeitnehmers zur Übernahme eines Betriebsratsamtes zu fördern, indem es ihm die Befürchtung nimmt, Einkommenseinbußen durch die Wahrnehmung eines Ehrenamtes zu erleiden. § 37 Abs 2 BetrVG konkretisiert hinsichtlich der Vergütung lediglich das allgemeine Benachteiligungsverbot des § 78 S 2 BetrVG. (...)"
(ArbG Dresden, Urteil v. 27.02.2019 – 13 Ca 2259/18)

3. Erforderliche JAV-Arbeit außerhalb der Arbeitszeit

Das Betriebsratsmitglied erhält zum Ausgleich für Betriebsratstätigkeit, die aus betriebsbedingten Gründen „außerhalb der Arbeitszeit" durchzuführen ist, entsprechende Arbeitsbefreiung unter Fortzahlung des Arbeitsentgelts. Eine Betriebsratstätigkeit liegt nicht nur dann „außerhalb der Arbeitszeit" iSv. § 37 Abs 3 S 1 BetrVG, wenn sie zusätzlich zu der durch Arbeitsleistung oder erforderliche Betriebsratstätigkeit bereits ausgefüllten vertraglichen Arbeitszeit des Betriebsratsmitglieds geleistet wird. Vielmehr kommt es für den Freizeitausgleichsanspruch nach § 37 Abs 3 S 1 BetrVG ausschließlich darauf an, ob die Betriebsratstätigkeit aus betriebsbedingten Gründen zu einer Zeit zu leisten ist, zu der das Betriebsratsmitglied keine Arbeitsleistungen zu erbringen hätte.
Der Ausgleichsanspruch nach § 37 Abs 3 BetrVG soll verhindern, dass Betriebsratsmitglieder, die aus betriebsbedingten Gründen ihre Betriebsratstätigkeit nicht während der Arbeitszeit ausführen können, durch einen

Verlust persönlicher Freizeit benachteiligt werden. Es handelt sich im Ergebnis um ein zeitlich verschobenes Arbeitsentgelt für eine sonst in der persönlichen Arbeitszeit anfallende Betriebsratstätigkeit, die nur infolge eines dem Arbeitgeber zuzurechnenden Umstands in die Freizeit verlegt worden ist.
Einer bezahlten Freistellung während der Schicht vor der Betriebsratssitzung nach § 37 Abs 2 BetrVG und dem späteren Freizeitausgleich nach § 37 Abs 3 BetrVG liegen unterschiedliche Schutzzwecke zu Grunde, die jeweils für sich genommen den jeweiligen Anspruch rechtfertigen. Die Gewährung von Freizeitausgleich zusätzlich zu der Freistellung in der vorherigen Schicht verschafft dem Betriebsratsmitglied keinen unzulässigen Vorteil.
Der Freistellungsanspruch nach § 37 Abs 3 BetrVG wird nicht rückwirkend durch Arbeitsbefreiung in einer der Betriebsratstätigkeit vorausgehenden Arbeitsschicht erfüllt. Eine Leistung vor der Entstehung des Anspruchs führt nur dann zu dessen Erfüllung nach § 362 Abs 1 BGB, wenn die Parteien eine entsprechende Anrechnungsabrede getroffen haben. (...)
(BAG, Urteil v. 15.05.2019 – 7 AZR 396/17)

Mitglieder des Betriebsrats erhalten weder eine Amtsvergütung noch ist die Betriebsratstätigkeit eine zu vergütende Arbeitsleistung. Es gilt das Lohnausfallprinzip, welches durch § 37 Abs 3 S 1 BetrVG nicht durchbrochen wird. Der dort geregelte Freizeitausgleich für die außerhalb der Arbeitszeit durchgeführte Betriebsratstätigkeit betrifft lediglich die Folgen einer aus betriebsbedingten Gründen notwendigen Abweichung vom Grundsatz, dass Betriebsratstätigkeit während der Arbeitszeit stattzufinden hat.
Der Anspruch auf Arbeitsbefreiung unter Fortzahlung des Arbeitsentgelts wegen außerhalb der persönlichen Arbeitszeit erbrachter Betriebsratstätigkeit besteht nach § 37 Abs 3 S 1 BetrVG in dem zeitlichen Umfang, in dem das Betriebsratsmitglied außerhalb der Arbeitszeit Betriebsratstätigkeiten wahrgenommen hat.
Nach der Gesamtkonzeption des Betriebsverfassungsgesetzes besteht grundsätzlich kein Entgeltanspruch für die von Betriebsratsmitgliedern erbrachten Freizeitopfer. Dies folgt insbesondere aus dem in § 37 Abs 1 BetrVG normierten Ehrenamtsprinzip, den Regelungen in § 37 Abs 2 und Abs 3 BetrVG sowie dem in § 78 S 2 BetrVG geregelten Benachteiligungs- und Begünstigungsverbot. Mit dem Ehrenamtsprinzip ist es insbesondere nicht vereinbar, dass Betriebsratsmitglieder durch ihre Betriebsratstätigkeit zusätzliche Vergütungsansprüche erwerben. (...)"
(BAG, Urteil v. 26.09.2018 - 7 AZR 829/16)

Anspruch auf bezahlte Freistellung bei Unzumutbarkeit der Arbeitsleistung

„Nimmt ein Betriebsratsmitglied an einer außerhalb seiner persönlichen Arbeitszeit stattfindenden Betriebsratssitzung teil und ist es ihm deswegen unmöglich oder unzumutbar, seine vor oder nach der Betriebsratssitzung liegende Arbeitszeit einzuhalten, so hat es insoweit gemäß §37 Abs. 2 BetrVG einen Anspruch auf bezahlte Arbeitsbefreiung.
Bei der Beurteilung, ob und wann einem Betriebsratsmitglied die Fortsetzung der Arbeit wegen einer außerhalb seiner persönlichen Arbeitszeit bevorstehenden Betriebsratssitzung unzumutbar ist, ist die in §5 Abs. 1 ArbZG zum Ausdruck kommende Wertung zu berücksichtigen.
Deshalb ist ein Betriebsratsmitglied, das zwischen zwei Nachtschichten an einer Betriebsratssitzung teilzunehmen hat, berechtigt, die Arbeit in der vorherigen Nachtschicht vor dem Ende der Schicht zu einem Zeitpunkt einzustellen, der eine ununterbrochene Erholungszeit von elf Stunden am Tag ermöglicht, in der weder Arbeitsleistung noch Betriebsratstätigkeit zu erbringen ist.
(...) Nach §37 Abs. 2 BetrVG sind nicht freigestellte Mitglieder des Betriebsrats von ihrer beruflichen Tätigkeit ohne Minderung ihres Arbeitsentgelts zu befreien, wenn und soweit es nach Umfang und Art des Betriebs zur ordnungsgemäßen Durchführung ihrer Aufgaben erforderlich ist. Diese

Vorschrift betrifft nicht nur Fälle, in denen eine während der Arbeitszeit verrichtete Betriebsratstätigkeit unmittelbar den Ausfall der Arbeitsleistung zur Folge hat. §37 Abs. 2 BetrVG soll vielmehr grundsätzlich verhindern, dass das Betriebsratsmitglied infolge einer erforderlichen Betriebsratstätigkeit eine Entgelteinbuße erleidet. Auch durch eine außerhalb der Arbeitszeit liegende Betriebsratstätigkeit darf daher eine Minderung des Arbeitsentgelts des Betriebsratsmitglieds nicht eintreten, soweit die Betriebsratstätigkeit die Arbeitsleistung unmöglich oder unzumutbar gemacht hat. Nimmt ein Betriebsratsmitglied an einer außerhalb seiner persönlichen Arbeitszeit stattfindenden Betriebsratssitzung teil und ist es ihm deswegen unmöglich oder unzumutbar, seine vor oder nach der Betriebsratssitzung liegende Arbeitszeit einzuhalten, so hat es insoweit gemäß §37 Abs. 2 BetrVG einen Anspruch auf bezahlte Arbeitsbefreiung.
(...) Nach Beendigung der täglichen Arbeitszeit steht dem Arbeitnehmer nach §5 Abs. 1 ArbZG regelmäßig eine ununterbrochene Ruhezeit von mindestens elf Stunden zu. Nach §2 Abs. 1 Satz 1 Halbs. 1 ArbZG ist Arbeitszeit die Zeit vom Beginn bis zum Ende der Arbeit ohne die Ruhepausen. Die Regelungen des Arbeitszeitgesetzes dienen der Umsetzung der Richtlinie 2003/88/EG des Europäischen Parlaments und des Rates über bestimmte Aspekte der Arbeitszeitgestaltung vom 4. November 2003 (RL 2003/88/EG). Nach Art. 2 Nr. 2 RL 2003/88/EG ist Ruhezeit jede Zeitspanne außerhalb der Arbeitszeit.
(...) Auch dann, wenn die Zeit der Erbringung von Betriebsratstätigkeit arbeitszeitrechtlich nicht als Arbeitszeit anzusehen sein sollte, ist bei der Beurteilung, ob und wann einem Betriebsratsmitglied die Fortsetzung der Arbeit wegen einer außerhalb seiner persönlichen Arbeitszeit bevorstehenden Betriebsratssitzung unzumutbar ist, jedenfalls die in §5 Abs. 1 ArbZG zum Ausdruck kommende Wertung zu berücksichtigen. Deshalb ist ein Betriebsratsmitglied, das zwischen zwei Nachtschichten an einer Betriebsratssitzung teilzunehmen hat, berechtigt, die Arbeit in der vorherigen Nachtschicht vor dem Ende der Schicht zu einem Zeitpunkt einzustellen, der eine ununterbrochene Erholungszeit von elf Stunden am Tag ermöglicht, in der weder Arbeitsleistung noch Betriebsratstätigkeit zu erbringen ist.
Das Arbeitszeitrecht bezweckt ua. die Gewährleistung der Sicherheit und des Gesundheitsschutzes der Arbeitnehmer bei der Arbeitszeitgestaltung (vgl. §1 Nr. 1 ArbZG). Es bestimmt deshalb ua. in §5 ArbZG die Mindestruhezeit zwischen zwei Arbeitseinsätzen, die für den Gesundheitsschutz von besonderer Bedeutung ist (vgl. BT-Drs. 12/5888 S. 24). Die im Arbeitszeitgesetz geregelten Schranken beruhen auf arbeitsmedizinischem Erfahrungswissen über die einem Arbeitnehmer zumutbare Belastung. Es geht um ein ausgewogenes Verhältnis zwischen den Zeiten, in denen der Arbeitnehmer arbeitet und den Zeiten, in denen er ruht. Dem Arbeitnehmer soll ohne Unterbrechung durch Arbeit genügend Zeit zur Erholung, Entspannung und Schlaf zur Verfügung stehen.
Die durch §5 Abs. 1 ArbZG gewährleistete Erholungszeit ist durch Betriebsratstätigkeit – unabhängig davon, ob diese Arbeit im arbeitszeitrechtlichen Sinne darstellt – in vergleichbarer Weise beeinträchtigt wie durch die Erbringung von Arbeitsleistung. Denn Betriebsratstätigkeit steht regelmäßig hinsichtlich der Anforderungen an Aufmerksamkeit und geistige Leistungsfähigkeit denjenigen bei der Erbringung der vertraglich geschuldeten Tätigkeit nicht nach (vgl. BAG 7. Juni 1989 – 7 AZR 500/88 – zu 3 der Gründe, BAGE 62, 83).
Zwar üben Betriebsratsmitglieder ihre Tätigkeit nach §37 Abs. 1 BetrVG als Ehrenamt aus. Im Gegensatz zu außerhalb des Arbeitsverhältnisses erbrachtem ehrenamtlichen Engagement, das – gleich wie belastend es ist – nicht den Vorgaben des Arbeitszeitrechts unterliegt, weist die Mandatsausübung einen unmittelbaren Bezug zum Arbeitsverhältnis auf. Die Mitgliedschaft im Betriebsrat setzt das Bestehen eines Arbeitsverhältnisses voraus (vgl. §8 Abs. 1 Satz 1, §24 Nr. 3 BetrVG). Die Betriebsratsaufgaben

werden im Interesse des Betriebs und der Belegschaft wahrgenommen. Sie bestehen wesentlich in der Regelung betrieblicher Belange und werden in der Regel im Betrieb ausgeübt. Betriebsratsmitglieder sind zur Wahrnehmung der ihnen nach dem BetrVG obliegenden Aufgaben verpflichtet. Das gilt insbesondere für die Teilnahme an Betriebsratssitzungen. Finden diese außerhalb ihrer Arbeitszeit statt, können sie daher nicht frei über ihre Zeit verfügen und ihren eigenen Interessen nachgehen. Tätigkeiten, die ein Arbeitnehmer in Wahrnehmung seiner gesetzlichen Rechte und Pflichten als Betriebsratsmitglied verrichtet, sind nach der Rechtsprechung des Bundessozialgerichts zum gesetzlichen Unfallversicherungsschutz den Interessen des Unternehmens zu dienen bestimmt. Diese Besonderheiten gebieten es, ehrenamtliche Betriebsratstätigkeit durch die Heranziehung der in §5 Abs. 1 ArbZG enthaltenen Wertungen anders zu behandeln als sonstige in der Freizeit erbrachte ehrenamtliche Tätigkeit. (...)"
(BAG, Urteil v. 18.01.2017 – 7 AZR 224/15)

„Betriebsbedingte Gründe" i.S.v. §37 III 1 BetrVG

„(...) „Betriebsbedingte Gründe" iSv. §37 Abs. 3 Satz 1 BetrVG liegen nur vor, wenn betriebliche Gegebenheiten und Sachzwänge innerhalb der Betriebssphäre dazu geführt haben, dass die Betriebsratstätigkeit nicht während der Arbeitszeit durchgeführt werden konnte. Es muss sich um Gründe handeln, die sich aus der Eigenart des Betriebs, der Gestaltung seines Arbeitsablaufs oder der Beschäftigungslage ergeben. §37 Abs. 3 Satz 2 BetrVG stellt ferner klar, dass „betriebsbedingte Gründe" in diesem Sinn auch vorliegen, wenn die Betriebsratstätigkeit wegen der unterschiedlichen Arbeitszeiten der Betriebsratsmitglieder nicht innerhalb der persönlichen Arbeitszeit erfolgen kann. Hiernach kann – jedenfalls ohne Hinzutreten besonderer Umstände – regelmäßig nicht vom Vorliegen betriebsbedingter Gründe ausgegangen werden, wenn sich ein Betriebsratsmitglied entschließt, während der ihm erteilten Arbeitsbefreiung Betriebsratsaufgaben wahrzunehmen. Daher entspricht es auch zu Recht der ganz überwiegenden Auffassung im Schrifttum, dass regelmäßig keine „betriebsbedingten Gründe" angenommen werden können, wenn sich ein Betriebsratsmitglied entschließt, während seines Urlaubs Betriebsratsaufgaben wahrzunehmen. (...)"
(BAG v. 28.05.2014 – 7 AZR 404/12)

Amtsausübung während des Urlaubs kein Fall von §37 III BetrVG

„(...) Die Regelungen in §37 Abs. 3 Satz 1 BetrVG hat ein Betriebsratsmitglied Anspruch auf entsprechend bezahlte Arbeitsbefreiung, wenn es Betriebsratstätigkeit aus betriebsbedingten Gründen außerhalb der Arbeitszeit durchzuführen hat. Mitglieder des Betriebsrats erhalten dadurch weder eine Amtsvergütung noch ist die Betriebsratstätigkeit eine zu vergütende Arbeitsleistung. Vielmehr gilt das Lohnausfallprinzip. Dieses wird durch §37 Abs. 3 Satz 1 BetrVG nicht durchbrochen. Der dort geregelte Freizeitausgleich für die außerhalb der Arbeitszeit durchgeführte Betriebsratstätigkeit betrifft lediglich die Folgen einer aus betriebsbedingten Gründen notwendigen Abweichung von dem Grundsatz, dass Betriebsratstätigkeit während der Arbeitszeit stattzufinden hat. Es handelt sich im Ergebnis um ein zeitlich verschobenes Arbeitsentgelt für eine sonst in der persönlichen Arbeitszeit anfallende Betriebsratstätigkeit, die nur infolge eines dem Arbeitgeber zuzurechnenden Umstands in die Freizeit verlegt worden ist.
Betriebsbedingte Gründe iSd. §37 Abs. 3 Satz 1 BetrVG liegen vor, wenn betriebliche Gegebenheiten und Sachzwänge innerhalb der Betriebssphäre dazu geführt haben, dass die Betriebsratstätigkeit nicht während der Arbeitszeit durchgeführt werden konnte. Der Arbeitnehmer muss dadurch zur Betriebsratstätigkeit außerhalb seiner Arbeitszeit gezwungen sein. Zu betriebsbedingten Gründen im Sinne des §37 Abs. 3 Satz 1 BetrVG, die einen Freizeitausgleich begründen, gehören solche aus der Sphäre des Betriebs, nicht des Betriebsrats. Dazu müssen bestimmte Gegebenheiten und Sachzwänge des Betriebs die Undurchführbarkeit der Betriebsratstätigkeit während der individuellen Arbeitszeit des Betriebsratsmitglieds bedingen. Betriebsbedingte Gründe können vorliegen, wenn Zeitungszu-

Gründe aus der Sphäre des Betriebs, nicht des Betriebsrats

steller ihre Arbeit in den frühen Morgenstunden zu erledigen haben und Betriebsratstätigkeit in der Normalarbeitszeit auszuüben ist. Nach §37 Abs. 3 Satz 1 BetrVG steht dem Betriebsratsmitglied in diesen Fällen ein Ausgleichsanspruch in dem Umfang der von ihm aufgewendeten Zeit zu, wenn das Betriebsratsmitglied seinen Anspruch innerhalb der gesetzlichen Monatsfrist gegenüber dem Arbeitgeber geltend macht.

Die Erfüllung des Anspruchs nach §37 Abs. 3 Satz 1 BetrVG erfolgt durch Freistellung des Arbeitnehmers von seiner Pflicht, Arbeitsleistungen zu erbringen ohne Minderung der Vergütung.

Erteilung des Freizeitausgleichs durch einseitige empfangsbedürftige Erklärung des Arbeitgebers

Wie bereits der Wortlaut des §37 Abs. 3 Satz 3 Halbs. 1 BetrVG ausdrückt („ist ... zu gewähren"), bedarf die Freistellung keiner Einigung, sondern einer empfangsbedürftigen gestaltenden Erklärung des Arbeitgebers, mit der er zum Zweck der Erfüllung des Arbeitsbefreiungsanspruchs nach §37 Abs. 3 Satz 1 BetrVG auf sein vertragliches Recht auf Leistung der geschuldeten Dienste in einem bestimmten Umfang verzichtet und die Arbeitspflicht des Betriebsratsmitglieds zum Erlöschen bringt. Es handelt sich damit um eine Weisung zur Verteilung der Arbeitszeit iSv. §106 Satz 1 GewO. Mit der Bestimmung der Zeit der Arbeitsleistung wird zugleich auch die Zeit bestimmt, während derer ein Arbeitnehmer keine Arbeit zu leisten hat. Beide Festlegungen unterliegen dem Weisungsrecht des Arbeitgebers nach §106 Satz 1 GewO. Das ermöglicht es dem Arbeitgeber, die im Arbeitsvertrag nur rahmenmäßig umschriebene Leistungspflicht im Einzelnen nach Zeit, Art und Ort nach billigem Ermessen iSv. §315 III BGB zu bestimmen.

Die Bestimmungen zum Arbeitsbefreiungsanspruch nach §37 Abs. 3 Satz 1, Satz 3 Halbs. 1 BetrVG enthalten keine den Grundsätzen der Urlaubsgewährung nach §7 Abs. 1 Satz 1 BUrlG entsprechenden Vorgaben zu seiner zeitlichen Festlegung.

keine Verpflichtung des Arbeitgebers zur Berücksichtigung der Wünsche des Arbeitnehmers bei der Festlegung des Freizeitausgleichs

Der Arbeitgeber muss nicht bevorzugt die Wünsche des Arbeitnehmers entsprechend §7 Abs. 1 Satz 1 BUrlG berücksichtigen. Ihm steht bei der Gewährung der Arbeitsbefreiung vielmehr das Gestaltungsrecht zu, über zusammenhängende oder ratenweise Gewährung der Arbeitsbefreiung zu entscheiden und deren zeitliche Lage festzusetzen. Hierbei gibt es keinen generellen Vorrang der Interessen des Arbeitnehmers, wie ihn §7 Abs. 1 BUrlG vorsieht. Damit ist andererseits nicht ausgeschlossen, dass der Arbeitgeber ein von dem Betriebsratsmitglied geäußertes Anliegen der zeitlichen Lage der Arbeitsbefreiung nach §37 Abs. 3 Satz 1 und Satz 3 Halbs. 1 BetrVG bei der Freistellung berücksichtigen muss. Dies ist aber nur ein Aspekt der nach billigem Ermessen iSv. §106 Satz 1 GewO, §315 Abs. 3 BGB festzulegenden zeitlichen Lage der Arbeitsbefreiung zur Erfüllung des Anspruchs nach §37 Abs. 3 Satz 1 BetrVG.

Die Gewährung von Freizeitausgleich nach §37 Abs. 3 Satz 1 BetrVG erfasst nur die persönliche Arbeitszeit des Betriebsratsmitglieds. Sie hindert das Betriebsratsmitglied nicht, sein Ehrenamt als Betriebsrat außerhalb seiner individuellen Arbeitszeit wahrzunehmen. Findet diese Betriebsratstätigkeit wiederum betriebsbedingt außerhalb der individuellen Arbeitszeit statt, erwirbt das Betriebsratsmitglied erneut einen Anspruch auf Freizeitausgleich für diese Betriebsratstätigkeiten. Im Extremfall kann dadurch ein – insbesondere mit wenigen Stunden teilzeitbeschäftigtes – Mitglied des Betriebsrats, das stets betriebsbedingt außerhalb seiner Arbeitszeit erforderliche Betriebsratsarbeit leistet, über einen längeren Zeitraum vollständig von seiner Arbeitsleistung freizustellen sein.

Der unter den Voraussetzungen des §37 Abs. 3 Satz 1 BetrVG entstandene Anspruch auf Arbeitsbefreiung ist gemäß §37 Abs. 3 Satz 3 Halbs. 1 BetrVG vor Ablauf eines Monats zu erfüllen. Allerdings ist der Arbeitgeber an die gesetzliche Monatsfrist nicht im Sinne einer Ausschlussfrist gebunden. Er kann umfangreiche Freizeitausgleichsansprüche auch zeitlich nachfolgend erfüllen. Beachten die Betriebspartner diese gesetzlichen Vorgaben, so kann es zu einer Ansammlung von Ausgleichsansprüchen wie im Streitfall regelmäßig nicht kommen, sondern allenfalls zu lang andauernden Arbeitsbefreiungen ähnlich einer Freistellung nach §38 BetrVG. (...)"

(BAG v. 19.03.2014 – 7 AZR 480/12)

„Die Erfüllung des Anspruchs nach § 37 Abs. 3 S. 1 BetrVG erfolgt durch Freistellung des Arbeitnehmers von seiner Pflicht, Arbeitsleistungen zu erbringen. Die Freistellung bedarf keiner Einigung, sondern einer empfangsbedürftigen gestaltenden Erklärung des Arbeitgebers, mit der er zum Zweck der Erfüllung des Arbeitsbefreiungsanspruchs nach § 37 Abs. 3 S. 1 BetrVG auf sein vertragliches Recht auf Leistung der geschuldeten Dienste in einem bestimmten Umfang verzichtet und die Arbeitspflicht des Betriebsratsmitglieds zum Erlöschen bringt. Es handelt sich damit um eine Weisung zur Verteilung der Arbeitszeit i.S.v. § 106 S. 1 GewO.

Erfüllung des Freistellungsanspruchs

Der Arbeitgeber muss bei der Arbeitsbefreiung nach § 37 Abs. 3 S. 1 BetrVG die Wünsche des Arbeitnehmers zur zeitlichen Lage nicht entsprechend § 7 Abs. 1 S. 1 BUrlG berücksichtigen. Der von dem Betriebsratsmitglied geäußerte Wunsch ist nur ein Aspekt der nach billigem Ermessen i.S.v. § 106 S. 1 GewO, 315 Abs. 3 BGB festzulegenden zeitlichen Lage der Arbeitsbefreiung.

Berücksichtigung der Wünsche des Amtsinhabers

Der Entgeltfortzahlungsanspruch setzt voraus, dass die krankheitsbedingte Arbeitsunfähigkeit die alleinige Ursache für den Ausfall der Arbeitsleistung ist. Das ist nicht der Fall, wenn der Arbeitnehmer auch aus einem anderen Grund – insbesondere wegen einer vor Eintritt der krankheitsbedingten Arbeitsunfähigkeit wirksam erfolgten Freistellung von der Arbeitsverpflichtung unter Fortzahlung der Vergütung zum Ausgleich eines Arbeitszeitguthabens – nicht gearbeitet hätte."
(BAG, Urteil v. 15.2.2012 – 7 AZR 774/10)

Anspruch auf Arbeitsbefreiung bei Wege-/Fahrt-/Reisezeiten außerhalb der Arbeitszeit

Maßgeblichkeit tarifvertraglicher oder betrieblicher Dienstreise-regelungen

„Grundsätzlich können Wege-, Fahrt- und Reisezeiten, die ein Betriebsratsmitglied zur Erfüllung notwendiger betriebsverfassungsrechtlicher Aufgaben außerhalb seiner Arbeitszeit aufwendet, einen Anspruch auf Arbeitsbefreiung nach § 37 Abs. 3 BetrVG auslösen. Dabei kommt es auf die maßgeblichen tarifvertraglichen oder betrieblichen Regelungen über die Durchführung von Dienstreisen im Betrieb des Arbeitgebers an."
(BAG, Urteil v. 21.6.2006 – 7 AZR 389/05)

Ausgleichsanspruch bei Schulungsveranstaltungen

„Einen Ausgleichsanspruch nach § 37 Abs. 6, § 37 Abs. 3 BetrVG können nicht nur die reinen Schulungszeiten, sondern auch die zur An- und Abreise notwendigen Zeiten sowie die während der Schulungsveranstaltung anfallenden Pausenzeiten begründen."
(BAG, Urteil v. 16.2.2005 – 7 AZR 330/04)

Ausgleichanspruch von Teilzeitbeschäftigten bei Schulungsveranstaltungen

„Reisezeiten, die ein teilzeitbeschäftigtes Betriebsratsmitglied außerhalb seiner Arbeitszeit aufwendet, um an einer erforderlichen Schulungsveranstaltung teilzunehmen, können nach § 37 Abs. 6 Satz 1 und 2 iVm § 37 Abs. 3 Satz 1 BetrVG einen Anspruch auf entsprechende Arbeitsbefreiung unter Fortzahlung der Vergütung begründen. Das setzt voraus, dass die Teilzeitbeschäftigung die Ursache dafür ist, dass die Reise außerhalb der Arbeitszeit durchgeführt wurde. Daran fehlt es, wenn die Reise auch dann außerhalb der Arbeitszeit stattgefunden hätte, wenn das Betriebsratsmitglied vollzeitbeschäftigt gewesen wäre."
(BAG, Urteil v. 10.11.2004 – 7 AZR 131/04)

Vorrang des Ausgleichsanspruchs vor dem Abgeltungsanspruch

„Nach der Rechtsprechung des Senats regelt die Vorschrift des § 37 Abs. 3 BetrVG den Vorrang des Freizeitausgleichs vor der Abgeltung durch einen Anspruch auf Mehrarbeitsvergütung. Danach kommt eine Vergütung der in der Freizeit aufgewendeten Zeit für die Erledigung erforderlicher Betriebsratstätigkeiten nur in Betracht, soweit aus betriebsbedingten Gründen die Gewährung des Freizeitausgleichs unmöglich ist."
(BAG, Urteil v. 8.3.2000 – 7 AZR 136/99)

Voraussetzungen für die Entstehung des Abgeltungsanspruchs

„Der Anspruch auf Freizeitausgleich nach §37 Abs. 3 Satz 1 BetrVG wandelt sich weder durch Ablauf der Monatsfrist des §37 Abs. 3 Satz 2 HalbSatz 1 BetrVG noch dadurch in einen Vergütungsanspruch nach §37 Abs. 3 Satz 2 HalbSatz 2 BetrVG, daß der Arbeitgeber den Freizeitausgleich nicht von sich aus gewährt. Der Anspruch auf Vergütung für außerhalb der Arbeitszeit aufgewendete Zeit nach §37 Abs. 3 Satz 2 BetrVG entsteht nur, wenn die vom Arbeitnehmer verlangte Arbeitsbefreiung vom Arbeitgeber aus betriebsbedingten Gründen verweigert wird."
(BAG, Urteil v. 25.8.1999 – 7 AZR 713/97)

betriebsbedingte Gründe für JAV-Tätigkeit außerhalb der Arbeitszeit

„Die Durchführung von Betriebsratstätigkeit außerhalb der Arbeitszeit beruht nur dann auf betriebsbedingten Gründen im Sinne des §37 Abs. 3 Satz 1 BetrVG, wenn der Arbeitgeber darauf Einfluß genommen hatte, daß sie nicht während der Arbeitszeit verrichtet wurde."
(BAG, Urteil v. 26.1.1994 – 7 AZR 593/92)

„Nach §37 Abs. 3 Satz 1 BetrVG hat das Betriebsratsmitglied zum Ausgleich für aus betriebsbedingten Gründen außerhalb der Arbeitszeit durchgeführte Betriebsratstätigkeit Anspruch auf entsprechende Arbeitsbefreiung unter Fortzahlung des Arbeitsentgelts. Voraussetzung für einen solchen Anspruch ist also, daß die Betriebsratshandlung tatsächlich außerhalb der Arbeitszeit stattgefunden hat, worunter die individuelle Arbeitszeit des betreffenden Betriebsratsmitglieds nach den tarifvertraglichen Bestimmungen, dem Einzelarbeitsvertrag oder einer Betriebsvereinbarung zu verstehen ist.

Mitteilungspflicht (teilweise) im Aussendienst beschäftigter JAV-Mitglieder

Das Betriebsratsmitglied, das teilweise seine Arbeitszeit außerhalb des Betriebes und deren zeitliche Lage zum Teil selbstbestimmend verrichtet, ist verpflichtet, seinen Arbeitgeber vorher zu unterrichten, wenn eine Betriebsratssitzung außerhalb der individuellen Arbeitszeit stattfinden soll."
(BAG, Urteil v. 31.7.1986 – 6 AZR 146/85)

Freistellung wegen Amtstätigkeit während Freistellung

„Gemäß §37 Abs. 3 BetrVG ist Arbeitsbefreiung auch für erforderliche Betriebsratstätigkeit an solchen Tagen zu gewähren, an denen das Betriebsratsmitglied wegen vorangegangener Betriebsratstätigkeit außerhalb der Arbeitszeit gem. §37 Abs. 3 BetrVG bereits vollständig von der Arbeit freigestellt ist.
(...) Hinsichtlich der (...) strittigen Rechtsfrage, ob die Betriebsratstätigkeit an Tagen, an denen der Arbeitnehmer zur Erfüllung von Freizeitansprüchen nach §37 Abs. 3 BetrVG freigestellt ist, aus „betriebsbedingten Gründen" außerhalb der Arbeitszeit stattfindet, liegt – soweit ersichtlich – keine Rechtsprechung vor. Grundsätzlich sind betriebsbedingte Gründe solche, die aus der Sphäre des Betriebs kommen und nicht bloß betriebsratsbedingte oder persönliche Gründe sind. Es muss ein durch den Betrieb selbst verursachter Sachzwang verhindern, dass die Tätigkeit während der Arbeitszeit ausgeübt werden kann. Betriebsbedingte Gründe sind auch solche, die nicht auf den allgemeinen Betriebsablauf, sondern auf sonstige Veranlassung durch den Arbeitgeber zurückzuführen sind. (...) Im Wesentlichen unstrittig ist in der rechtswissenschaftlichen Literatur, dass ein Ausgleichsanspruch dann nicht bestehen soll, wenn ein Betriebsratsmitglied seinen Urlaub unterbricht, um an einer Betriebsratssitzung teilzunehmen. Rechtsprechung liegt zu dieser Frage indes – soweit ersichtlich – nicht vor. Entsprechend dem Grundsatz, dass betriebsbedingte Gründe auch solche sind, die auf sonstige Veranlassung durch den Arbeitgeber zurückzuführen sind, ist die Kammer der Auffassung, dass erforderliche Betriebsratsarbeit in Zeiten, in denen der Arbeitgeber durch Freistellung von der Arbeit eine gesetzliche Verpflichtung erfüllt, ebenfalls Betriebsratsarbeit ist, die aus betriebsbedingten Gründen außerhalb der persönlichen Arbeitszeit durchgeführt wird. Denn den Betrieb so zu organisieren, dass den Arbeitgeber treffende gesetzliche Verpflichtungen eingehalten werden können, ist Sache des Arbeitgebers und damit ein „betrieblicher Grund". (...) Die Erfüllung der gesetzlichen Verpflichtung

zur Arbeitsbefreiung nach § 37 Abs. 3 BetrVG ist der betrieblichen Sphäre zuzuordnen. Wird während dieser Freistellungszeit Betriebsratstätigkeit erforderlich, so wird sie dementsprechend aus betriebsbedingten Gründen außerhalb der Arbeitszeit durchgeführt. Danach hat der Kläger für alle Tage, an denen er bereits aufgrund vorangegangener Betriebsratstätigkeit von der Arbeitleistung befreit war und gleichwohl erforderliche Betriebsratstätigkeit geleistet hat, Anspruch auf entsprechende Arbeitsbefreiung.
(LAG Köln, Urteil v. 3.2.2012 – 4 Sa 888/11)

4. Entgeltsicherung

Begriff des betriebsüblichen beruflichen Aufstiegs

„Die Betriebsüblichkeit des beruflichen Aufstiegs der als vergleichbar angesehenen Arbeitnehmer muss sich aus einem gleichförmigen Verhalten des Arbeitgebers und einer von ihm aufgestellten Regel ergeben. Die bloße Vergleichbarkeit der beruflichen Entwicklung der Arbeitnehmer in der Vergangenheit ist nicht ausreichend. Ansonsten wäre das Merkmal der Betriebsüblichkeit in § 37 Abs. 4 S. 1 BetrVG ohne eigenständige Bedeutung. Dies gilt auch, wenn gegenüber dem Betriebsratsmitglied nur ein vergleichbarer Arbeitnehmer existiert."
(BAG, Urteil v. 17.8.2005 – 7 AZR 528/04)

Auskunftsanspruch des JAV-Mitglieds

„Ein Betriebsratsmitglied hat nach § 242 BGB einen Auskunftsanspruch gegen den Arbeitgeber hinsichtlich der Gehaltsentwicklung vergleichbarer Arbeitnehmer mit betriebsüblicher beruflicher Entwicklung.

Begriff der Vergleichbarkeit

Nach § 37 Abs. 4 BetrVG sind vergleichbar die Arbeitnehmer, die im Zeitpunkt der Übernahme des Betriebsratsamtes ähnliche, im Wesentlichen gleich qualifizierte Tätigkeiten wie das Betriebsratsmitglied ausgeübt haben und dafür in ähnlicher Art und Weise wie das Betriebsratsmitglied fachlich und persönlich qualifiziert waren.
Betriebsüblich i.S.v. § 37 Abs. 4 BetrVG ist die Entwicklung, die bei objektiv vergleichbarer Tätigkeit Arbeitnehmer mit vergleichbarer fachlicher und persönlicher Qualifikation bei Berücksichtigung der normalen betrieblichen und personellen Entwicklung in beruflicher Hinsicht genommen haben.
Aus § 37 Abs. 4 BetrVG resultierende Ansprüche auf Gehaltsanpassung beruhen auf § 611 BGB und dem Arbeitsvertrag."
(BAG, Urteil v. 19.1.2005 – 7 AZR 208/04)

F. Ersatzmitglieder der Jugend- und Auszubildendenvertretung

§65 Abs. 1 BetrVG	Für die Jugend- und Auszubildendenvertretung gelten ... die §§ ... 25 ... entsprechend.
§25 Abs. 1 BetrVG	Scheidet ein Mitglied des Betriebsrats aus, so rückt ein Ersatzmitglied nach. Dies gilt entsprechend für die Stellvertretung eines zeitweilig verhinderten Mitglieds des Betriebsrats.
§25 Abs. 2 BetrVG	Die Ersatzmitglieder werden unter Berücksichtigung des §15 Abs. 2 der Reihe nach aus den nichtgewählten Arbeitnehmern derjenigen Vorschlagslisten entnommen, denen die zu ersetzenden Mitglieder angehören. Ist eine Vorschlagsliste erschöpft, so ist das Ersatzmitglied derjenigen Vorschlagsliste zu entnehmen, auf die nach den Grundsätzen der Verhältniswahl der nächste Sitz entfallen würde.
	Ist das ausgeschiedene oder verhinderte Mitglied nach den Grundsätzen der Mehrheitswahl gewählt, so bestimmt sich die Reihenfolge der Ersatzmitglieder unter Berücksichtigung des §15 Abs. 2 nach der Höhe der erreichten Stimmenzahlen.
§15 Abs. 2 BetrVG	Das Geschlecht, das in der Belegschaft in der Minderheit ist, muss mindestens entsprechend seinem zahlenmäßigen Verhältnis im Betriebsrat vertreten sein, wenn dieser aus mindestens drei Mitgliedern besteht.

nachrückendes Ersatzmitglied ist vollwertiges Mitglied für Dauer der Verhinderung

keine Weisungsgebundenheit

„(...) Das folgt aus §25 BetrVG. Nach dieser Vorschrift hat im Verhinderungsfall ein Ersatzmitglied an den Beratungen und Abstimmungen teilzunehmen. Dieses ist bei einer zeitweiligen Verhinderung des ordentlichen Mitglieds für deren Dauer vollwertiges Mitglied des Betriebsrats mit allen sich aus dieser Stellung ergebenden Rechten und Pflichten. An Weisungen des originären Betriebsratsmitglieds ist es ebenso wenig wie die übrigen Mitglieder des Betriebsrats gebunden. (...)“
(BAG v. 15.04.2014 – 1 ABR 2/13 (B))

Amtseintritt mit Beginn des Verhinderungsfalls unabhängig von Kenntnis

„Ersatzmitglieder vertreten ordentliche Mitglieder des Betriebsrats nicht nur in einzelnen Amtsgeschäften, wie etwa in der Teilnahme an Betriebsratssitzungen. Sie rücken vielmehr gemäß §25 Abs. 1 S. 2 BetrVG für die Dauer der Verhinderung eines Betriebsratsmitglieds in den Betriebsrat nach. Der Eintritt des Ersatzmitglieds vollzieht sich automatisch mit Beginn des Verhinderungsfalls. Er hängt nicht davon ab, dass die Verhinderung des ordentlichen Mitglieds dem Ersatzmitglied bekannt ist.“
(BAG, Urteil v. 8.9.2011 – 2 AZR 388/10)

Ersatzmitglieder als nicht gewählte Wahlbewerber

„(...) Ersatzmitglieder sind gerade nicht zu Betriebsratsmitgliedern gewählt worden, sondern haben die hierfür erforderliche Stimmenzahl nicht erhalten. Das folgt aus §25 Abs. 1 BetrVG ebenso wie aus §17 Abs. 1 Nr. 7, §18 Abs. 1 Satz 1 und 2, Abs. 2 Wahlordnung 1972 (WO 72). Die Vorschriften behandeln lediglich die Betriebsratsmitglieder als gewählt, nicht die in den Vorschlagslisten benannten Bewerber, die nur nachrücken können. Der Bewerber ohne ausreichende Stimmenzahl wird in §18 Abs. 2 WO 72 ausdrücklich als nicht gewählt bezeichnet. (...)“
(BAG, Beschluss v. 21.2.2001 – 7 ABR 41/99)

Vollmitgliedschaft für die Dauer der Vertretung bei zeitweiliger Verhinderung eines JAV-Mitglieds

Unerheblichkeit der Dauer des Vertretungsfalls

„(...) Das Landesarbeitsgericht geht anscheinend zunächst davon aus, daß auch das Ersatzmitglied, wenn es vorübergehend in die Jugendvertretung einrückt, die Rechte eines ordentlichen Mitglieds erwirbt. Insoweit befindet sich das angefochtene Urteil in Übereinstimmung mit der Rechtsprechung des Bundesarbeitsgerichts. In diesen Entscheidungen wird übereinstimmend darauf abgestellt, daß das Ersatzmitglied des Betriebsrats nach §25 Abs. 1 Satz 2 BetrVG zwar aus Anlaß der zeitweiligen Verhinderung eines gewählten Mitglieds in den Betriebsrat nachrückt, aber für die Dauer der Vertretung aufgrund des ihm als Vertreter gesetzlich übertragenen eigenständigen Amtes Mitglied des Betriebsrats ist. Dieser Rechtsprechung

entspricht auch die Entscheidung des erkennenden Senats vom 21. August 1979 zu § 78 a BetrVG. Danach verliert das Mitglied der Jugendvertretung, das zugleich Ersatzmitglied des Betriebsrats ist, und für ein verhindertes Mitglied des Betriebsrats zu einer Betriebsratssitzung herangezogen wird, mit der Sitzungsteilnahme seine Mitgliedschaft in der Jugendvertretung. Auch diese Rechtsfolge hat ihren Grund darin, daß das Ersatzmitglied während dieser Zeit Mitglied des Betriebsrats ist. Für Ersatzmitglieder der Jugendvertretung kann nichts anderes gelten als für Ersatzmitglieder des Betriebsrats. Ist aber das Ersatzmitglied während der zeitweiligen Verhinderung des Jugendvertreters Mitglied dieses betriebsverfassungsrechtlichen Organs, stehen ihm auch die aus der Mitgliedschaft erwachsenden Rechte jedenfalls während dieser Zeit zu. Soweit demgegenüber das Landesarbeitsgericht diese Wirkung nur für Stellvertretungen von längerer Dauer eintreten lassen will, gibt es dafür keinen Anhaltspunkt im Gesetz. (...)"
(BAG, Urteil v. 15.1.1980 – 6 AZR 726/79)

„(...) Ein Ersatzmitglied erwirbt für die Dauer der Vertretung eines ordentlichen Mitgliedes die Rechtsstellung eines vollberechtigten Mitgliedes des Betriebsrates. Da das Ersatzmitglied unbestritten vorübergehend in alle Rechte und Pflichten eines Betriebsratsamtes eintritt, ist nicht einzusehen, warum es nicht – wenn auch im Rahmen seiner Vertretungsfunktion – zugleich zeitweise die Stellung eines Mitglieds des Betriebsrates erlangt. (...)
Die Ersatzmitgliedschaft ist keine persönliche Nachfolge in die Funktion des zeitweilig verhinderten gewählten Mitglieds des Betriebsrates. Das Ersatzmitglied rückt z. B. nicht in die besonderen Ämter (Mitgliedschaft im Vorstand, in einem Betriebsausschuß, Pflicht zur Protokollführung) des vorübergehend verhinderten Mitgliedes ein.

keine Funktionsnachfolge des vertretenen JAV-Mitglieds

(...) Das Ersatzmitglied rückt im Falle des § 25 Abs. 1 Satz 2 BetrVG zwar aus Anlaß der zeitweiligen Verhinderung eines gewählten Mitglieds in den Betriebsrat nach. Das Ersatzmitglied wird aber für die Dauer der Vertretung nicht ausschließlich aus abgeleitetem Recht, sondern aufgrund des ihm als Vertreter gesetzlich übertragenen eigenständigen Amtes vorübergehend Mitglied des Betriebsrates.
(...) Die Mitgliedschaft des vorübergehend in den Betriebsrat nachgerückten Ersatzmitgliedes erlischt, wenn die zeitweilige Verhinderung des vertretenen ordentlichen Mitgliedes endet oder wenn das Ersatzmitglied seinerseits für eine nicht unerhebliche Dauer verhindert ist. (...)"
(BAG, Beschluss v. 6.9.1979 – 2 AZR 548/77)

Ende der Mitgliedschaft bei Ende der Verhinderung oder eigener Verhinderung für nicht unerhebliche Dauer

„(...) Ersatzbetriebsratsmitglieder vertreten ordentliche Mitglieder des Betriebsrats nicht nur in einzelnen Amtsgeschäften, etwa in der Teilnahme an Betriebsratssitzungen. Sie rücken vielmehr für die Dauer der Stellvertretung eines zeitweilig verhinderten Mitgliedes in den Betriebsrat nach (§ 25 Abs. 1 Satz 2 BetrVG 1972). Sie müssen deshalb alle Aufgaben eines ordentlichen Betriebsratsmitglieds wahrnehmen. Ordentliche Mitglieder des Betriebsrats werden auch außerhalb von Betriebsratssitzungen tätig, etwa wenn sie sich mit Beschwerden eines Arbeitnehmers befassen oder sich informieren und Beratungen im Betriebsrat vorbereiten. Diese Rechte und Befugnisse haben für die Dauer der Vertretungszeit ebenfalls die Ersatzmitglieder. Nur so ist gewährleistet, daß jederzeit die vom Gesetz vorgeschriebene Zahl von Betriebsratsmitgliedern (vgl. § 9 BetrVG 1972) im Betrieb tätig werden kann. Deshalb gehören Ersatzmitglieder für die Dauer der Vertretung zum Betriebsrat. Sie werden für diese Zeit wie ordentliche Mitglieder des Betriebsrats geschützt. Dabei kann es auf die Dauer der Vertretungszeit nicht ankommen. Auch bei nur kurzfristiger Verhinderung eines ordentlichen Betriebsratsmitglieds – etwa nur an einem Arbeitstag – muß die Arbeit eines vollzähligen Betriebsrats gesichert werden. Der Fall der Stellvertretung tritt mit Beginn der Verhinderung eines ordentlichen Betriebsratsmitglieds ein.

Erwerb aller Rechte und Pflichten durch (vorübergehend) nachgerücktes Ersatzmitglied

förmliche Benachrichtigung nicht erforderlich

Von einer förmlichen Benachrichtigung des Ersatzmitgliedes oder ähnlichen Voraussetzungen ist das Nachrücken nicht abhängig. (...)"
(BAG, Urteil v. 17.1.1979 – 5 AZR 891/77)

Amtsniederlegung durch Ersatzmitglied

„Falls ein Ersatzmitglied überhaupt im Vorhinein auf sein Anwartschaftsrecht, in den Betriebsrat nachzurücken, verzichten kann, was ausdrücklich offengelassen bleibt, kann der Verzicht nur analog der Regeln des §24 Satz 1 Nr. 2 BetrVG erfolgen.
Die Amtsniederlegung muss dann gegenüber dem Vorsitzenden des Betriebsrats durch empfangsbedürftige Willenserklärung erfolgen.
Die Amtsniederlegung muss eindeutig sein, sie muss sich von einer bloßen Absichtserklärung unterscheiden, die bedeutungslos ist, ebenso wie eine Erklärung gegenüber dem Arbeitgeber.
Sammelt ein Betriebsratsmitglied Verzichtserklärungen von Ersatzmitgliedern, die er erst nach seinem eigenen Rücktritt dem Arbeitgeber zukommen lässt, der dann wiederum den Betriebsratsvorsitzenden davon in Kenntnis setzt, ist jedenfalls von wirksamen Verzichtserklärungen nicht auszugehen."
(LAG Baden-Württemberg, Beschluss v. 11.10.2012 – 11 TaBV 2/12)

G. Jugend- und Auszubildendenvertretung und Betriebsrat

§ 70 Abs. 1 BetrVG	Die Jugend- und Auszubildendenvertretung hat folgende allgemeine Aufgaben: 1. Maßnahmen, die den in § 60 Abs. 1 genannten Arbeitnehmern dienen, insbesondere in Fragen der Berufsbildung und der Übernahme der zu ihrer Berufsausbildung Beschäftigten in ein Arbeitsverhältnis, beim Betriebsrat zu beantragen; 1a. Maßnahmen zur Durchsetzung der tatsächlichen Gleichstellung der in § 60 Abs. 1 genannten Arbeitnehmer entsprechend § 80 Abs. 1 Nr. 2a und 2b beim Betriebsrat zu beantragen; 2. darüber zu wachen, dass die zugunsten der in § 60 Abs. 1 genannten Arbeitnehmer geltenden Gesetze, Verordnungen, Unfallverhütungsvorschriften, Tarifverträge und Betriebsvereinbarungen durchgeführt werden; 3. Anregungen von in § 60 Abs. 1 genannten Arbeitnehmern, insbesondere in Fragen der Berufsbildung, entgegenzunehmen und, falls sie berechtigt erscheinen, beim Betriebsrat auf eine Erledigung hinzuwirken. Die Jugend- und Auszubildendenvertretung hat die betroffenen in § 60 Abs. 1 genannten Arbeitnehmer über den Stand und das Ergebnis der Verhandlungen zu informieren; 4. die Integration ausländischer, in § 60 Abs. 1 genannter Arbeitnehmer im Betrieb zu fördern und entsprechende Maßnahmen beim Betriebsrat zu beantragen.
§ 70 Abs. 2 BetrVG	Zur Durchführung ihrer Aufgaben ist die Jugend- und Auszubildendenvertretung durch den Betriebsrat rechtzeitig und umfassend zu unterrichten. Die Jugend- und Auszubildendenvertretung kann verlangen, dass ihr der Betriebsrat die zur Durchführung ihrer Aufgaben erforderlichen Unterlagen zur Verfügung stellt.
§ 66 Abs. 1 BetrVG	Erachtet die Mehrheit der Jugend- und Auszubildendenvertreter einen Beschluss des Betriebsrats als eine erhebliche Beeinträchtigung wichtiger Interessen der in § 60 Abs. 1 genannten Arbeitnehmer, so ist auf ihren Antrag der Beschluss auf die Dauer von einer Woche auszusetzen, damit in dieser Frist eine Verständigung, gegebenenfalls mit Hilfe der im Betrieb vertretenen Gewerkschaften, versucht werden kann.
§ 66 Abs. 2 BetrVG	Wird der erste Beschluss bestätigt, so kann der Antrag auf Aussetzung nicht wiederholt werden; dies gilt auch, wenn der erste Beschluss nur unerheblich geändert wird.
§ 67 Abs. 1 BetrVG	Die Jugend- und Auszubildendenvertretung kann zu allen Betriebsratssitzungen einen Vertreter entsenden. Werden Angelegenheiten behandelt, die besonders die in § 60 Abs. 1 genannten Arbeitnehmer betreffen, so hat zu diesen Tagesordnungspunkten die gesamte Jugend- und Auszubildendenvertretung ein Teilnahmerecht.
§ 67 Abs. 2 BetrVG	Die Jugend- und Auszubildendenvertreter haben Stimmrecht, soweit die zu fassenden Beschlüsse des Betriebsrats überwiegend die in § 60 Abs. 1 genannten Arbeitnehmer betreffen.
§ 67 Abs. 3 BetrVG	Die Jugend- und Auszubildendenvertretung kann beim Betriebsrat beantragen, Angelegenheiten, die besonders die in § 60 Abs. 1 genannten Arbeitnehmer betreffen und über die sie beraten hat, auf die nächste Tagesordnung zu setzen. Der Betriebsrat soll Angelegenheiten, die besonders die in § 60 Abs. 1 genannten Arbeitnehmer betreffen, der Jugend- und Auszubildendenvertretung zur Beratung zuleiten.
§ 68 BetrVG	Der Betriebsrat hat die Jugend- und Auszubildendenvertretung zu Besprechungen zwischen Arbeitgeber und Betriebsrat beizuziehen, wenn Angelegenheiten behandelt werden, die besonders die in § 60 Abs. 1 genannten Arbeitnehmer betreffen.

JAV kein selbständiges Organ der Betriebsverfassung

„(...) Nach der ständigen Rechtsprechung des Bundesarbeitsgerichts ist die Jugend- und Auszubildendenvertretung kein eigenständiger Repräsentant der jugendlichen Arbeitnehmer und kein selbständiges Mitwirkungsorgan der Betriebsverfassung. Ihre Rechte und Pflichten und diejenigen ihrer Mitglieder bestehen gegenüber dem Betriebsrat, nicht gegenüber dem Arbeitgeber. (...)"
(BAG, Beschluss v. 5.4.2000 – 7 ABR 6/99)

Rechte und Pflichten gegen Betriebsrat

Zusammenwirken mit dem Betriebsrat

„(...) Die Jugend- und Auszubildendenvertretung ist kein eigenständiger Repräsentant der jugendlichen Arbeitnehmer und kein selbständiges Mitwirkungsorgan der Betriebsverfassung. Ihre Rechte und Pflichten bestehen vornehmlich im Verhältnis zum Betriebsrat und nicht unmittelbar zum Arbeitgeber. Die Vertretung der Interessen aller Arbeitnehmer einschließlich der Jugendlichen und Auszubildenden gegenüber dem Arbeitgeber obliegt ausschließlich dem Betriebsrat, so daß die Teilnahme eines Jugend- und Auszubildendenvertreters an einer Schulungsveranstaltung der Beschlußfassung durch den Betriebsrat bedarf. Die Jugend- und Auszubildendenvertretung hat nur insoweit eine betriebsverfassungsrechtliche Rechtsstellung, als sie im Rahmen der §§ 60 ff. BetrVG und im Zusammenwirken mit dem Betriebsrat Interessen der jugendlichen Arbeitnehmer wahrnimmt. (...)"
(BAG, Beschluss v. 15.1.1992 – 7 ABR 23/90)

Stimmrecht der JAV bei Fragebogenaktion unter jugendlichen Arbeitnehmern

„Es bestehen grundsätzlich keine rechtlichen Bedenken gegen die Durchführung einer Fragebogenaktion unter den jugendlichen Arbeitnehmern, soweit sich die Fragen im Rahmen der gesetzlichen Aufgaben der Jugendvertretung und des Betriebsrats halten und Betriebsablauf und Betriebsfrieden nicht gestört werden. (...) An der Abstimmung (...) über die Durchführung der Meinungsumfrage haben auch die drei Jugendvertreter teilgenommen. Nach § 67 Abs. 2 BetrVG stand ihnen dieses Stimmrecht zu, da der zu fassende Beschluß überwiegend jugendliche Arbeitnehmer betraf. (...)"
(BAG, Beschluss v. 8.2.1977 – 1 ABR 82/74)

Durchführung von Maßnahmen der JAV nur unter Mitwirkung des Betriebsrats

„(...) Zwar ist die Jugendvertretung nicht eigenständiger Repräsentant der jugendlichen Arbeitnehmer und kein selbständiges Mitbestimmungsorgan der Betriebsverfassung. Ihre Rechte und Pflichten bestehen vor allem im Verhältnis zum Betriebsrat und nicht unmittelbar zum Arbeitgeber und sie kann auch nur unter Mitwirkung des Betriebsrats die von ihr in Angelegenheiten der jugendlichen Arbeitnehmer erforderlichen Maßnahmen durchführen. (...)"
(BAG, Beschluss v. 8.2.1977 – 1 ABR 82/74)

keine eigenen gegenüber dem Arbeitgeber durchsetzbaren Mitbestimmungsrechte der JAV

„(...) Der Gesetzgeber hat (...) mit der Neuregelung der Vorschriften über die Jugendvertretung die rechtliche Stellung der Jugendvertreter zwar verbessert und erweitert, ihr aber ebensowenig wie das Betriebsverfassungsgesetz 1952 die Rechtsstellung eines selbständigen Organs eingeräumt. Sie ist weder Mitbestimmungsorgan, noch hat sie gegenüber dem Arbeitgeber eigene durchsetzbare Mitbestimmungsrechte erhalten. Die Vertretung der Interessen aller, einschließlich der jugendlichen Arbeitnehmer gegenüber dem Arbeitgeber ist nach wie vor ausschließlich dem Betriebsrat vorbehalten, mag auch ein Teilnahmerecht der Jugendvertretung an Betriebsratssitzungen gemäß § 67 Abs. 1 BetrVG bestehen oder mögen die Jugendvertreter sogar nach Abs. 2 dieser Vorschrift bei der Beschlußfassung des Betriebsrats auch mitstimmen können, soweit die zu fassenden Beschlüsse des Betriebsrats überwiegend jugendliche Arbeitnehmer betreffen. (...)"
(BAG, Beschluss v. 6.5.1975 – 1 ABR 135/73)

„(...) Nach Auffassung des Senats hat der Gesetzgeber mit der Neuregelung der Vorschriften über die Jugendvertretung die rechtliche Stellung der Jugendvertretung zwar verbessert und erweitert, ihr aber ebensowenig wie im Betriebsverfassungsgesetz 1952 die Rechtstellung eines selbständigen Organs der Betriebsverfassung eingeräumt. Sie ist weder Mitbestimmungsorgan, noch hat sie eigene durchsetzbare Mitbestimmungsrechte erhalten. Sie ist auch nicht die alleinige Vertretung der jugendlichen Arbeitnehmer. Die Vertretung der Interessen aller Arbeitnehmer einschließlich der Jugendlichen gegenüber dem Arbeitgeber obliegt nach wie vor ausschließlich dem Betriebsrat. Die der Jugendvertretung zugewiesenen Aufgaben sind vor-

wiegend überwachender und beratender Art. Gegenüber dem Betriebsrat hat sie zwar in allen Angelegenheiten, die die jugendlichen Arbeitnehmer betreffen, ein weitgehendes Anhörungs- und Mitspracherecht. Bei der Durchführung der von ihr in Jugendfragen für erforderlich erachteten Maßnahmen ist sie jedoch auf die Mitwirkung des Betriebsrats angewiesen. (...)"
(BAG, Beschluss v. 10.5.1974 – 1 ABR 57/73)

Aufgaben der JAV vorwiegend überwachender und beratender Art

Anhörungs- und Mitspracherechte in Jugendfragen

„(...) Die Jugendvertretung ist nicht der eigenständige Repräsentant der jugendlichen Arbeitnehmer gegenüber dem Arbeitgeber. Der Gesetzgeber hat in dem neuen Betriebsverfassungsgesetz die Vorschriften über die Jugendvertretung zwar verbessert und erweitert, ihr aber ebensowenig wie im Betriebsverfassungsgesetz 1952 die Rechtstellung eines selbständigen Organs des Betriebsverfassungsrechts eingeräumt. Sie ist weder Mitbestimmungsorgan noch hat sie gegenüber dem Arbeitgeber eigene durchsetzbare Mitbestimmungsrechte erhalten. Die Vertretung der Interessen aller Arbeitnehmer einschließlich der Jugendlichen gegenüber dem Arbeitgeber ist nach wie vor ausschließlich dem Betriebsrat vorbehalten. Nur ihm und nicht der Jugendvertretung steht in allen Angelegenheiten, die die jugendlichen Arbeitnehmer betreffen, die Vertretung nach außen zu. Dies folgt insbesondere aus den Vorschriften des §67 Abs.3 Satz2, §70 und §80 Abs.1 Nr.5 BetrVG 1972. Wenn es im §67 Abs.3 Satz2 BetrVG heißt, der Betriebsrat solle Angelegenheiten, die die jugendlichen Arbeitnehmer betreffen, der Jugendvertretung zur Beratung zuleiten, dann kommt schon in dieser Regelung unmißverständlich zum Ausdruck, daß die Entscheidungsbefugnis in Jugendfragen letzten Endes beim Betriebsrat liegt, mag auch ein Teilnahmerecht der Jugendvertretung an Betriebsratssitzungen gemäß §67 Abs.1 Satz1 oder 2 BetrVG 1972 bestehen oder mögen diese sogar nach Abs.2 mitstimmen können. Ergänzend zu dieser Vorschrift verpflichtet §70 Abs.2 BetrVG 1972 den Betriebsrat, die Jugendvertreter zur Durchführung ihrer Aufgaben rechtzeitig und umfassend zu unterrichten sowie auf ihr Verlangen die zur Durchführung ihrer Aufgaben erforderlichen Unterlagen zur Verfügung zu stellen. Das Wort „unterrichten" besagt auch, daß der Betriebsrat verpflichtet ist, die Jugendvertretung bei Durchführung ihrer Aufgaben mit Rat und Tat zu unterstützen. Wenn nach §80 Abs.1 Nr.5 2.HalbSatz BetrVG 1972 der Betriebsrat von der Jugendvertretung Vorschläge und Stellungnahmen anfordern kann, dann weisen auch diese Vorschriften aus, daß nicht der Jugendvertretung sondern dem Betriebsrat die letzte Entscheidung in Jugendfragen zusteht.

letztendliche Entscheidungsbefugnis beim Betriebsrat

Die der Jugendvertretung übertragenen Aufgaben beschränken sich (...) demnach vorwiegend darauf, den Betriebsrat in allen Fragen, die die jugendlichen Arbeitnehmer betreffen, zu beraten und die Einhaltung der zugunsten jugendlicher Arbeitnehmer geltenden Bestimmungen zu überwachen. Um diese Aufgabe durchführen zu können, ist der Jugendvertretung vom Gesetzgeber ein weitgehendes Anhörungs- und Mitspracherecht eingeräumt; sie kann jedoch die von ihr in Jugendfragen für erforderlich gehaltenen Maßnahmen nicht von sich aus durchführen, sondern ist hierbei auf die Mitwirkung des Betriebsrats angewiesen. (...)"
(BAG, Beschluss v. 10.5.1974 – 1 ABR 60/73)

Beratungs- und Überwachungsaufgaben der JAV

„Die Jugendvertretung kann alleine keine gegenüber dem Arbeitgeber wirksame Beschlüsse fassen.
(...) Das neue Betriebsverfassungsgesetz hat entgegen dem bisherigen Recht die Vorschriften über die Jugendvertretung in einem besonderen Teil zusammengefaßt und erweitert. Der Gesetzgeber hat mit dieser Neuregelung die rechtliche Stellung der Jugendvertretung zwar verbessert, ihr aber ebensowenig wie nach dem BetrVG 1952 die Rechtsstellung eines selbständigen Organs der Betriebsverfassung eingeräumt. Sie ist weder ein vom Betriebsrat unabhängiges Mitbestimmungsorgan, noch hat sie eigene durchsetzbare Mitbestimmungsrechte erhalten. Sie ist auch nicht die alleinige Interessenvertretung der jugendlichen Arbeitnehmer. Die Ver-

Möglichkeit eines Aussetzungsbeschlusses in Jugendfragen

Möglichkeit eigener Beschlussfassung in Jugendfragen und Durchführung über Betriebsrat

Vorlage von Unterlagen durch Betriebsrat

tretung der Interessen aller Arbeitnehmer einschließlich der Jugendlichen steht vielmehr im Verhältnis zum Arbeitgeber weiterhin ausschließlich dem Betriebsrat zu. Die der Jugendvertretung zugewiesenen Aufgaben sind vorwiegend überwachender oder beratender Art (§70 Abs. 1 BetrVG 1972). Sie hat in allen Angelegenheiten, die die jugendlichen Arbeitnehmer betreffen, zwar ein weitgehendes Antrags- und Mitspracherecht (vgl. §67 Abs. 1 und 2 BetrVG 1972). Auf ihren Antrag muß auch ein Beschluß des Betriebsrates auf die Dauer von einer Woche ausgesetzt werden, wenn die Mehrheit der Jugendvertreter diesen Beschluß als eine erhebliche Beeinträchtigung wichtiger Interessen der jugendlichen Arbeitnehmer erachtet (§66 Abs. 1 BetrVG 1972). Die Jugendvertretung ist auch befugt, in allen die jugendlichen Arbeitnehmer betreffenden Angelegenheiten selbst Beschlüsse zu fassen. Die Durchführung dieser Beschlüsse erfordert jedoch in jedem einzelnen Fall die Einschaltung des Betriebsrates, wie sich aus §67 Abs. 2 BetrVG 1972 ergibt. Die Abhängigkeit der Jugendvertretung vom Betriebsrat zeigt sich auch darin, daß sie die zur Durchführung ihrer Aufgaben erforderlichen Unterlagen nur vom Betriebsrat und nicht unmittelbar vom Arbeitgeber verlangen kann (§70 Abs. 2 BetrVG 1972); sie kann nur nach Verständigung mit dem Betriebsrat Sitzungen abhalten (§65 Abs. 2 BetrVG 1972) und nur mit seinem Einverständnis Jugendversammlungen einberufen (§71 BetrVG 1972). Die Jugendvertretung kann somit die ihr nach dem Betriebsverfassungsgesetz obliegenden Aufgaben nur in enger Zusammenarbeit mit dem Betriebsrat erfüllen.
Dieser Auffassung steht auch nicht entgegen, daß §65 Abs. 1 BetrVG 1972 für die dort aufgeführten Vorschriften, also auch §37 BetrVG 1972, eine entsprechende Anwendung vorschreibt. Aus den Worten „entsprechende Anwendung" kann nicht gefolgert werden, insoweit trete die Jugendvertretung an die Stelle des Betriebsrates, sie könne also selbst die erforderlichen Beschlüsse ohne Einschaltung des Betriebsrates fassen. „Entsprechende Anwendung" heißt hier soviel wie „unter Beachtung der in §§60 ff. BetrVG 1972 der Jugendvertretung im Zusammenwirken mit dem Betriebsrat zugewiesenen Aufgaben. (...)"
(BAG, Urteil v. 20.11.1973 – 1 AZR 331/73)

„(...) Die Jugend- und Auszubildendenvertretung hat nur insoweit eine betriebsverfassungsrechtliche Rechtsstellung, als sie im Rahmen der §§60 ff. BetrVG und im Zusammenwirken mit dem Betriebsrat Interessen der jugendlichen Arbeitnehmer wahrnimmt. (...)"
(BAG, Beschluss v. 15.1.1992 – 7 ABR 23/90)

H. Jugend- und Auszubildendenversammlung

§71 BetrVG	Die Jugend- und Auszubildendenvertretung kann vor oder nach jeder Betriebsversammlung im Einvernehmen mit dem Betriebsrat eine betriebliche Jugend- und Auszubildendenversammlung einberufen. Im Einvernehmen mit Betriebsrat und Arbeitgeber kann die betriebliche Jugend- und Auszubildendenversammlung auch zu einem anderen Zeitpunkt einberufen werden. §43 Abs. 2 Satz 1 und 2, die §§44 bis 46 und §65 Abs. 2 Satz 2 gelten entsprechend.
§43 Abs. 2 Satz 1 BetrVG	Der Arbeitgeber ist zu den Betriebs- und Abteilungsversammlungen unter Mitteilung der Tagesordnung einzuladen
§43 Abs. 2 Satz 2 BetrVG	Er ist berechtigt, in den Versammlungen zu sprechen.
§44 Abs. 1 BetrVG	Die in den §§14a, 17 und 43 Abs. 1 bezeichneten und die auf Wunsch des Arbeitgebers einberufenen Versammlungen finden während der Arbeitszeit statt, soweit nicht die Eigenart des Betriebs eine andere Regelung zwingend erfordert. Die Zeit der Teilnahme an diesen Versammlungen einschließlich der zusätzlichen Wegezeiten ist den Arbeitnehmern wie Arbeitszeit zu vergüten. Dies gilt auch dann, wenn die Versammlungen wegen der Eigenart des Betriebs außerhalb der Arbeitszeit stattfinden; Fahrtkosten, die den Arbeitnehmern durch die Teilnahme an diesen Versammlungen entstehen, sind vom Arbeitgeber zu erstatten.
§44 Abs. 2 BetrVG	Sonstige Betriebs- oder Abteilungsversammlungen finden außerhalb der Arbeitszeit statt. Hiervon kann im Einvernehmen mit dem Arbeitgeber abgewichen werden; im Einvernehmen mit dem Arbeitgeber während der Arbeitszeit durchgeführte Versammlungen berechtigen den Arbeitgeber nicht, das Arbeitsentgelt der Arbeitnehmer zu mindern.
§45 BetrVG	Die Betriebs- und Abteilungsversammlungen können Angelegenheiten einschließlich solcher tarifpolitischer, sozialpolitischer, umweltpolitischer und wirtschaftlicher Art sowie Fragen der Förderung der Gleichstellung von Frauen und Männern und der Vereinbarkeit von Familie und Erwerbstätigkeit sowie der Integration der im Betrieb beschäftigten ausländischen Arbeitnehmer behandeln, die den Betrieb oder seine Arbeitnehmer unmittelbar betreffen; die Grundsätze des §74 Abs. 2 finden Anwendung. Die Betriebs- und Abteilungsversammlungen können dem Betriebsrat Anträge unterbreiten und zu seinen Beschlüssen Stellung nehmen.
§46 Abs. 1 BetrVG	An den Betriebs- oder Abteilungsversammmlungen können Beauftragte der im Betrieb vertretenen Gewerkschaften beratend teilnehmen. Nimmt der Arbeitgeber an Betriebs- oder Abteilungsversammlungen teil, so kann er einen Beauftragten der Vereinigung der Arbeitgeber, der er angehört, hinzuziehen.
§46 Abs. 2 BetrVG	Der Zeitpunkt und die Tagesordnung der Betriebs- oder Abteilungsversammlungen sind den im Betrieb vertretenen Gewerkschaften rechtzeitig schriftlich mitzuteilen.
§65 Abs. 2 S. 2 BetrVG	An diesen Sitzungen kann der Betriebsratsvorsitzende oder ein beauftragtes Betriebsratsmitglied teilnehmen.

Teilnahmerecht

„Auszubildende eines reinen Ausbildungsbetriebs, die ihre praktische Ausbildung vollständig oder teilweise in dem Betrieb eines anderen Unternehmens des Konzerns absolvieren, sind berechtigt, an Betriebsversammlungen in diesem Einsatzbetrieb teilzunehmen."
(BAG, Beschluss v. 24.8.2011 – 7 ABR 8/10)

Einberufung weiterer Betriebsversammlung

„Die Voraussetzungen für eine weitere Betriebsversammlung nach §43 Abs. 1 Satz 4 BetrVG liegen nur vor, wenn die Angelegenheit, die mit der Belegschaft erörtert werden soll, so bedeutend und dringend ist, daß ein sorgfältig amtierender Betriebsrat unter Berücksichtigung der konkreten Situation im Betrieb die Einberufung einer weiteren Betriebsversammlung für sinnvoll und angemessen halten darf. Dabei ist auch zu berücksichtigen, welche Informationen der Belegschaft schon gegeben werden können, wie sinnvoll ein Meinungsaustausch im Zeitpunkt der vorgesehenen Betriebsversammlung ist und welche Folgen die Nichteinberufung der vorgesehenen Betriebsversammlung haben kann.

Vergütungspflicht des Arbeitgebers

Nur Betriebsversammlungen, die den Anforderungen des §43 Abs. 1 Satz 4 BetrVG genügen, lösen eine Vergütungspflicht des Arbeitgebers nach §44 Abs. 1 BetrVG aus. Es kommt nicht darauf an, ob das Fehlen eines besonderen Grundes für eine weitere Betriebsversammlung offensichtlich oder nicht offensichtlich war.

Eine Vertrauenshaftung des Arbeitgebers und eine Schadenersatzpflicht wegen Verletzung vertraglicher Nebenpflichten kommen nicht in Betracht, wenn der Arbeitgeber die Belegschaft darauf hinweist, daß die Voraussetzungen für eine weitere Betriebsversammlung nach §43 Abs. 1 Satz 4 BetrVG nicht erfüllt sind."
(BAG, Urteil v. 23.10.1991 – 7 AZR 249/90)

Betriebsversammlung außerhalb der betriebsüblichen Arbeitszeit

„Weicht die persönliche Arbeitszeit einer bestimmten Arbeitnehmergruppe (z.B. der Teilzeitarbeitnehmer) von der Arbeitszeit eines wesentlichen Teils der Belegschaft ab, so liegen keine sich aus der Eigenart des Betriebes ergebenden zwingenden Erfordernisse i.S.d. §44 Abs. 1 BetrVG vor, die den Betriebsrat dazu berechtigen, eine regelmäßige Betriebsversammlung außerhalb der betriebsüblichen Arbeitszeit einzuberufen.

Widerspruch des Arbeitgebers

Für die Teilnahme an einer vom Betriebsrat zu Unrecht außerhalb der Arbeitszeit einberufenen regelmäßigen Betriebsversammlung steht dem Arbeitnehmer nach §44 Abs. 1 Satz 3 BetrVG ein Vergütungs- und ein Aufwendungsersatzanspruch jedenfalls dann nicht zu, wenn der Arbeitgeber vorher der Belegschaft gegenüber der Einberufung der Betriebsversammlung außerhalb der Arbeitszeit widersprochen hat."
(BAG, Urteil v. 27.11.1987 – 7 AZR 29/87)

„§44 Abs. 1 Satz 2 und 3 BetrVG enthält eine eigenständige, in sich abgeschlossene Regelung der Vergütung für die Zeiten, an denen Arbeitnehmer an Betriebsversammlungen teilnehmen. Die Ansprüche der Arbeitnehmer sind nur davon abhängig, daß die Arbeitnehmer an den in §44 Abs. 1 Satz 1 BetrVG genannten Betriebsversammlungen teilnehmen. Es ist nicht zu prüfen, ob ein Arbeitnehmer, hätte er nicht an der Betriebsversammlung teilgenommen, einen Lohnanspruch erworben hätte. Es kommt auch nicht darauf an, ob und inwieweit der Arbeitnehmer ohne die Vergütung nach §44 Abs. 1 Satz 2 oder 3 BetrVG einen Lohnverlust erleiden würde.

Fällt die Betriebsversammlung in die betriebliche Arbeitszeit, entstehen Ansprüche nach §44 Abs. 1 Satz 2 BetrVG; liegt die Betriebsversammlung ganz oder teilweise außerhalb der betrieblichen Arbeitszeit, ist §44 Abs. 1 Satz 3 BetrVG anzuwenden.

Vergütung für zusätzliche Wegezeiten

Zusätzliche Wegezeiten im Sinne von §44 Abs. 1 Satz 2 und 3 BetrVG sind die Zeiten, die ein Arbeitnehmer über die Wegezeit hinaus aufwenden muß, die er benötigt, um seine vertraglich geschuldete Leistung erbringen zu können.

Betriebsversammlung während eines Arbeitskampfes

Betriebsversammlungen können während eines Arbeitskampfes stattfinden. Die teilnehmenden Arbeitnehmer haben Anspruch auf die Vergütung nach §44 Abs. 1 Satz 2 oder 3 BetrVG unabhängig davon, ob sie sich an dem Streik beteiligen oder nicht. Die Verpflichtung des Arbeitgebers, allen teilnehmenden Arbeitnehmern die Vergütung nach §44 Abs. 1 Satz 2 oder 3 BetrVG zahlen zu müssen, stört nicht die Kampfparität."
(BAG, Urteil v. 5.5.1987 – 1 AZR 292/85)

Teilnahme an Betriebsversammlung während des Erholungsurlaubs

„Ein Arbeitnehmer kann während seines Erholungsurlaubs an einer regelmäßigen Betriebsversammlung teilnehmen. Er hat für die Zeit der Teilnahme Anspruch auf eine Vergütung nach §44 Abs. 1 Satz 2 oder 3 BetrVG."
(BAG, Urteil v. 5.5.1987 – 1 AZR 665/85)

„Regelmäßige Betriebsversammlungen im Sinne von §43 Abs. 1 BetrVG können auch dann stattfinden, wenn im Betrieb wegen arbeitskampfbedingter Störungen nur verkürzt gearbeitet wird.
Die teilnehmenden Arbeitnehmer haben für die Zeit der Teilnahme an diesen Betriebsversammlungen Anspruch auf eine Vergütung nach §44 Abs. 1 Satz 2 oder 3 BetrVG, auch wenn sie für den Tag der Betriebsversammlung Kurzarbeitergeld erhalten haben."
(BAG, Urteil v. 5.5.1987 – 1 AZR 666/85)

Teilnahme an Betriebsversammlung in der Kurzarbeit

„Die Arbeitgeberin ist nicht verpflichtet, die Kosten der Bewirtung von Teilnehmern einer Betriebsversammlung nach §43 BetrVG zu tragen."
(LAG Nürnberg, Beschluss v. 25.4.2012 – 4 TaBV 58/11)

keine Bewirtungskosten vom Arbeitgeber zu tragen

„Dem Betriebsrat steht nicht das Recht zu, eine Auszubildenden-Versammlung einzuberufen oder abzuhalten. Als einzige Form einer an persönlichen Merkmalen der Beteiligten orientierten Versammlung ist die Jugendversammlung nach§ 71 BetrVG normiert. Daraus ist zu schließen, dass eine Versammlung bestimmter Arbeitnehmergruppen des Betriebes, wenn diese nicht einen selbständigen Betriebsteil iS d §42 Abs 2 BetrVG bilden, vom Gesetzgeber nicht gewollt ist."
(LAG Baden-Württemberg v. 29.09.1983 – 7 TaBV 12/82)

„Betriebsversammlungen außerhalb der betriebsüblichen Arbeitszeit haben nach dem BetrVG absoluten Ausnahmecharakter. Vollversammlungen genießen wegen der besseren Kommunikationsmöglichkeiten grundsätzlich Vorrang vor Teilversammlungen.
Allgemeine wirtschaftliche Erwägungen oder die Störung des Betriebsablaufs zwingen den Betriebsrat nicht zur Durchführung von Teilversammlungen oder von Vollversammlungen außerhalb der betriebsüblichen Arbeitszeit. Organisatorische Versäumnisse des Arbeitgebers können nicht dazu führen, dass Betriebsversammlungen stets nur noch als Teilversammlungen oder gar als Vollversammlungen außerhalb der betriebsüblichen Arbeitszeit durchgeführt werden."
(ArbG Essen, Beschluss v. 14.4.2011 – 2 BVGa 3/11)

Betriebsversammlungen innerhalb der betriebsüblichen Arbeitszeit

I. Gesamt-Jugend- und Auszubildendenvertretung

§72 Abs. 1 BetrVG	Bestehen in einem Unternehmen mehrere Jugend- und Auszubildendenvertretungen, so ist eine Gesamt-Jugend- und Auszubildendenvertretung zu errichten.
§72 Abs. 2 BetrVG	In die Gesamt-Jugend- und Auszubildendenvertretung entsendet jede Jugend- und Auszubildendenvertretung ein Mitglied.
§72 Abs. 3 BetrVG	Die Jugend- und Auszubildendenvertretung hat für das Mitglied der Gesamt-Jugend- und Auszubildendenvertretung mindestens ein Ersatzmitglied zu bestellen und die Reihenfolge des Nachrückens festzulegen.
§72 Abs. 4 BetrVG	Durch Tarifvertrag oder Betriebsvereinbarung kann die Mitgliederzahl der Gesamt-Jugend- und Auszubildendenvertretung abweichend von AbSatz 2 geregelt werden.
§72 Abs. 5 BetrVG	Gehören nach AbSatz 2 der Gesamt-Jugend- und Auszubildendenvertretung mehr als zwanzig Mitglieder an und besteht keine tarifliche Regelung nach AbSatz 4, so ist zwischen Gesamtbetriebsrat und Arbeitgeber eine Betriebsvereinbarung über die Mitgliederzahl der Gesamt-Jugend- und Auszubildendenvertretung abzuschließen, in der bestimmt wird, dass Jugend- und Auszubildendenvertretungen mehrerer Betriebe eines Unternehmens, die regional oder durch gleichartige Interessen miteinander verbunden sind, gemeinsam Mitglieder in die Gesamt-Jugend- und Auszubildendenvertretung entsenden.
§72 Abs. 6 BetrVG	Kommt im Fall des Absatzes 5 eine Einigung nicht zustande, so entscheidet eine für das Gesamtunternehmen zu bildende Einigungsstelle. Der Spruch der Einigungsstelle ersetzt die Einigung zwischen Arbeitgeber und Gesamtbetriebsrat.
§72 Abs. 7 BetrVG	Jedes Mitglied der Gesamt-Jugend- und Auszubildendenvertretung hat so viele Stimmen, wie in dem Betrieb, in dem es gewählt wurde, in §60 Abs. 1 genannte Arbeitnehmer in der Wählerliste eingetragen sind. Ist ein Mitglied der Gesamt-Jugend- und Auszubildendenvertretung für mehrere Betriebe entsandt worden, so hat es so viele Stimmen, wie in den Betrieben, für die es entsandt ist, in §60 Abs. 1 genannte Arbeitnehmer in den Wählerlisten eingetragen sind. Sind mehrere Mitglieder der Jugend- und Auszubildendenvertretung entsandt worden, so stehen diesen die Stimmen nach Satz 1 anteilig zu.
§72 Abs. 8 BetrVG	Für Mitglieder der Gesamt-Jugend- und Auszubildendenvertretung, die aus einem gemeinsamen Betrieb mehrerer Unternehmen entsandt worden sind, können durch Tarifvertrag oder Betriebsvereinbarung von AbSatz 7 abweichende Regelungen getroffen werden.
§73 Abs. 1 BetrVG	Die Gesamt-Jugend- und Auszubildendenvertretung kann nach Verständigung des Gesamtbetriebsrats Sitzungen abhalten. An den Sitzungen kann der Vorsitzende des Gesamtbetriebsrats oder ein beauftragtes Mitglied des Gesamtbetriebsrats teilnehmen.
§73 Abs. 2 BetrVG	Für die Gesamt-Jugend- und Auszubildendenvertretung gelten §25 Abs. 1, die §§26, 28 Abs. 2 Satz 1, die §§30, 31, 34, 36, 37 Abs. 1 bis 3, die §§40, 41, 48, 49, 50, 51 Abs. 2 bis 5 sowie die §§66 bis 68 entsprechend.

Entsendung eines (Gesamt-) JAV-Mitglieds zu einer Schulungsmaßnahme

„(...) Der einzelne Betriebsrat, nicht der Gesamtbetriebsrat, ist zur Beschlußfassung über die Entsendung eines Jugendvertreters auf eine Schulungs- und Bildungsveranstaltung auch dann berufen, wenn der Jugendvertreter zugleich Gesamtjugendvertreter ist und es dem Betriebsrat nicht darauf ankommt, ob der Jugendvertreter als Jugendvertreter und (oder) als Gesamtjugendvertreter an der Schulung teilnimmt.

Ein Gesamtjugendvertreter kann nur in seiner Ursprungseigenschaft als Jugendvertreter nach BetrVG §37 Abs. 6 geschult werden. Dabei gehören aber Aufgaben und Befugnisse der Gesamtjugendvertretung in gewissem Umfang auch zu dem erforderlichen Wissen eines Jugendvertreters.

(...) Andererseits kann nicht verkannt werden, daß die Mitglieder der Gesamtjugendvertretung als Delegierte der einzelnen Jugendvertretungen notwendig auch deren Mitglieder sind, also eine Doppelfunktion haben, was beim Wirtschaftsausschuß nur für ein Betriebsratsmitglied zutreffen muß. Außerdem sind die Betriebsverfassungsorgane Einzelbetriebsrat, Gesamtbetriebsrat, einzelne Jugendvertretung und Gesamtjugendvertretung nach Sinn und Zweck des Gesetzes auf eine enge Zusammenarbeit angewiesen. Der Aufgabenkreis der Einzelvertretungen und der Gesamtvertretungen ist vorbehaltlich der jeweiligen Zuständigkeit nach dem Gesetz im Prinzip gleich. Deshalb werden auch im wesentlichen gleiche Kenntnisse benötigt und das Mitglied der einzelnen Jugendvertretung muß zudem etwas wissen von der Zuständigkeit des Organs, mit dem es zusammenarbeiten soll, also insbesondere auch von der Gesamtjugendvertretung. Insoweit gehören Aufgaben und Befugnisse der Gesamtjugendvertretung im gewissen Umfang auch zum erforderlichen Wissen des einzelnen Jugendvertreters. (...)" (BAG, Beschluss v. 10.6.1975 – 1 ABR 140/73)

Zuständigung des örtlichen Betriebsrats für die Beschlussfassung

J. Konzern-Jugend- und Auszubildendenvertretung

§ 73a Abs. 1 BetrVG	Bestehen in einem Konzern (§ 18 Abs. 1 des Aktiengesetzes) mehrere Gesamt-Jugend- und Auszubildendenvertretungen, kann durch Beschlüsse der einzelnen Gesamt-Jugend- und Auszubildendenvertretungen eine Konzern-Jugend- und Auszubildendenvertretung errichtet werden. Die Errichtung erfordert die Zustimmung der Gesamt-Jugend- und Auszubildendenvertretungen der Konzernunternehmen, in denen insgesamt mindestens 75 vom Hundert der in § 60 Abs. 1 genannten Arbeitnehmer beschäftigt sind. Besteht in einem Konzernunternehmen nur eine Jugend- und Auszubildendenvertretung, so nimmt diese die Aufgaben einer Gesamt-Jugend- und Auszubildendenvertretung nach den Vorschriften dieses Abschnitts wahr.
§ 73a Abs. 2 BetrVG	In die Konzern-Jugend- und Auszubildendenvertretung entsendet jede Gesamt-Jugend- und Auszubildendenvertretung eines ihrer Mitglieder. Sie hat für jedes Mitglied mindestens ein Ersatzmitglied zu bestellen und die Reihenfolge des Nachrückens festzulegen.
§ 73a Abs. 3 BetrVG	Jedes Mitglied der Konzern-Jugend- und Auszubildenvertretung hat so viele Stimmen, wie die Mitglieder der entsendenden Gesamt-Jugend- und Auszubildendenvertretung insgesamt Stimmen haben.
§ 73a Abs. 4 BetrVG	gilt entsprechend
§ 72 Abs. 4 bis 8	gilt entsprechend.
§ 73b Abs. 1 BetrVG	Die Konzern-Jugend- und Auszubildendenvertretung kann nach Verständigung des Konzernbetriebsrats Sitzungen abhalten. An den Sitzungen kann der Vorsitzende oder ein beauftragtes Mitglied des Konzernbetriebsrats teilnehmen.
§ 73b Abs. 2 BetrVG	Für die Konzern-Jugend- und Auszubildendenvertretung gelten § 25 Abs. 1, die §§ 26, 28 Abs. 1 Satz 1, die §§ 30, 31, 34, 36, 37 Abs. 1 bis 3, die §§ 40, 41, 51 Abs. 3 bis 5, die §§ 56, 57, 58, 59 Abs. 2 und die §§ 66 bis 68 entsprechend.

K. Amtsenthebungsverfahren

§65 Abs. 1 BetrVG	Für die Jugend- und Auszubildendenvertretung gelten §23 Abs. 1, ... entsprechend.
§23 Abs. 1 BetrVG	Mindestens ein Viertel der wahlberechtigten Arbeitnehmer, der Arbeitgeber oder eine im Betrieb vertretene Gewerkschaft können beim Arbeitsgericht den Ausschluss eines Mitglieds aus dem Betriebsrat oder die Auflösung des Betriebsrats wegen grober Verletzung seiner gesetzlichen Pflichten beantragen. Der Ausschluss eines Mitglieds kann auch vom Betriebsrat beantragt werden.

I. Begriff der groben Pflichtverletzung

erhebliche und schwerwiegende Pflichtverletzung

Untragbarkeit weiterer Amtsausübung

„Eine grobe Verletzung der gesetzlichen Pflichten des Betriebsrats im Sinne von §23 Abs. 1 BetrVG liegt nur vor, wenn die Pflichtverletzung objektiv erheblich und offensichtlich schwerwiegend ist. Danach kann eine grobe Verletzung der gesetzlichen Pflichten nur angenommen werden, wenn unter Berücksichtigung aller Umstände des Einzelfalles die weitere Amtsausübung des Betriebsrats untragbar erscheint."
(BAG, Beschluss v. 22.6.1993 – 1 ABR 62/92)

Bedrohung der Funktionsfähigkeit des Betriebsrats

„Hat ein Betriebsrat den Antrag auf Ausschluß eines seiner Mitglieder gestellt, so genügt es zur Begründung dieses Antrags nicht, darzutun, daß es dem Betriebsrat in seiner Mehrheit nicht zuzumuten sei, mit dem Auszuschließenden weiter zusammenzuarbeiten. Vielmehr kann der Ausschluß nur erfolgen, wenn der Auszuschließende durch ein ihm anrechenbares Verhalten die Funktionsfähigkeit des Betriebsrats ernstlich bedroht oder lahmgelegt hat."
(BAG, Beschluss v. 5.9.1967 – 1 ABR 1/67)

Vorsatzung und grobe Fahrlässigkeit

„(...) Nach §23 Abs. 1 BetrVG kann (unter anderem) der Arbeitgeber den Ausschluss eines Mitglieds aus dem Betriebsrat wegen grober Verletzung seiner gesetzlichen Pflichten beantragen. Zu den gesetzlichen Pflichten gehören alle Pflichten aus dem Betriebsverfassungsgesetz. Eine zum Ausschluss führende Pflichtverletzung muss schuldhaft, das heißt vorsätzlich oder grob fahrlässig begangen worden sein. Es genügt eine einmalige grobe Pflichtverletzung. Erforderlich ist eine besonders schwere Pflichtverletzung, die unter Berücksichtigung aller Umstände eine weitere Amtsführung untragbar werden lässt. Eine Verletzung der Schweigepflicht, wenn sie wiederholt erfolgt oder schwerwiegende Folgen hat, kann eine grobe Pflichtverletzung darstellen. (...)"
(LAG Frankfurt, Beschluss v. 19.03.2018 – 16 TaBV 185/17)

Zerstörung oder schwere Erschütterung des Vertrauens in die künftige ordnungsgemäße Amtsausübung

„Eine den Ausschluss eines Betriebsratsmitglieds aus dem Betriebsrat rechtfertigende grobe Verletzung der gesetzlichen Pflichten liegt dann vor, wenn diese Pflichtverletzung objektiv erheblich und offensichtlich schwerwiegend ist. Eine solche Verletzung ist nur dann anzunehmen, wenn das Vertrauen in eine künftige ordnungsgemäße Amtsführung endgültig zerstört oder zumindest schwer erschüttert ist."
(LAG Rheinland-Pfalz, Beschluss v. 17.12.2009 – 5 TaBV 16/09)

II. Einzelfälle

Schweigepflicht bzgl. Inhalt und Verlauf einer Betriebsratssitzung

„Im allgemeinen besteht keine Pflicht der Betriebsratsmitglieder, über den Verlauf von Betriebsratssitzungen Stillschweigen zu bewahren. Eine solche Schweigepflicht ist vielmehr nur bei Vorliegen besonderer Umstände zu bejahen.

Ob im Falle einer Schweigepflicht des Betriebsratsmitgliedes der Bruch derselben eine grobe Pflichtverletzung im Sinne des BetrVerfG 1952 §23 Abs. 1 darstellt, ist eine Frage des Einzelfalles."
(BAG, Beschluss v. 5.9.1967 – 1 ABR 1/67)

Weitergabe einer vertraulichen Lohngruppenliste an Gewerkschaft

„Die Weitergabe einer vom Arbeitgeber für vertraulich und betriebsintern erklärten Liste über die Lohngruppenzugehörigkeit von Arbeitnehmern des Betriebes seitens eines Betriebsratsmitgliedes, das zugleich die Geschäfte der Zahlstelle der Gewerkschaft im Betrieb wahrnimmt, an die Gewerkschaft zur Überprüfung der „Beitragsehrlichkeit" dieser der Gewerkschaft angehörenden Arbeitnehmer stellt einen groben Verstoß gegen die Betriebsratspflichten iS des BetrVG 1952 §23 dar und rechtfertigt den Ausschluß des Betriebsratsmitgliedes aus dem Betriebsrat."
(BAG, Beschluss v. 22.5.1959 – 1 ABR 2/59)

Gefährdung des Betriebsfriedens durch politische Diskussion in Betriebsversammlung

„Fragen der allgemeinen Politik, nicht etwa nur parteipolitische Fragen, dürfen auf einer Betriebsversammlung grundsätzlich nicht behandelt werden. Die Betriebsversammlung ist hierzu nicht zuständig. Es ist Pflicht der an der Betriebsversammlung teilnehmenden Betriebsratsmitglieder, insbesondere wenn sie die Versammlung leiten, für die Beachtung dieses Grundsatzes Sorge zu tragen.
Betriebsratsmitglieder, die vorsätzlich oder fahrlässig die Erörterung von Angelegenheiten auf einer Betriebsversammlung zulassen, die geeignet ist, den Betriebsfrieden ernstlich zu gefährden, können damit eine grobe Verletzung ihrer gesetzlichen Pflichten begehen. Sie können deswegen durch Beschluß des ArbG aus dem Betriebsrat ausgeschlossen werden."
(BAG, Beschluss v. 4.5.1955 – 1 ABR 4/53)

Pflichtverletzung während vorangegangener Amtszeit

diffamierende persönliche Beleidigung eines anderen Betriebsratsmitglieds („Wichser")

Stinkefinger

„Eine Pflichtverletzung, die während einer vorangegangenen Amtszeit des Betriebsrats begangen wurde, kann den Ausschluss des Betriebsratsmitglieds aus dem neu gewählten Betriebsrat auch dann nicht rechtfertigen, wenn die Pflichtverletzung noch Auswirkungen auf die neue Amtszeit hat. Die diffamierende persönliche Beleidigung eines anderen Betriebsratsmitglieds kann eine grobe Pflichtverletzung im Hinblick auf die aktuelle Zusammenarbeit im Betriebsrat darstellen. Gleiches gilt für das Zeigen des Mittelfingers.
Ehrverletzungen müssen jedoch, um den notwendigen Schweregrad einer Diffamierung zu erreichen, ein objektiv erhebliches Gewicht erreichen und zu offensichtlich schwerwiegenden Störungen der Zusammenarbeit führen. Dies ist in der Regel erst bei groben und böswilligen Beleidigungen oder Beschimpfungen der Fall. Zu berücksichtigen sind bei der notwendigen Bewertung die jeweiligen Gesamtumstände des Geschehens. (...)"
(LAG Köln, Beschluss v. 14.08.2020 – 9 TaBV 4/20)

nachhaltige Weigerung des Betriebsrats zur Zusammenarbeit mit dem Personalleiter

„Die Auflösung des Betriebsrats nach § 23 Abs 1 BetrVG ist eine besonders einschneidende Sanktion. Dementsprechend ist ein grober Verstoß des Betriebsrats gegen seine Amtspflichten nur anzunehmen, wenn unter Berücksichtigung aller Umstände die weitere Amtsausübung des Betriebsrats untragbar erscheint.
In der nachhaltigen Weigerung eines Betriebsrats, mit dem Personalleiter zusammenzuarbeiten, die bereits für sich genommen in Abwägung aller Umstände die Auflösung des Betriebsrats rechtfertigt, liegt eine grobe Verletzung der gesetzlichen Pflichten nach § 23 Abs 1 BetrVG. Ein solches Verhalten seitens des Betriebsrats verletzt das Gebot der vertrauensvollen Zusammenarbeit des § 2 Abs 1 BetrVG und stellt einen Eingriff in die Leitungsmacht dar, wodurch der Betriebsrat den Arbeitsablauf sowie den Betriebsfrieden nach § 74 Abs 2 S 2 BetrVG stört(Rn.163).

Verbreitung wahrheitswidriger oder ehrverletzender Behauptungen

Die Verbreitung von wahrheitswidrigen oder ehrverletzenden Behauptungen über den anderen Betriebspartner kann den Betriebsfrieden ebenso beeinträchtigen wie die zielgerichtete Einbindung von Dritten oder der Öffentlich-

keit in einen bestehenden Konflikt zwischen Arbeitgeber und Betriebsrat. Der Betriebsrat muss im Fall von rechtswidrigen Handlungen der Arbeitgeberseite die betriebsverfassungsrechtlichen Rechtsschutzmaßnahmen nutzen. Er kann nicht im Wege der Selbsthilfe Fakten schaffen und mit einer nicht vom Gesetz gedeckten Maßnahme, der eigenmächtigen Verweigerung der Zusammenarbeit, auf vermeintlich rechtswidrige Handlungen des Arbeitgebers reagieren.
Der Grundsatz der vertrauensvollen Zusammenarbeit ist verletzt, wenn ein Verhalten des Arbeitgebers nicht nur sachlich falsch, sondern böswillig entstellend dargestellt wird und eine solche Äußerung geeignet ist, den Arbeitgeber in den Augen der Arbeitnehmerschaft herabzusetzen. (...)"
(LAG Düsseldorf, Beschluss v. 23.06.2020 – 14 TaBV 75/19)

Beleidigung des Arbeitgebers als „Arschloch"

„(...) Grobe Beschimpfungen, Verunglimpfungen oder Beleidigungen des Arbeitgebers durch ein Betriebsratsmitglied sind mit dem Gebot zu vertrauensvoller Zusammenarbeit (§ 2 Abs. 1 BetrVG) unvereinbar und geeignet, einen Ausschluss aus dem Betriebsrat zu rechtfertigen. Die Beleidigung als Arschloch stellt eine schwere verbale Entgleisung dar. (...)"
(LAG Mecklenburg-Vorpommern, Beschluss v. 11.07.2017 – 5 TaBV 13/16)

leichtfertige Erstattung einer Strafanzeige gegen den Arbeitgeber

„(...) Es ist davon auszugehen, dass jedenfalls eine leichtfertig erstattete Strafanzeige oder ein leichtfertig gestellter Strafantrag eines Betriebsratsmitgliedes gegen den Arbeitgeber oder seine Repräsentanten eine Verletzung des Gebots der vertrauensvollen Zusammenarbeit (§ 2 Abs. 1 BetrVG) darstellen, wenn ein Bezug zum Handeln als Betriebsrat besteht. Dies kann nach den allgemeinen Grundsätzen zum Ausschluss des Betriebsratsmitglieds aus dem Betriebsrat führen, wenn unter Berücksichtigung aller Umstände des Einzelfalles die weitere Amtsausübung des Betriebsratsmitglieds untragbar erscheint. (...)"
(LAG Berlin-Brandenburg, Beschluss v. 31.05.2017 – 15 TaBV 1979/16)

„Alleingang" des Betriebsratsvorsitzenden

„(...) Handelt der Betriebsratsvorsitzende, ohne dass ein entsprechender Beschluss gefasst wurde, oder gibt er in einer Angelegenheit gar eine dem Beschluss des Betriebsrats widersprechende Erklärung ab, so kann dies eine seinen Ausschluss rechtfertigende grobe Pflichtverletzung darstellen. Sind solche Alleingänge nicht mehr zu befürchten, weil der Betreffende als Vorsitzender abgewählt worden ist und seine Wiederwahl in der laufenden Amtsperiode ausgeschlossen erscheint, liegt ein Ausschlussgrund im Sinne des § 23 Abs. 1 BetrVG nicht vor. (...)"
(LAG Frankfurt, Beschluss v. 23.02.2017 – 9 TaBV 140/16)

„Erpressung" des Arbeitgebers

„Ein Betriebsratsmitglied (hier: Betriebsratsvorsitzender) kann auf Antrag der Arbeitgeberin aus dem Betriebsrat ausgeschlossen werden, wenn er androht, seine anstehenden Betriebsratsaufgaben (Verhandlung einer Betriebsvereinbarung zur Schichtarbeit am Wochenende) erst erledigen zu können oder zu wollen, wenn seine privaten Angelegenheiten (Forderung nach einer Zulage) geregelt seien."
(LAG München, Beschluss v. 17.01.2017 – 6 TaBV 97/16)

Verstoß gegen Grundsatz der vertrauensvollen Zusammenarbeit

Verbreitung von Unwahrheiten über den Arbeitgeber oder Leitungspersonen

„(...) Ein beharrlicher und nachhaltiger Verstoß gegen den Grundsatz der vertrauensvollen Zusammenarbeit (§ 2 Abs 1 BetrVG) kann eine grobe Verletzung gesetzlicher Pflichten i.S.v. § 23 Abs 1 BetrVG darstellen. Falsche und böswillig entstellende Darstellungen des Verhaltens des Arbeitgebers durch den Betriebsrat verletzen die Pflicht zur vertrauensvollen Zusammenarbeit ebenso wie öffentliche wahrheitswidrige Beschuldigungen und Unterstellungen gegenüber einer Leitungsperson des Arbeitgebers oder sachlich falsche, böswillig abwertende Behauptungen über den Betriebspartner. (...)"
(LAG Berlin-Brandenburg, Beschluss v. 08.09.2016 – 5 TaBV 780/15)

Störung des Betriebsfriedens

„Die Verbreitung von wahrheitswidrigen und ehrverletzenden Behauptungen über den anderen Betriebspartner kann den Betriebsfrieden ebenso beein-

trächtigen wie die zielgerichtete Einbindung von Dritten oder der Öffentlichkeit in den Konflikt. Der Betriebsfrieden ist gefährdet, wenn bewusst falsche oder aus dem Zusammenhang gerissene Tatsachen verbreitet werden, um den anderen Betriebspartner in Misskredit zu bringen und verächtlich zu machen. Das gilt insbesondere für Äußerungen, bei denen nicht mehr die Auseinandersetzung in der Sache, sondern die Diffamierung von Personen im Vordergrund steht."
(LAG Mecklenburg-Vorpommern, Beschluss v. 20.01.2016 – 5 TaBV 11/15)

Vorenthalten von Informationen gegenüber Minderheit

„(...) Die gezielte Nichtinformation der Betriebsratsminderheit hinsichtlich gewichtiger Betriebsratsangelegenheiten über mehrere Wochen ist eine grobe Pflichtverletzung. (...)"
(LAG Frankfurt, Beschluss v. 19.09.2013 – 9 TaBV 225/12)

Hitler-Vergleich

„(...) Der zweimalige Personenvergleich der Betriebsratsvorsitzenden mit Adolf Hitler und seinen Methoden im Wochenabstand durch ein Betriebsratsmitglied rechtfertigt grundsätzlich dessen Ausschluss aus dem Betriebsrat. (...)"
(LAG Frankfurt, Beschluss v. 23.05.2013 – 9 TaBV 17/13)

fortgesetzte unberechtigte Einsicht in Personalakten

„Nimmt ein Betriebsratsmitglied in einer Vielzahl von Fällen fortgesetzt unberechtigt Einblick in die elektronisch geführten Personalakten, kann dies zum Ausschluss aus dem Betriebsrat führen."
(LAG Berlin-Brandenburg, Beschluss v. 12.11.2012)

anmaßende und beleidigende Äußerungen

„Für einen u.a. auf anmaßende und beleidigende Äußerungen einer Betriebsratsvorsitzenden gestützten Ausschlussantrag des Arbeitgebers kann ein grober Verstoß gegen betriebsverfassungsrechtliche Pflichten im Sinne des § 23 Abs. 1 BetrVG zu verneinen sein, wenn seitens eines Teils der Belegschaft ein betriebsratsfeindliches Klima herrscht (hier: Wortprotokoll einer Betriebsversammlung durch Betriebsfremde, Polemik von Betriebsfremden auf einer Betriebsversammlung, anonymer Aushang über Verleihung des Arsch-mit-Ohren-Awards an den Betriebsrat usw.). Der Arbeitgeber kann sein Recht, einen Ausschlussantrag gegen die Betriebsratsvorsitzende nach § 23 Abs. 1 BetrVG zu stellen, verwirken, wenn er sich seinerseits eines groben Verstoßes gegen seine betriebsverfassungsrechtlichen Pflichten schuldig gemacht hat (hier: Die Einstellung eines geplanten Demografieprojektes wegen Betriebsratskosten aus mehreren Beschlussverfahren und Einigungsstellen)."
(LAG Frankfurt, Beschluss v. 13.9.2012 – 9 TaBV 79/12)

gleichzeitiger grober Verstoß durch Arbeitgeber

Ehrverletzungen durch Beleidigungen und Beschimpfungen

„Ehrverletzungen müssen, um den notwendigen Schweregrad einer Diffamierung zu erreichen, ein objektiv erhebliches Gewicht erreichen und zu offensichtlich schwerwiegenden Störungen der Zusammenarbeit führen. Dies ist in der Regel erst bei groben und böswilligen Beleidigungen oder Beschimpfungen der Fall. Zu berücksichtigen sind bei der notwendigen Bewertung die jeweiligen Gesamtumstände des Geschehens, ebenso wie die sich aus der Meinungs- und Kunstfreiheit ergebenden Betätigungsfreiräume des sich Artikulierenden (hier: grobe Pflichtverletzung bei zwei angefertigten Fotomontagen des Betriebsratsvorsitzenden verneint)."
(LAG Rheinland-Pfalz, Beschluss v. 17.12.2009 – 5 TaBV 16/09)

kein Ausschluss durch Beschluss des Betriebsrats

„Der Betriebsrat ist nicht ermächtigt, eigenmächtig über den Ausschluss eines seiner Mitglieder zu entscheiden. Ein entsprechender Beschluss des Betriebsrats kann aber dahin gehend ausgelegt werden, dass beim Arbeitsgericht ein Verfahren auf Ausschließung des betroffenen Mitglieds gestellt werden soll.

Mitschriften in Betriebsratssitzungen

Es erscheint fraglich, ob der Betriebsrat berechtigt ist, seinen Mitgliedern zu verbieten, auf Betriebsratssitzungen mitzuschreiben oder Unterlagen aus einer Betriebsratssitzung mitzunehmen. Setzt sich ein Betriebsratsmitglied

Hinwegsetzen über Betriebsratsbeschluss	über einen nicht schriftlich niedergelegten Betriebsratsbeschluss hinweg, rechtfertigt dies nicht die Annahme einer groben Pflichtverletzung i.S.d. §23 Abs. 1 BetrVG. Hat ein Betriebsrat den Antrag auf Ausschluss eines seiner Mitglieder gestellt, so genügt es zur Begründung dieses Antrags nicht, darzutun, dass es dem Betriebsrat in seiner Mehrheit nicht zuzumuten sei, mit dem Auszuschließenden weiter zusammenzuarbeiten." (LAG Hamm, Beschluss v. 14.8.2009 – 10 TaBV 175/08)
sexuelle Nötigung und sexuelle Belästigung	„Ein Betriebsratsvorsitzender, der für seine tatsächlichen oder vermeintlichen Bemühungen um die Einstellung einer Mitarbeiterin oder deren Vertragsverlängerung sexuelle Gegenleistungen von ihr verlangt und die Mitarbeiterin ständig sexuell belästigt, missbraucht sein Betriebsratsamt und ist auf Antrag des Arbeitgebers aus dem Betriebsrat auszuschließen." (LAG Frankfurt, Beschluss v. 11.12.2008 – 9 TaBV 141/08)
Reisekostenbetrug	„Die unrichtige Abrechnung von Reisekosten im Zusammenhang mit einer Betriebsratssitzung kann eine grobe Pflichtverletzung im Sinne des §23 Abs. 1 BGB darstellen." (LAG Hamm, Beschluss v. 23.4.2008 – 10 TaBV 117/07)
Streitigkeiten zwischen Betriebsrat und Arbeitgeber	„Einfache, auf beiderseits nachvollziehbaren Standpunkten beruhende Streitigkeiten der Betriebsparteien rechtfertigen den Vorwurf grober Pflichtverletzungen im Sinne von §23 Abs. 1, 3 BetrVG nicht." (LAG Frankfurt, Beschluss v. 30.8.2005 – 4/18 TaBV 67/05)
Beleidigung von Vorgesetzten **„Drohung" gegenüber dem Arbeitgeber mit Aufkündigung der vertrauensvollen Zusammenarbeit**	„Die Beleidigung von Vorgesetzten als „Arschlöcher" stellt eine schwere verbale Entgleisung dar, durch die ein Betriebsratsvorsitzender sowohl das Arbeitsverhältnis als auch seine Amtspflicht verletzt. Es hängt von den Umständen des Einzelfalls ab, ob die Zustimmung zur außerordentlichen Kündigung aufgrund einer solchen Verbalinjurie zu ersetzen beziehungsweise ob der Betriebsratsvorsitzende aus dem Betriebsrat auszuschließen ist. Der Ausschluss aus dem Betriebsrat wegen grober Verletzung der gesetzlichen Pflichten kann ferner dann begründet sein, wenn der Vorsitzende des Betriebsrats im Zusammenhang mit einer seine Arbeitsleitung betreffenden Abmahnung (hier aufgrund einer Kundenbeschwerde) eine schärfere, formalistischere Zusammenarbeit mit dem Arbeitgeber ankündigt („Schluss mit dem Gentlemens Agreement") und später betriebsöffentlich äußert, nach einer obsiegenden Entscheidung beim Arbeitsgericht werde er „so richtig auf den Putz hauen" und „der Firma zeigen, wo es langgeht." (LAG Niedersachsen, Beschluss v. 25.10.2004 – 5 TaBV 96/03)
wahrheitswidriges Abstreiten des Besitzes von Betriebsratsunterlagen	„Für den Ausschluss aus dem Betriebsrat wegen grober Pflichtverletzung reicht es nicht aus, dass ein Betriebsratsmitglied mehrmals wahrheitswidrig bestritten hat, noch im Besitz von Betriebsratsunterlagen zu sein." (LAG Hamm, Beschluss v. 19.3.2004 – 13 TaBV 146/03)
„Nötigung" zu Gewerkschaftswechsel	„Sagt ein Betriebsratsmitglied, das Gewerkschaftsmitglied ist, zu einem Arbeitnehmer, der einer konkurrierenden Gewerkschaft angehört, er solle zu seiner, des Betriebsratsmitglieds, Gewerkschaft wechseln, andernfalls könne es als Betriebsrat nichts mehr für ihn tun, kann das je nach den Umständen seinen Ausschluß aus dem Betriebsrat auf Antrag der konkurrierenden Gewerkschaft rechtfertigen." (LAG Köln, Beschluss v. 15.12.2000 – 11 TaBV 63/00)
Unterlassung der Durchführung von Betriebsversammlungen	„Wenn der Betriebsrat wiederholt gesetzlich vorgeschriebene Betriebsversammlungen nicht durchführt, kann darin eine grobe und schwerwiegende Verletzung seiner gesetzlichen Pflichten liegen, die die gerichtliche Auflösung des Betriebsrats rechtfertigt." (LAG Frankfurt, Beschluss v. 12.8.1993 – 12 TaBV 203/92)

„Die wiederholte öffentliche wahrheitswidrige Beschuldigung des Personalleiters durch ein Betriebsratsmitglied, daß er das Betriebsratsmitglied bei Ausübung einer Betriebsratstätigkeit durch eine Tätigkeit zu Fall gebracht habe, ist eine grobe Amtspflichtverletzung im Sinne von §23 Abs. 1 BetrVG durch eine Verletzung der Pflicht zur vertrauensvollen Zusammenarbeit im Sinne von §2 Abs. 1 BetrVG."
(LAG München, Beschluss v. 26.8.1992 – 5 TaBV 43/92)

wahrheitswidrige Beschuldigung des Personalleiters

„Ein Betriebsratsmitglied kann wegen grober Verletzung seiner gesetzlichen Pflichten dann aus dem Betriebsrat ausgeschlossen werden, wenn es auf einer Betriebsversammlung in einseitiger, parteipolitischer und böswilliger Form seine Betriebsratskollegen angreift."
(LAG Düsseldorf, Beschluss v. 23.6.1977 – 3 TaBV 8/77)

„verbaler Angriff" auf Betriebsratskollegen in Betriebsversammlung

„Nimmt ein Betriebsratsmitglied gegenüber Mitarbeiterinnen sexuell belästigende Äußerungen vor, und vermittelt durch die Berufung auf seine Betriebsratseigenschaft auch hinsichtlich der sexuellen Belästigungen einen bestehenden Schutz („Unangreifbarkeit"), liegt darin eine grobe Verletzung der gemäß § 75 Abs 1 BetrVG, § 23 Abs 1 S 2 BetrVG i.V.m. § 3 Abs 4 AGG obliegenden betriebsverfassungsrechtlichen Pflichten, die wegen der zu bejahenden Beeinträchtigung der Funktionsfähigkeit des Betriebsrates die Ausschließung aus dem Betriebsrat rechtfertigt. (...)"
(ArbG Potsdam, Beschluss v. 02.10.2019 – 3 BV 15/19)

sexuelle Belästigung durch Betriebsratsmitglied

„Der Betriebsratsvorsitzende begeht eine Pflichtverletzung, wenn er seine Aufgaben aus §26 Abs. 2 BetrVG nicht ordnungsgemäß wahrnimmt. Dazu gehört, dass er die Verfahrensbevollmächtigten in einem Zustimmungsersetzungsverfahren mit allen notwendigen Informationen versorgt, damit diese in der Lage sind, wahrheitsgemäß vorzutragen.
Wenn ein Mitglied des Betriebsrats in einem Gerichtsverfahren falsch vortragen lässt oder falschen Sachvortrag nicht verhindert, dann stört das das Vertrauen zwischen Arbeitgeber und Betriebsrat und damit zu einer Beeinträchtigung des Betriebsfriedens gemäß §74 Abs. 2 S. 2 BetrVG.
Eine grobe Verletzung der betriebsverfassungsrechtlichen Pflichten liegt vor, wenn der Betriebsratsvorsitzende den Verfahrensbevollmächtigten anweist, falsch vorzutragen oder er zumindest positive Kenntnis davon hat, dass der Sachvortrag falsch ist und er diesen Sachvortrag bewusst nicht korrigiert, um das Verfahren zum Vorteil des Betriebsrats zu beeinflussen."
(ArbG Kempten, Beschluss v. 21.8.2012 – 2 BV 16/12)

falscher Sachvortrag in gerichtlichem Verfahren

„Die Untätigkeit des Betriebsrats über einen längeren Zeitraum ist als grobe Verletzung gesetzlicher Pflichten grundsätzlich geeignet, einen Antrag auf Auflösung des Betriebsrats nach §23 Abs. 1 S. 1 BetrVG zu begründen. Die Nichtdurchführung von Betriebsversammlungen nach §43 Abs. 1 S. 1 BetrVG kann eine solche Pflichtverletzung darstellen."
(ArbG Hamburg, Beschluss v. 27.6.2012 – 27 BV 8/12)

Untätigkeit des Betriebsrats über längeren Zeitraum

„Das Aufrufen zum wildem Streik kann im Einzelfall als Pflichtverletzung, die einen Ausschluss eines Betriebsratsmitglieds aus dem Betriebsrat auf Antrag des Arbeitgebers rechtfertigen kann, angesehen werden.
Die Erörterung etwaiger Streikabsichten unter Betriebsratskollegen ist jedoch zulässig. Es muss den Betriebsratsmitgliedern erlaubt sein miteinander über beabsichtigte Maßnahmen zu sprechen, seien sie auch unzulässig. Darin liegt keine Verletzung betriebsverfassungsrechtlicher Pflichten, die einen Ausschluss aus dem Betriebsrat rechtfertigen kann."
(ArbG Hagen, Beschluss v. 6.10.2011)

Erörterung von Streikabsichten

„Informiert ein Betriebsratsmitglied mit Billigung des Gremiums die Aufsichtsbehörde über einen tatsächlichen oder vermeintlichen Arbeitszeit-

„Anschwärzen" des Arbeitgebers bei Behörden

verstoß der Arbeitgeberin (unzulässige Sonntagsarbeit), so stellt dieses Verhalten jedenfalls dann keinen Grund für eine fristlose Kündigung oder eine Amtsenthebung des Betriebsratsmitglieds dar, wenn die Arbeitgeberin zuvor in rechtswidriger Weise ohne Zustimmung des Betriebsrats den Schichtbeginn am Sonntagabend vorverlegt hat."
(ArbG Marburg, Beschluss v. 12.11.2010 – 2 BV 4/10)

Gewährung von Einsicht in Bewerbungsunterlagen

„Gewährt ein Betriebsratsmitglied eigenmächtig Dritten Einsicht in Bewerbungsunterlagen, verstößt er gegen seine Schweigepflicht. Ein solcher Verstoß ist auch objektiv erheblich und offensichtlich schwerwiegend."
(ArbG Wesel, Beschluss v. 16.10.2008 – 5 BV 34/08)

Nötigung und Erpressung des Arbeitgebers

„Ein Betriebsratsmitglied, das den Arbeitgeber ohne zugrunde liegende Willensbildung des Betriebsrats damit bedroht, in Erfüllung seiner Amtspflicht als Betriebsrat das Gewerbeaufsichtsamt über Arbeitszeitverstöße zu informieren und Arbeitnehmer zur über drei Jahre rückwirkenden Prüfung von Ansprüchen aus dem Entgeltfortzahlungsgesetz und dem Bundesurlaubsgesetz anzuregen, um die Rücknahme einer arbeitgeberseitigen Versetzung durchzusetzen, verstößt grob gegen seine Pflichten als Betriebsratsmitglied und kann seines Amtes enthoben werden."
(ArbG München, Beschluss v. 25.9.2006 – 22 BV 219/06)

Information über Gesetzeslage

„Die Information einer Mitarbeiterin über § 15 Abs. 5 TzBfG stellt keine grobe Pflichtverletzung des Betriebsratsvorsitzenden i.S.d. § 23 Abs. 1 BetrVG dar."
(ArbG Wuppertal, Beschluss v. 5.7.2006 – 6 BV 9/06)

unbefugte Weitergabe von Personaldaten

„Die unbefugte Weitergabe von Personaldaten durch den Betriebsrat stellte eine Amtspflichtverletzung dar, die neben der Belegschaft auch die Rechte des Arbeitgebers und seine Beziehung zum Betriebsrat berührt.

Erforderlichkeit einer Wiederholungsgefahr

Dem Betriebsrat ist allerdings durch § 23 Abs. 1 BetrVG zugestanden, auch Rechtsfehler zu begehen, ohne sogleich sein Amt zu verlieren. Regelmäßig ist eine Wiederholungsgefahr tatbestandliche Voraussetzung für eine Amtsenthebung.

Einsicht in Fehlverhalten und Entschuldigung

Hat der Betriebsrat seinen Fehler erkannt, eingestanden und sich bei den Betroffenen entschuldigt („tätige Reue"), so kann regelmäßig eine konkrete Wiederholungsgefahr ausgeschlossen werden. Eine Amtsenthebung des Betriebsrats oder des Vorsitzenden ist insbesondere dann abzulehnen, wenn diese Pflichtverletzung keine weiteren schwerwiegenden Folgen für den Betrieb nach sich zieht."
(ArbG Marburg, Beschluss v. 28.5.1999 – 2 BV 4/99)

Diffamierung und Beschimpfung des Arbeitgebers

„Ungerechtfertigte und gehässige Diffamierungen sowie grobe Beschimpfungen gegenüber dem Arbeitgeber können geeignet sein, eine Amtsenthebung und eine Auflösung des Betriebsrats nach § 23 Abs. 1 BetrVG durchzuführen.
Bei der Abwägung nach § 23 Abs. 1 BetrVG müssen die Gesamtumstände berücksichtigt werden, die zu den Diffamierungen des Betriebsrats geführt haben (hier zahlreiche Verletzungen von Betriebsratsrechten)."
(ArbG Marburg, Beschluss v. 28.5.1999 – 2 BV 3/99)

Unterstützung rechtswidriger Maßnahmen

„Ein Betriebsratsmitglied kann gemäß § 23 Abs. 1 BetrVG nur wegen grober Amtspflichtverletzung aus dem Betriebsrat ausgeschlossen werden. Diese grobe Pflichtverletzung muß objektiv erheblich und offensichtlich schwerwiegend sein.
Eine solche Pflichtverletzung ist gegeben, wenn ein Betriebsrat, der sich an einem Konzept zur Kostensenkung beteiligt, auf die freie Willensbildung einzelner Arbeitnehmer dadurch Einfluß nimmt, daß er Maßregelungskündigungen und andere sachwidrige Maßnahmen unterstützt."
(ArbG Freiburg, Beschluss v. 15.10.1997 – 6 BV 2/97)

„Als grobe Pflichtverletzung i.S.v. §23 Abs. 1 BetrVG ist anzusehen, wenn der Betriebsrat eine außerordentliche Betriebsversammlung ansetzt ohne betriebliche Interessen dabei zu berücksichtigen.“
(ArbG Krefeld, Beschluss v. 6.2.1995 – 4 BV 34/94)

Missachtung betrieblicher Interessen bei Ansetzung einer außerordentlichen Betriebsversammlung

„Handgreiflichkeiten eines Arbeitnehmers im Rahmen seiner Betriebsratstätigkeit, insbesondere zwischen Betriebsratsmitgliedern während einer Betriebsratssitzung, rechtfertigen nicht die Kündigung des Arbeitsverhältnisses. Vielmehr kommt hier allenfalls eine Disziplinierungsmaßnahme wegen einer Amtspflichtverletzung gemäß §23 BetrVG (Ausschluß aus dem Betriebsrat) in Betracht.“
(ArbG Berlin, Urteil v. 19.5.1981 – 10 Ca 72/81)

Handgreiflichkeiten zwischen Betriebsratsmitgliedern

III. Kosten des Verfahrens

Kostentragungspflicht des Arbeitgebers bzgl. der Rechtsanwaltskosten des JAV-Mitglieds in einem Ausschlussverfahren nach §23 I BetrVG

„Wird durch ein Beschlußverfahren der Ausschluß eines Mitglieds aus der Jugendvertretung begehrt, so umfaßt die dadurch ausgelöste Kostentragungspflicht auch die Kosten, die durch die Hinzuziehung eines Rechtsanwalts entstanden sind.
(...) Zutreffend ist das Landesarbeitsgericht von §65 Abs. 1 i.V. mit §40 Abs. 1 BetrVG als Anspruchsgrund für den ErSatz der vom Antragsteller begehrten Anwaltskosten ausgegangen. Danach hat der Arbeitgeber die durch die Tätigkeit der Jugendvertretung entstehenden Kosten zu tragen. Zuzustimmen ist dem Landesarbeitsgericht auch darin, daß hierzu grundsätzlich auch die Kosten für die Tätigkeit eines Mitglieds der Jugendvertretung zählen. Dies stimmt mit der Rechtsprechung des erkennenden Senats zur Kostentragungspflicht für die Tätigkeit von Betriebsratsmitgliedern überein. Für die Tätigkeit eines Jugendvertreters gelten insoweit keine Besonderheiten.
Der Senat hat in seinem Beschluß vom 3. April 1979 dargelegt, daß zu den notwendigen Aufwendungen des Betriebsratsmitglieds, die es im Rahmen seiner Betriebsratstätigkeit, also zur ordnungsgemäßen Erfüllung der ihm durch das Betriebsverfassungsgesetz übertragenen Aufgaben macht, auch die Kosten für Rechtsstreitigkeiten gegen den Betriebsrat jedenfalls dann gehören, wenn das Betriebsratsmitglied in einem von ihm eingeleiteten Beschlußverfahren die gerichtliche Überprüfung von Betriebsratsbeschlüssen begehrt, durch die in seine Rechtsstellung eingegriffen wird. An dieser Rechtsauffassung hält der Senat auch für den hier zu beurteilenden Fall fest, daß die Aufwendungen des Mitglieds des Betriebsrats oder der Jugendvertretung durch die Verteidigung gegen einen im Beschlußverfahren erhobenen Antrag entstehen, mit dem der Ausschluß dieses Mitglieds aus dem Betriebsrat oder der Jugendvertretung begehrt wird (§23 Abs. 1, §65 Abs. 1 BetrVG). Durch den Antrag nach §23 Abs. 1 BetrVG ist die Beendigung des Amts eines Mitglieds der Betriebsvertretung beabsichtigt, ein stärkerer Eingriff als der Ausschluß aus dem Betriebsrat oder der Jugendvertretung ist nicht denkbar. Das betreffende Betriebsratsmitglied bzw. der Jugendvertreter muß sich einem solchen Verfahren als Beteiligter stellen. Von der dadurch ausgelösten Kostenerstattungspflicht nach §40 BetrVG werden nach der Rechtsprechung des Senats auch die durch die Hinzuziehung eines Rechtsanwalts bedingten Kosten umfaßt, wenn das Betriebsratsmitglied bei pflichtgemäßer, verständiger Würdigung aller Umstände, die Hinzuziehung für notwendig erachten konnte. (...)“
(BAG, Beschluss v. 29.7.1982 – 6 ABR 41/79)

IV. Zeitliche Beschränkung auf laufende Amtszeit

kein Ausschluss wegen Pflichtverletzung aus abgelaufener Amtszeit bei Neuwahl

Sinn und Zweck des § 23 I BetrVG

„Ein Betriebsratsmitglied kann nach der Neuwahl des Betriebsrats nicht wegen einer in der abgelaufenen Amtszeit begangenen groben Verletzung betriebsverfassungsrechtlicher Pflichten nach § 23 Abs. 1 BetrVG aus dem neu gewählten Betriebsrat ausgeschlossen werden. (...) Dies gilt unabhängig davon, ob die Pflichtverletzung aus einer vorangegangen Amtszeit Auswirkungen auf die neue Amtszeit haben kann. (...) Das Gesetz bindet die Mitgliedschaft eng an das jeweilige für die Dauer seiner Amtszeit bestehende Betriebsratsgremium. Dieses einheitliche Regelungsgefüge legt es nahe, dass sich die Neuwahl des Betriebsrats in beiden in § 23 Abs. 1 BetrVG geregelten Fällen (Ausschluss des Mitglieds und Auflösung des Gremiums) in gleicher Weise auswirkt. Ein Antrag auf Auflösung des Betriebsrats nach § 23 Abs. 1 BetrVG kommt nur für den jeweils amtierenden Betriebsrat in Betracht. Nach Ablauf der Amtszeit ist diese nicht mehr möglich. Ein Auflösungsverfahren kann auch nicht gegen den neuen Betriebsrat fortgeführt werden, weil der neue Betriebsrat auch bei Personenidentität mit dem alten Betriebsrat nicht identisch ist. Ein Auflösungsantrag nach § 23 Abs. 1 BetrVG kann daher nur auf Pflichtverletzungen gestützt werden, die der jeweils amtierende Betriebsrat während der laufenden Amtszeit begangen hat. Entsprechendes hat für den Ausschluss eines Betriebsratsmitglieds aus dem Betriebsrat zu gelten. (...) Sinn und Zweck des § 23 Abs. 1 BetrVG gebieten keine andere Sichtweise. Die Vorschrift soll ein Mindestmaß gesetzmäßigen Verhaltens des Betriebsrats und seiner Mitglieder im Rahmen der betriebsverfassungsmäßigen Ordnung für die Zukunft sicherstellen, nicht aber vergangenes Verhalten bestrafen. Dieser Regelungszweck erfordert nicht, auch groben Pflichtverletzungen aus der abgelaufenen Amtszeit mit einem Ausschluss aus dem neu gewählten Gremium zu begegnen. (...)“
(BAG, Beschluss v. 27.07.2016 – 7 ABR 14/15)

kein Ausschluss wegen Pflichtverletzung aus abgelaufener Amtszeit bei Neuwahl

Sinn und Zweck des § 23 I BetrVG

„(...) Mit dem Ende der Amtszeit des Betriebsrats kann sich ein Antrag auf Ausschließung des Mitglieds aus diesem Betriebsrat nicht mehr auswirken, da der gestaltende Beschluss nach § 23 Abs 1 BetrVG keine Rückwirkung entfaltet, sondern nur für die Zukunft wirkt. (...)“
(BAG, Beschluss v. 18.05.2016 – 7 ABR 81/13)

L. Besonderer Kündigungsschutz der Mitglieder der Jugend- und Auszubildendenvertretung

I. Besonderer Kündigungsschutz während der Amtszeit

§ 15 Abs. 1 S. 1 KSchG	Die Kündigung eines Mitglieds eines Betriebsrats, einer Jugend- und Auszubildendenvertretung, einer Bordvertretung oder eines Seebetriebsrats ist unzulässig, es sei denn, dass Tatsachen vorliegen, die den Arbeitgeber zur Kündigung aus wichtigem Grund ohne Einhaltung einer Kündigungsfrist berechtigen, und dass die nach § 103 des Betriebsverfassungsgesetzes erforderliche Zustimmung vorliegt oder durch gerichtliche Entscheidung ersetzt ist.
§ 626 Abs. 1 BGB	Das Dienstverhältnis kann von jedem Vertragsteil aus wichtigem Grund ohne Einhaltung einer Kündigungsfrist gekündigt werden, wenn Tatsachen vorliegen, auf Grund derer dem Kündigenden unter Berücksichtigung aller Umstände des Einzelfalles und unter Abwägung der Interessen beider Vertragsteile die Fortsetzung des Dienstverhältnisses bis zum Ablauf der Kündigungsfrist oder bis zu der vereinbarten Beendigung des Dienstverhältnisses nicht zugemutet werden kann.
§ 626 Abs. 2 BGB	Die Kündigung kann nur innerhalb von zwei Wochen erfolgen. Die Frist beginnt mit dem Zeitpunkt, in dem der Kündigungsberechtigte von den für die Kündigung maßgebenden Tatsachen Kenntnis erlangt. Der Kündigende muss dem anderen Teil auf Verlangen den Kündigungsgrund unverzüglich schriftlich mitteilen.
§ 103 Abs. 1 BetrVG	Die außerordentliche Kündigung von Mitgliedern des Betriebsrats, der Jugend- und Auszubildendenvertretung, der Bordvertretung und des Seebetriebsrats, des Wahlvorstands sowie von Wahlbewerbern bedarf der Zustimmung des Betriebsrats.
§ 103 Abs. 2 BetrVG	Verweigert der Betriebsrat seine Zustimmung, so kann das Arbeitsgericht sie auf Antrag des Arbeitgebers ersetzen, wenn die außerordentliche Kündigung unter Berücksichtigung aller Umstände gerechtfertigt ist. In dem Verfahren vor dem Arbeitsgericht ist der betroffene Arbeitnehmer Beteiligter.

1. Geschützter Personenkreis

Sonderkündigungsschutz für Ersatzmitglieder während des Vertretungsfalls

Zeitpunkt des Zugangs der Kündigung entscheidend

„Der besondere Kündigungsschutz gemäß § 15 Abs. 1 S. 1 KSchG i.V.m. § 103 Abs. 1 BetrVG gilt auch für Ersatzmitglieder, soweit und solange sie ein verhindertes ordentliches Betriebsratsmitglied vertreten. Für die Frage, ob Sonderkündigungsschutz nach § 103 Abs. 1 BetrVG besteht, ist auf den Zeitpunkt des Zugangs der Kündigung i.S.v. § 130 Abs. 1 S. 1 BGB abzustellen."
(BAG, Urteil v. 27.9.2012 – 2 AZR 955/11)

Besonderer Kündigungsschutz für Ersatzmitglieder während des Vertretungsfalls

„Der besondere Kündigungsschutz nach § 15 Abs. 1 S. 1 KSchG besteht für Ersatzmitglieder des Betriebsrats nur solange, wie sie ein zeitweilig verhindertes ordentliches Mitglied des Betriebsrats vertreten.
Der nachwirkende Kündigungsschutz für ein Ersatzmitglied des Betriebsrats tritt nur ein, wenn das Ersatzmitglied in der Vertretungszeit konkrete Betriebsratsaufgaben tatsächlich wahrgenommen hat. Bloß fiktive, in Wirklichkeit unterbliebene Aktivitäten des Ersatzmitglieds lösen den nachwirkenden Kündigungsschutz grundsätzlich nicht aus."
(BAG, Urteil v. 19.4.2012 – 2 AZR 233/11)

Erwerb des besonderen Kündigungsschutz durch das Ersatzmitglied auch bei Vortäuschen des Verhinderungsfalls durch das vertretene JAV-Mitglied

„Eine zeitweilige Verhinderung eines Personalratsmitglieds an der Ausübung seines Amtes liegt in der Regel vor, wenn das Personalratsmitglied sich krank gemeldet hat und dem Dienst fernbleibt. In diesem Falle tritt das nächstberufene Ersatzmitglied anstelle des abwesenden Personalratsmitglieds in den Personalrat ein und erwirbt damit den besonderen Kündigungsschutz des § 15 Abs. 2 Satz 1 KSchG, auch wenn sich später herausstellt, daß das ordentliche Personalratsmitglied nicht arbeitsunfähig krank war und deshalb unberechtigt dem Dienst ferngeblieben ist."
(BAG, Urteil v. 5.9.1986 – 7 AZR 175/85)

„(...) Andererseits erwirbt das Ersatzmitglied die mit der Ausübung des Betriebsratsamtes verbundenen Schutzrechte (insbes. den Kündigungsschutz nach § 15 Abs. 1 Satz 1 KSchG) nicht stets erst mit dem Beginn der zeitweiligen Verhinderung des ordentlichen Mitglieds. Wenn während einer kurzen Vertretung oder zu Beginn einer längeren Vertretung eine Betriebsratssitzung anberaumt ist, genießt das Ersatzmitglied vielmehr auch schon in der erforderlichen Vorbereitungszeit den besonderen Kündigungsschutz.

Beginn des besonderen Kündigungsschutzes spätestens mit Arbeitsaufnahme am ersten Verhinderungstag

(...) Der besondere Kündigungsschutz für die Dauer der Vertretung beginnt für ein Ersatzmitglied spätestens mit der Arbeitsaufnahme an dem Tage, an dem das ordentliche Mitglied erstmals verhindert ist. Der Schutz nach § 15 Abs. 1 Satz 1 KSchG hängt nicht davon ab, ob die Ersatzmitglieder bereits tatsächlich Geschäfte eines Betriebsratsmitgliedes wahrgenommen haben, weil er an die Dauer der Mitgliedschaft im Betriebsrat anknüpft und auch die Arbeitsfähigkeit eines vollzähligen Betriebsrates sicherstellen soll.

Einbeziehung einer vorherigen Vorbereitungszeit

(...) Auch die Zeit, in der sich ein Betriebsratsmitglied auf Betriebsratssitzungen vorzubereiten hat, muß bei Ersatzmitgliedern geschützt werden. Jedes Betriebsratsmitglied muß sich auf Betriebsratssitzungen vorbereiten. Das geschieht in vielfältiger Weise, etwa durch Informationen im Betrieb, Rückfragen und Aussprachen, Einholen von Rechtsrat usw., je nach den Erfordernissen der Tagesordnung. Für diese Vorbereitung braucht das Betriebsratsmitglied Zeit. Es kann dafür Arbeitszeit in Anspruch nehmen (§ 37 Abs. 2 BetrVG 1972). Diese Vorbereitungszeit muß auch den Ersatzmitgliedern, die an einer Betriebsratssitzung teilnehmen sollen, zugestanden werden. Deshalb ist es erforderlich, in die Zeit, in der das Ersatzmitglied vor Kündigungen geschützt ist, die Vorbereitungszeit einzubeziehen. In dieser Zeit nimmt das Ersatzmitglied Aufgaben eines Betriebsratsmitglieds wahr. (...)"
(BAG, Beschluss v. 6.9.1979 – 2 AZR 548/77)

Erwerb des besonderen Kündigungsschutzes für die gesamte Dauer der Amtszeit

„Ersatzmitglieder des Betriebsrats genießen den besonderen Kündigungsschutz des KSchG § 15 Abs. 1 S. 1 für die gesamte Dauer der Vertretung eines ordentlichen Betriebsratsmitglieds und nicht nur an den Tagen, an denen sie Geschäfte eines Betriebsrats – etwa Teilnahme an einer Sitzung – wahrnehmen.

Keine förmliche Benachrichtigung erforderlich

Die Vertretung beginnt mit der Arbeitsaufnahme des Ersatzmitgliedes an dem Tag, an dem das ordentliche Mitglied erstmals verhindert ist. Eine förmliche Benachrichtigung des Ersatzmitgliedes ist nicht erforderlich.
(...) In der Regel kann deshalb das Ersatzbetriebsratsmitglied den besonderen Kündigungsschutz vom Arbeitsbeginn des Tages an, an dem ein ordentliches Betriebsratsmitglied, z. B. wegen Urlaub oder Krankheit, an der Ausübung seines Amts verhindert ist, in Anspruch nehmen. Dieser besondere Kündigungsschutz endet, wenn das ordentliche Betriebsratsmitglied seine Tätigkeit im Betrieb wieder aufnimmt. (...)"
(BAG, Urteil v. 17.1.1979 – 5 AZR 891/77)

Sonderkündigungsschutz auch bei angefochtener Wahl bis zur rechtskräftigen gerichtlichen Entscheidung

„(...) In einer anfechtbaren Wahl gewählte Organmitglieder genießen den Schutz des § 103 BetrVG uneingeschränkt. Der Sonderkündigungsschutz entfällt im Falle einer anfechtbaren Wahl erst ab dem Zeitpunkt, ab dem die Anfechtbarkeit rechtskräftig festgestellt ist. Eine Rückwirkung auf den Zeitpunkt der Wahl kommt dem rechtskräftigen Beschluss nicht zu.

Sonderkündigungsschutz auch bei gleichzeitiger außerordentlicher Kündigung aller Betriebsratsmitglieder

Der Arbeitgeber kann den Sonderkündigungsschutz von Betriebsratsmitgliedern nach § 103 Abs 1 BetrVG nicht dadurch beseitigen, dass er allen Betriebsratsmitgliedern gegenüber bereits zuvor außerordentliche Kündigungen ausspricht. (...)"
(LAG Frankfurt, Urteil v. 24.07.2020 – 14 Sa 264/19)

Irrtümliche Heranziehung des Ersatzmitglieds

„Das zu einer ordentlichen Sitzung des Betriebsrates herangezogene Ersatzmitglied genießt auch für den Fall der irrtümlichen Heranziehung den besonderen Kündigungsschutz. (...)"
(ArbG Potsdam, Urteil v. 29.04.2015 – 4 Ca 271/15)

2. Außerordentliche Kündigung

a) Allgemeines

„Die gerichtliche Entscheidung im Verfahren nach § 103 Abs. 2 BetrVG ersetzt – unabhängig von dem im Kündigungszeitpunkt ausgeübten betriebsverfassungsrechtlichen Amt – die Zustimmung des Betriebsrats im Hinblick auf die vom Arbeitgeber geltend gemachten Kündigungsgründe. Die Kündigung des Arbeitsverhältnisses (…) kann in Fällen, in denen es auf die gerichtliche Ersetzung der Zustimmung des Betriebsrats ankommt, wirksam erst nach Eintritt der formellen Rechtskraft einer entsprechenden gerichtlichen Entscheidung erfolgen. Beschlüsse im arbeitsgerichtlichen Beschlussverfahren werden formell rechtskräftig, wenn sie mit einem ordentlichen Rechtsmittel nicht mehr angefochten werden können.

Ausspruch der Kündigung erst nach rechtskräftiger gerichtlicher Ersetzung

Im Verfahren nach § 103 Abs 2 BetrVG ist allein zu prüfen, ob das vom Arbeitgeber reklamierte Recht zur (außerordentlichen) Kündigung in Form eines wichtigen Grundes i.S.d. § 626 BGB gegeben ist. Bei der nach § 626 Abs 1 BGB erforderlichen Interessenabwägung kommt es nicht auf die kollektiven Interessen des Betriebsrats und der Belegschaft am Verbleib des betroffenen Arbeitnehmers in seiner betriebsverfassungsrechtlichen Funktion an. Es ist vielmehr allein das Interesse des Arbeitgebers an der sofortigen Beendigung des Arbeitsverhältnisses gegen das Interesse des Arbeitnehmers an seinem Fortbestand in einer hierauf bezogenen Gesamtwürdigung abzuwägen. Den kollektiven Interessen des Betriebsrats und der Belegschaft an der weiteren Amtstätigkeit des Funktionsträgers wird vom Gesetz allein dadurch Rechnung getragen, dass die außerordentliche Kündigung die vorherige Zustimmung des Betriebsrats oder ihre Ersetzung durch das Gericht erfordert. Eine darüber hinausgehende Berücksichtigung der kollektiven Interessen auch bei der Prüfung, ob die Zustimmung zur Kündigung durch das Gericht zu ersetzen ist, kommt dagegen – anders als in den Fällen des § 103 Abs. 3 Satz 2 BetrVG – nicht in Betracht.

Abwägung der jeweiligen individuellen Interessen

Infolge der spezifischen Bindungswirkung einer rechtskräftigen Entscheidung im Zustimmungsersetzungsverfahren kann sich der im Beschlussverfahren beteiligte Arbeitnehmer im späteren, die außerordentliche Kündigung betreffenden Kündigungsschutzverfahren bezüglich des Vorliegens eines wichtigen Grundes i.S.v. § 626 BGB nur auf solche Tatsachen berufen, die er im Zustimmungsersetzungsverfahren nicht geltend gemacht hat und auch nicht hätte geltend machen können.

Hat der Arbeitgeber beim Betriebsrat innerhalb der Frist des § 626 Abs 2 BGB die erforderliche Zustimmung beantragt und bei deren ausdrücklicher oder wegen Fristablaufs zu unterstellender Verweigerung das Verfahren auf Ersetzung der Zustimmung nach § 103 Abs 2 BetrVG beim Arbeitsgericht eingeleitet, ist die Kündigung nicht wegen einer Überschreitung der Frist unwirksam, wenn das Zustimmungsersetzungsverfahren bei ihrem Ablauf noch nicht abgeschlossen ist. Die Kündigung kann vielmehr auch noch nach Ablauf der Frist des § 626 Abs 2 BGB erfolgen, wenn sie unverzüglich nach der rechtskräftigen gerichtlichen Entscheidung über die Ersetzung der Zustimmung erklärt wird.

Wahrung der 2-Wochen-Kündigungserklärungsfrist

Endet der Sonderkündigungsschutz des Amtsträgers während des laufenden Zustimmungsersetzungsverfahrens, muss der Arbeitgeber die Kündigung unverzüglich aussprechen, nachdem er Kenntnis von der Beendigung des Sonderkündigungsschutzes erlangt hat.

Nach Durchführung des Zustimmungsersetzungsverfahrens gem. § 103 Abs 2 BetrVG bedarf es einer erneuten Anhörung nach § 102 Abs 1 S 1 BetrVG nur dann, wenn die Kündigung aus Gründen erklärt werden soll, die nicht bereits Gegenstand des Zustimmungsersetzungsverfahrens waren. (…)"
(BAG, Urteil v. 16.11.2017 – 2 AZR 14/17)

„(…) Der Klägerin ist es nicht nach § 242 BGB verwehrt, sich auf die Nichtigkeit der Kündigung infolge des (…) Sonderkündigungsschutzes

zu berufen. Insbesondere nutzt sie damit nicht rechtsmissbräuchlich eine unredlich erworbene und in diesem Sinne lediglich formale Rechtsposition aus. Der Senat hat ein solches rechtsmissbräuchliches Verhalten in einer kollusiven Herbeiführung des Verhinderungsfalls eines ordentlichen Betriebsratsmitglieds gesehen, wenn hierdurch bezweckt worden ist, einem Ersatzmitglied Sonderkündigungsschutz nach § 15 Abs. 1 Satz 1 KSchG zu verschaffen. Das ist anzunehmen, wenn der Vertretungsfall nur zum Schein herbeigeführt wurde und das Ersatzmitglied wusste oder es sich ihm aufdrängen musste, dass ein solcher in Wirklichkeit nicht vorlag. (...)"
(BAG, Urteil v. 16.11.2017 – 2 AZR 14/17)

kein Sonderkündigungsschutz bei rechtsmissbräuchlicher Herbeiführung des Verhinderungsfalls

Verstoss gegen Pflicht aus dem Arbeitsverhältnis

„Stützt der Arbeitgeber den wichtigen Grund i.S.v. § 15 Abs. 1 KSchG, § 626 Abs. 1 BGB bei einem Betriebsratsmitglied auf dessen Verhalten, muss dieses sich als Verletzung von Pflichten aus dem Arbeitsverhältnis darstellen. Verstößt es sowohl gegen eine Amts- als auch gegen eine für alle Arbeitnehmer gleichermaßen geltende vertragliche Pflicht, liegt – jedenfalls auch – eine Vertragspflichtverletzung vor.

Unzumutbarkeit der Weiterbeschäftigung bis zum Ablauf fiktiver Kündigungsfrist

Für die Beurteilung, ob Tatsachen vorliegen, die den Arbeitgeber i.S.v. § 15 Abs. 1, Abs. 2 KSchG, § 626 Abs. 1 BGB aus wichtigem Grund zur Kündigung berechtigen, ist auf die Unzumutbarkeit einer Weiterbeschäftigung bis zum Ablauf der fiktiven ordentlichen Kündigungsfrist abzustellen. Ist eine Weiterbeschäftigung bis dahin zumutbar, ist die Kündigung unwirksam."
(BAG, Urteil v. 19.7.2012 – 2 AZR 989/11)

Unzulässigkeit der außerordentlichen Kündigung mit Auslauffrist

keine Umdeutung in ordentliche Kündigung

„Eine verhaltensbedingte außerordentliche Kündigung mit Auslauffrist ist gem. § 15 KSchG gegenüber dem geschützten Personenkreis unzulässig. Kommt eine Vertragspflichtverletzung in Betracht, ist für die Beurteilung, ob Tatsachen vorliegen, die den Arbeitgeber i.S.v. § 15 Abs. 1 KSchG, § 626 Abs. 1 BGB aus wichtigem Grund zur Kündigung berechtigen, auf die Unzumutbarkeit einer Weiterbeschäftigung bis zum Ablauf der fiktiven ordentlichen Kündigungsfrist abzustellen. Ist eine Beschäftigung bis dahin zumutbar, ist die Kündigung unwirksam.
Eine außerordentliche fristlose Kündigung aus Gründen im Verhalten des Mandatsträgers, die mangels Vorliegens eines wichtigen Grundes i.S.v. § 15 Abs. 1 KSchG, § 626 Abs. 1 BGB als solche unwirksam ist, kann nicht in eine außerordentliche Kündigung mit Auslauffrist oder in eine ordentliche Kündigung umgedeutet werden."
(BAG, Urteil v. 21.6.2012 – 2 AZR 343/11)

Sinn und Zweck des Zustimmungserfordernisses bei außerordentlichen Kündigungen

Erhalt der Funktionsfähigkeit des Betriebsrates

unbefangene Amtsausübung

„(...) Im Unterschied zum Anhörungsrecht nach § 102 BetrVG sind im Regelungsbereich des § 103 BetrVG nach dem Willen des Gesetzgebers dem Arbeitnehmer neben dem individualrechtlich gestalteten Kündigungsschutz auch die kollektiven Interessen des Betriebsrates und der Belegschaft an der weiteren Amtstätigkeit des betroffenen Arbeitnehmers zu berücksichtigen. Durch die Regelung des § 103 BetrVG in Verbindung mit § 15 KSchG ist der Schutz von Organen der Betriebsverfassung erheblich erweitert worden. Sinn und Zweck des § 103 BetrVG ist es, Arbeitnehmern, die ein betriebsverfassungsrechtliches Amt ausüben, im Interesse einer unbefangenen Amtsausübung und der Funktionsfähigkeit des jeweiligen Betriebsverfassungsorgans vor unbegründeten außerordentlichen Kündigungen des Arbeitgebers zu schützen. Der Gesetzgeber wollte vermeiden, daß der Arbeitgeber ihm mißliebige Betriebsratsmitglieder willkürlich fristlos kündigt und ihre Weiterbeschäftigung während der Führung des Rechtsstreits durch alle Instanzen verhindert. Darüber hinaus sollte sichergestellt werden, daß der Arbeitgeber bei groben Amtspflichtverletzungen eines Betriebsratsmitglieds gegebenenfalls nach § 23 BetrVG vorgeht und nicht auf die fristlose Kündigung ausweicht (vgl. Regierungsentwurf, BT-Drucks. VI/1786, S. 53). (...)"
(BAG, Urteil v. 23.8.1984 – 2 AZR 391/83)

„(...) Nach den Grundsätzen des Vertrauensschutzes darf der Arbeitgeber zwar grundsätzlich auf die Wirksamkeit eines Zustimmungsbeschlusses nach § 103 BetrVG vertrauen, wenn ihm der Betriebsratsvorsitzende oder sein Vertreter mitteilt, der Betriebsrat habe die beantragte Zustimmung erteilt. Das gilt aber dann nicht, wenn der Arbeitgeber die Tatsachen kennt oder kennen muß, aus denen die Unwirksamkeit des Beschlusses folgt. Eine Erkundigungspflicht des Arbeitgebers besteht insoweit allerdings nicht. (...)"
(BAG, Urteil v. 23.8.1984 – 2 AZR 391/83)

Vertrauensschutz des Arbeitgebers

Ausnahme bei positiver Kenntnis von Unwirksamkeit des Beschlusses

keine Erkundigungspflicht des Arbeitgebers

„(...) Zu Recht weist die Revision darauf hin, daß die Auffassung des Landesarbeitsgerichts auch mit dem mit der Regelung des § 78 a BetrVG sowie entsprechend mit dem nach § 15 KSchG verfolgten Schutzzweck nicht in Einklang zu bringen ist. Mit beiden Vorschriften soll sichergestellt werden, daß die Tätigkeit der Mitglieder der Jugendvertretung und des Betriebsrats unabhängig von dem Druck, berufliche Nachteile zu erleiden, ausgeübt werden kann. (...)"
(BAG, Urteil v. 15.1.1980 – 6 AZR 726/79)

Stärkung der Unabhängigkeit der Amtsinhaber

„Bei Prüfung des wichtigen Grundes zur fristlosen Entlassung eines Jugendvertreters gelten dieselben Grundsätze wie bei der fristlosen Entlassung eines Betriebsratsmitglieds. Daher ist bei der Beurteilung des wichtigen Grundes ein besonders strenger Maßstab anzulegen, wenn der Jugendvertreter gleichzeitig gegen seine Amts- und gegen seine Arbeitsvertragspflichten verstoßen hat, während der die Verletzung seiner arbeitsvertraglichen Pflichten zu beurteilen ist.

strenger Maßstab an Vorliegen eines wichtigen (Kündigungs) Grundes

Auch für Jugendvertreter gilt der Grundsatz, daß die Mitgliedschaft in oder die Betätigung zugunsten einer politischen Partei eine Kündigung nur dann rechtfertigen kann, wenn hierdurch das Arbeitsverhältnis konkret berührt wird. Eine abstrakte Gefährdung des Betriebsfriedens durch eine solche Betätigung genügt nicht.
(...) Das angefochtene Urteil geht von der ständigen Rechtsprechung des erkennenden Senates aus, daß dann ein besonders strenger Maßstab bei der Beurteilung einer außerordentlichen Kündigung anzulegen ist, wenn ein Mitglied der Jugendvertretung Pflichtverletzungen begeht, die gleichzeitig Verstöße gegen Amts- und Arbeitsvertragspflichten darstellen.
(...) Nach den bindenden Feststellungen des Landesarbeitsgerichts ist durch eine etwaige Mitgliedschaft des Klägers in der KPD und in der Betriebszelle der KPD bei der Beklagten das Arbeitsverhältnis der Parteien nicht konkret berührt worden. Dem Landesarbeitsgericht ist in seiner Rechtsauffassung zuzustimmen, daß eine etwaige kommunistische Betätigung allein noch nicht für eine fristlose Kündigung ausreichen kann, wenn nicht ein konkreter Bezug auf das Arbeitsverhältnis vorliegt.
(...) Denn ein Verstoß gegen das Betriebsverfassungsgesetz ist eine Amtspflichtverletzung und eine solche begründet an sich nur die Abberufung des Amtsinhabers (vgl. § 65 Abs. 1 in Verbindung mit § 23 Abs. 1 BetrVG), nicht aber die fristlose Kündigung des Arbeitsverhältnisses. (...) Anders kann es nur sein, wenn die Amtspflichtverletzung zugleich einen Verstoß gegen die Pflichten aus dem Arbeitsverhältnis darstellt. Dann muß jedoch stets beachtet werden, daß bei der Nachprüfung des Kündigungsgrundes es um den Bestand des Arbeitsverhältnisses geht. Deshalb muß dieses Arbeitsverhältnis irgendwie durch die politische Betätigung des Arbeitnehmers betroffen sein, sei es im Leistungsbereich, sei es im Bereich der betrieblichen Verbundenheit aller Mitarbeiter, im personalen Vertrauensbereich der Vertragspartner oder auch im Unternehmensbereich.

bei bloßer Amtspflichtverletzung nur Möglichkeit der Amtsenthebung

Sicher kann eine unerwünschte oder auch allgemein als staatsgefährdend angesehene politische Betätigung störend auf einen dieser Bereiche des Arbeitsverhältnisses einwirken und dann wegen dieser Störung je nach dem Grad ihrer Intensität einen wichtigen Grund für eine fristlose Kündigung abgeben. Wirkt sich aber die politische Betätigung nicht in dieser Weise auf das Arbeitsverhältnis aus, so bildet sie auch keinen wichtigen Grund

parteipolitische Betätigung

Auswirkungen auf das Arbeitsverhältnis

zur alsbaldigen Beendigung. Anderenfalls wäre das Grundrecht der freien Meinungsäußerung gem. Art. 5 GG für den Arbeitnehmer beeinträchtigt. Das bloße Haben einer Überzeugung und die Mitteilung, daß man diese habe, ist niemals eine Verletzung der Treuepflicht. Meinungsäußerungen können zwar, müssen jedoch nicht in jedem Falle das Arbeitsverhältnis berühren. Solange sie sich darin erschöpfen, im Vertrauen auf die Überzeugungskraft der Argumente Kritik an den bestehenden Zuständen zu üben, wird der Tatbestand der konkreten Berührung nicht erfüllt.
(...) Bei der Frage nach dem Vorliegen des wichtigen Grundes, insbesondere auch bei der Abwägung der beiderseitigen Interessen, ist jedoch allein der Zeitpunkt des Ausspruches der Kündigung maßgebend. (...)"
(BAG, Urteil v. 11.12.1975 – 2 AZR 426/74)

„In der Regel kann nur die Verletzung arbeitsvertraglicher Pflichten zu einer außerordentlichen Kündigung des betroffenen Betriebsratsmitglieds führen. Eine Amtspflichtverletzung eines Betriebsratsmitglieds rechtfertigt allenfalls seinen Ausschluss aus dem Betriebsrat nach § 23 Abs. 1 BetrVG wegen grober Verletzung seiner gesetzlichen Pflichten. Nur wenn durch die Amtspflichtverletzung zugleich das konkrete Arbeitsverhältnis unmittelbar und erheblich beeinträchtigt wird, ist eine außerordentliche Kündigung des Arbeitsverhältnisses zulässig. Mit Rücksicht auf die besondere Konfliktsituation, in der sich das Betriebsratsmitglied befindet, ist die außerordentliche Kündigung nur gerechtfertigt, wenn unter Anlegung eines besonders strengen MaßstAbs. das pflichtwidrige Verhalten auch als schwerer Verstoß gegen die Pflichten aus dem Arbeitsverhältnis zu werten ist. Dabei ist an die Berechtigung der fristlosen Entlassung ein „strengerer" Maßstab anzulegen als bei einem Arbeitnehmer, der dem Betriebsrat nicht angehört.
(...) In § 15 KSchG sind ohne eigenständige Definition die in § 626 Abs. 1 BGB verwandten Formulierungen übernommen worden. Da der Gesetzgeber in § 626 BGB geregelt hat, unter welchen Voraussetzungen eine Kündigung aus wichtigem Grund ohne Einhaltung einer Kündigungsfrist gerechtfertigt ist, sind die in § 626 BGB enthaltenen und daraus abgeleiteten Regeln zur Zulässigkeit einer außerordentlichen Kündigung auch im Rahmen des § 15 KSchG anzuwenden.
Hiernach bedarf es für die außerordentliche Kündigung eines Betriebsratsmitglieds eines wichtigen Grundes im Sinne des § 626 Abs. 1 BGB. Es müssen Tatsachen vorliegen, aufgrund derer dem Arbeitgeber unter Berücksichtigung aller Umstände des Einzelfalles und unter Abwägung der Interessen beider Vertragsteile die Fortsetzung des Arbeitsverhältnisses nicht mehr zugemutet werden kann.
(...) Bei der Prüfung der Voraussetzungen des § 626 Abs. 1 BGB ist zunächst festzustellen, ob es sich bei den dem Kläger als Betriebsratsmitglied gemachten Vorwürfen um eine Verletzung der arbeitsvertraglichen Pflichten handelt oder ob zugleich eine Amtspflichtverletzung vorliegt. (...) Darüber hinaus bedarf es stets einer genauen Prüfung, ob auch nach dem Ausschluss des Betriebsratsmitglieds aus dem Betriebsratsamt weitere vergleichbare Pflichtverletzungen drohen und das Vertrauensverhältnis zum Arbeitgeber aufgrund einer eingetretenen Pflichtverletzung die mit der Ausübung des Mandats im Zusammenhang steht, nachhaltig gestört ist. (...)

schwere Verletzung arbeitsvertraglicher Pflichten

Abmahnungserfordernis

(...) Bereits aus dem Wortlaut des § 626 Abs. 1 BGB folgt, dass geprüft werden muss, ob eine fristgerechte Kündigung als Reaktion ausgereicht hätte. Das Erfordernis weitergehend zu prüfen, ob nicht schon eine Abmahnung ausreichend gewesen wäre, folgt aus dem Verhältnismäßigkeitsgrund-Satz und trägt zugleich dem Prognoseprinzip bei der verhaltensbedingten Kündigung Rechnung. Entscheidend ist, ob eine Wiederholungsgefahr besteht und ob sich die Pflichtverletzung auch zukünftig belastend auswirkt. Eine negative Prognose liegt vor, wenn aus der konkreten Vertragspflichtverletzung und der daraus resultierenden Vertragsstörung geschlossen werden kann, der Arbeitnehmer werde den Arbeitsvertrag auch nach einer Kündigungsandrohung erneut in gleicher oder in ähnlicher Weise

verletzen. Deshalb setzt eine Kündigung wegen einer Vertragspflichtverletzung regelmäßig eine Abmahnung voraus, die der Objektivierung der negativen Prognose dient. Das Erfordernis der negativen Prognose gilt auch bei Störungen im Vertrauensbereich. Es ist nämlich nicht stets und von vornherein ausgeschlossen, verlorenes Vertrauen durch künftige Vertragstreue zurückzugewinnen. Erst wenn der Arbeitnehmer ordnungsgemäß abgemahnt worden ist und er dennoch seine arbeitsvertraglichen Pflichten verletzt, kann regelmäßig davon ausgegangen werden, es werde auch zukünftig zu weiteren Vertragsstörungen kommen. Einer Abmahnung bedarf es in Ansehung des Verhältnismäßigkeitsgrundsatzes nur dann nicht, wenn eine Verhaltensänderung in Zukunft selbst nach Abmahnung nicht zu erwarten steht oder es sich um eine so schwere Pflichtverletzung handelt, dass eine Hinnahme durch den Arbeitgeber offensichtlich und für den Arbeitnehmer erkennbar ausgeschlossen ist. Hiernach ist nach dem Grundsatz der Verhältnismäßigkeit stets zu prüfen, ob es mildere Mittel gibt, die Vertragsstörung durch den Arbeitnehmer zukünftig zu beseitigen und ob nicht objektiv die Prognose berechtigt ist, der Arbeitnehmer werde sich jedenfalls nach einer Abmahnung künftig wieder vertragstreu verhalten. (...)"
(LAG Hamm, Urteil v. 4.2.2011 – 10 Sa 1743/10 – n.v.)

b) Einzelfälle

Arbeitszeitbetrug

„(...) Der vorsätzliche Verstoß eines Arbeitnehmers gegen seine Verpflichtung, die abgeleistete und vom Arbeitgeber nur schwer zu kontrollierende Arbeitszeit korrekt zu dokumentieren, indem er wissentlich ein vorgesehenes Formular falsch ausfüllt, ist geeignet einen wichtigen Grund zur außerordentlichen Kündigung nach § 626 Abs 1 BGB darzustellen. Es kommt dabei nicht auf die strafrechtliche Würdigung an, sondern auf den mit der Pflichtverletzung verbundenen schweren Vertrauensbruch. (...)"
(LAG Rheinland-Pfalz, Beschluss v. 21.07.2020 – 8 TaBV 12/19 -)

sexuelle Belästigung durch Übersendung pornografischer Videos

Die unerwünschte Zusendung pornografischer Videos über einen Messenger-Dienst (WhatsApp) an eine Arbeitskollegin ist als Grund „an sich" geeignet, eine außerordentliche Kündigung zu rechtfertigen.
Unerwünscht ist die Zusendung, wenn dies objektiv erkennbar ist. Wie der Belästiger sein eigenes Verhalten eingeschätzt und empfunden hat oder verstanden wissen wollte, ist unerheblich.Eine sexuelle Belästigung ist bereits kraft Gesetzes untersagt; einer ausdrücklichen vorherigen Ablehnung durch die oder den Betroffene/n bedarf es nicht. Es ist Sache des Versenders pornografischer Videos, sich eines Einverständnisses des Empfängers zu versichern.
Eine vorherige Abmahnung kann bei einer unerwünschten Zusendung pornografischer Videos entbehrlich sein. (...)"
(LAG Mecklenburg-Vorpommern, Beschluss v. 05.03.2020 – 5 TaBV 9/19 -)

Arbeitszeitbetrug

Vortäuschen von Arbeitsunfähigkeit

„Eine schwerwiegende Verletzung der Pflicht zur korrekten Erfassung der Arbeitszeit und die Vortäuschung einer Arbeitsunfähigkeit können die außerordentliche Kündigung eines annähernd 40 Jahre bestehenden, bisher unbelasteten Arbeitsverhältnisses rechtfertigen. Im Rahmen der Interessenabwägung ist es von Bedeutung, wenn der Arbeitnehmer das Arbeitsverhältnis eines Kollegen gefährdet hat, indem er diesen dazu verleitet hat, für ihn die Arbeitszeit in der Stempeluhr falsch zu erfassen. (...)"
(LAG Mecklenburg-Vorpommern, Urteil v. 30.07.2019 – 5 Sa 246/18 -)

rassistische Beleidigung eines Betriebsratsmitglieds durch ein anderes Betriebsratsmitglied

„Beleidigt ein bereits einschlägig abgemahnter Arbeitnehmer einen Kollegen mit dunklerer Hautfarbe in Anwesenheit mehrerer anderer Kollegen durch den Ausstoß von Affenlauten wie „Ugah Ugah", so kann darin ein wichtiger Grund im Sinne des § 626 Abs. 1 BGB erkannt werden. Eine Beharrlichkeit des Pflichtverstoßes und damit eine nachhaltig negative

Verhaltensprognose ist in einem solchen Fall insbesondere dann begründet, wenn nach Einschaltung der AGG-Beschwerdestelle der Beleidigende in der Anhörung durch den Arbeitgeber uneinsichtig äußert, sein Verhalten habe „der Auflockerung der Gesprächsatmosphäre" gedient und gehöre zum „gepflegten Umgang".
Zur Rücksichtnahmepflicht des Arbeitnehmers gegenüber dem Arbeitgeber aus § 241 Abs 2 BGB gehört es auch, die Rechte der Kolleginnen und Kollegen zu achten und insbesondere diskriminierendes Verhalten zu unterlassen.
Ein Arbeitnehmer, der Mitglied im Betriebsrat ist, ist gemäß § 104 BetrVG und § 75 BetrVG besonders verpflichtet, jeglicher Diskriminierung von Beschäftigten entgegenzuwirken.
(...) Die Tatsache, dass die Äußerung in einer Betriebsratssitzung erfolgt ist, ändert nichts. Die Betriebsratssitzungen sind nach § 30 Satz 4 BetrVG zwar nicht öffentlich. Daraus folgt aber weder, dass die Betriebsratssitzung ein rechtsfreier Raum wäre, noch folgt daraus, dass Berichte von Betriebsratsmitgliedern über den Verlauf der Sitzung einer gerichtlichen Verwertung entzogen wären, oder als Kündigungsgründe ausgeschlossen wären. (...)"
(LAG Köln, Urteil v. 06.06.2019 – 4 Sa 18/19)

Verdachtskündigung

Entsorgung dienstlicher Unterlagen in privater Mülltonne

„Bei der Verdachtskündigung sind an die Darlegung der schwerwiegenden Verdachtsmomente besonders strenge Anforderungen zu stellen. Im Falle einer Verdachtskündigung, die sich auf den Vorwurf stützt, der Arbeitnehmer habe dienstliche Unterlagen in einer privaten Altpapiertonne entsorgt, hat der Arbeitgeber nicht nur die den Arbeitnehmer belastenden, sondern auch die ihn entlastenden Indizien zu würdigen. Dies gilt umso mehr, wenn der dem Verdacht zugrundeliegende Sachverhalt eine sehr lange Zeit zurückliegt. (...)"
(LAG Mecklenburg-Vorpommern, Beschluss v. 10.07.2018 – 2 TaBV 1/18)

heimliche Aufzeichnung eines Gesprächs mit dem Smartphone

„Nimmt ein Betriebsratsmitglied heimlich ein Gespräch mit seinem Smartphone auf, verletzt es damit neben seinen kollektivrechtlichen Pflichten auch eine alle Arbeitnehmer treffende Pflicht.
In dieser vorsätzlichen und strafbewehrten Verletzung der Vertraulichkeit des nicht öffentlich gesprochenen Wortes als Teil des allgemeinen Persönlichkeitsrechts, liegt ein schwerwiegender Verstoß gegen obliegende Rücksichtnahmepflichten. (...)"
(LAG Rheinland-Pfalz, Urteil v. 09.11.2017 – 2 Sa 27/17)

Arbeitszeitbetrug durch Privateinkäufe während der Arbeitszeit

„Das Tätigen privater Einkäufe während der Arbeitszeit ohne korrekte Bedienung der Zeiterfassung ist als Verhalten grundsätzlich geeignet, an sich einen wichtigen Grund im Sinne des § 626 Abs 1 BGB für eine außerordentliche Tat- oder Verdachtskündigung darzustellen.
Eine Kündigung der Betriebsratsvorsitzenden deswegen und ohne vorherige Abmahnung ist bei langjähriger, störungsfreier Betriebszugehörigkeit (hier: 37 Jahre) unverhältnismäßig, da vorliegend der Ausspruch einer Abmahnung eine angemessene Reaktion auf das gezeigte Fehlverhalten der Betriebsratsvorsitzenden gewesen wäre. (...)"
(LAG Rheinland-Pfalz, Beschluss v. 24.10.2017 – 8 TaBV 19/17)

Arbeitszeitbetrug

„Der vorsätzliche Verstoß eines Arbeitnehmers gegen seine Verpflichtung, die abgeleistete, vom Arbeitgeber schwer zu kontrollierende Arbeitszeit korrekt zu dokumentieren, ist an sich geeignet, einen wichtigen Grund zur außerordentlichen Kündigung zu bilden. (...)"
(LAG Rheinland-Pfalz, Urteil v. 26.04.2017 – 4 Sa 372/16)

Manipulation an der Zeiterfassung

„(...) Nachträgliche unberechtigte Veränderungen der Zeitangaben in der Zeiterfassung, um damit Vergütung für nicht erbrachte Arbeitsleistungen zu erhalten, sind als so genannter Arbeitszeitbetrug an sich geeignet, einen wichtiger Grund im Sinn des § 626 BGB darzustellen. Insbesondere bei

einem Arbeitnehmer in einer besonderen Vertrauensstellung kann bereits ein einmaliger und verhältnismäßig geringfügiger Fall von Arbeitszeitbetrug ein wichtiger Kündigungsgrund sein.
Die Verkürzung einer Raucherpause in der Arbeitszeiterfassung, obwohl diese tatsächlich in dem vollen erfassten Umfang genommen wurde, ist an sich geeignet, eine fristlose Kündigung zu rechtfertigen. Der Arbeitnehmer veranlasst hierdurch den Arbeitgeber, ihm Entgelt zu zahlen, ohne dass er die geschuldete Arbeitsleistung während der Pause erbracht hat. (...)"
(LAG Rheinland-Pfalz, Beschluss v. 03.02.2016 – 7 TaBV 20/15)

eigenmächtige Einleitung einer Narkose durch Anästhesie-Pfleger

„Die eigenmächtige Einleitung einer Narkose in Abwesenheit eines Facharztes für Anästhesie ist grundsätzlich geeignet, einen wichtigen Grund i.S.d. § 626 Abs 1 BGB zur außerordentlichen Kündigung des Arbeitsverhältnisses eines Anästhesie-Pflegers darzustellen. Im Rahmen der Interessenabwägung sind jedoch das Gewicht und die Auswirkung einer Vertragspflichtverletzung im Hinblick auf einen möglichen Vertrauensverlust ebenso zu berücksichtigen, wie der Grad des Verschuldens des Arbeitnehmers, eine mögliche Wiederholungsgefahr und insbesondere die Dauer des Arbeitsverhältnisses und dessen störungsfreier Verlauf. War das Verhalten des Arbeitnehmers nahezu 24 Jahre beanstandungsfrei, kann im Einzelfall vor Ausspruch der Kündigung eine Abmahnung erforderlich sein. (...)"
(LAG Hamm, Beschluss v. 09.06.2015 – 7 TaBV 29/15)

vorsätzliche Löschung betrieblicher Daten

„Löscht ein Betriebsratsmitglied vorsätzlich betriebliche Daten auf dem Server des Arbeitgebers, so bildet dieser Verhalten an sich einen wichtigen Grund für eine fristlose Kündigung i.R. eines Zustimmungsersetzungsverfahrens nach § 103 BetrVG. (...)"
(LAG Hamburg, Beschluss v. 24.02.2015 – 2 TaBV 10/14)

Arbeitsverweigerung

„Eine Arbeitsverweigerung ist grundsätzlich geeignet, einen Kündigungsgrund für eine außerordentliche Kündigung darzustellen.

Weigerung zur Ableistung von Überstunden

Eine Pflicht zur Ableistung von Überstunden kommt dann in Betracht, wenn es hierzu eine auf das Arbeitsverhältnis anwendbare Vereinbarung gibt oder aber der Arbeitnehmer aus der Treuepflicht heraus zur Ableistung von Überstunden verpflichtet ist, weil sich der Arbeitgeber in einer Notlage befindet, der anders nicht begegnet werden kann.
Bei der Abwägung ist dem Interesse des Arbeitgebers an der schnellen Abarbeitung bestehender Aufgaben das Interesse des Arbeitnehmers an der Einhaltung der durch Arbeitsvertrag, Arbeitszeitgesetz und Schichtplangestaltung vorgegebenen Arbeitszeiten gegenüberzustellen. Es ist zu berücksichtigen, dass auch der Arbeitnehmer ein Interesse an einer vorhandenen, planbaren und störungsfreien Freizeit zur freien Gestaltung und Erholungszwecken hat.
Es ist grundsätzlich nicht zu beanstanden, wenn ein Rettungssanitäter einen wichtigen privaten Termin eine halbe Stunde nach geplantem Schichtende vereinbart.
Wenn der Arbeitgeber im Rettungsdienst typischerweise mit Folgeaufträgen auch kurz vor Dienstende von Rettungssanitätern rechnen muss, dann ist dies der bekannte betriebliche Normalfall, auf den der Arbeitgeber mit entsprechender Organisation des Arbeitskräfteeinsatzes zu reagieren hat.
Der Umstand, dass ständig ohne jedwede Planbarkeit Rettungseinsätze eingehen können, ist dem vom Arbeitgeber zu tragenden unternehmerischen Risiko zuzurechnen. Dieser bekannte fortlaufende Umstand ist nicht dadurch aufzulösen, dass die Arbeitnehmer sich eine gewisse Zeit nach ihrem Arbeitszeitende weiterhin für den Arbeitgeber einplanen müssen. Anderenfalls wäre diese Zeit nicht mehr als Freizeit zu werten.
Droht der Landkreis als Träger des Rettungsdienstes dem Arbeitgeber mit der Auflösung des Vertrages über die Durchführung des Rettungsdienstes, falls ein bestimmter Arbeitnehmer wieder im Rettungsdienst eingesetzt

werde, rechtfertigt dies keine Kündigung, wenn der Arbeitnehmer auch außerhalb des Rettungsdienstes beschäftigt werden kann. (...)"
(LAG Mecklenburg-Vorpommern, Beschluss v. 18.12.2014 – 5 TaBV 7/14)

grobe Beleidigung

„(...) Grobe Beleidigungen eines Arbeitnehmers gegenüber dem Arbeitgeber, seinen Vertretern und Repräsentanten, einem Vorgesetzten, Arbeitskollegen, aber durchaus auch – wie vorliegend – zu betreuenden Menschen können einen an sich zur außerordentlichen Kündigung geeigneten Umstand darstellen. Das gilt insbesondere dann, wenn die Beleidigung nach Form und Inhalt eine erhebliche Ehrverletzung für den Betreffenden darstellt, weil es sich dann um einen erheblichen Verstoß gegen die vertraglichen Pflichten des Arbeitnehmers zur Rücksichtnahme (§ 241 Abs 2 BGB) aus dem Arbeitsverhältnis handelt. Allerdings kann vom Vorliegen entsprechend nachgewiesener grober Beleidigungen nur ausgegangen werden, wenn das tatsächliche Vorbringen nach Inhalt, Ort, Zeitpunkt und beteiligten Personen derart unsubstantiiert ist, dass es einem substantiierten Bestreiten zugänglich ist. (...)"
(LAG Rheinland-Pfalz, Beschluss v. 13.10.2014 – 3 TaBV 2/14)

grobe Beleidigung

Die Bezeichnung einer Vorgesetzten als „Ming Vase" und zusätzlich eine die asiatische Augenform imitierende Geste kann als Alltagsrassismus gewertet und einen Grund für eine außerordentliche Kündigung darstellen. Dies ist insbesondere dann der Fall, wenn das Verhalten offenbar Ausdruck einer Grundhaltung, keine ernstgemeinte Reue erkennbar ist und es sich bei der Arbeitnehmerin um eine Verkäuferin eines Kaufhauses von großem internationalen Ruf mit einem vielfältigen internationalen Publikum handelt. (...)"
(ArbG Berlin, Beschluss v. 05.05.2021 – 55 BV 2053/21)

Erlangung eines Mandats durch vorsätzlich Täuschung über Bedeutung und Inhalt von Wahlvorschriften

„Täuscht eine Arbeitnehmerin in ihrer Funktion als Wahlvorstandsmitglied den Arbeitgeber und die Belegschaft dahingehend, dass das Betriebsverfassungsgesetz dem Minderheitengeschlecht stets – sofern es sich zur Wahl stellt - mit mindestens einem Mitglied im Betriebsrat vertreten sei und verschafft sie sich dadurch und unter Ausnutzung des Irrtums der übrigen Beteiligten zu Unrecht einen Sitz im Betriebsrat, kann dies grundsätzlich einen wichtigen Grund für die Beendigung des Arbeitsverhältnisses ohne Einhaltung einer Kündigungsfrist darstellen. Ruft ein Arbeitnehmer bei dem Arbeitgeber und bei der Belegschaft bewusst einen Rechtsfolgenirrtum über die Folgen einer Betriebsratswahl hervor, um sich daraus einen persönlichen Vorteil zu verschaffen, verletzt er nicht nur seine Pflichten als Wahlvorstandsmitglied gegenüber den wählenden Arbeitnehmern, sondern auch seine Nebenpflichten als Arbeitnehmer gegenüber dem Arbeitgeber in erheblicher Weise. Dabei bringt der Arbeitnehmer sich durch sein Handeln in eine besondere Position gegenüber dem Arbeitgeber, in der unter anderem Freistellungen gegen Entgeltfortzahlungen nach § 37 BetrVG verlangt werden können, ohne dass der Arbeitnehmer die Erforderlichkeit dieser Freistellungen für die konkrete Betriebsratsarbeit in jedem Falle detailliert begründen müsste. Darüber hinaus schädigt ein in solcher Weise handelnder Arbeitnehmer das Verhältnis zwischen dem Betriebsrat und dem Arbeitgeber in erheblicher Weise und beeinträchtigt damit das gesamte Betriebsklima. (Rn.64)
Voraussetzung für das Vorliegen eines solchen wichtigen Grundes ist jedoch, dass der Arbeitnehmer vorsätzlich handelt. Die – nur – fahrlässige Fehldeutung der Regelung des § 5 der Wahlordnung zum Betriebsverfassungsgesetz begründet jedenfalls keinen wichtigen Grund für eine Kündigung ohne Einhaltung der Kündigungsfrist. Denn die Regelungen des § 15 Abs. 2 BetrVG und § 5 der Wahlordnung zum BetrVG sind nicht klar verständlich und für Laien kaum auslegbar. (...)"
(ArbG Köln, Urteil v. 04.09.2020 – 19 Ca 1827/20)

„Das Grundrecht auf Meinungsfreiheit gilt in den Schranken der allgemeinen Gesetze und des Rechts der persönlichen Ehre auch in der betrieblichen Arbeitswelt. Werturteile oder Äußerungen, in denen sich Tatsachen und Meinungen vermengen, verlieren den Schutz des Art. 5 GG nicht dadurch, dass sie scharf oder überzogen formuliert sind.
Eine Überschrift kann in der Regel nicht isoliert betrachtet als Tatsachenbehauptung angesehen werden. Sie dient regelmäßig nur dazu, auf den nachfolgenden Artikel aufmerksam zu machen.
Die Bezeichnung des Arbeitgebers als „ausbeuterisches Unternehmen" überschreitet nicht zwingend die Grenze zur Schmähkritik, sondern kann auch bloßer Ausdruck einer allgemeinen kapitalismuskritischen Grundhaltung sein. (...)"
(ArbG Gießen, Beschluss v. 10.06.2020 – 6 BV 7/19)

kritische Äußerungen in den sozialen Medien

3. Ordentliche Kündigung

§15 Abs. 1 S. 1 KSchG	Die Kündigung eines Mitglieds eines Betriebsrats, einer Jugend- und Auszubildendenvertretung, einer Bordvertretung oder eines Seebetriebsrats ist unzulässig, es sei denn, daß Tatsachen vorliegen, die den Arbeitgeber zur Kündigung aus wichtigem Grund ohne Einhaltung einer Kündigungsfrist berechtigen, und daß die nach §103 des Betriebsverfassungsgesetzes erforderliche Zustimmung vorliegt oder durch gerichtliche Entscheidung ersetzt ist.
§15 Abs. 4 KSchG	Wird der Betrieb stillgelegt, so ist die Kündigung der in den Absätzen 1 bis 3 genannten Personen frühestens zum Zeitpunkt der Stillegung zulässig, es sei denn, daß ihre Kündigung zu einem früheren Zeitpunkt durch zwingende betriebliche Erordernisse bedingt ist.
§15 Abs. 5 KSchG	Wird eine der in den Absätzen 1 bis 3 genannten Personen in einer Betriebsabteilung beschäftigt, die stillgelegt wird, so ist sie in eine andere Betriebsabteilung zu übernehmen. Ist dies aus betrieblichen Gründen nicht möglich, so findet auf ihre Kündigung die Vorschrift des AbSatz 4 über die Kündigung bei Stillegung des Betriebs sinngemäß Anwendung.

„(...) Mitglieder der Jugend- und Auszubildendenvertretung sind während ihrer Amtszeit und eines einjährigen Nachwirkungszeitraums vor dem Ausspruch einer ordentlichen Kündigung geschützt (§15 Abs. 1 KSchG) und damit einer sozialen Auswahl im Rahmen eines Personalabbaus entzogen. (...)"
(BAG, Beschluss v. 16.8.1995 – 7 ABR 52/94)

Schutz vor ordentlicher Kündigung

„(...) Nach §15 Abs. 1 Satz 1 KSchG ist die Kündigung eines Betriebsratsmitglieds unzulässig, es sei denn, daß Tatsachen vorliegen, die den Arbeitgeber zur Kündigung aus wichtigem Grunde ohne Einhaltung einer Kündigungsfrist berechtigen, und die nach §103 BetrVG erforderliche Zustimmung des Betriebsrats vorliegt oder durch gerichtliche Entscheidung ersetzt ist. Eine ordentliche Kündigung (...) ist danach nicht zulässig. (...)"
(BAG, Urteil v. 17.1.1979 – 5 AZR 891/77)

Unzulässigkeit einer ordentlichen Kündigung

„(...) Es ist zwar zutreffend, dass der Arbeitgeber nach §1 Abs. 2 Satz 2 Nr. 1b, §15 Abs. 4 KSchG an der Kündigung eines Arbeitsverhältnisses gehindert ist, wenn bei einem Wegfall des Arbeitsplatzes eine Weiterbeschäftigungsmöglichkeit für den zu kündigenden Arbeitnehmer bzw. Amtsträger in einem anderen Betrieb des Unternehmens vorhanden ist. (...)"
(BAG, Beschluss v. 15.11.2006 – 7 ABR 15/06)

Weiterbeschäftigungspflicht trotz Betriebsstillegung bei Weiterbeschäftigungsmöglichkeit in anderem Betrieb des Unternehmens

II. Besonderer Kündigungsschutz nach Beendigung der Amtszeit

§ 15 Abs. 1 S. 2 KSchG	Nach Beendigung der Amtszeit ist die Kündigung eines Mitglieds eines Betriebsrats, einer Jugend- und Auszubildendenvertretung oder eines Seebetriebsrats innerhalb eines Jahres, die Kündigung eines Mitglieds einer Bordvertretung innerhalb von sechs Monaten, jeweils vom Zeitpunkt der Beendigung der Amtszeit an gerechnet, unzulässig, es sei denn, dass Tatsachen vorliegen, die den Arbeitgeber zur Kündigung aus wichtigem Grund ohne Einhaltung einer Kündigungsfrist berechtigen; dies gilt nicht, wenn die Beendigung der Mitgliedschaft auf einer gerichtlichen Entscheidung beruht.
§ 15 Abs. 4 KSchG	Wir der Betrieb stillgelegt, so ist die Kündigung der in den Absätzen 1 bis 3 genannten Personen frühestens zum Zeitpunkt der Stillegung zulässig, es sei denn, dass ihre Kündigung zu einem früheren Zeitpunkt durch zwingende betriebliche Erordernisse bedingt ist.
§ 15 Abs. 5 KSchG	Wird eine der in den Absätzen 1 bis 3 genannten Personen in einer Betriebsabteilung beschäftigt, die stillgelegt wird, so ist sie in eine andere Betriebsabteilung zu übernehmen. Ist dies aus betrieblichen Gründen nicht möglich, so findet auf ihre Kündigung die Vorschrift des AbSatz 4 über die Kündigung bei Stillegung des Betriebs sinngemäß Anwendung.

Ein Jahr nachwirkender Schutz vor ordentlicher Kündigung

„(...) Mitglieder der Jugend- und Auszubildendenvertretung sind während ihrer Amtszeit und eines einjährigen Nachwirkungszeitraums vor dem Ausspruch einer ordentlichen Kündigung geschützt (§ 15 Abs. 1 KSchG) und damit einer sozialen Auswahl im Rahmen eines Personalabbaus entzogen. (...)“
(BAG, Beschluss v. 16.8.1995 – 7 ABR 52/94)

Ersatzmitglieder nach Beendigung des Verhinderungsfalls

„Ersatzmitglieder des Betriebsrates, die stellvertretend für ein zeitweilig verhindertes ordentliches Betriebsratsmitglied dem Betriebsrat angehört und Aufgaben eines Mitgliedes des Betriebsrates wahrgenommen haben, genießen nach Beendigung des Vertretungsfalles grundsätzlich den nachwirkenden Kündigungsschutz des KSchG § 15 Abs. 1 S. 2.
Es bleibt unentschieden, ob der nachwirkende Kündigungsschutz für zeitweilig in den Betriebsrat nachgerückte Ersatzmitglieder auch dann eingreift, wenn dem Arbeitgeber bei Ausspruch einer ordentlichen Kündigung nicht bekannt ist, daß das Ersatzmitglied vor Ablauf eines Jahres stellvertretend als Mitglied des Betriebsrates amtiert hat.

Wahrnehmung von Betriebsratsaufgaben während der Vertretungszeit als Voraussetzung

(...) Der nachwirkende Kündigungsschutz nach § 15 Abs. 1 Satz 2 KSchG für ein Ersatzmitglied, das ein zeitweilig verhindertes gewähltes Mitglied vertreten hat, greift nur ein, wenn das Ersatzmitglied während der Vertretungszeit auch tatsächlich Betriebsratsaufgaben wahrgenommen hat. Diese Anwendung des § 15 Abs. 1 Satz 2 KSchG folgt aus der Rechtsstellung der vorübergehend in den Betriebsrat nachgerückten Ersatzmitglieder und dem Zweck des nachwirkenden Kündigungsschutzes.
(...) Der nachwirkende Kündigungsschutz nach § 15 Abs. 1 Satz 2 KSchG greift in der Regel auch dann ein, wenn vor der Beendigung der Amtszeit des Betriebsrates die persönliche Mitgliedschaft einzelner Mitglieder des Betriebsrates endet. Das gilt nach der aufgrund des Gesetzeswortlautes möglichen und durch den Schutzzweck dieser Vorschrift und das Schutzbedürfnis der Ersatzmitglieder gebotenen Auslegung im GrundSatz auch dann, wenn ein vorübergehend in den Betriebsrat nachgerücktes Ersatzmitglied wieder ausscheidet, nachdem der Vertretungsfall abgeschlossen ist oder die Vertretung wegen eigener nicht nur unverhältnismäßig kurzer Verhinderung nicht mehr möglich ist. Dieser Sonderfall der Beendigung der persönlichen Mitgliedschaft wird zwar in § 24 BetrVG nicht ausdrücklich genannt. Er ist aber eine gesetzliche Folge des im § 25 Abs. 1 Satz 2 BetrVG vorgesehenen Nachrückens der Ersatzmitglieder nur für die Dauer der

Stellvertretung eines vorübergehend verhinderten ordentlichen Mitgliedes. Auch die Beendigung der befristeten Mitgliedschaft des Ersatzmitgliedes erfüllt den Tatbestand der „Beendigung der Amtszeit" im Sinne des § 15 Abs. 1 Satz 2 KSchG.

(...) Da die Ersatzmitglieder den vollen Sonderkündigungsschutz des § 15 Abs. 1 Satz 1 KSchG nur haben, solange sie als Vertreter im Betriebsrat mitwirken, bedürfen sie eines nachwirkenden Schutzes sogar noch dringender als die ordentlichen Mitglieder, die – sofern sie nicht vorzeitig ausscheiden – für die gesamte Dauer der Amtszeit des Betriebsrates als Gremium gegen ordentliche und gegen außerordentliche Kündigungen, die ohne Zustimmung des Betriebsrates bzw. ohne gerichtliche Ersetzung der Zustimmung vom Arbeitgeber ausgesprochen werden, geschützt sind. Die erforderliche Unabhängigkeit der Ersatzmitglieder wäre nicht gesichert, wenn sie damit rechnen müßten, sogleich nach Beendigung ihrer „Amtszeit" z. B. bei betriebsbedingten Kündigungen herausgegriffen zu werden, falls sie sich durch die Ausübung ihres Amtes beim Arbeitgeber oder anderen Arbeitnehmern „unbeliebt" gemacht haben. Ohne nachwirkenden Schutz könnten die Ersatzmitglieder ihr Amt nicht frei und ohne Sorge um den Fortbestand ihres Arbeitsverhältnisses ausüben. Sie stünden vielmehr in der Versuchung, sich während der Zeit ihrer Vertretung möglichst zurückzuhalten und bei Entscheidungen, denen sie sich nicht entziehen können, nicht ihrer Überzeugung, sondern taktischen Überlegungen zu folgen.

Sicherung der Unabhängigkeit auch der Ersatzmitzglieder nach (jeweiliger) „Amtszeit"

(...) Anders als beim Kündigungsschutz für die Dauer des Vertretungsfalles genügt es für den nachwirkenden Kündigungsschutz des Ersatzmitgliedes jedoch nicht, wenn es zwar kurzfristig oder auch für einen „gewissen Zeitraum" zur Vertretung eines verhinderten Mitgliedes „berufen" war, aber in der Vertretungszeit keine konkreten Vertretungsaufgaben angefallen sind. Da der nachwirkende Kündigungsschutz die unabhängige, pflichtgemäße Ausübung des Amtes eines Betriebsrates gewährleisten soll, bedarf es keiner „Abkühlungsphase", wenn das Ersatzmitglied weder an Sitzungen des Betriebsrates teilgenommen noch andere Betriebsratstätigkeiten ausgeübt hat und deswegen vor einer möglichen Interessenkollision bewahrt worden ist. Diese Einschränkung ist allerdings nur dann geboten, wenn das Ersatzmitglied während der Vertretung überhaupt keine Aufgaben eines ordentlichen Betriebsratsmitgliedes wahrgenommen hat. Sachlich nicht gerechtfertigt und nicht hinreichend eindeutig und bestimmt wäre eine Abgrenzung, die darauf abstellt, ob das Ersatzmitglied „wesentliche" und „wichtige" oder nur „geringfügige" und „unbedeutende" Betriebsratstätigkeiten ausgeführt hat. (...) Die Dauer der Vertretung ist für die Gewährung und Begrenzung des nachwirkenden Schutzes ein ebenso ungeeignetes Merkmal wie die sachliche Bedeutung der Vertretungstätigkeit.

(...) Der nachwirkende Kündigungsschutz für Ersatzmitglieder beginnt nach der Beendigung der Mitgliedschaft im Betriebsrat. Er ist nach § 15 Abs. 1 Satz 2 KSchG für ehemalige Mitglieder des Betriebsrates auf ein Jahr befristet.

(...) Der Betriebsratsvorsitzende hat den Arbeitgeber von der Ladung des Ersatzmitgliedes zu einer Sitzung zu unterrichten. Da das Ersatzmitglied verpflichtet ist, die betrieblichen Interessen des Arbeitgebers zu wahren, soll zudem auch das zur Vertretung herangezogene Ersatzmitglied den Arbeitgeber benachrichtigen, wann es zu einer Betriebsratssitzung geladen wird.

Pflicht zur Unterrichtung des Arbeitgebers von der Betriebsratstätigkeit des nachgerückten Ersatzmitglieds

Diese Pflicht trifft das Ersatzmitglied auch und gerade dann, wenn es außerhalb von Sitzungen als Vertreter des verhinderten ordentlichen Mitgliedes tätig wird, weil dann eine Informationspflicht des Betriebsratsvorsitzenden nach § 30 BetrVG nicht besteht. Da das Ersatzmitglied bei einem Streit über den Erwerb des besonderen Kündigungsschutzes nach § 15 Abs. 1 Satz 1 KSchG und den sich daran anschließenden nachwirkenden Schutz darlegen und beweisen muß, daß es zeitweilig als Betriebsratsmitglied amtiert hat, liegt es zugleich in seinem eigenen Interesse, dem Arbeitgeber alle nicht durch ein Protokoll über Betriebsratssitzungen (§ 34

BetrVG) nachzuweisenden Amtshandlungen für ein verhindertes Mitglied unverzüglich zu melden. Dadurch wird dem Arbeitgeber auch die von der Revisionsbeklagten für erforderlich erachtete Prüfung ermöglicht, ob tatsächlich ein Vertretungsfall vorgelegen hat, d. h. ob das vertretene Mitglied des Betriebsrates wirklich zeitweise verhindert war, oder ob es tatsächlich und rechtlich in der Lage war, sein Amt auszuüben und darauf aus unbeachtlichen Gründen verzichtet hat.
Zweifelhaft, aber im Streitfall nicht entscheidungserheblich kann nur sein, ob das Ersatzmitglied sich auch dann auf den nachwirkenden Kündigungsschutz berufen kann, wenn dem Arbeitgeber die Vertretung im Betriebsrat oder ihr Zeitpunkt nicht bekannt war, weil sowohl der Vorsitzende des Betriebsrats als auch das nachgerückte Ersatzmitglied die entsprechenden Mitteilungen zunächst unterlassen hatten und erst nach Ausspruch der Kündigung nachgeholt haben. Es ist zu erwägen, ob der besondere Kündigungsschutz in diesen Fällen nur dann nicht eingreift, wenn das Verhalten des Ersatzmitgliedes als Rechtsmißbrauch zu werten ist, oder ob der dem Arbeitgeber unbekannte nachwirkende Kündigungsschutz nur erhalten bleibt, wenn er vom Arbeitnehmer zumindest innerhalb einer angemessenen Frist nach Zugang der Kündigung geltend gemacht worden ist.
Nach welchen Grundsätzen die dem Arbeitgeber unbekannte Vertretung des Ersatzmitgliedes im Betriebsrat zu beurteilen ist, bedarf vorliegend keiner Entscheidung (...). (...)"
(BAG, Beschluss v. 6.9.1979 – 2 AZR 548/77)

„Der nachwirkende einjährige Kündigungsschutz gemäß § 15 Abs. 1 S. 2 KSchG steht einem Ersatzmitglied des Betriebsrats nach Beendigung seiner Betriebsratstätigkeit unabhängig von der Dauer seiner Amtszeit bzw seines Einsatzes im Betriebsrat zu.
Die Betriebsratstätigkeit eines Ersatzmitgliedes setzt nicht die tatsächliche Teilnahme an einer Betriebsratssitzung voraus; ausreichend ist vielmehr bereits eine Ladung und Vorbereitung des Betroffenen zu dieser Sitzung. Schon während dieser Phase kann das Ersatzmitglied amtsbedingt in eine Konfliktstellung zum Arbeitgeber geraten, insbesondere wenn dieser die Teilnahme an der Betriebsratssitzung dadurch verhindert, daß er eine betriebsbedingte Unabkömmlichkeit des Ersatzmitgliedes einwendet."
(LAG Brandeburg, Urteil v. 9.6.1995 – 5 Sa 205/95)

M. Weiterbeschäftigungsanspruch der Mitglieder der Jugend- und Auszubildendenvertretung

§78a Abs. 1 BetrVG	Beabsichtigt der Arbeitgeber, einen Auszubildenden, der Mitglied der Jugend- und Auszubildendenvertretung, des Betriebsrats, der Bordvertretung oder des Seebetriebsrats ist, nach Beendigung des Berufsausbildungsverhältnisses nicht in ein Arbeitsverhältnis auf unbestimmte Dauer zu übernehmen, so hat er dies drei Monate vor Beendigung des Berufsausbildungsverhältnisses dem Auszubildenden schriftlich mitzuteilen.
§78a Abs. 2 BetrVG	Verlangt ein in Abs. 1 genannter Auszubildender innerhalb der letzten drei Monate vor Beendigung des Berufsausbildungsverhältnisses schriftlich vom Arbeitgeber die Weiterbeschäftigung, so gilt zwischen Auszubildendem und Arbeitgeber im Anschluß an das Berufsausbildungsverhältnis ein Arbeitsverhältnis auf unbestimmte Zeit als begründet. Auf dieses Arbeitsverhältnis ist insbesondere §37 Abs. 4 und 5 entsprechend anzuwenden.
§78a Abs. 3 BetrVG	Die Absätze 1 und 2 gelten auch, wenn das Berufsausbildungsverhältnis vor Ablauf eines Jahres nach Beendigung der Amtszeit der Jugend- und Auszubildendenvertretung, des Betriebsrats, der Bordvertretung oder des Seebetriebsrats endet.
§78a Abs. 4 BetrVG	Der Arbeitgeber kann spätestens bis zum Ablauf von zwei Wochen nach Beendigung des Berufsausbildungsverhältnisses beim Arbeitsgericht beantragen, 1. festzustellen, dass ein Arbeitsverhältnis nach Absatz 2 oder 3 nicht begründet wird, oder 2. das bereits nach Absatz 2 oder 3 begründete Arbeitsverhältnis aufzulösen, wenn Tatsachen vorliegen, aufgrund derer dem Arbeitgeber unter Berücksichtigung aller Umstände die Weiterbeschäftigung nicht zugemutet werden kann. In dem Verfahren vor dem Arbeitsgericht sind der Betriebsrat, die Bordvertretung, der Seebetriebsrat, bei Mitgliedern der Jugend- und Auszubildendenvertretung auch diese Beteiligte.
§78a Abs. 5	Absätze 2 bis 4 finden unabhängig davon Anwendung, ob der Arbeitgeber seiner Mitteilungspflicht nach Absatz 1 nachgekommen ist.

I. Sinn und Zweck des Weiterbeschäftigungsanspruchs

„(...) Nach §78a Abs. 2 Satz 1, Abs. 1 BetrVG gilt zwischen einem Auszubildenden, der Mitglied der Jugend- und Auszubildendenvertretung oder eines der anderen dort genannten Betriebsverfassungsorgane ist, und dem Arbeitgeber im Anschluss an das Berufsausbildungsverhältnis ein Arbeitsverhältnis auf unbestimmte Zeit als begründet, wenn der Auszubildende in den letzten drei Monaten vor Beendigung des Berufsausbildungsverhältnisses vom Arbeitgeber schriftlich die Weiterbeschäftigung verlangt. Diese Übernahmeverpflichtung soll die Ämterkontinuität der in §78a Abs. 1 BetrVG genannten Arbeitnehmervertretungen gewährleisten und den Amtsträger vor nachteiligen Folgen bei seiner Amtsführung während des Berufsausbildungsverhältnisses schützen. Die Vorschrift stellt eine besondere gesetzliche Ausformung des betriebsverfassungsrechtlichen Benachteiligungsverbots von Amtsträgern in §78 Satz 2 BetrVG dar. (...)" (BAG, Urteil v. 18.11.2020 – 5 AZR 103/20; BAG, Beschluss v. 8.9.2010 – 7 ABR 33/09; BAG, Beschluss v. 17.2.2010 – 7 ABR 89/08; BAG, Beschluss v. 25.2.2009 – 7 ABR 61/07)

Gewährleistung der Ämterkontinuität

Schutz des Amtsträgers vor Benachteiligung wegen Amtsausübung

„(...) Normzweck des §78a BetrVG ist die Gewährleistung der Ämterkontinuität der in Abs. 1 genannten Arbeitnehmervertretungen und der durch die Weiterbeschäftigung in einem unbefristeten Arbeitsverhältnis vermittelte Schutz des Amtsträgers vor nachteiligen Folgen bei der Amtsführung während des Berufsausbildungsverhältnisses. Beide Schutzzwecke stehen

gleichberechtigte Schutzzwecke

gleichberechtigt nebeneinander, ein bestimmtes Rangverhältnis ist auch der Gesetzesbegründung (BT-Drucks. 7/1170 S. 3) nicht zu entnehmen. (...)"
(BAG, Beschluss v. 15.11.2006 – 7 ABR 15/06)

Sicherung unbefangener Amtsausübung

„(...) Die Vorschrift des §78 a BetrVG dient nicht nur dem Schutz der Amtskontinuität, sondern will dem Auszubildenden auch die Besorgnis nehmen, wegen seiner Amtsübernahme oder der Art seiner Amtsausübung vom Arbeitgeber benachteiligt zu werden. Zur Vermeidung einer solchen Benachteiligung kann der Arbeitgeber daher gehalten sein, Änderungswünschen, denen er auch bei anderen Auszubildenden nachkommen würde, bei einem durch §78 a BetrVG geschützten Auszubildenden bevorzugt Rechnung zu tragen. (...)"
(BAG, Beschluss v. 6.11.1996 – 7 ABR 54/95)

Sicherung einer unabhängigen Rechtsstellung

„(...) Vor allem aber gewährt §78 a BetrVG den dort geschützten Auszubildenden eine besondere, von der privatautonomen Entscheidung des Arbeitgebers, ob und mit welchen Arbeitsbedingungen er dem Auszubildenden ein Arbeitsverhältnis anbietet, weitgehend unabhängige Rechtsstellung, die es den anderen Auszubildenden gerade vorenthält. (...) Der Inhalt dieser besonderen Rechtsstellung erschöpft sich auch nicht notwendig in einem Benachteiligungsverbot im Sinne des §78 Satz 2 BetrVG. Das Gesetz geht vielmehr davon aus, daß Mitglieder von Betriebsverfassungsorganen im Interesse der freien Ausübung ihrer betriebsverfassungsrechtlichen Aufgaben eines besonderen Schutzes bedürfen.

individuelle Besserstellung gegenüber anderen Auszubildenden gesetzgeberischer Wille

Soweit dieser vom Gesetz für notwendig gehaltene Sonderschutz zu einer individuellen Besserstellung und damit entgegen der Grundregel des §78 Satz 2 BetrVG zu einer gewissen Bevorzugung des unter §78 a BetrVG fallenden Auszubildenden gegenüber den übrigen Auszubildenden führt, ist dies vom Gesetzgeber im Interesse des Schutzes des Betriebsverfassungsamtes bewußt in Kauf genommen worden. (...)

Motivation zur Amtsübernahme

Zweck des §78 a BetrVG ist nicht nur der Schutz der Amtskontinuität, sondern auch der Schutz der Unabhängigkeit des Auszubildenden bei seiner Entscheidung zur Amtsübernahme und bei seiner Amtsausübung. Der Auszubildende soll nicht befürchten müssen, der Arbeitgeber werde sich bei seiner Übernahmeentscheidung durch die Amtsübernahme bzw. -ausübung beeinflussen lassen. Zu diesem Zweck gewährt AbSatz 2 des §78 a BetrVG dem Auszubildenden eine wirtschaftliche Absicherung seines mit dem jeweiligen Ausbildungsberuf erstrebten Ausbildungszieles, sofern der Arbeitgeber hiergegen keine begründeten und nach AbSatz 4 zu prüfenden Einwendungen hat.

wirtschaftliche Absicherung für die Zeit nach dem Ausbildungsende

Dieses Ausbildungsziel geht regelmäßig dahin, in dem erlernten Beruf ohne Hinzutreten weiterer Einkünfte eine ausreichende, dem jeweiligen Berufsbild entsprechende wirtschaftliche Lebensgrundlage zu finden. Dies aber ist nach allgemeiner Auffassung nur in einem Vollzeitarbeitsverhältnis gegeben; auch die Tarifvertragsparteien gehen bei der Bemessung des Arbeitsentgelts von einem Vollzeitarbeitsverhältnis aus. (...)"
(BAG, Urteil v. 25.5.1988 – 7 AZR 627/87)

„(...) Mit dem nach §78 a BetrVG verfolgten Schutzzweck soll sichergestellt werden, daß die Tätigkeit der Mitglieder der Jugendvertretung und des Betriebsrats unabhängig von dem Druck, berufliche Nachteile zu erleiden, ausgeübt werden kann. (...)"
(BAG, Urteil v. 15.1.1980 – 6 AZR 726/79)

II. Inhalt des Weiterbeschäftigungsanspruchs

„(...) Durch ein form- und fristgerechtes Übernahmeverlangen des Auszubildenden entsteht zwischen dem Arbeitgeber und dem Mitglied der in § 78a Abs. 1 BetrVG genannten Arbeitnehmervertretungen nach § 78a Abs. 2 Satz 1 BetrVG ein unbefristetes Vollzeitarbeitsverhältnis im Ausbildungsberuf. (...)"
(BAG, Beschluss v. 8.9.2010 – 7 ABR 33/09 –; BAG v. 17.2.2010 – 7 ABR 89/08 –; BAG, Beschluss v.25.2.2009 – 7 ABR 61/07)

unbefristetes Vollzeitarbeitsverhältnis im erlernten Ausbildungsberuf

„Nach § 78a Abs. 2 BetrVG entsteht kraft Gesetzes durch ein vom Auszubildenden form- und fristgerecht erhobenes Weiterbeschäftigungsverlangen ein unbefristetes Vollzeitarbeitsverhältnis, das einen Anspruch auf eine ausbildungsgerechte Beschäftigung im Ausbildungsbetrieb begründet."
(BAG, Beschluss v. 16.7.2008 – 7 ABR 13/07 ; BAG, Beschluss v. 8.8.2007 – 7 ABR 43/06; BAG, Beschluss v. 6.11.1996 – 7 ABR 54/95)

Entstehen des Arbeitsverhältnisses kraft gesetzlich angeordneter Rechtsfolge

„(...) Nach § 78a Abs. 2 Satz 1 BetrVG erfolgt die Begründung des Arbeitsverhältnisses stets und ausnahmslos mandatswahrend und ohne Unterbrechung im unmittelbaren Anschluss an das Berufsausbildungsverhältnis. (...)"
(BAG, Beschluss v. 5.12.2007 – 7 ABR 65/06)

Wahrung des Amtes nahtloser Übergang von Ausbildung in Arbeitsverhältnis

„Durch das Übernahmeverlangen eines gemäß § 78a BetrVG geschützten Auszubildenden kann kraft Gesetzes nur ein unbefristetes Arbeitsverhältnis entstehen. Die Begründung eines befristeten Arbeitsverhältnisses bedarf stets einer dahingehenden vertraglichen Vereinbarung.
(...) Ist dem Arbeitgeber die Übernahme in ein unbefristetes Arbeitsverhältnis nicht zumutbar, weil ihm ein entsprechender Arbeitsplatz nicht zur Verfügung steht, so kann der Arbeitgeber zwar bei Einverständnis des ehemaligen Auszubildenden einen befristeten Arbeitsvertrag schließen. Gegen den Willen des Arbeitgebers kann jedoch der ehemalige Auszubildende die Übernahme in ein befristetes Arbeitsverhältnis nicht auf dem Wege des § 78 a Abs. 2 bzw. Abs. 3 BetrVG durchsetzen. Nach diesen Vorschriften kommt auf das Verlangen des Auszubildenden hin ein unbefristetes Arbeitsverhältnis zustande. Nur um dessen Nichtentstehen bzw. dessen Auflösung und damit allein um die Unzumutbarkeit eines unbefristeten Arbeitsverhältnisses geht es im Verfahren nach § 78 a Abs. 4 BetrVG.
Der erkennende Senat hat bereits zum Teilzeitarbeitsverhältnis ausgeführt, ein solches könne nicht kraft Gesetzes gemäß § 78 a Abs. 2 bzw. Abs. 3 BetrVG, sondern nur nach Maßgabe des Konsensprinzips entstehen. Ein gemäß § 78 a Abs. 2 bzw. Abs. 3 BetrVG entstandenes Vollzeitarbeitsverhältnis ist, wenn dem Arbeitgeber die Weiterbeschäftigung nur im Rahmen eines Teilzeitarbeitsverhältnisses zumutbar ist, selbst dann gemäß § 78 a Abs. 4 BetrVG aufzulösen, wenn der Auszubildende, nicht aber der Arbeitgeber sein Einverständnis mit der Begründung eines Teilzeitarbeitsverhältnisses erklärt hat. Entsprechendes muß erst recht für die Begründung eines befristeten Arbeitsverhältnisses gelten, da § 78 a Abs. 2 bzw. Abs. 3 BetrVG als Rechtsfolge ausdrücklich nur die Begründung eines Arbeitsverhältnisses auf unbestimmte Zeit vorsehen. (...)"
(BAG, Beschluss v. 24.7.1991 – 7 ABR 68/90)

Befristung des Arbeitsverhältnisses bedarf besonderer Vereinbarung

„(...) Wie der erkennende Senat im Beschluß vom 29. November 1989 unter Aufgabe der früheren abweichenden Rechtsprechung entschieden und näher begründet hat, hindert auch ein Feststellungsantrag nach § 78 a Abs. 4 Satz 1 Nr. 1 BetrVG, den der Arbeitgeber bis zur Beendigung des Berufsausbildungsverhältnisses stellen kann, das Entstehen eines Arbeitsverhältnisses nach § 78 a Abs. 2 bzw. Abs. 3 BetrVG nicht, wenn diesem Antrag im Zeitpunkt der Beendigung des Berufsausbildungsverhältnisses noch nicht rechtskräftig stattgegeben worden ist. (...)"
(BAG, Beschluss v. 24.7.1991 – 7 ABR 68/90)

Entstehen des Arbeitsverhältnisses trotz vom Arbeitgeber eingeleiteten gerichtlichen Verfahrens

III. Weiterbeschäftigung zu anderen Bedingungen

Mitteilung der Bereitschaft zur Weiterbeschäftigung auch zu anderen Bedingungen durch Azubi unmittelbar nach Ablehnung der Weiterbeschäftigung durch Arbeitgeber

„Ein Auszubildender, der bei Fehlen einer ausbildungsadäquaten Weiterbeschäftigungsmöglichkeit auch zu anderen als den sich aus §78a Abs. 2 BetrVG ergebenden Arbeitsbedingungen in ein Arbeitsverhältnis im Ausbildungsbetrieb übernommen werden möchte, muss dem Arbeitgeber unverzüglich nach dessen Nichtübernahmeerklärung seine Bereitschaft zu einer Weiterbeschäftigung zu geänderten Vertragsbedingungen mitteilen. Eine Einverständniserklärung im gerichtlichen Verfahren über den Auflösungsantrag nach §78a Abs. 4 S. 1 Nr. 2 BetrVG genügt nicht.
(...) Nach §78a Abs. 2 Satz 1 BetrVG entsteht durch ein vom Auszubildenden form- und fristgerecht erhobenes Weiterbeschäftigungsverlangen kraft Gesetzes ein unbefristetes Vollzeitarbeitsverhältnis, das einen Anspruch auf eine ausbildungsgerechte Beschäftigung im Ausbildungsbetrieb begründet. Inhaltliche Änderungen dieses Arbeitsverhältnisses unterliegen dem Konsens-prinzip. Deshalb darf ein Auflösungsantrag nach §78a Abs. 4 Satz 1 Nr. 2 BetrVG nicht mit der Erwägung abgewiesen werden, dem Arbeitgeber wäre die Begründung eines anderen als des nach §78a Abs. 2 BetrVG entstehenden Arbeitsverhältnisses zumutbar gewesen. Aus dem Schutzzweck des §78a BetrVG ergibt sich allerdings eine Pflicht des Arbeitgebers zur Weiterbeschäftigung des Auszubildenden zu anderen als den sich aus §78a Abs. 2 Satz 1 BetrVG ergebenden Arbeitsbedingungen, wenn sich der Auszubildende zumindest hilfsweise mit einer Beschäftigung zu geänderten Vertragsbedingungen bereit erklärt hat. Hat der Auszubildende seine Bereitschaft zu einer anderweitigen Beschäftigung im Ausbildungsbetrieb erklärt, muss der Arbeitgeber prüfen, ob ihm diese möglich und zumutbar ist. Unterlässt er die Prüfung oder verneint er zu Unrecht die Möglichkeit und die Zumutbarkeit, kann das nach §78a Abs. 2 Satz 1 BetrVG entstandene, auf die ausbildungsgerechte Beschäftigung gerichtete Arbeitsverhältnis nicht nach §78a Abs. 4 Satz 1 Nr. 2 BetrVG aufgelöst werden, obwohl eine vollzeitige Beschäftigungsmöglichkeit in einem unbefristeten Arbeitsverhältnis im Ausbildungsberuf nicht besteht. Der Arbeitgeber ist dann darauf verwiesen, die notwendigen Änderungen der Vertragsbedingungen durch individualrechtliche Maßnahmen durchzusetzen.
Allerdings muss ein Auszubildender, der bei Fehlen einer ausbildungsadäquaten Weiterbeschäftigungsmöglichkeit auch zu anderen als den sich aus §78a Abs. 2 BetrVG ergebenden Arbeitsbedingungen in ein Arbeitsverhältnis im Ausbildungsbetrieb übernommen werden möchte, dem Arbeitgeber unverzüglich nach dessen Nichtübernahmeerklärung seine Bereitschaft zu einer Weiterbeschäftigung zu geänderten Vertragsbedingungen mitteilen. Eine Einverständniserklärung im gerichtlichen Verfahren über den Auflösungsantrag genügt nicht. Der Auszubildende darf sich nicht darauf beschränken, sein Einverständnis mit allen in Betracht kommenden Beschäftigungen zu erklären oder die Bereitschaftserklärung mit einem Vorbehalt zu verbinden. Er muss die von ihm hilfsweise für möglich gehaltene Beschäftigung vielmehr so konkret beschreiben, dass der Arbeitgeber erkennen kann, wie sich der Auszubildende seine Weiterarbeit vorstellt.

Erforderlichkeit der konkreten Beschreibung der anderweitigen Beschäftigungsmöglichkeit durch Azubi

Der Beteiligte zu 3. erklärte sich hier nicht rechtzeitig dazu bereit, zu geänderten Bedingungen weiterbeschäftigt zu werden. Er erteilte sein Einverständnis nicht unverzüglich nach der Nichtübernahmemitteilung der Arbeitgeberin, sondern erst im gerichtlichen Verfahren über den Auflösungsantrag in der Anhörung vor dem Landesarbeitsgericht. Seine Bereitschaft zur Weiterarbeit zu geänderten Bedingungen war demnach unbeachtlich und löste keine weitere Prüfungspflicht der Arbeitgeberin aus. (...)"
(BAG, Beschluss v. 8.9.2010 – 7 ABR 33/09)

„(...) Will ein durch §78a BetrVG geschützter Auszubildender auch zu anderen Arbeitsbedingungen im Ausbildungsbetrieb übernommen werden, muss er dem Arbeitgeber diese Bereitschaft unverzüglich nach dessen Mitteilung der Nichtübernahme erklären und dabei konkret angeben, zu

welchen Bedingungen er sich die Weiterarbeit vorstellt. (...)"
(...) Nachdem die Arbeitgeberin am 24. Oktober 2006 der Beteiligten zu 2. schriftlich mitgeteilt hatte, dass sie nicht in ein Arbeitsverhältnis übernommen werde, beantragte diese mit Schreiben vom 18. Januar 2007 ihre Übernahme in ein unbefristetes Vollzeitarbeitsverhältnis im erlernten Beruf im Anschluss an ihre Ausbildung. In diesem Schreiben gab sie u.a. an:

> *„Sollte eine entsprechende Beschäftigung nicht möglich sein, so wäre ich hilfsweise auch bereit, zu anderen als den sich aus § 78a BetrVG ergebenden Arbeitsbedingungen in ein Arbeitsverhältnis übernommen zu werden."* (...)"

(...) Dagegen muss das Landesarbeitsgericht nicht prüfen, ob der Arbeitgeberin die Weiterbeschäftigung der Beteiligten zu 2. zu geänderten Arbeitsbedingungen zumutbar gewesen wäre. Eine anderweitige Beschäftigung musste die Arbeitgeberin wegen der nur ungenügenden Bereitschaftserklärung der Beteiligten zu 2. im schriftlichen Übernahmeverlangen nicht in Betracht ziehen.
Nach § 78a Abs. 2 Satz 1 BetrVG entsteht kraft Gesetzes durch ein vom Auszubildenden form- und fristgerecht erhobenes Weiterbeschäftigungsverlangen ein unbefristetes Vollzeitarbeitsverhältnis, das einen Anspruch auf eine ausbildungsgerechte Beschäftigung im Ausbildungsbetrieb begründet. Inhaltliche Änderungen dieses Arbeitsverhältnisses unterliegen dem Konsensprinzip, so dass der Auflösungsantrag nach § 78a Abs. 4 Satz 1 Nr. 2 BetrVG nicht mit der Begründung abgewiesen werden darf, dem Arbeitgeber wäre die Begründung eines anderen als des nach § 78a Abs. 2 BetrVG entstehenden Arbeitsverhältnisses zumutbar gewesen. Aus dem Schutzzweck des § 78a BetrVG ergibt sich allerdings eine Pflicht des Arbeitgebers zur Weiterbeschäftigung des Auszubildenden zu anderen als den sich aus § 78a BetrVG ergebenden Arbeitsbedingungen, wenn sich der Auszubildende zumindest hilfsweise mit einer Beschäftigung zu geänderten Vertragsbedingungen bereit erklärt hat. Übernimmt der Arbeitgeber zB andere Auszubildende in ein nicht ausbildungsgerechtes Arbeitsverhältnis, ist er zur Vermeidung einer ansonsten eintretenden Benachteiligung eines durch § 78a BetrVG geschützten Auszubildenden wegen der Amtsausübung auch bei dessen Weiterbeschäftigungsverlangen zur Begründung eines entsprechenden Arbeitsverhältnisses verpflichtet. Die Weiterbeschäftigungspflicht des Arbeitgebers zu geänderten Arbeitsbedingungen ist gleichfalls betriebsbezogen. Hat der Auszubildende seine Bereitschaft zu einer anderweitigen Beschäftigung im Ausbildungsbetrieb erklärt, muss der Arbeitgeber prüfen, ob ihm diese möglich und zumutbar ist. Unterlässt er die Prüfung oder verneint er zu Unrecht die Möglichkeit und die Zumutbarkeit, so kann das nach § 78a Abs. 2 BetrVG entstandene, auf die ausbildungsgerechte Beschäftigung gerichtete Arbeitsverhältnis nicht nach § 78a Abs. 4 BetrVG aufgelöst werden, obwohl eine vollzeitige Beschäftigungsmöglichkeit in einem unbefristeten Arbeitsverhältnis im Ausbildungsberuf nicht besteht. Der Arbeitgeber ist dann darauf verwiesen, die notwendigen Änderungen der Vertragsbedingungen durch individualrechtliche Maßnahmen durchzusetzen.
Ein Auszubildender, der bei Fehlen einer ausbildungsadäquaten Weiterbeschäftigungsmöglichkeit auch zu anderen als den sich aus § 78a Abs. 2 BetrVG ergebenden Arbeitsbedingungen in ein Arbeitsverhältnis im Ausbildungsbetrieb übernommen werden möchte, muss dem Arbeitgeber unverzüglich nach dessen Nichtübernahmemitteilung seine Bereitschaft zu einer Übernahme in ein Arbeitsverhältnis zu geänderten Vertragsbedingungen mitteilen. Eine Einverständniserklärung im gerichtlichen Verfahren über den Auflösungsantrag genügt nicht. Dem Arbeitgeber muss ausreichend Zeit für die Prüfung der Bereitschaftserklärung und ggf. die Durchführung eines Beteiligungsverfahrens nach § 99 Abs. 1 BetrVG verbleiben. Der Auszubildende darf sich nicht darauf beschränken, sein Einverständnis mit allen in Betracht kommenden Beschäftigungen zu erklären oder die

Bereitschaftserklärung mit einem Vorbehalt verbinden. Er muss vielmehr die von ihm hilfsweise für möglich gehaltene Beschäftigung so konkret beschreiben, dass der Arbeitgeber erkennen kann, wie sich der Auszubildende seine Weiterarbeit vorstellt. Kommt es nach der Bereitschaftserklärung zum Abschluss eines Arbeitsvertrags, wird hierdurch die Entstehung des gesetzlichen Arbeitsverhältnisses nach § 78a Abs. 2 Satz 1 BetrVG zu ausbildungsadäquaten Bedingungen abbedungen oder der Inhalt des bereits entstandenen Arbeitsverhältnisses abgeändert. Lehnt der Auszubildende die vom Arbeitgeber angebotene anderweitige Beschäftigung ab, kann er sich im anschließenden Verfahren nach § 78a Abs. 4 BetrVG nicht darauf berufen, dem Arbeitgeber sei die Beschäftigung zumutbar.

Wegfall des Anspruchs aus § 78a BetrVG bei Zustandekommen einer anderen Vereinbarung

Hier hat die Beteiligte zu 2. (= JAV-Mitglied) keine hinreichend bestimmte Bereitschaftserklärung zur Weiterbeschäftigung zu geänderten Bedingungen abgegeben. (...)"
(BAG, Beschluss v. 17.2.2010 – 7 ABR 89/08)

„(...) Nach § 78a Abs. 2 BetrVG entsteht kraft Gesetzes durch ein vom Auszubildenden form- und fristgerecht erhobenes Weiterbeschäftigungsverlangen ein unbefristetes Vollzeitarbeitsverhältnis, das einen Anspruch auf eine ausbildungsgerechte Beschäftigung im Ausbildungsbetrieb begründet. Inhaltliche Änderungen dieses Arbeitsverhältnisses unterliegen dem Konsensprinzip, so dass der Auflösungsantrag nach § 78a Abs. 4 Satz 1 BetrVG nicht mit der Begründung abgewiesen werden darf, dem Arbeitgeber wäre die Begründung eines anderen als des nach § 78a Abs. 2 BetrVG entstehenden Arbeitsverhältnisses zumutbar gewesen. Der Senat hat allerdings nach dem Schutzzweck des § 78a BetrVG eine Pflicht des Arbeitgebers zur Weiterbeschäftigung des Auszubildenden zu anderen als den sich aus § 78a BetrVG ergebenden Arbeitsbedingungen angenommen, wenn sich der Auszubildende zumindest hilfsweise mit einer Beschäftigung zu geänderten Vertragsbedingungen bereit erklärt hat. Übernimmt der Arbeitgeber z.B. andere Auszubildende in ein nicht ausbildungsgerechtes Arbeitsverhältnis, ist er zur Vermeidung einer ansonsten eintretenden Benachteiligung eines durch § 78a BetrVG geschützten Auszubildenden wegen der Amtsausübung auch bei dessen Weiterbeschäftigungsverlangen zur Begründung eines entsprechenden Arbeitsverhältnisses verpflichtet. Die Weiterbeschäftigungspflicht des Arbeitgebers zu geänderten Arbeitsbedingungen ist gleichfalls betriebsbezogen. Hat der Auszubildende seine Bereitschaft zu einer anderweitigen Beschäftigung im Ausbildungsbetrieb erklärt, muss der Arbeitgeber prüfen, ob ihm diese möglich und zumutbar ist. Unterlässt er die Prüfung oder verneint er zu Unrecht die Möglichkeit und die Zumutbarkeit, so kann das nach § 78a Abs. 2 BetrVG entstandene, auf die ausbildungsgerechte Beschäftigung gerichtete Arbeitsverhältnis nicht nach § 78a Abs. 4 BetrVG aufgelöst werden, obwohl eine vollzeitige Beschäftigungsmöglichkeit in einem unbefristeten Arbeitsverhältnis im Ausbildungsberuf nicht besteht. Der Arbeitgeber ist dann darauf verwiesen, die notwendigen Änderungen der Vertragsbedingungen durch individualrechtliche Maßnahmen durchzusetzen.
Ein Auszubildender, der bei Fehlen einer ausbildungsadäquaten Weiterbeschäftigungsmöglichkeit auch zu anderen als den sich aus § 78a Abs. 2 BetrVG ergebenden Arbeitsbedingungen in ein Arbeitsverhältnis im Ausbildungsbetrieb übernommen werden möchte, muss dem Arbeitgeber unverzüglich nach dessen Nichtübernahmemitteilung (§ 78a Abs. 1 BetrVG) seine Bereitschaft zu einer Übernahme in ein Arbeitsverhältnis zu geänderten Vertragsbedingungen mitteilen. Eine Einverständniserklärung im gerichtlichen Verfahren über den Auflösungsantrag genügt nicht. Dem Arbeitgeber muss ausreichend Zeit für die Prüfung der Bereitschaftserklärung und ggf. die Durchführung eines Beteiligungsverfahrens nach § 99 Abs. 1 BetrVG verbleiben. Der Auszubildende darf sich nicht darauf beschränken, sein Einverständnis mit allen in Betracht kommenden Beschäftigungen zu

erklären oder die Bereitschaftserklärung mit einem Vorbehalt verbinden. Der Auszubildende muss vielmehr die von ihm hilfsweise für möglich gehaltene Beschäftigung so konkret beschreiben, dass der Arbeitgeber erkennen kann, wie sich der Auszubildende seine Weiterarbeit vorstellt. Kommt es nach der Bereitschaftserklärung zum Abschluss eines Arbeitsvertrags, wird hierdurch die Entstehung eines Arbeitsverhältnisses aus § 78a BetrVG abbedungen bzw. der Inhalt des entstandenen Arbeitsverhältnisses abgeändert, wenn die Vereinbarung nach Bestehen der Abschlussprüfung getroffen wird. Lehnt der Auszubildende die vom Arbeitgeber angebotene anderweitige Beschäftigung ab, kann er sich im anschließenden Verfahren nach § 78a Abs. 4 BetrVG nicht darauf berufen, dem Arbeitgeber sei die Beschäftigung zumutbar.
Im Streitfall fehlt es bereits an einer ordnungsgemäßen Bereitschaftserklärung des Beteiligten zu 2). Weder sein Übernahmeverlangen vom 10. Juli 2005 noch das Schreiben vom 8. September 2005 enthalten konkrete Angaben, die der Arbeitgeberin die Prüfung einer anderweitigen Beschäftigungsmöglichkeit ermöglichten. Der Beteiligte zu 2) hat sich im Schreiben vom 8. September 2005 auf eine pauschale Einverständniserklärung zu einer Weiterarbeit im Rahmen eines befristeten Arbeitsverhältnisses, eines Arbeitsverhältnisses in Teilzeit oder auf einen berufsfremden Ein satz beschränkt."

pauschale Bereitschaftserklärungen unzureichend

(BAG, Beschluss v. 16.7.2008 – 7 ABR 13/07; BAG, Beschluss v. 8.8.2007 – 7 ABR 43/06; BAG, Beschluss v. 5.12.2007 – 7 ABR 65/06; BAG, Beschluss v. 15.11.2006 – 7 ABR 15/06)

„Ist ein Auszubildender (hilfsweise) bereit, zu anderen als den sich aus § 78a BetrVG ergebenden Arbeitsbedingungen in ein Arbeitsverhältnis übernommen zu werden, so muß er dies dem Arbeitgeber unverzüglich nach dessen Erklärung nach § 78a Abs. 1 BetrVG, spätestens mit seinem Übernahmeverlangen nach § 78a Abs. 2 BetrVG, mitteilen. Eine Einverständniserklärung im gerichtlichen Verfahren genügt nicht.
Hat der Auszubildende rechtzeitig erklärt, gegebenenfalls auch zu anderen Bedingungen zu arbeiten, muß der Arbeitgeber prüfen, ob die anderweitige Beschäftigung möglich und zumutbar ist. Unterläßt er die Prüfung oder verneint er zu Unrecht die Möglichkeit und die Zumutbarkeit, so kann das nach § 78a Abs. 2 BetrVG entstandene Arbeitsverhältnis nicht nach § 78 Abs. 4 BetrVG aufgelöst werden.
(...) Sofern allerdings der Auszubildende – wenn auch nur hilfsweise – sein Einverständnis mit einer Weiterbeschäftigung zu geänderten Arbeitsbedingungen erklärt hat, kann es der Schutzzweck des § 78 a BetrVG gebieten, daß der Arbeitgeber auf derartige Änderungswünsche eingeht, andernfalls von einer Zumutbarkeit der Weiterbeschäftigung auszugehen ist. Die Vorschrift des § 78 a BetrVG dient nicht nur dem Schutz der Amtskontinuität, sondern will dem Auszubildenden auch die Besorgnis nehmen, wegen seiner Amtsübernahme oder der Art seiner Amtsausübung vom Arbeitgeber benachteiligt zu werden. Zur Vermeidung einer solchen Benachteiligung kann der Arbeitgeber daher gehalten sein, Änderungswünschen, denen er auch bei anderen Auszubildenden nachkommen würde, bei einem durch § 78 a BetrVG geschützten Auszubildenden bevorzugt Rechnung zu tragen.
(...) Ein Auszubildender, der vorsorglich auch zu anderen als den sich aus § 78 a Abs. 2 BetrVG ergebenden Arbeitsbedingungen weiterbeschäftigt werden möchte, muß dem Arbeitgeber frühzeitig, regelmäßig nach dessen Nichtübernahmemitteilung gem. § 78 a Abs. 1 BetrVG, spätestens mit dem eigenen Weiterbeschäftigungsverlangen, zu erkennen geben, zu welchen abweichenden Arbeitsbedingungen er sich seine Weiterbeschäftigung vorstellt. Eine Einverständniserklärung erst im gerichtlichen Verfahren genügt nicht. Denn gem. § 78 a Abs. 4 BetrVG muß der Arbeitgeber den Auflösungsantrag spätestens zwei Wochen nach dem Ende des Berufsausbildungsverhältnisses stellen; hierzu muß er prüfen können, ob durch ein Eingehen auf Abänderungswünsche des Auszubildenden die Antragstellung

Notwendigkeit und Einräumung einer Überlegungs- und Umsetzungsfrist für den Arbeitgeber

nach §78 a Abs. 4 BetrVG zu vermeiden ist. Welche Überlegungsfrist dem Arbeitgeber hierbei einzuräumen ist, brauchte vorliegend nicht entschieden zu werden. (...)"
(BAG, Beschluss v. 6.11.1996 – 7 ABR 54/95)

Pflicht des Arbeitgebers zum Angebot alternativer Beschäftigung

„Der Arbeitgeber ist verpflichtet, dem Jugend- und Auszubildendenvertreter, der rechtzeitig das Übernahmeverlangen nach §78 a Abs. 2 Satz 1 BetrVG gestellt hat, eine andere als die erlernte Beschäftigung anzubieten, wenn eine Übernahme im Ausbildungsberuf aus den Gründen des §78 a Abs. 4 BetrVG nicht möglich ist und für eine Tätigkeit außerhalb des Ausbildungsberufs ein Arbeitsplatz zur Verfügung steht.
Dies gilt auch, wenn der Arbeitgeber die schriftliche Mitteilung gemäß §78 a Abs. 1 BetrVG mit dem Hinweis auf eine alternative Beschäftigungsmöglichkeit unterlassen hat.
(...) Die Beklagten hat dem Kläger zu Recht eine Beschäftigung als Kerneinleger angeboten, sie ist sogar hierzu verpflichtet gewesen. Denn nach ständiger und zutreffender Rechtsprechung des Bundesarbeitsgerichts ist ein Arbeitgeber, der einen Jugend- und Auszubildendenvertreter nach Abschluss der Berufsausbildung nicht im erlernten Ausbildungsberuf, jedoch in einer anderen Tätigkeit übernehmen kann, verpflichtet, dem Jugend- und Auszubildendenvertreter diese anzubieten, wenn er zumindest hilfsweise dazu bereit ist und diese konkret benennt. Würde man eine solche Verpflichtung ablehnen, so würde dies im Bereich des §78 a BetrVG zu einem „alles-oder-nichts"-Prinzip führen; selbst wenn es also eine Beschäftigungsmöglichkeit für den Jugend- und Auszubildendenvertreter geben würde, die allerdings nicht dem erlernten Ausbildungsberuf entspricht, müsste der Arbeitgeber das Nichtübernahme- bzw. Auflösungsverfahren des §78 a Abs. 4 BetrVG durchführen mit der Konsequenz, dass in den Fällen, in denen tatsächlich kein Arbeitsplatz im Ausbildungsberuf zur Verfügung steht, das Ausbildungsverhältnis mit der Nichtübernahme- oder Auflösungsentscheidung des Arbeitsgerichts enden würde. Eine solche Auffassung (...) überzeugt nach Ansicht der Berufungskammer nicht. Denn sie wird dem Schutzzweck der Vorschrift des §78 a BetrVG, der in der Unabhängigkeit der Amtsführung und der Kontinuität der Tätigkeit der Jugend- und Auszubildendenvertretung besteht, nicht gerecht. Dies gilt vorliegend umso mehr, als dass die Beklagte sämtliche weiteren fünf Auszubildenden, die mit dem Kläger die Abschlussprüfung bestanden haben, in ein Arbeitsverhältnis zu anderen Bedingungen als die des erlernten Ausbildungsberufes übernommen hat. Würde man nun die Beklagte zwingen, gegenüber dem Kläger das Verfahren des §78 Abs. 4 BetrVG durchzuführen und würde dieses Erfolg haben, käme es zu einem Ungleichgewicht zu Lasten der Jugend- und Auszubildendenvertreter. Die Fallkonstellation ist damit mit den Grundsätzen vergleichbar, die das Bundesarbeitsgericht zutreffend im Beschluss vom 17.02.2010 aaO. festgehalten hat, nach denen der Arbeitgeber die abweichende Übernahmemöglichkeit bereits in einer Nichtübernahmemitteilung im Sinne des §78 a Abs. 1 BetrVG beschrieben und der Jugend- und Auszubildendenvertreter sich hinreichend konkret hilfsweise mit einer solchen Beschäftigung einverstanden erklärt hat. (...)"
(LAG Hamm, Urteil v. 14.03.2017 – 7 Sa 1191/16)

IV. Weiterbeschäftigung in anderem Unternehmen oder Betrieb

Betriebsbezogenheit der Übernahmepflicht

„Der Arbeitgeber ist nach § 78a BetrVG nicht zur Weiterbeschäftigung des Auszubildenden verpflichtet, wenn seine ausbildungsgerechte Beschäftigung in einem unbefristeten Arbeitsverhältnis nur in anderen Betrieben des Unternehmens möglich ist."
(BAG, Beschluss v. 8.8.2007 – 7 ABR 43/06)

keine unternehmens- oder konzernweite Übernahmepflicht

„(...) Aus (...) § 78a BetrVG ergibt sich keine unternehmens- oder konzernweite Weiterbeschäftigungspflicht für Auszubildendenvertreter nach Beendigung des Berufsausbildungsverhältnisses. Es kommt daher nicht darauf an, ob in anderen Betrieben der Arbeitgeberin oder in anderen Unternehmen des Konzerns bei Beendigung des Berufsausbildungsverhältnisses (...) freie Arbeitsplätze vorhanden waren, die (...) hätten besetzt werden können. (...)"
(BAG, Beschluss v. 5.12.2007 – 7 ABR 65/06)

Beschränkung der Übernahmepflicht auf Ausbildungsbetrieb

„Die Weiterbeschäftigungspflicht aus § 78a Abs. 2 BetrVG setzt das Bestehen eines freien Dauerarbeitsplatzes im Ausbildungsbetrieb voraus. Der Arbeitgeber ist nach § 78a BetrVG nicht zur Weiterbeschäftigung des Auszubildenden verpflichtet, wenn seine ausbildungsgerechte Beschäftigung in einem unbefristeten Arbeitsverhältnis nur in anderen Betrieben des Unternehmens möglich ist.
(...) Nach ständiger Rechtsprechung des Bundesarbeitsgerichts ist dem Arbeitgeber die Weiterbeschäftigung im Sinne des § 78a Abs. 4 BetrVG ua. dann unzumutbar, wenn zum Zeitpunkt der Beendigung des Berufsausbildungsverhältnisses im Betrieb des Arbeitgebers kein freier Arbeitsplatz vorhanden ist, auf dem der Auszubildende mit seiner durch die Ausbildung erworbenen Qualifikation dauerhaft beschäftigt werden kann. Die danach gebotene Prüfung der ausbildungsadäquaten Weiterbeschäftigungsmöglichkeit durch den Arbeitgeber ist, wie der Senat mehrfach entschieden hat, auf den Ausbildungsbetrieb beschränkt. Der Arbeitgeber ist nach § 78a BetrVG nicht zur Weiterbeschäftigung des Auszubildenden verpflichtet, wenn seine ausbildungsgerechte Beschäftigung in einem unbefristeten Arbeitsverhältnis nur in anderen Betrieben des Unternehmens möglich ist. (...) Sie steht in Einklang mit der Rechtsprechung des Bundesverwaltungsgerichts zu der vergleichbaren Vorschrift des § 9 BPersVG, nach der es für die Frage, ob ein ausbildungsadäquater Dauerarbeitsplatz für den Jugend- und Auszubildendenvertreter zur Verfügung steht, allein auf den Bereich der Ausbildungsdienststelle ankommt. (...) Die von der Vorschrift bezweckte Ämterkontinuität wird nicht erreicht, wenn der Auszubildende in ein unbefristetes Arbeitsverhältnis in einem anderen Betrieb des Unternehmens übernommen wird. Sein bisheriges Amt erlischt, da er mit der Eingliederung in einen anderen Betrieb die Wählbarkeit in seinem bisherigen Betrieb verliert (§ 24 Nr. 4 iVm. § 61 Abs. 2, § 65 Abs. 1 – Jugend- und Auszubildendenvertretung bzw. § 115 Abs. 2 Nr. 2, Abs. 3 – Bordvertretung und § 116 Abs. 2 Nr. 2 und 9 BetrVG – Seebetriebsrat). (...)"
(BAG, Beschluss v. 15.11.2006 – 7 ABR 15/06)

Zweckverfehlung bzgl. Ämterkontinuität

V. Geltendmachung

1. Mitglied der Jugend- und Auszubildendenvertretung

„Auszubildendenvertretungen, die in örtlichen, unterhalb der Ebene des Betriebes angesiedelten Berufsbildungsstellen gebildet werden, sind keine Jugend- und Auszubildendenvertretungen i.S.v. §§60 ff BetrVG. Damit ist auch §78a BetrVG nicht unmittelbar anwendbar. §78a BetrVG gilt nach Satz 1 der Bestimmung für Auszubildende, die Mitglied der Jugend- und Auszubildendenvertretung, des Betriebsrats, der Bordvertretung oder des Seebetriebsrats sind.

keine Anwendung von §78a BetrVG auf tariflich geschaffene Ausbildungsvertretungen

Auszubildende, die in einem Betrieb, dessen Zweck die Durchführung der Berufsausbildung für andere Betriebe ist, zusammengefasst sind, sind keine Arbeitnehmer i.S.v. §5 BetrVG. Daher handelt es sich bei auf tariflicher Grundlage geschaffenen Auszubildendenvertretungen in solchen Betrieben auch nicht um Arbeitnehmervertretungen i.S.v. §3 Abs. 1 Nr. 3 BetrVG. Damit ist auch §3 Abs. 5 S. 2 BetrVG weder direkt noch analog anwendbar. Selbst bei einer tarifvertraglichen Bezugnahme auf §78a BetrVG kann die Übernahmeautomatik des §78a Abs. 2 S. 1 BetrVG ausgeschlossen sein, wenn im Tarifvertrag (hier: TV Mitbestimmung Telekom Training Center (TV 122)) noch weitere Bedingungen für die Übernahme in ein unbefristetes Arbeitsverhältnis geregelt sind, die über das bloße Weiterbeschäftigungsverlangen hinausgehen."
(BAG, Urteil v. 13.8.2008 – 7 AZR 450/07)

Beginn des Schutzes nach §78a BetrVG mit Wahl in die JAV (Mitgliedschaft)

Abschluss der öffentlichen Stimmauszählung als maßgeblicher Zeitpunkt

„Für den Schutz nach §78a BetrVG ist nicht nur auf die Amtszeit der dort genannten betriebsverfassungsrechtlichen Organe abzustellen, sondern auch auf die Mitgliedschaft eines Auszubildenden in diesen Organen.
Zu unterscheiden ist zwischen dem Beginn der Amtszeit der Jugendvertretung und dem Beginn der Mitgliedschaft in der Jugendvertretung. Diese ist nicht davon abhängig, ob bereits Amtsbefugnisse ausgeübt werden können. Ein Jugendvertreter hat die Mitgliedschaft in der Jugendvertretung bereits dann erworben, wenn nach der Stimmauszählung feststeht, daß er eine für seine Wahl ausreichende Stimmenzahl erhalten hat. In diesem Zeitpunkt besteht der Schutz nach §78a BetrVG, wenn das Berufsausbildungsverhältnis noch nicht beendet ist.
(...) Nach §78 a Abs. 2 BetrVG besteht das Übernahmerecht für Auszubildende, die Mitglieder der in Abs. 1 genannten betriebsverfassungsrechtlichen Organe sind. Nur auf die Amtszeit der Jugendvertretung als Organ stellt nach seinem Wortlaut §78 a Abs. 3 BetrVG für den nachwirkenden Schutz des Jugendvertreters ab. Insoweit hat der erkennende Senat jedoch bereits im Urteil vom 21. August 1979 dargelegt, daß der Wortlaut von §78 a Abs. 3 BetrVG nicht dahin mißverstanden werden darf, daß für den nach dieser Bestimmung angeordneten Schutz nur auf die Amtszeit der in §78 a BetrVG genannten betriebsverfassungsrechtlichen Organe abzustellen wäre. Dies entspricht der Rechtsauffassung, die der Zweite Senat des Bundesarbeitsgerichts für die Zugehörigkeit zum Betriebsrat und den daraus folgenden Schutz nach §15 KSchG in seinem Urteil vom 5. Juli 1979 vertreten hat. Der nachwirkende Schutz des Jugendvertreters hängt nicht von der Amtszeit des Organs ab, sondern von der persönlichen Zugehörigkeit des Jugendvertreters zum Organ, also seiner Mitgliedschaft in der Jugendvertretung.
Entsprechend ist auch umgekehrt der Beginn des Schutzes des Auszubildenden nach §78 a BetrVG ebenfalls nicht nach der Amtszeit des betriebsverfassungsrechtlichen Organs, sondern nach seiner Mitgliedschaft zu bestimmen.
Die Mitgliedschaft in der Jugendvertretung hat der Kläger bereits vor Beginn der Amtszeit der Jugendvertretung erworben. Die Mitgliedschaft in einem betriebsverfassungsrechtlichen Organ wird unmittelbar durch die Wahl begründet und ist nicht davon abhängig, ob der Gewählte bereits in dieser Eigenschaft tätig werden kann.

Der Kläger ist daher mit seiner Wahl nicht nur ein „gewählter Wahlbewerber“, für den der Schutz nach § 78 a BetrVG nicht vorgesehen ist, sondern bereits Mitglied des Organs Jugendvertretung geworden.
Entgegen der Auffassung des Landesarbeitsgerichts kann nicht davon ausgegangen werden, der Kläger sei erst mit der Bekanntgabe des Wahlergebnisses i.S. v. § 64 Abs. 2 Satz 2 BetrVG, § 31 Abs. 6 und § 19 Satz 1 WahlO 1972 gewählt. Zwar beginnt die Amtszeit der gewählten Jugendvertretung frühestens mit der Bekanntgabe des Wahlergebnisses. Das bedeutet aber nur, daß Amtshandlungen dieses Organs oder seiner Mitglieder erst von diesem Zeitpunkt an möglich sind. Außerdem wird durch diese Bekanntgabe das Wahlverfahren beendet und das Ende der Frist für die Wahlanfechtung bestimmt (§ 19 Abs. 2 Satz 2, § 63 Abs. 2 Satz 2 BetrVG).
Vom Beginn der Amtszeit zu unterscheiden ist die Wahl der Jugendvertreter, die durch die Wahlhandlungen der Wahlberechtigten, also deren Stimmabgabe, begründet wird. Damit muß davon aus gegangen werden, daß jedenfalls dann die Mitgliedschaft des Jugendvertreters in der Jugendvertretung begonnen hat, wenn nach der vom Wahlvorstand vorzunehmenden öffentlichen Stimmauszählung (vgl. § 31 Abs. 2, § 21 Abs. 3 Satz 2, § 13 WahlO 1972) feststeht, daß dieser eine ausreichende Stimmenzahl erhalten hat. (...)“
(BAG, Urteil v. 22.9.1983 – 6 AZR 323/81)

„Auch Ersatzmitglieder der Jugendvertretung haben die Rechte nach BetrVG § 78a Abs. 2, wenn sie ein ordentliches Mitglied vertreten.

Übernahmeanspruch des nachgerückten Ersatzmitglieds während der Dauer des Verhinderungsfalls

Für die Wirksamkeit des Übernahmeverlangens nach BetrVG § 78a Abs. 2 reicht es aus, wenn der Auszubildende zum Zeitpunkt dieses Begehrens Mitglied der Jugendvertretung ist. Nicht erforderlich ist, daß die Mitgliedschaft (hier also die Vertretung) bis zum Ende des Ausbildungsverhältnisses dauert.
(...) Ist (...) das Ersatzmitglied während der zeitweiligen Verhinderung des Jugendvertreters Mitglied dieses betriebsverfassungsrechtlichen Organs, stehen ihm auch die aus der Mitgliedschaft erwachsenden Rechte jedenfalls während dieser Zeit zu. Soweit demgegenüber das Landesarbeitsgericht diese Wirkung nur für Stellvertretungen von längerer Dauer eintreten lassen will, gibt es dafür keinen Anhaltspunkt im Gesetz. (...) Dabei kann es nicht darauf ankommen, in welchem Umfang während der Vertretungszeit effektiv Aufgaben anfallen. Maßgeblich ist allein, daß das Ersatzmitglied während der Vertretungszeit die Mitgliedschaftsrechte in der Jugendvertretung hat. (...)“
(BAG, Urteil v. 15.1.1980 – 6 AZR 726/79)

Dauer und Umfang der Vertretung unerheblich

2. Geltendmachung nach Beendigung der Amtszeit

Übernahmeanspruch ehemaliger JAV-Mitglieder

„(...) Nach § 78a Abs. 3 BetrVG gilt § 78a Abs. 2 BetrVG aber auch für ein ehemaliges Mitglied der Jugend- und Auszubildendenvertretung, wenn das Berufsausbildungsverhältnis vor Ablauf eines Jahres nach Beendigung der Amtszeit endet. (...)“
(BAG, Beschluss v. 17.2.2010 – 7 ABR 89/08)

Übernahmeanspruch des nachgerückten Ersatzmitglieds nach Beendigung des Verhinderungsfalls

„(...) Nach § 78a Abs. 2 Satz 1 BetrVG gilt zwischen dem Auszubildenden und dem Arbeitgeber im Anschluss an das Berufsausbildungsverhältnis ein Arbeitsverhältnis auf unbestimmte Zeit als begründet, wenn ein Auszubildender, der Mitglied eines der in § 78a BetrVG genannten Gremien ist, innerhalb der letzten drei Monate vor Beendigung des Berufsausbildungsverhältnisses schriftlich vom Arbeitgeber die Weiterbeschäftigung verlangt. Die Entstehung eines Arbeitsverhältnisses nach § 78a Abs. 2 Satz 1 BetrVG setzt nur die Zugehörigkeit des Auszubildenden zu einem der in Abs. 1 genannten Gremien und ein form- und fristgerecht gegenüber dem Arbeitgeber geäußertes Weiterbeschäftigungsverlangen voraus. Das gilt nach § 78a

Abs. 3 BetrVG auch für das vorübergehend nachgerückte Ersatzmitglied der Jugendvertretung, wenn das Berufsausbildungsverhältnis innerhalb eines Jahres nach dem Vertretungsfall erfolgreich abgeschlossen wird und der Auszubildende innerhalb von drei Monaten vor der Beendigung des Ausbildungsverhältnisses seine Weiterbeschäftigung schriftlich verlangt. (...) Der Beteiligte zu 2) war bei der Beendigung seines Berufsausbildungsverhältnisses zwar nicht ordentliches Mitglied der Auszubildendenvertretung R. Das Berufsausbildungsverhältnis endete aber vor Ablauf eines Jahres nach dem Zeitpunkt seiner letzten Heranziehung für ein zeitweilig verhindertes Mitglied der Auszubildendenvertretung. (...)"
(BAG, Beschluss v. 5.12.2007 – 7 ABR 65/06)

„Auch das vorübergehend nachgerückte Ersatzmitglied der Jugendvertretung kann den nachwirkenden Schutz gemäß § 9 Abs. 3 BPersVG bzw § 78a Abs. 3 BetrVG für sich in Anspruch nehmen, sofern das Berufsausbildungsverhältnis innerhalb eines Jahres nach dem Vertretungsfall erfolgreich abgeschlossen wird und der Auszubildende innerhalb von drei Monaten vor der Beendigung des Ausbildungsverhältnisses seine Weiterbeschäftigung schriftlich verlangt.
(...) Die am 12. August 1961 geborene Klägerin wurde von der Beklagten in deren Dienststelle Krankenhaus S seit dem 1. April 1981 bis zur erfolgreich abgelegten Prüfung am 6. März 1984 als Krankenschwester ausgebildet. Bei den im September 1983 in der Dienststelle durchgeführten Jugendvertreterwahlen war die Klägerin zum Ersatzmitglied gewählt worden. Sie vertrat die am 2. November 1983 wegen Krankheit verhinderte Jugendvertreterin Frau F und nahm an einer Sitzung des Personalrats als Jugendvertreterin teil. Mit Schreiben vom 9. Januar 1984 und vom 1. Februar 1984, der Beklagten am 12. Januar 1984 bzw. 3. Februar 1984 zugegangen, verlangte die Klägerin die Übernahme in ein Arbeitsverhältnis für die Zeit nach Beendigung der Ausbildung. Das lehnte die Beklagte ab. (...)
(...) Nach dem mit § 78 a Abs. 2 BetrVG insoweit inhaltsgleichen § 9 Abs. 2 BPersVG gilt ein Arbeitsverhältnis auf unbestimmte Zeit zwischen Auszubildenden und Arbeitgebern im Anschluß an das Berufsausbildungsverhältnis als begründet, wenn ein in Abs. 1 genannter Auszubildender innerhalb der letzten 3 Monate vor Beendigung des Berufsausbildungsverhältnisses schriftlich vom Arbeitgeber die Weiterbeschäftigung verlangt. Gleiches gilt auch für Ersatzmitglieder der Jugendvertretung, wenn sie ein ordentliches Mitglied vertreten und ein Übernahmeverlangen gerade zu diesem Zeitpunkt stellen. (...) Der Senat bejaht im Ergebnis übereinstimmend mit den überwiegenden Stimmen im Schrifttum die Anwendung des § 9 Abs. 3 BPersVG (in Verbindung mit § 9 Abs. 2 BPersVG) auf das auch nur vorübergehend in die Stellung eines ordentlichen Mitglieds nachgerückte Ersatzmitglied der Jugendvertretung. Voraussetzung ist jedoch, daß das vorübergehende Nachrücken in die Jugendvertretung vor Ablauf eines Jahres vor der erfolgreichen Beendigung des Ausbildungsverhältnisses geschehen ist und der Auszubildende innerhalb von drei Monaten vor der Beendigung des Ausbildungsverhältnisses seine Weiterbeschäftigung schriftlich verlangt hat. (...)

Unerheblichkeit abstrakter Missbrauchsmöglichkeiten nach der gesetzlichen Regelung

Soweit die Beklagte auf Mißbrauchsmöglichkeiten der Betriebsverfassungsorgane hinweist, vermag der Senat darin für die Auslegung nichts herzuleiten. Selbst wenn man (...) meint, wenn „offenkundige Schlupflöcher" aufgetan werden, sei das bei der Auslegung des Gesetzes relevant, führt das zu keiner anderweitigen Interpretation des Gesetzes. Denn von Offenkundigkeit, bezogen auf die Vielzahl der Fälle, kann nicht gesprochen werden.

konkreter Rechtsmissbrauch als Grenze der Rechtsausübung

Auch im Streitfall sind für das Vorliegen eines Rechtsmißbrauchs weder Tatsachen vorgetragen noch festgestellt. Es ist selbstverständlich und bedarf keiner besonderen Erläuterung, daß ggf. der Einwand des Rechtsmißbrauchs im Einzelfall dem Übernahmeverlangen entgegengehalten werden kann. Denn jede Ausübung des Rechts steht unter dem Vorbehalt des Rechtsmißbrauchs aus Treu und Glauben (§ 242 BGB). (...)"
(BAG, Urteil v. 13.3.1986 – 6 AZR 381/85)

„Auch das nur vorübergehend nachgerückte Ersatzmitglied der Jugendvertretung kann den nachwirkenden Schutz gemäß §9 Abs. 3 BPersVG bzw §78a Abs. 3 BetrVG in Anspruch nehmen, sofern das Berufsausbildungsverhältnis innerhalb eines Jahres nach dem Vertretungsfall erfolgreich abgeschlossen wird und der Auszubildende innerhalb von 3 Monaten nach der Beendigung des Ausbildungsverhältnisses seine Weiterbeschäftigung verlangt.

Übernahmeanspruch des nachgerückten Ersatzmitglieds nach Beendigung des Vertretungsfalls

Beendigung der Ausbildung innerhalb eines Jahres nach Beendigung der (individuellen) Amtszeit

(...) Auch am 7. Mai 1984 hat der Kläger für ein ordentliches Mitglied der Jugendvertretung an einer Sitzung teilgenommen und damit zeitweilig die volle Stellung eines Mitglieds der Jugendvertretung erhalten. Er war nicht nur Vertreter des ersten Ersatzmitglieds und damit nicht vollwertiges Mitglied der Jugendvertretung mit einem verminderten Schutz. Die gegenteilige Auffassung der Beklagten verkennt die Stellung des Ersatzmitglieds im Vertretungsfall, wie sie das Bundesarbeitsgericht ständig beschrieben hat. Sie bewertet auch die Funktion der Mitgliedschaft vor dem Vertretungsfall unzutreffend. Das auf der Liste der Ersatzmitglieder nicht an erster Stelle plazierte Ersatzmitglied ist nicht potentieller Vertreter des vor ihm stehenden Ersatzmitglieds, sondern Vertreter der ordentlichen Mitglieder. Die Bezeichnungen erstes Ersatzmitglied, zweites Ersatzmitglied usw. sagen nur etwas aus über die Reihenfolge der Heranziehung beim endgültigen Ausscheiden oder bei vorübergehender Verhinderung eines ordentlichen Mitglieds. Die Auffassung der Revision berücksichtigt ferner nicht den Schutzzweck der Norm. Derjenige, der als Mitglied der Jugendvertretung tätig geworden ist, bedarf des Schutzes der Abkühlungsphase, wobei es keinen Unterschied macht, ob er als erstes oder als letztes Ersatzmitglied ordnungsgemäß zur Vertretung herangezogen worden ist.

Mit dem Einwand, der Schutz des §9 Abs. 2 und Abs. 3 BPersVG müsse auf das endgültig nachgerückte Ersatzmitglied beschränkt bleiben, weil der Arbeitgeber allein davon Kenntnis erhalte, in aller Regel aber nicht erfahre, ob, wann und bei welcher Gelegenheit ein Ersatzmitglied vorübergehend vertreten habe, übersieht die Revision, daß der Schutzzweck des §9 BPersVG unabhängig vom Kenntnisstand des Arbeitgebers einsetzt. Der Jugendvertreter soll seine Aufgaben erfüllen ohne jegliche Sorge – auch über den Kenntnisstand seines Arbeitgebers –, bei der Vergabe von Arbeitsplätzen nach der Ausbildung benachteiligt zu werden. Im übrigen kann sich der Arbeitgeber auf einfache Weise behelfen. Wenn der Fünfte Senat in seinem Urteil vom 9. November 1977 – 5 AZR 175/76 – verlangt, daß sich ein Arbeitgeber vor Ausspruch einer Kündigung eines Ersatzmitglieds des Betriebsrats und vor Einleitung des Anhörungsverfahrens nach §102 BetrVG erkundigt, ob ein Vertretungsfall vorgelegen hat, kann von einem Arbeitgeber bei der Personaldisposition wegen der Übernahme von Auszubildenden erwartet werden, beizeiten nachzufragen, wer im letzten Jahr in der Jugendvertretung vertreten hat, um sich so rechtzeitig auf Zahl und Personen einzurichten, die er bei entsprechendem Verlangen übernehmen muß. (...)

Rechtsmissbrauch durch „fingierten“ Verhinderungsfall

Die Rüge der Revision, das Berufungsgericht habe den Vortrag der Beklagten nicht genau untersucht, bei der Teilnahme des Klägers an den Sitzungen der Jugendvertretung vom 6. April 1984 und 7. Mai 1984 habe es sich überhaupt nicht um einen ernsthaften, rechtlich relevanten, d. h. dringenden Vertretungsfall gehandelt, ist unbeachtlich. Zu Recht hat das Landesarbeitsgericht diese Behauptungen der Beklagen dahingestellt sein lassen und dazu ausgeführt, die Vorschrift des §10 PersVG Berlin (richtig: §9 BPersVG) knüpfe an die formale Rechtsstellung eines Mitglieds der Jugendvertretung an und es komme nicht darauf an, ob die Sitzung gerade an diesem Tag hätte durchgeführt werden müssen und ob die Tagesordnungspunkte überhaupt eine Sitzung erforderlich gemacht hätten oder nicht. Etwas anderes mag gelten, wenn die Sitzung nur einberufen worden wäre, um dem Ersatzmitglied Gelegenheit zu geben, in die Stellung eines ordentlichen Mitglieds vorübergehend nachzurücken. Anhaltspunkte

dafür sind nicht ersichtlich und hat das Landesarbeitsgericht auch nicht festgestellt. (...)"
(BAG, Urteil v. 13.3.1986 – 6 AZR 207/85)

„Grundsätzlich hat auch das vorzeitig vor Ablauf der Amtsperiode der Jugendvertretung ausgeschiedene Mitglied der Jugendvertretung die Rechte nach BetrVG § 78a Abs. 3 iVm BetrVG § 78a Abs. 2, sofern nicht die Voraussetzungen nach BetrVG § 65 Abs. 1 iVm BetrVG § 24 Abs. 1 Nr. 5 und BetrVG § 24 Abs. 1 Nr. 6 gegeben sind.

(...) Nach § 78 a Abs. 3 BetrVG i.V. mit § 78 a Abs. 2 BetrVG gilt auch dann ein Arbeitsverhältnis auf unbestimmte Zeit zwischen Auszubildendem und Arbeitgeber im Anschluß an das Berufsausbildungsverhältnis als begründet, wenn das Berufsausbildungsverhältnis vor Ablauf eines Jahres nach Beendigung der Amtszeit der Jugendvertretung endet und der Auszubildende innerhalb der letzten drei Monate vor Beendigung des Berufsausbildungsverhältnisses schriftlich vom Arbeitgeber die Weiterbeschäftigung verlangt hat.

Zwar stellt der Wortlaut des § 78 a Abs. 3 BetrVG für den nachwirkenden Schutz des Jugendvertreters nur auf die Beendigung der Amtszeit der Jugendvertretung als Organ ab. Die Vorschrift enthält damit jedenfalls auf den ersten Blick nur eine Regelung für diejenigen Mitglieder der Jugendvertretung, die ihr bis zum Ende der Amtszeit dieses Organs angehören, nicht für solche, deren persönliche Mitgliedschaft vorzeitig endet. Die begriffliche Unterscheidung zwischen der Amtszeit des Organs und persönlicher Mitgliedschaft hält aber weder das Betriebsverfassungsgesetz (vgl. § 37 Abs. 7 BetrVG „während seiner regelmäßigen Amtszeit") noch das Kündigungsschutzgesetz (vgl. § 15 Abs. 1 Satz 2 letzter HalbSatz KSchG) konsequent durch. Eine solche allein am Wortlaut orientierte Auslegung würde auch dem mit der Einführung des § 78 a BetrVG verfolgten Schutzgedanken nicht hinreichend Rechnung tragen. Maßgeblich für die Regelung des § 78 a BetrVG ist das gesetzgeberische Ziel, für in Berufsausbildung befindliche Mitglieder von Betriebsverfassungsorganen eine vergleichbare berufliche Sicherung im Betrieb zu schaffen, wie er vom Gesetz für Betriebsratsmitglieder, die in einem Arbeitsverhältnis auf unbestimmte Dauer stehen, bereits verwirklicht ist.

Übernahmeanspruch des zurückgetretenen JAV-Mitglieds

(...) Damit geht der Senat davon aus, daß grundsätzlich auch das vorzeitig ausgeschiedene Mitglied der Jugendvertretung die Rechte nach § 78 a Abs. 3 i.V. mit § 78 a Abs. 2 BetrVG hat. Auf den Grund des Ausscheidens kann es für den Schutz nach § 78 a BetrVG, sofern nicht die Voraussetzungen nach § 65 Abs. 1 i.V. mit § 24 Abs. 1 Nr. 5 und 6 BetrVG (vgl. dazu die kündigungsrechtlichen Folgen nach § 15 Abs. 1 Satz 2 KSchG letzter Halbsatz) gegeben sind, ebensowenig ankommen, wie für den besonderen Kündigungsschutz des Betriebsratsmitglieds. (...)"
(BAG, Urteil v. 21.8.1979 – 6 AZR 789/77)

„Ein in die Jugend- und Auszubildendenvertretung vorübergehend nachgerücktes Ersatzmitglied besitzt keinen nachwirkenden Schutz gemäß § 78a Abs. 3 iVm Abs. 2 Satz 1 BetrVG, wenn es während der Vertretungszeit keine konkreten JAV-Aufgaben wahrgenommen hat.

(...) Denn die Klägerin hat nicht substantiiert dargelegt, dass sie in ihrer zweimonatigen Amtszeit von Oktober bis November 2011 tatsächlich JAV-Tätigkeiten ausgeübt und deshalb einen nachwirkenden Amtsschutz erworben hat.

Amtsausübung während der Vertretungszeit

Das Bundesarbeitsgericht hat im Zusammenhang mit dem besonderen Kündigungsschutz eines Ersatzmitglieds des Betriebsrats herausgestrichen, ein nachwirkender Schutz trete nur ein, wenn das Ersatzmitglied in der Vertretungszeit konkrete Betriebsratstätigkeiten tatsächlich wahrgenommen habe. Der nachwirkende Schutz solle nämlich die unabhängige, pflichtgemäße Ausübung des Betriebsratsamtes dadurch gewährleisten, dass er

den Arbeitgeber nach Amtsende ein Jahr lang hindert, eine Kündigung des früheren Betriebsratsmitglieds ohne wichtigen Grund auszusprechen. Das Gesetz setze dabei darauf, dass sich in dieser Zeit eine mögliche Verärgerung des Arbeitgebers über die Amtsgeschäfte des Betriebsratsmitglieds deutlich lege und dieses deshalb während seiner aktiven Zeit unbefangen agieren könne. Einer solchen „Abkühlungsphase" bedürfe es nicht, wenn das Ersatzmitglied während der Zeit, in der es vertretungshalber nachgerückt sei, weder an Sitzungen teilgenommen noch sonstige Betriebsratstätigkeiten ausgeübt habe. Es habe dann dem Arbeitgeber keinen Anlass zur möglichen negativen Reaktion auf seine Amtsausübung gegeben und bedürfe deshalb keines besonderen Schutzes.
Diese Erwägungen sind auf den Bereich der JAV-Vertreter zu übertragen. Sie sollen – ähnlich wie Betriebsratsmitglieder – weitgehenden Schutz vor möglichen Benachteiligungen aufgrund ihrer Amtstätigkeiten erhalten. So kann auch ein in die JAV nachgerücktes Ersatzmitglied in Situationen kommen, in denen es aus Furcht, sich gegen den Arbeitgeber zu stellen und deshalb am Ende der Berufsausbildung nicht übernommen zu werden, seinen Amtspflichten nicht nachkommen mag. Hat es aber eine solche Situation nicht gegeben und bestand deshalb gar nicht die Gefahr möglicher negativer Reaktionen des Arbeitgebers, ist es vom Sinn und Zweck her nicht gerechtfertigt, trotzdem für ein Jahr nachwirkenden Schutz zu gewähren.
Nach diesen Grundsätzen stand der Klägerin am 31.01.2012 der Schutz des § 78a Abs. 3 iVm Abs. 2 Satz 1 BetrVG nicht zu, weil sie in der Zeit von Oktober bis November 2011 keine Amtsaufgaben für die JAV wahrgenommen hat.
So lässt sich ihren Darlegungen nicht entnehmen, welche abschließend in § 70 Abs. 1 BetrVG beschriebenen Aufgaben von ihr in amtlicher Funktion wahrgenommen worden sein sollen, als sie die Teilnahme von Auszubildenden an einer Demonstration in Köln am 01.10.2011 organisiert und selbst daran teilgenommen hat.
Auch wird nicht klar, welche Art von Versammlung am 24.11.2011 stattgefunden hat und welche Rolle dabei der Klägerin – über ihren Status als Auszubildende hinaus – spezifisch als Amtsträgerin im Rahmen des § 70 Abs. 1 BetrVG im Vorfeld und während der Zusammenkunft zugekommen sein soll.

Konkret wird auch nicht ausgeführt, welche Mehrheit der JAV auf welcher rechtlichen Grundlage die Klägerin gebeten hat, den Auszubildenden T zu begleiten und zu betreuen und Gruppenbesuche namentlich in Ausbildungsgruppen, in denen Homophobie aufgetreten war, vorzunehmen.

bloß fiktive Tätigkeiten nicht ausreichend

Was schließlich die Teilnahme an JAV-Sitzungen angeht, ist diese durch die Klägerin unstreitig nicht erfolgt. Dieser Gesichtspunkt kann deshalb zur Begründung eines besonderen Schutzes nicht herangezogen werden, weil grundsätzlich nur tatsächlich erfolgte, nicht bloß fiktive Aktivitäten rechtsbegründend sind.

Konkrete Anhaltspunkte dafür, dass die Beklagte ein mögliches Fehlverhalten des JAV-Vorsitzenden bewusst veranlasst oder mit diesem kollusiv zusammengewirkt hat, sind nicht ersichtlich. (...)"
(LAG Hamm, Beschluss v. 04.04.2014 – 13 Sa 40/14)

3. Auszubildender i.S.v. § 78a BetrVG

„Die im Zusammenhang mit dem Erwerb des Hochschulabschlusses „Bachelor of Arts" im Rahmen eines dualen Studiums durchzuführende betriebliche Praxisphase ist keine Berufsausbildung iSv. § 78a BetrVG. Verlangt ein Betriebsratsmitglied in dieser Lage seine Weiterbeschäftigung nach Abschluss des dualen Studiengangs, kommt kein Arbeitsverhältnis nach § 78a Abs. 2 BetrVG zustande.
Der Begriff des Auszubildenden ist in § 78a BetrVG nicht ausdrücklich definiert. Die Vorschrift orientiert sich an den Begriffsbestimmungen des BBiG 2005. Sie verwendet nicht die in § 5 Abs. 1 BetrVG zur Bestimmung des betriebsverfassungsrechtlichen Arbeitnehmerbegriffs enthaltene Formulierung „der zu ihrer Berufsausbildung Beschäftigten". Deshalb folgt aus dem durch diese Vorschrift vermittelten aktiven und passiven Wahlrecht eines zur Ausbildung Beschäftigten iSd. § 5 Abs. 1 BetrVG nicht ohne weiteres der Schutz des § 78a BetrVG. Vielmehr muss eine Ausbildung iSd. BBiG vorliegen. Die Orientierung an den Bestimmungen des BBiG 2005 hat allerdings nicht zur Folge, dass § 78a BetrVG nur auf die Berufsausbildung in staatlich anerkannten Ausbildungsberufen iSv. § 1 Abs 2, § 4 BBiG 2005 Anwendung findet; sie ist vielmehr auch auf andere Vertragsverhältnisse iSv. § 26 BBiG 2005 anzuwenden, die kein Arbeitsverhältnis sind, soweit diese aufgrund Tarifvertrags oder vertraglicher Vereinbarung eine geordnete Ausbildung von mindestens zwei Jahren vorsehen.
Es kommt darauf an, ob bei Abschluss des (...) letzten Ausbildungsabschnitts ein Berufsausbildungsverhältnis iSv. § 78a Abs. 2 BetrVG bestanden hat. Ob im Rahmen des dualen Studiums vorherige Ausbildungsabschnitte Berufsausbildungsverhältnisse nach § 78a BetrVG darstellten, ist unerheblich. (... Unmittelbar vor der Begründung des Arbeitsverhältnisses muss ein Berufsausbildungsverhältnis bestanden haben. (...) Verlangt ein in einem sog. ausbildungsintegrierten dualen Studiengang studierender Mandatsträger von dem Unternehmen, bei dem er die für den Studiengang notwendigen Praxiszeiten durchführt, seine Weiterbeschäftigung nach § 78a Abs. 2 Satz 1 BetrVG zum Abschluss des dualen Studiums, kann ein Arbeitsverhältnis kraft Gesetzes daher nur entstehen, wenn das mit dem letzten Ausbildungsabschnitt endende Rechtsverhältnis ein Ausbildungsverhältnis iSv. § 78a BetrVG ist. Soweit zunächst auf der Grundlage eines gesonderten Berufsausbildungsvertrags eine anerkannte Berufsausbildung iSd. BBiG absolviert wird, kann dahinstehen, ob zum Ende dieses ersten Ausbildungsabschnitts die Weiterbeschäftigung nach § 78a Abs. 2 BetrVG verlangt werden kann. Ein Arbeitsverhältnis könnte auf der Grundlage von § 78a Abs. 2 BetrVG allenfalls dann entstehen, wenn die Weiterbeschäftigung innerhalb von drei Monaten vor Abschluss dieses Ausbildungsabschnitts im Anschluss an die Beendigung der iSv. § 1 Abs. 3, § 4 BBiG staatlich anerkannten Berufsausbildung verlangt wurde. Ein ausbildungsintegrierter dualer Studiengang ist nicht deshalb insgesamt als Berufsausbildung iSv. § 78a BetrVG anzusehen, weil er zu Beginn des Studiums einen oder mehrere Ausbildungsabschnitte vorsieht, die als Berufsausbildung iSd. BBiG angesehen werden können mit der Folge, dass die Weiterbeschäftigung erst im Anschluss an den letzten Ausbildungsabschnitt verlangt werden könnte unabhängig davon, ob dieser eine Ausbildung iSd. BBiG zum Gegenstand hat. Das wäre weder mit dem Wortlaut noch mit der Systematik des § 78a Abs. 2 BetrVG zu vereinbaren, der die Entstehung eines ausbildungsadäquaten Arbeitsverhältnisses in dem Ausbildungsberuf vorsieht, zu dessen Ausübung die unmittelbar vor der Begründung des Arbeitsverhältnisses abgeschlossene Ausbildung qualifiziert. Denn dadurch entstünde kraft Gesetzes ein Arbeitsverhältnis mit einem anderen Tätigkeitsinhalt als demjenigen, der in dem Ausbildungsverhältnis erlernt wurde. Der im Rahmen eines Studienvertrags eines dualen Studiums zuletzt zu absolvierende praktische Teil der Durchführung einer betrieblichen Tätigkeit stellt Berufsbildung iSv. § 3 Abs. 2 Nr 1 BBiG 2005 dar, auf die das BBiG

2005 und damit auch § 78a BetrVG keine Anwendung findet.Das BBiG ist nicht anwendbar, wenn die praktische Tätigkeit Teil eines Studiums ist. In diesem Fall treten die für das Studium geltenden Regeln an die Stelle des BBiG. Das folgt ausdrücklich aus der mit der Novellierung des Berufsbildungsgesetzes (BGBl. I S. 931) am 1. April 2005 in Kraft getretenen Regelung in § 3 Abs. 2 Nr. 1 BBiG und entsprach bereits zuvor der ständigen Rechtsprechung des Bundesarbeitsgerichts.Nach § 3 Abs. 2 Nr. 1 BBiG gilt das BBiG nicht für die Berufsbildung, die in berufsqualifizierenden oder vergleichbaren Studiengängen an Hochschulen auf der Grundlage ua. der Hochschulgesetze der Länder durchgeführt wird. Daher liegt ein Berufsausbildungsverhältnis iSd. BBiG - und damit auch iSv. § 78a BetrVG - nicht vor, wenn und soweit die betreffende Ausbildung Bestandteil einer Universitäts- oder sonstigen Hochschul- oder Fachhochschulausbildung ist. Auf duale Studiengänge, in denen Hochschule und Betrieb aufeinander bezogene Ausbildungen vornehmen, ist das BBiG mithin unanwendbar in Praxisphasen eines „kooperativen Studiums“ für die vereinbarte betriebliche Tätigkeit während der vorlesungsfreien Zeit. (...) Sind die Praxisphasen Teil eines Studiums an einer staatlichen Hochschule, kommt es nicht entscheidend darauf an, ob diese in der Prüfungsordnung der Hochschule in ihren Einzelheiten geregelt sind. (...) Eine solche Ausbildung kann auch kein anderes Vertragsverhältnis iSv. § 26 BBiG sein, weil das BBiG im Hochschulbereich insgesamt keine Anwendung findet.

§ 78a BetrVG ist auf Praxisphasen, die Studierende als Teil eines dualen Studiengangs an einer staatlichen Hochschule in einem Partnerunternehmen absolvieren, auch nicht entsprechend anwendbar.Der Wortlaut des § 78a BetrVG, der die Begriffe „Auszubildender“ und „Berufsausbildungsverhältnis“ verwendet, lässt darauf schließen, dass die Regelung an den Begriffsbestimmungen des BBiG orientiert ist. Auch aus den Gesetzesmaterialien zur Einführung von § 78a in das BetrVG durch das Gesetz zum Schutze in Ausbildung befindlicher Mitglieder von Betriebsverfassungsorganen vom 18. Januar 1974 (BGBl. I S. 85) ergibt sich, dass der Gesetzgeber ausschließlich Ausbildungsverhältnisse im Blick hatte, die unter den Anwendungsbereich des BBiG fallen. Die Begründung zum Gesetzentwurf verweist ausdrücklich auf den Umstand, dass das Ausbildungsverhältnis „nach den Vorschriften des Berufsausbildungsgesetzes“ auf die Dauer der Ausbildungszeit befristet ist (BT-Drs. 7/1170 S. 3). Im Bericht des Ausschusses für Arbeit und Sozialordnung vom 3. Dezember 1973 (BT-Drs. 7/1334 S.2) ist ausgeführt, dass § 78a Abs. 2 BetrVG – abgesehen vom Erfordernis des Weiterbeschäftigungsverlangens – an § 17 BBiG (aF) angelehnt ist, wonach bei stillschweigender Weiterbeschäftigung im Anschluss an ein Ausbildungsverhältnis ebenfalls ein Arbeitsverhältnis begründet wurde. Daraus kann allenfalls auf eine Erstreckung des persönlichen Anwendungsbereichs des § 78a BetrVG auf andere Vertragsverhältnisse iSv. § 26 BBiG (§ 19 BBiG aF) geschlossen werden, nicht aber auch auf solche Beschäftigungen, die vom Anwendungsbereich des BBiG ausgenommen sind. (...) Wenn beabsichtigt gewesen wäre, auch Studenten, die studienbegleitende Praxisphasen in Unternehmen absolvieren, vom persönlichen Schutzbereich des § 78a BetrVG zu erfassen, hätte es vor diesem Hintergrund nahegelegen, klarstellend eine entsprechende Regelung in § 78a BetrVG aufzunehmen. Da dies unterblieben ist, ist davon auszugehen, dass der Gesetzgeber von einer solchen Erweiterung des Anwendungsbereichs von § 78a BetrVG bewusst abgesehen hat.

Eine entsprechende Anwendung von § 78a BetrVG auf Absolventen praktischer Studienphasen im Rahmen dualer Studiengänge ist auch nicht zur Vermeidung von Wertungswidersprüchen erforderlich. Hochschulabsolventen sind unter Berücksichtigung des mit § 78a BetrVG verfolgten Schutzzwecks nicht in gleicher Weise schutzwürdig wie nach dem BBiG ausgebildete Personen. Die Vorschrift des § 78a BetrVG dient nicht nur dem Schutz der Amtskontinuität, sondern will dem Auszubildenden auch die Besorgnis nehmen, wegen seiner Amtsübernahme oder der Art seiner

Amtsausübung vom Arbeitgeber benachteiligt zu werden. Während der Schutzzweck der Ämterkontinuität unabhängig vom Qualifikationsniveau der jeweiligen Ausbildung betroffen ist, gilt das nicht in gleicher Weise für den Aspekt der individuellen Schutzbedürftigkeit des auszubildenden Mandatsträgers.
Bei typisierender Betrachtungsweise darf der Gesetzgeber zu Grunde legen, dass Absolventen einer berufsqualifizierenden Ausbildung mit Hochschulniveau im Vergleich zu Auszubildenden nach dem BBiG einem geringeren Risiko ausgesetzt sind, nach Abschluss der Ausbildung über einen nennenswerten Zeitraum ohne Beschäftigung zu bleiben. Dies rechtfertigt zugleich die Annahme, dass sich Hochschulabsolventen als Mandatsträger im Betriebsrat oder ggf. in der Jugend- und Auszubildendenvertretung auch ohne den besonderen Weiterbeschäftigungsschutz nach § 78a BetrVG im Rahmen ihres Amtes sachgerecht einsetzen werden. (...)“
(BAG, Beschluss v. 17.06.2020 – 7 ABR 46/18 -)

„Ein Auszubildender, der einen Ausbildungsvertrag mit einem Träger einer überbetrieblichen Ausbildung geschlossen hat, hat gegen den Arbeitgeber des Betriebes, in dem er ein betriebliches Praktikum absolviert hat und dort in die Jugend- und Auszubildendenvertretung gewählt worden ist, keinen Anspruch auf Übernahme nach § 78a BetrVG.

Übernahmeanspruch in überbetrieblichem Ausbildungsmodell

Durch die Durchführung der berufspraktischen Ausbildung außerhalb der Ausbildungsstätte in einem Betrieb kommt kein anderes Vertragsverhältnis zustande, was zur Übernahme nach § 78a BetrVG verpflichtet.
(...) Der Kläger schloss im Rahmen einer von der Arbeitsverwaltung geförderten Maßnahme einen Berufsausbildungsvertrag mit dem Institut für Markt- und Betriebswirtschaftliche Bildung GmbH (im Folgenden: IMB) für die Zeit vom 1. September 2000 bis zum 31. August 2002 für den Ausbildungsberuf als Verkäufer ab. In dieser Zeit war der Kläger bei der Beklagten im Rahmen der praktischen Ausbildung tätig. Der Kläger bestand am 17. Juni 2002 die Abschlussprüfung. Am 18. Juni 2002 schloss er einen weiteren Berufsausbildungsvertrag mit der IMB für die Zeit vom 18. Juni 2002 bis zum 31. August 2003 für den Ausbildungsberuf "Kaufmann im Einzelhandel" ab. Auf dieses Berufsausbildungsverhältnis wurde die Ausbildung des Klägers als Verkäufer angerechnet. Nach dem Vertrag vom 18. Juni 2002 sollte die Ausbildung sowohl in der Betriebsstätte der IMB in G als auch im Rahmen eines viermonatigen betrieblichen Praktikums außerhalb der Ausbildungsstätte durchgeführt werden. Mit Ausnahme der berufspraktischen Lehrunterweisung und der Warenkunde wurde die praktische Ausbildung des Klägers im Kaufhaus der Beklagten in C durchgeführt. Im November 2002 wurde der Kläger in die bei der Beklagten bestehende Jugend- und Auszubildendenvertretung gewählt. Mit Schreiben vom 21. März 2003 teilte die Beklagte dem Kläger mit, dass sie mit ihm wegen fehlender Einsatzmöglichkeiten kein Arbeitsverhältnis begründen könne. Mit einem am 2. Juni 2003 bei der Beklagten eingegangenen Schreiben verlangte der Kläger die Übernahme in ein unbefristetes Vollzeitarbeitsverhältnis nach Abschluss seiner Ausbildung. Dies lehnte die Beklagte mit Schreiben vom 10. Juni 2003 ab. Am 30. Juni 2003 bestand der Kläger die Abschlussprüfung als Kaufmann im Einzelhandel. (...)

(...) Der Kläger steht in keinem unbefristeten Arbeitsverhältnis mit der Beklagten. Durch sein Weiterbeschäftigungsverlangen mit Schreiben vom 2. Juni 2003 ist kein Arbeitsverhältnis nach § 78a Abs. 2 Satz 1 BetrVG ab dem 1. Juli 2003 zustande gekommen. Zwischen den Parteien hat kein Berufsausbildungsverhältnis bestanden.

Nach § 78a Abs. 2 Satz 1 BetrVG gilt zwischen einem Auszubildenden, der Mitglied des Betriebsrats oder eines der anderen dort genannten Betriebsverfassungsorgane ist, und dem Arbeitgeber im Anschluss an das Berufsausbildungsverhältnis ein Arbeitsverhältnis auf unbestimmte Zeit als begründet, wenn der Auszubildende in den letzten drei Monaten vor

Beendigung des Berufsausbildungsverhältnisses vom Arbeitgeber schriftlich die Weiterbeschäftigung verlangt. Diese Voraussetzungen sind nicht gegeben. Der Kläger war zwar Mitglied der bei der Beklagten gebildeten Jugend- und Auszubildendenvertretung. Er verlangte auch mit Schreiben vom 2. Juni 2003 frist- und formgerecht seine Weiterbeschäftigung. Zwischen den Parteien bestand jedoch kein Berufsausbildungsverhältnis i.S.d. § 78a BetrVG. Der Kläger war weder Auszubildender nach § 1 Abs. 2 BBiG bei der Beklagten noch befand er sich in einem anderen Vertragsverhältnis i.S.v. § 19 BBiG, für das die §§ 3 – 18 BBiG in der bis zum 31. März 2005 geltenden Fassung mit den vom Gesetz genannten Maßgaben galten. § 78a BetrVG ist daher nicht anwendbar.

Der Begriff des Auszubildenden ist in § 78a BetrVG nicht ausdrücklich definiert. Die Vorschrift orientiert sich an den Begriffsbestimmungen des BBiG. Sie verwendet nicht die in § 5 Abs. 1 BetrVG zur Bestimmung des betriebsverfassungsrechtlichen Arbeitnehmerbegriffs enthaltene Formulierung "der zu ihrer Berufsausbildung Beschäftigten". Deshalb folgt aus dem durch diese Vorschrift vermittelten aktiven und passiven Wahlrecht eines zur Ausbildung Beschäftigten i.S.d. § 5 Abs. 1 BetrVG nicht ohne weiteres der Schutz des § 78a BetrVG. Vielmehr muss eine Ausbildung i.S.d. BBiG vorliegen. Die Orientierung an den Bestimmungen des BBiG hat aber nicht zur Folge, dass § 78a BetrVG nur auf staatlich anerkannte Ausbildungsberufe Anwendung findet. Nach der Rechtsprechung des Bundesarbeitsgerichts findet die Bestimmung auch auf Vertragsverhältnisse Anwendung, die auf Grund Tarifvertrags oder arbeitsvertraglicher Vereinbarung eine geordnete Ausbildung von mindestens zwei Jahren vorsehen.

Bestehen eines Ausbildungsverhältnisses i.S.d. BBiG als Voraussetzung des Übernahmeanspruchs

Zwischen den Parteien bestand kein Berufsausbildungsverhältnis i.S.v. § 78a BetrVG. Der Kläger stand in einem Berufsausbildungsverhältnis zur IMB. Diese hatte sich verpflichtet, den Kläger zum Kaufmann im Einzelhandel auszubilden. (...) Durch die Durchführung eines Teils der berufspraktischen Ausbildung des Klägers ist zwischen den Parteien kein anderes Vertragsverhältnis zustande gekommen, das die Beklagte nach § 78a BetrVG zur Übernahme des Klägers verpflichtet hat. Entgegen der Auffassung des Landesarbeitsgerichts hat zwischen den Parteien kein Praktikantenverhältnis bestanden. Es fehlt an einem entsprechenden Vertragsschluss. (...) Zwar sind in einem überbetrieblichen Ausbildungsmodell vertragliche Beziehungen zwischen dem Unternehmen, in dem der überwiegende Teil der berufspraktischen Ausbildung durchgeführt wird, und dem Ausbildenden möglich. Ein entsprechender Vertragsschluss setzt jedoch eine von den Beteiligten ausdrücklich erklärte oder konkludent zum Ausdruck gebrachte Willensübereinstimmung dahingehend voraus, dass das ausbildende Unternehmen die im Berufsausbildungsvertrag mit dem Ausbildenden festgelegte Verpflichtung zur Vermittlung von ausbildungsrelevanten Kenntnissen übernimmt und der Auszubildende sich verpflichtet, die Ausbildungsmöglichkeit wahrzunehmen. Die Voraussetzungen für das Zustandekommen eines solchen Vertragsverhältnisses, dh. die auf eine rechtliche Bindung gerichtete Willenserklärung beider Parteien, hat das Berufungsgericht nicht festgestellt. Es begründet ein konkludentes Zustandekommen des Vertragsverhältnisses allein mit der tatsächlichen Vermittlung von berufspraktischen Fertigkeiten durch die Beklagte. Diese Umstände reichen für die Annahme eines Vertragsschlusses nicht aus. Dies gilt selbst dann, wenn man unterstellt, dass der Inhalt des als "Vereinbarung zur Durchführung eines Praktikums" bezeichneten Schriftstücks zwischen der Beklagten und der IMB mündlich vereinbart worden ist, wie die Beklagte in der Güteverhandlung vorgetragen hat. Vertragliche Beziehungen zwischen den Parteien ergeben sich hieraus nicht. Ohne entsprechende Feststellungen durfte das Landesarbeitsgericht daher nicht von vertraglichen Beziehungen zwischen den Parteien ausgehen. Die tatsächliche Durchführung eines Teils der berufspraktischen Ausbildung ersetzt den notwendigen Vertragsschluss nicht. Daneben sprechen auch die Unent-

Entgeltzahlung und Ausübung der Arbeitgeberfunktionen als Indiz vertraglicher Beziehungen

geltlichkeit der Tätigkeit der Beklagten und die fehlende Übertragung der für die Arbeitgebereigenschaft typischen Befugnisse auf die Beklagte gegen eine rechtliche Bindung der Parteien. So hat das Berufungsgericht festgestellt, dass die Beklagte mit Ausnahme der arbeitsbezogenen technischen Arbeitsanweisungen keinerlei Arbeitgeberfunktion wahrgenommen hat und die disziplinarische und ausbildungsrechtliche Verantwortlichkeit auch während der Tätigkeit des Klägers in den Räumen der Beklagten bei der IMB lag.
Die Beschäftigung des Klägers bei der Beklagten erforderte auch keinen besonderen Vertragsschluss. Sein Tätigwerden beruhte auf dem mit der IMB geschlossenen Berufsausbildungsvertrag. Die Beklagte hat durch die Vermittlung von berufspraktischen Kenntnissen und Fähigkeiten eine nach dem Berufsausbildungsvertrag bestehende Verpflichtung der IMB gegenüber dem Kläger erfüllt. Die IMB war auf Grund des Berufsausbildungsvertrags zur Vermittlung der für das Erreichen des Ausbildungszieles erforderlichen Kenntnisse und Fähigkeiten verpflichtet (§6 Abs. 1 Nr. 1 BBiG aF). Hiervon erfasst waren auch die für den Ausbildungsberuf erforderlichen berufspraktischen Kenntnisse. Die IMB verfügte bei Vertragsschluss aber über keine geeignete Ausbildungsstätte, in der dem Kläger sämtliche für den Ausbildungsberuf des Kaufmanns im Einzelhandel notwendigen praktischen Kenntnisse vermittelt werden konnten. Nach §22 Abs. 1 Nr. 1, Abs. 2 BBiG aF musste sie die sich aus §6 Abs. 1 Nr. 1 BBiG aF ergebende Verpflichtung durch Ausbildungsmaßnahmen außerhalb der Ausbildungsstätte sicherstellen. Um eine solche handelt es sich bei der Tätigkeit des Klägers bei der Beklagten. Ausbildungsmaßnahmen außerhalb der Ausbildungsstätte können auch ohne gesonderte Vereinbarung zwischen dem Auszubildenden und dem Träger der auswärtigen Ausbildungsstätte durchgeführt werden. Ob für ihre Durchführung das Einverständnis des Auszubildenden erforderlich ist, bedarf keiner Entscheidung. Im Berufsausbildungsvertrag vom 18. Juni 2002 ist die Durchführung eines betrieblichen Praktikums ausdrücklich vereinbart worden. (...)"
(BAG, Urteil v. 17.8.2005 – 7 AZR 553/04)

Geordneter Ausbildungsgang nach Vertrag oder Tarifvertrag und mindestens 2-jährige Dauer der Ausbildung als Voraussetzungen einer Ausbildung i.S.d. BBiG

Kein Übernahmeanspruch für Volontäre

„Beschäftigte in einem anderen Vertragsverhältnis iSd §19 BBiG können dann den Schutz des §78a BetrVG in Anspruch nehmen, wenn sie eingestellt worden sind, um berufliche Kenntnisse, Fertigkeiten oder Erfahrungen zu erwerben. Voraussetzung dafür ist, dass nach Ausbildungsvertrag oder tariflichen Vorschriften ein geordneter Ausbildungsgang vorgeschrieben ist und die Dauer der Ausbildung mindestens zwei Jahre beträgt.
§19 BBiG gilt nicht für Arbeitsverhältnisse. §78a BetrVG findet deshalb auf Volontäre keine Anwendung, die vorrangig die vertraglich geschuldete Arbeitsleistung erbringen.
(...) Die Beklagte betreibt einen regionalen Fernsehsender. Die Klägerin leistete nach dem Studium der Theaterwissenschaft und Publizistik bei der Beklagten in der Zeit vom 1. Juni 2000 bis 30. September 2000 ein unbezahltes Praktikum. In der Zeit vom 1. Oktober 2000 bis 28. Februar 2001 war sie im Rahmen eines entgeltlichen Praktikantenverhältnisses tätig. Am 19. Februar 2001 schlossen die Parteien einen befristeten Volontariatsvertrag für die Zeit vom 1. März 2001 bis Ende Februar 2002 mit dem Ziel der Vorbereitung auf den Beruf der Redakteurin . Das vereinbarte Bruttomonatsgehalt betrug 1.800,00 DM. Nach §8 des Vertrags verpflichtete sich die Klägerin zur Arbeitsleistung im Rahmen der von der Beklagten erteilten Anweisungen. Darüber hinaus hatte sie die angebotenen Möglichkeiten zur Weiterbildung durch eigenes Bemühen voll zu nutzen. (...)
Zwischen den Parteien bestand jedoch kein Berufsausbildungsverhältnis i.S.d. §78a BetrVG. Die Klägerin war weder Auszubildende nach §1 Abs. 2 BBiG noch befand sie sich in einem anderen Vertragsverhältnis i.S.v. §19 BBiG, für das die §§3 bis 18 BBiG mit den vom Gesetz genannten Maßgaben gilt. Sie war Arbeitnehmerin. §78a BetrVG ist deshalb nicht anwendbar.

Der Begriff des Auszubildenden ist in § 78a BetrVG nicht ausdrücklich definiert. Die Vorschrift orientiert sich an den Begriffsbestimmungen des BBiG. Sie verwendet nicht die in § 5 Abs. 1 BetrVG zur Bestimmung des betriebsverfassungsrechtlichen Arbeitnehmerbegriffs enthaltene Formulierung "der zu ihrer Berufsausbildung Beschäftigten". Deshalb folgt aus dem durch diese Vorschrift vermittelten aktiven und passiven Wahlrecht eines zur Ausbildung Beschäftigten i.S.d. § 5 Abs. 1 BetrVG nicht ohne weiteres der Schutz des § 78a BetrVG. Vielmehr muss eine Ausbildung i.S.d. BBiG vorliegen. Die Orientierung an den Bestimmungen des BBiG hat aber nicht zur Folge, dass § 78a BetrVG nur auf staatlich anerkannte Ausbildungsberufe Anwendung findet, sondern nach der Rechtsprechung des Bundesarbeitsgerichts auch auf Vertragsverhältnisse, die auf Grund Tarifvertrags oder arbeitsvertraglicher Vereinbarung eine geordnete Ausbildung von mindestens 2 Jahren vorsehen.
Die Klägerin war während der Einarbeitung für die Tätigkeit einer Fernsehredakteurin keine Auszubildende nach den Bestimmungen des BBiG. Die Klägerin befand sich nicht in einer Berufsausbildung nach § 1 Abs. 2 BBiG, die der Vermittlung einer breit angelegten beruflichen Grundbildung und der für die Ausübung einer qualifizierten beruflichen Tätigkeit notwendigen fachlichen Fertigkeiten und Kenntnisse in einem geordneten Ausbildungsgang dient. Unabhängig davon, dass eine staatliche Anerkennung und eine staatliche Ausbildungsordnung nach § 25 Abs. 1 BBiG nicht vorliegen, hat die Klägerin nicht vortragen können, dass ihr Kenntnisse und Fähigkeiten in einem geordneten Ausbildungsgang vermittelt wurden. Es fehlt sogar die nach § 4 Abs. 1 Satz 2 Nr. 1 BBiG geforderte Niederschrift über den wesentlichen Inhalt der Ausbildung. Der Vertrag enthält dazu keinerlei Angaben.
Die Klägerin erfüllte auch nicht die Voraussetzungen für die erweiterte Anwendung des § 78a BetrVG. Sie befand sich nicht in einem anderen Vertragsverhältnis nach § 19 BBiG, sondern in einem befristeten Arbeitsverhältnis. Schwerpunkt des Volontariatsverhältnisses zwischen den Parteien war die Verpflichtung der Klägerin zur Arbeitsleistung und nicht die Ausbildungspflicht der Beklagten. Es handelte sich bei dem Vertragsverhältnis der Parteien deshalb um ein Arbeitsverhältnis.

Volontariat als Arbeitsverhältnis

Volontäre können sich in einem Arbeitsverhältnis, aber auch in einem anderen Vertragsverhältnis i.S.v. § 19 BBiG befinden. Ein Volontariatsverhältnis als anderes Vertragsverhältnis nach § 19 BBiG liegt vor, wenn auf Grund Ausbildungsvertrag und einschlägigen tariflichen Vorschriften ein geordneter Ausbildungsgang vorgeschrieben ist und die Dauer der Ausbildung der gesetzlichen Mindestanforderung für staatlich anerkannte Ausbildungsberufe von mindestens zwei Jahren nach § 25 Abs. 2 Nr. 2 BBiG entspricht. Ein anderes Vertragsverhältnis besteht nach dem Eingangssatzteil von § 19 BBiG nicht, wenn die Parteien ein Arbeitsverhältnis vereinbart haben. Die Vorschrift gilt deshalb nur für solche Personen, die sich nicht wie in einem Arbeitsverhältnis überwiegend zur Leistung von Arbeit nach Weisung des Arbeitgebers verpflichtet haben, sondern bei denen der Lernzweck im Vordergrund steht. Zwar stellen auch die zur Ausbildung eingestellten Personen in einem gewissen Umfang ihre Arbeitskraft nach Weisung des Arbeitgebers zur Verfügung; wesentlicher Inhalt und Schwerpunkt ihres Vertragsverhältnisses ist jedoch die Ausbildung für eine spätere qualifiziertere Tätigkeit. Es kommt auf die Gewichtung der vertraglichen Pflichten an. Überwiegt die Pflicht zu Erbringung der vertraglich geschuldeten Arbeitsleistung, handelt es sich um ein Arbeitsverhältnis und nicht um ein anderes Vertragsverhältnis i.S.v. § 19 BBiG.
(...) Nach der vertraglichen Vereinbarung und der tatsächlichen Durchführung des Volontariatsverhältnisses überwogen im vorliegenden Fall die Elemente eines Arbeitsverhältnisses. (...) Auch ein Arbeitnehmer, der hauptsächlich zur Arbeitsleistung verpflichtet ist, wird in seine Aufgaben eingewiesen und lernt durch fortlaufende Unterweisungen die ordnungsgemäße Erbringung der von ihm geschuldeten Arbeitsleistung. Die Ausbildung ist dann nicht Zweck des Vertrags, sondern Voraussetzung für die

ordnungsgemäße Erbringung der vertraglich geschuldeten Leistung. (...) Selbst wenn zwischen den Parteien ein anderes Vertragsverhältnis nach § 19 BBiG bestanden haben sollte, weil die vertraglichen Beziehungen vom Ausbildungszweck beherrscht wurden, wäre § 78a BetrVG nicht anwendbar. Es fehlt an der Vergleichbarkeit zu einer Berufsausbildung i.S.d. BBiG. Weder nach dem Volontariatsvertrag noch nach einschlägigen tariflichen Vorschriften war ein geordneter Ausbildungsgang vorgeschrieben. Die einjährige Dauer des Volontariats entsprach auch nicht der gesetzlichen Mindestanforderung für staatlich anerkannte Ausbildungsberufe von mindestens zwei Jahren nach § 25 Abs. 2 Nr. 2 BBiG. Entgegen der Auffassung der Revision ist die Dauer des vorherigen neunmonatigen Praktikums nicht hinzuzurechnen. Die Klägerin behauptet selbst nicht, dass das Praktikum auf Grund eines geordneten Ausbildungsgangs der Ausbildung nach dem BBiG vergleichbar gewesen sei. (...)"
(BAG, Urteil v. 1.12.2004 – 7 AZR 129/04)

Ausschluss des Übernahmeanspruchs aus tendenzbedingten Gründen im Tendenzunternehmen möglich

„§ 78a BetrVG ist nicht nur auf die nach §§ 25 ff BBiG staatlich anerkannten Ausbildungsberufe anzuwenden, sondern auch auf Ausbildungsverhältnisse, die tariflichen Regelungen entsprechen und eine geordnete Ausbildung von mindestens zwei Jahren Dauer vorsehen.
§ 118 Abs. 1 Nr. 2 BetrVG steht der Begründung eines Arbeitsverhältnisses nach § 78a Abs. 2 BetrVG mit einem Redaktionsvolontär nach Beendigung der Ausbildung nicht entgegen. Diese Rechtswirkung kann aus Gründen des Tendenzschutzes entfallen, wenn tendenzbedingte Gründe die Weiterbeschäftigung des Arbeitnehmers als für den Arbeitgeber unzumutbar ausschließen.
(...) Dem Schutzzweck des § 78 a BetrVG widerspricht es, die Vorschrift aus den Gründen des Tendenzschutzes auch dann einzuengen, wenn dessen Voraussetzungen dies nicht erfordern. Hierin würde auch eine ungerechtfertigte Bevorzugung von Tendenzunternehmen gegenüber anderen Arbeitgebern bestehen, soweit es sich bei deren Auszubildenden nicht um Tendenzträger oder bei den für die Ablehnung der Weiterbeschäftigung geltend gemachten Gründen nicht um tendenzbedingte Gründe handelt. (...)"
(BAG, Urteil v. 23.6.1983 – 6 AZR 595/80)

Anspruch gerichtet gegen Vertragsarbeitgeber (Vertragspartner des Ausbildungsvertrages)

„Nach § 78a Abs 2 S 1 BetrVG (inhaltsgleich mit § 7 Abs 3 PersVG NW 1974) trifft die Verpflichtung zur Übernahme eines Jugend- und Auszubildendenvertreters ausschließlich den Vertragsarbeitgeber, also die natürliche oder juristische Person, die mit dem Auszubildenden ein Berufsausbildungsverhältnis begründet hat. Es kommt nicht darauf an, wie bestimmte Arbeitgeberbefugnisse dienststellenrechtlich aufgeteilt wurden, sondern es geht allein um die Aufrechterhaltung der vertragsrechtlichen Bindungen zwischen den bisherigen Parteien des Berufsausbildungsverhältnisses.
(...) Nach der zutreffenden Rechtsprechung des Bundesarbeitsgerichts zu dem insoweit inhaltsgleichen § 78a Abs. 2 Satz 1 BetrVG trifft die Verpflichtung zur Übernahme eines JAV-Vertreters ausschließlich den Vertragsarbeitgeber, also die natürliche oder juristische Person, die mit dem Auszubildenden ein Berufsausbildungsverhältnis begründet hat. Es kommt also nicht darauf an, wie bestimmte Arbeitgeberbefugnisse dienststellenrechtlich aufgeteilt wurden, sondern es geht allein um die Aufrechterhaltung der vertragsrechtlichen Bindungen zwischen den bisherigen Parteien des Berufsausbildungsverhältnisses. (...)"
(LAG Hamm, Urteil v. 24.04.2015 – 13 Sa 1794/14)

4. Frist

„Ein Weiterbeschäftigungsverlangen i.S.v. §78a Abs.2 S. 1 BetrVG, das früher als drei Monate vor Beendigung des Berufsausbildungsverhältnisses gestellt wird, ist unwirksam. Die Sechsmonatsfrist des §12 Abs.1 S. 2 BBiG findet keine entsprechende Anwendung. Dem steht nicht die Änderung der in §5 Abs.1 S. 2 BBiG a.F. enthaltenen Dreimonatsfrist durch das Arbeitsrechtliche Beschäftigungsförderungsgesetz vom 25. September 1996 entgegen.

vorfristiges Verlangen unwirksam

Ein Arbeitgeber ist jedenfalls dann nicht verpflichtet, den Auszubildenden vor Beendigung des Ausbildungsverhältnisses darauf hinzuweisen, dass sein vorzeitiges Übernahmeverlangen rechtlich unbeachtlich ist, wenn der Auszubildende zum einen durch die Gewerkschaft sachkundig vertreten ist und zum anderen dem Arbeitgeber aufgrund wiederholter Pflichtverstöße des Auszubildenden nicht zuzumuten ist, diesen bei der Wahrnehmung etwaiger Rechte ihm gegenüber zu unterstützen."
(BAG, Beschluss v. 5.12.2012 – 7 ABR 38/11)

grundsätzlich keine Hinweispflicht des Arbeitgebers

„Ein Weiterbeschäftigungsverlangen i.S.v. §78a Abs.2 S. 1 BetrVG, das früher als drei Monate vor Beendigung des Berufsausbildungsverhältnisses gestellt wird, ist unwirksam. Die Sechsmonatsfrist des §12 Abs.1 S. 2 BBiG ist nicht analog anzuwenden."
(BAG, Beschluss v. 15.12.2011 – 7 ABR 40/10 – AP Nr.55 zu §78a BetrVG 1972 = EzA §78a BetrVG 2001 Nr.7 = DB 2012, 1693 = NZA-RR 2012, 413)

vorzeitiges/vorfristiges Übernahmeverlangen unwirksam

„(...) Das folgt aus den Fristenregelungen des §78 a BetrVG. So kann der Auszubildende nicht früher rechtswirksam erklären, daß er in ein Arbeitsverhältnis übernommen werden möchte. (...)"
(BAG, Beschluss v. 12.11.1997 – 7 ABR 73/96)

vorzeitiges / vorfristiges Übernahmeverlangen unwirksam

„(...) Für die Berechnung des Drei-Monats-Zeitraums ist gemäß §14 Abs. 1 BBiG (nunmehr §21 Abs.1 BBiG) auf das vertraglich festgelegte Ende des Berufsausbildungsverhältnisses bzw., wenn der Auszubildende vor Ablauf der Ausbildungszeit die Abschlußprüfung besteht, gemäß §14 Abs.2 BBiG (nunmehr §21 Abs.2 BBiG) auf den Zeitpunkt der Bekanntgabe des Prüfungsergebnisses abzustellen (vgl. BAGE 50, 79, 80 f. = AP Nr.15 zu §78 a BetrVG 1972, zu I 1 a der Gründe, m.w.N.). (...)"
(BAG, Urteil v. 13.11.1987 – 7 AZR 246/87)

Berechnung des 3-Monats-Zeitraums (rückwärts) mit Bekanntgabe des Prüfungsergebnisses bzw. vertraglichem Ausbildungsende

„(...) Die Klägerin hatte am 24. Juni 1986 ihre Abschlußprüfung bestanden (...). Deshalb lag (...) das schriftliche Weiterbeschäftigungsbegehren der Klägerin vom 16. März 1986, das der Beklagten noch am selben oder am folgenden Tag zugegangen sein muß, vor dem Beginn der Dreimonatsfrist des §78 a Abs.2 Satz 1 BetrVG und war daher rechtlich nicht wirksam. (...)"
(BAG, Urteil v. 13.11.1987 – 7 AZR 246/87)

vorzeitiges / vorfristiges Übernahmeverlangen unwirksam

„Für die Berechnung der Dreimonatsfrist, in der ein Jugendvertreter sein Weiterbeschäftigungsverlangen gemäß §78a Abs.2 BetrVG geltend machen muß, ist auf den Zeitpunkt der Bekanntgabe des Prüfungsergebnisses der Abschlußprüfung abzustellen.
(...) Gegen die Ansicht der Revision spricht bereits der Wortlaut des §78 a Abs.2 BetrVG. Danach muß der Auszubildende innerhalb der letzten drei Monate vor Beendigung des Berufsausbildungsverhältnisses die Übernahme in ein unbefristetes Arbeitsverhältnis verlangen. Nur dann gilt ein unbefristetes Arbeitsverhältnis als zustande gekommen. Damit ist zugleich festgelegt, daß ein entsprechendes Verlangen vor dieser Zeit oder nach Beendigung des Ausbildungsverhältnisses ein Arbeitsverhältnis nicht mehr zu begründen vermag.
Das Berufsausbildungsverhältnis endet in der Regel mit dem Ablauf der vereinbarten Ausbildungszeit (§14 Abs.1 BBiG; nunmehr §21 Abs.1 BBiG).

Rückrechnung von Bekanntgabe des Prüfungsergebnisses

Besteht der Auszubildende aber vor Ablauf der Ausbildungszeit die Abschlußprüfung, dann endet das Berufsausbildungsverhältnis bereits mit dem Bestehen der Abschlußprüfung (§ 14 Abs. 2 BBiG; nunmehr § 21 Abs. 2 BBiG). Die Abschlußprüfung ist bestanden, wenn das Prüfungsverfahren abgeschlossen und das Ergebnis der Prüfung mitgeteilt worden ist.
(...) Für die Berechnung der Dreimonatsfrist gemäß § 78 a Abs. 2 BetrVG gilt nichts anderes. Diese Bestimmung wurde durch Gesetz vom 23. Januar 1974 (BGBl. I S. 85) in das BetrVG 1972 eingefügt. § 78 a Abs. 2 BetrVG enthält keine eigenständige, etwa von § 14 BBiG (nunmehr § 21 BBiG) abweichende Regelung über den Zeitpunkt der Beendigung des Berufsausbildungsverhältnisses. Die Entscheidung des Gesetzgebers, die Fristberechnung des § 78 a Abs. 2 BetrVG an das Ende des Berufsausbildungsverhältnisses, nicht aber an das Ende der vorgesehenen Ausbildungszeit zu knüpfen, bedeutet somit für die Berechnung der Dreimonatsfrist des § 78 a Abs. 2 BetrVG, daß vom Bestehen der Abschlußprüfung zurückzurechnen ist.
Für den Kläger ergibt sich entgegen der Auffassung der Revision aus dieser Regelung auch keine Rechtsunsicherheit. Würde auf das vertraglich vorgesehene Ende der Ausbildungszeit abgestellt, so fielen die Dreimonatsfristen nach § 5 Abs. 1 BBiG und § 78 a Abs. 2 BetrVG auseinander. Es bliebe zudem offen, welche rechtlichen Beziehungen zwischen dem Arbeitgeber und dem Ausgebildeten in dem Zeitraum zwischen dem erfolgreichen vorzeitigen Bestehen der Abschlußprüfung und dem unter Fristausnutzung noch rechtzeitig gestellten Übernahmeverlangen vor Ablauf der vertraglichen Ausbildungszeit bestehen. Ein in einer kürzeren Frist als drei Monate zuvor bekanntgegebener Prüfungstermin erschwert und verkürzt zwar die Berechnung der Dreimonatsfrist aus der Sicht des betroffenen Jugendvertreters. Es ist ihm jedoch unbenommen, sein Weiterbeschäftigungsverlangen entweder erst bei Bekanntgabe des Prüfungstermins, soweit die Frist bis dahin kürzer als drei Monate ist, zu stellen oder, bei vorzeitiger Geltendmachung seiner Weiterbeschäftigung, diese vorsorglich noch einmal schriftlich gegenüber seinem Arbeitgeber zu wiederholen.

Möglichkeit der jederzeitigen Wiederholung des Übernahmeverlangens

Das schriftliche Weiterbeschäftigungsverlangen des Klägers ist der Beklagten nicht mehr am 29. Juni 1983 zugegangen.
Eine schriftliche Willenserklärung ist dem Empfänger zugegangen (§ 130 Abs. 1 Satz 1 BGB), sobald sie in verkehrsüblicher Weise in dessen tatsächliche Verfügungsgewalt gelangt ist und für den Empfänger unter gewöhnlichen Verhältnissen die Möglichkeit besteht, von der Erklärung Kenntnis zu nehmen. Demnach müssen für den Zugang einer schriftlichen Willenserklärung zwei Voraussetzungen erfüllt sein. Die Erklärung muß in verkehrsüblicher Weise in die tatsächliche Verfügungsgewalt des Empfängers oder eines empfangsberechtigten Dritten gelangen und der Empfänger muß unter gewöhnlichen Umständen Kenntnis nehmen können.
Der Kläger hat vorgetragen, er habe das schriftliche Weiterbeschäftigungsverlangen am 29. Juni 1983 zwischen 17.10 Uhr und 17.20 Uhr dem Pförtner der Beklagten übergeben. Damit befand sich das Schreiben nach Übergabe an den Pförtner zwar im Machtbereich der Beklagten. Der Pförtner war aber zur Entgegennahme von Schriftstücken nicht zuständig, selbst wenn er in der Vergangenheit wiederholt Post entgegengenommen hat. Dadurch wurde der Pförtner allenfalls zum Empfangsboten.
Für den Zugang der Willenserklärung des Klägers kommt es demnach darauf an, ob der Beklagten auch die alsbaldige Kenntnisnahme möglich und nach der Verkehrsanschauung zu erwarten war, daß sie noch am 29. Juni 1983 auch tatsächlich Kenntnis nahm. Dafür ist der Kläger darlegungs- und beweispflichtig.

Darlegungs- und Beweislast für frist- und formgerechtes Übernahmeverlangen beim Auszubildenden

Ein Vortrag des Klägers fehlt insoweit. Vielmehr mußte er nach seinem eigenen Vorbringen damit rechnen, daß sein Übernahmeverlangen der Beklagten erst am Folgetag zu Beginn der üblichen Geschäftszeit im Betrieb zur Kenntnis gelangte. Seiner Darlegungslast für einen früheren Zeitpunkt des Zugehens, insbesondere für die Umstände, die entgegen den

Gepflogenheiten des Verkehrs eine frühere Kenntnisnahme der Beklagten erwarten ließen, hat der Kläger nicht genügt. Das von der Revision in diesem Zusammenhang behauptete Organisationsverschulden der Beklagten könnte nur dann entscheidungserheblich sein, wenn der Kläger zuvor unter Beweisantritt vorgetragen hätte, daß er alles in seiner Macht stehende und Erforderliche getan hat, um einen Zugang seines schriftlichen Übernahmeverlangens am 29. Juni 1983 nicht nur beim Pförtner, sondern bei der Beklagten selbst sicherzustellen. Da dies nicht geschehen ist, muß davon ausgegangen werden, daß die Erklärung des Klägers nicht mehr am 29. Juni 1983 der Beklagten zugegangen ist.
Auch das mit Schreiben vom 8. März 1983 begehrte Weiterbeschäftigungsverlangen konnte keine Rechtswirkungen haben, weil es außerhalb der Drei-monatsfrist der Beklagten zugegangen war.
Zu Unrecht meint die Revision die Beklagte handele rechtsmißbräuchlich, wenn sie sich auf die Fristversäumung durch den Kläger berufe, da sie selbst zu dem Weiterbeschäftigungsverlangen des Klägers vom 8. März 1983 geschwiegen und ihrer Mitteilungspflicht gemäß § 78 a Abs. 1 BetrVG, den Kläger nicht in ein Arbeitsverhältnis auf bestimmte Zeit übernehmen zu wollen, nicht nachgekommen sei.
Die Begründung eines Arbeitsverhältnisses nach § 78 a Abs. 2 BetrVG setzt jedenfalls zunächst eine entsprechende Erklärung des Auszubildenden voraus. Das Schweigen der Beklagten auf das verfrühte Übernahmeverlangen des Klägers vom 8. März 1983 ist daher unerheblich, da die Beklagte nicht verpflichtet war, zugunsten des Klägers die Einhaltung der Fristen nach § 78 a Abs. 2 BetrVG zu kontrollieren. Darüber hinaus bestand für die Beklagte auch keine Rechtspflicht, den Kläger darauf aufmerksam zu machen, daß er noch kein fristgerechtes Übernahmeverlangen gestellt habe. Würde eine solche Pflicht bejaht, so würde dies bedeuten, daß die Beklagte als Arbeitgeber gezwungen wäre, ihre Arbeitnehmer zur Wahrnehmung von Rechten anzuhalten. (...)"
(BAG, Urteil v. 31.10.1985 – 6 AZR 557/84)

Schweigen des Arbeitgebers auf verfrühtes Übernahmeverlangen unbeachtlich

keine Hinweispflicht des Arbeitgebers gegenüber Auszubildendem wegen Fristwahrung

„Ein Weiterbeschäftigungsverlangen nach BetrVG § 78a Abs. 2, das früher als drei Monate vor Beendigung des Ausbildungsverhältnisses erklärt wird, ist unwirksam.
(...) Unabhängig hiervon folgt die Unwirksamkeit des außerhalb der Dreimonatsfrist des § 78 a Abs. 2 BetrVG erklärten Übernahmeverlangens auch daraus, daß der Auszubildende, der Mitglied eines betriebsverfassungsrechtlichen Organs ist, die vom Gesetzgeber ihm eingeräumte Befugnis, ein Arbeitsverhältnis mit dem Arbeitgeber kraft einseitiger Erklärung zu begründen, nur innerhalb der Dreimonatsfrist ausüben kann. Fehlt es an diesem Merkmal, weil die Erklärung zu früh oder auch zu spät abgegeben wird, kann die im Gesetz vorgesehene Wirkung nicht eintreten. (...)"
(BAG, Urteil v. 15.1.1980 – 6 AZR 621/78)

vorzeitiges / vorfristiges Übernahmeverlangen unwirksam

„Ein Weiterbeschäftigungsverlangen eines Mitglieds der Jugend- und Auszubildendenvertretung, das außerhalb der Dreimonatsfrist des § 78a Abs. 2 S. 1 BetrVG erklärt wird, bewirkt nicht die Fiktion des Entstehens eines Arbeitsverhältnisses."
(LAG Hamm, Beschluss v. 1.4.2011 – 10 TaBV 109/10 – EzB BetrVG § 78a Nr. 18)

vorzeitiges / vorfristiges Übernahmeverlangen unwirksam

5. Form

eigenhändige Unterschrift als Formerfordernis

„§78a Abs. 2 S. 1 BetrVG ordnet an, dass das Weiterbeschäftigungsverlangen des Auszubildenden schriftlich zu erfolgen hat. Die Bestimmung verlangt Schriftform i.S.v. §126 Abs. 1 BGB und lässt Textform i.S.v. §126b BGB nicht genügen. Dem Arbeitgeber kann es aber im Einzelfall nach Treu und Glauben verwehrt sein, sich auf die nicht eingehaltene Schriftform zu berufen."
(BAG, Beschluss v. 15.12.2011 – 7 ABR 40/10)

Begründung eines unbefristeten Vollzeitarbeitsverhältnisses im erlernten Ausbildungsberuf allein durch form- und fristgerechtes Übernahmeverlangen

„(...) Allein das form- und fristgerechte Weiterbeschäftigungsverlangen verschafft dem Auszubildenden eine Rechtsposition, die bei Beendigung seines Berufsausbildungsverhältnisses ohne weiteres und ohne Rücksicht darauf, ob dem Arbeitgeber die Weiterbeschäftigung zumutbar ist oder nicht, zur Begründung eines Arbeitsverhältnisses mit dem Arbeitgeber führt. (...)"
(BAG, Beschluss v. 29.11.1989 – 7 ABR 67/88)

6. Rechtsfolge form- und fristgerechter Geltendmachung

unbefristetes Vollzeitarbeitsverhältnis im erlernten Ausbildungsberuf

„(...) Durch ein form- und fristgerechtes Übernahmeverlangen des Auszubildenden entsteht zwischen dem Arbeitgeber und dem Mitglied der in §78a Abs. 1 BetrVG genannten Arbeitnehmervertretungen nach §78a Abs. 2 Satz 1 BetrVG ein unbefristetes Vollzeitarbeitsverhältnis im Ausbildungsberuf. (...)"
(BAG, Beschluss v. 17.06.2020 – 7 ABR 46/18 –; BAG, Beschluss v. 8.9.2010 – 7 ABR 33/09 –; BAG v. 17.2.2010 – 7 ABR 89/08 –; BAG, Beschluss v.25.2.2009 – 7 ABR 61/07)

Entstehen des Arbeitsverhältnisses kraft gesetzlich angeordneter Rechtsfolge

„Nach §78a Abs. 2 BetrVG entsteht kraft Gesetzes durch ein vom Auszubildenden form- und fristgerecht erhobenes Weiterbeschäftigungsverlangen ein unbefristetes Vollzeitarbeitsverhältnis, das einen Anspruch auf eine ausbildungsgerechte Beschäftigung im Ausbildungsbetrieb begründet."
(BAG, Beschluss v. 16.7.2008 – 7 ABR 13/07 –; BAG, Beschluss v. 8.8.2007 – 7 ABR 43/06 –; BAG, Beschluss v. 6.11.1996 – 7 ABR 54/95)

Abänderbarkeit des begründeten Arbeitsverhältnisses durch Vereinbarung

„(...) Das so entstandene Arbeitsverhältnis haben die Parteien einvernehmlich abgeändert, was möglich ist, da auch das kraft gesetzlicher Fiktion begründete Arbeitsverhältnis ein Vertragsverhältnis der Parteien ist und im Rahmen des geltenden Rechts der Vertragsfreiheit unterfällt. So entspricht es auch der ständigen, zutreffenden Rechtsprechung des Bundesarbeitsgerichts, das eine Abänderung des über §78 a Abs. 2 Satz 1 BetrVG begründeten Arbeitsverhältnisses dem Konsensprinzip unterliegt. (...)"
(LAG Hamm, Urteil v. 14.03.2017 – 7 Sa 1191/16)

7. Mitteilungspflicht des Arbeitgebers

Mitteilung der Nichtübernahme durch Arbeitgeber ohne rechtliche Bedeutung für Übernahmeanspruch

„(...) Hat der Arbeitgeber dem Auszubildenden (...) vor dessen Weiterbeschäftigungsverlangen mitgeteilt, er werde ihn nicht übernehmen, so ist das für das Entstehen eines Arbeitsverhältnisses ohne Bedeutung. Diese Mitteilung dient gerade dazu, dem Auszubildenden rechtzeitig Gelegenheit zu geben, entweder Dispositionen für einen Arbeitsplatz anderenorts zu treffen oder beizeiten das Weiterbeschäftigungsverlangen zu stellen. (...)"
(BAG, Urteil v. 13.3.1986 – 6 AZR 207/85)

„(...) In Übereinstimmung mit der Rechtsprechung des erkennenden Senats führt das Landesarbeitsgericht auch zutreffend aus, nach §78 a Abs. 5 BetrVG komme es allein darauf an, daß der Jugendvertreter das Übernah-

meverlangen rechtzeitig, d.h. innerhalb der Frist des § 78 a Abs. 2 BetrVG stellt. Ein Auszubildender kann nicht darauf vertrauen, übernommen zu werden, wenn der Arbeitgeber die ihm nach § 78 a Abs. 1 BetrVG obliegende Mitteilung versäumt. (...)"
(BAG, Urteil v. 31.10.1985 – 6 AZR 557/84)

Übernahmeverlangen des Auszubildenden nicht entbehrlich wegen fehlender Anzeige der Nichtübernahme durch Arbeitgeber

„(...) Entgegen der Auffassung der Revision sind Arbeitsverhältnisse mit den Beklagten nicht etwa dadurch zustande gekommen, daß die Klägerin ihrer Mitteilungspflicht nach § 78 a Abs. 1 BetrVG erst verspätet nachgekommen ist. Dem Landesarbeitsgericht ist darin zuzustimmen, die Nichteinhaltung der Frist für die dem Arbeitgeber obliegende Mitteilungspflicht nach § 78 a Abs. 1 BetrVG gegenüber einem Auszubildenden, der Mitglied in einem der in § 78 a Abs. 1 BetrVG genannten betriebsverfassungsrechtlichen Organe ist, führe nicht zur Begründung eines unbefristeten Arbeitsverhältnisses, sondern allenfalls zu Schadenersatzansprüchen. Dieser Auffassung ist entgegen den Angriffen der Revision schon deshalb zu folgen, weil als Voraussetzung für das Entstehen des unbefristeten Arbeitsverhältnisses in § 78 a BetrVG allein auf das Übernahmeverlangen des Auszubildenden abgestellt wird (vgl. § 78a Abs. 5 BetrVG), damit also eine Handlung des Auszubildenden erforderlich ist, um das Rechtsverhältnis zu begründen. (...)"
(BAG, Urteil v. 15.1.1980 – 6 AZR 621/78)

ggf. Schadensersatzansprüche des Auszubildenden

8. Beteiligung des Betriebsrates

Übernahmepflicht mitbestimmungsfrei

„(...) Bei einer Übernahmeverpflichtung des Arbeitgebers nach § 78 a BetrVG besteht ohnehin kein Mitbestimmungsrecht des Betriebsrates. (...)"
(BAG, Urteil v. 31.10.1985 – 6 AZR 557/84)

9. Wahrung tariflicher Ausschlussfrist

Wahrung der ersten Stufe einer zweistufigen tariflichen Ausschlussfrist durch Geltendmachung des Übernahmeanspruchs

„Mit dem form- und fristgerechten Weiterbeschäftigungsverlangen nach § 78a Abs 2 S 1 BetrVG wahrt ein Mitglied der Jugend- und Auszubildendenvertretung die erste Stufe einer tariflichen Ausschlussfrist für den Anspruch auf Vergütung wegen Annahmeverzugs, der entsteht, weil der Arbeitgeber die Begründung eines Arbeitsverhältnisses leugnet oder die Beschäftigung unter Berufung auf die in § 78a Abs 4 S. 1 Nr. 2 BetrVG genannten Gründe als unzumutbar ablehnt. (…) Denn das Recht eines Mitglieds der Jugend- und Auszubildendenvertretung, mit dem Verlangen auf Weiterbeschäftigung ein Arbeitsverhältnis zu begründen, soll auch gewährleisten, dass die weitere Amtsausübung auf gesicherter wirtschaftlicher Grundlage erfolgen kann. Das Weiterbeschäftigungsverlangen des Klägers war damit nicht nur auf seine Beschäftigung in einem unbefristeten Arbeitsverhältnis gerichtet, sondern für die Beklagte erkennbar auch auf die Erhaltung der Vergütungsansprüche, die ggf. aus der Ablehnung seiner Weiterbeschäftigung resultieren.
Der Kläger musste seine Ansprüche weder ausdrücklich bezeichnen noch beziffern. Für den Arbeitgeber ist aufgrund der gesetzlichen Vorgaben in § 78a Abs. 2 Satz 1 BetrVG ersichtlich, dass das Mitglied der Jugend- und Auszubildendenvertretung verlangt, sowohl hinsichtlich der rechtlichen Ausgestaltung des Arbeitsverhältnisses als auch der Vergütung einem Arbeitnehmer, den der Arbeitgeber für eine entsprechende Tätigkeit ausgewählt und eingestellt hat, gleichgestellt zu werden. Damit ist dem Zweck einer einstufigen tariflichen Ausschlussfristenregelung Genüge getan. (…)
Der Einhaltung der tariflichen Ausschlussfrist steht nicht entgegen, dass die Vergütungsansprüche, als der Kläger nach § 78a Abs. 2 Satz 1 BetrVG seine Weiterbeschäftigung verlangte, weder entstanden noch fällig waren. Eine Ausschlussfrist, die die Geltendmachung von „Ansprüchen" verlangt, setzt voraus, dass die rechtserzeugenden Anspruchsvoraussetzungen

bei der Geltendmachung erfüllt sind. Fehlt es daran, liegt regelmäßig kein Anspruch vor, der geltend gemacht werden könnte. Ausschlussfristen unterliegen jedoch einer einschränkenden Auslegung, wenn der mit der Ausschlussfrist verfolgte Zweck, dem Schuldner zeitnah Gewissheit zu verschaffen, mit welchen Ansprüchen er zu rechnen hat, durch eine Geltendmachung erreicht wird. Die einschränkende Auslegung ist insbesondere dann geboten, wenn bei unveränderter rechtlicher und tatsächlicher Lage ein Anspruch aus einem ständig gleichen Grundtatbestand entsteht und der Wortlaut des Tarifvertrags die Geltendmachung künftiger Ansprüche nicht von vornherein ausschließt.

So verhält es sich hier. Mit dem Weiterbeschäftigungsverlangen nach § 78a Abs. 2 Satz 1 BetrVG war die Beklagte ausreichend vom Ziel des Klägers unterrichtet, sich ggf. aus der unter Berufung auf § 78a Abs. 4 Satz 1 Nr. 2 BetrVG erfolgten Versagung einer den gesetzlichen Vorgaben entsprechenden Beschäftigung fortlaufend entstehende Vergütungsansprüche zu erhalten. Eine weitere Geltendmachung kann nach dem Sinn und Zweck der tariflichen Ausschlussfristen regelmäßig nicht verlangt werden. (...)

Keine Wahrung der zweiten Stufe (Klageerhebung erforderlich)

Die zweite Stufe einer tariflichen Ausschlussfrist beginnt mit der Fälligkeit des Anspruchs zu laufen. (...) Die Fälligkeit der Vergütung wegen Annahmeverzugs bestimmt sich nach dem Zeitpunkt, zu dem die Vergütung bei tatsächlicher Beschäftigung in den einzelnen Abrechnungsperioden fällig geworden wäre.

Dem Arbeitnehmer werden mit der Obliegenheit, während eines noch laufenden Auflösungsverfahrens nach § 78a Abs 4 S 1 Nr 2 BetrVG entstandene Vergütungsansprüche wegen Annahmeverzugs einzuklagen, keine zusätzlichen, vermeidbaren Kostenrisiken auferlegt. Das auf die Auflösung des Arbeitsverhältnisses mit Rechtskraft der gerichtlichen Entscheidung gerichtete Beschlussverfahren nach § 78a Abs 4 S 1 Nr 2 BetrVG, mit dessen Einleitung der Arbeitgeber den Fortbestand des Arbeitsverhältnisses bis zur Rechtskraft des Auflösungsbeschlusses nicht in Abrede stellt, bietet keine Grundlage für die Klärung im Verlauf des Verfahrens entstandener Vergütungsansprüche. (...)“

(BAG, Urteil v. 24.08.2016 – 5 AZR 853/15)

VI. Unzumutbarkeit der Weiterbeschäftigung für den Arbeitgeber

1. Begriff der Unzumutbarkeit

„(...) Der Arbeitgeber kann gemäß §78a Abs. 4 Satz 1 Nr. 1 BetrVG die Begründung eines Arbeitsverhältnisses nach §78a Abs. 2 Satz 1 BetrVG verhindern oder gemäß §78a Abs. 4 Satz 1 Nr. 2 BetrVG dessen Auflösung herbeiführen, wenn Tatsachen vorliegen, aufgrund derer ihm die Weiterbeschäftigung unter Berücksichtigung aller Umstände nicht zugemutet werden kann. Dabei stimmt der Begriff der Zumutbarkeit in §78a Abs. 4 Satz 1 BetrVG mit dem in §626 Abs. 1 BGB nicht überein. Nach der Rechtsprechung des Senats ist dem Arbeitgeber die Weiterbeschäftigung nicht erst dann unzumutbar, wenn die Voraussetzungen des §626 Abs. 1 BGB erfüllt sind. Die zum Begriff der Unzumutbarkeit in §626 Abs. 1 BGB entwickelten Grundsätze lassen sich nicht auf §78a Abs. 4 Satz 1 Nr. 2 BetrVG übertragen. Der Tatbestand des §626 Abs. 1 BGB ist erfüllt, wenn dem Arbeitgeber schon die Fortsetzung des Arbeitsverhältnisses bis zum Ablauf der Kündigungsfrist oder bis zur vereinbarten Beendigung nicht zugemutet werden kann. Bei der Auflösung des nach §78a Abs. 2 Satz 1 BetrVG entstandenen Arbeitsverhältnisses ist demgegenüber maßgeblich, ob dem Arbeitgeber die Beschäftigung des Amtsträgers in einem unbefristeten Arbeitsverhältnis zumutbar ist. (...)"
(BAG, Beschluss v. 18.09.2019 – 7 ABR 44/17 –; BAG, Beschluss v. 8.9.2010 – 7 ABR 33/09 –; BAG, Beschluss v. 17.2.2010 – 7 ABR 89/08)

keine Übereinstimmung mit Unzumutbarkeitsbegriff in §626 BGB (außerordentliche Kündigung)

„(...) Die zum Begriff der Unzumutbarkeit in §626 Abs. 1 BGB entwickelten Grundsätze lassen sich nicht auf den Auflösungstatbestand des §78a Abs. 4 BetrVG übertragen. Der Tatbestand des §626 Abs. 1 BGB ist erst dann gegeben, wenn dem Arbeitgeber die Fortsetzung des Arbeitsverhältnisses bis zum Ablauf der Kündigungsfrist oder bis zur vereinbarten Beendigung nicht zugemutet werden kann. Bei §78 a Abs. 4 BetrVG ist demgegenüber zu entscheiden, ob dem Arbeitgeber die Beschäftigung des Arbeitnehmers in einem unbefristeten Arbeitsverhältnis zumutbar ist. Diese Frage ist im GrundSatz zu verneinen, wenn der Arbeitgeber keinen andauernden Bedarf für die Beschäftigung eines Arbeitnehmers hat. Soweit der bisherigen Rechtsprechung des Bundesarbeitsgerichts, der Schutzzweck des §78 a BetrVG gebiete eine an §626 Abs. 1 BGB orientierte Auslegung, entnommen werden könnte, die Begriffe seien in §626 Abs. 1 BGB und in §78 a Abs. 4 BetrVG inhaltsgleich, wird daran nicht festgehalten. Vielmehr ist der Inhalt der Begriffe nach den genannten unterschiedlichen Funktionen zu bestimmen. (...)"
(BAG, Beschluss v. 6.11.1996 – 7 ABR 54/95)

Frage des andauernden Bedarfs für Beschäftigung in unbefristetem Vollzeitarbeitsverhältnis entscheidend

2. Maßgeblicher Zeitpunkt

„(...) Nach ständiger Rechtsprechung des Senats ist für die Feststellung der Unzumutbarkeit einer Weiterbeschäftigung i.S.d. §78a Abs. 4 BetrVG auf den Zeitpunkt der Beendigung des Berufsausbildungsverhältnisses abzustellen. (...)"
(BAG, Beschluss v. 17.2.2010 – 7 ABR 89/08 –; BAG, Urteil v. 13.8.2008 – 7 AZR 450/07 –; BAG, Beschluss v. 25.2.2009 – 7 ABR 61/07 –; BAG, Beschluss v. 28.6.2000 – 7 ABR 57/98 –; BAG, Beschluss v. 12.11.1997 – 7 ABR 73/96 –; BAG v. 12.11.1997 – 7 ABR 63/96 –; BAG, Beschluss v. 6.11.1996 – 7 ABR 54/95 –; BAG, Urteil v. 16.1.1979 – 6 AZR 153/77)

Verhältnisse zum Zeitpunkt der Beendigung des Ausbildungsverhältnisses entscheidend

„(...) Dabei ist für die Frage der Unzumutbarkeit sowohl beim Feststellungsantrag wie auch beim Auflösungsantrag auf den Zeitpunkt der Beendigung

spätere gerichtliche Entscheidung über zurückliegende Situation im Zeitpunkt der Beendigung des Ausbildungsverhältnisses

des Berufsausbildungsverhältnisses und nicht etwa auf den der gerichtlichen Entscheidung über den Antrag abzustellen. (...)"
(BAG, Beschluss v. 29.11.1989 – 7 ABR 67/88)

„Für die Feststellung der Unzumutbarkeit einer Weiterbeschäftigung im Sinne des §78a Abs. 4 BetrVG ist auf den Zeitpunkt der Beendigung des Berufsausbildungsverhältnisses, nicht auf den Zeitpunkt der Entscheidung durch das Arbeitsgericht abzustellen.

Schwangerschaft nach Beendigung der Ausbildung

Wird eine Jugend- und Auszubildendenvertreterin nach Beendigung des Ausbildungsverhältnisses schwanger, kann sie sich in einem Verfahren nach §78a Abs. 4 BetrVG nicht auf §9 MuSchG berufen."
(LAG Hamm, Beschluss v. 14.1.2011)

3. Betriebliche Gründe

keine Pflicht des Arbeitgebers zur Schaffung neuer Arbeitsplätze durch Änderung der Arbeitsorganisation oder Abbau von Überstunden

„Der Arbeitgeber ist nicht verpflichtet, durch eine Änderung seiner Arbeitsorganisation einen neuen Arbeitsplatz zu schaffen, um die Weiterbeschäftigung zu gewährleisten. Das gilt auch für die Entscheidung, ob durch den Abbau von Überstunden zusätzliche Einstellungsmöglichkeiten geschaffen werden sollen.

(...) Neben personen- und verhaltensbedingten Gründen können auch betriebliche Gründe die Auflösung des kraft Gesetzes entstandenen Arbeitsverhältnisses rechtfertigen. Die Fortsetzung des nach §78a Abs. 2 Satz 1 BetrVG begründeten Arbeitsverhältnisses ist dem Arbeitgeber aus betrieblichen Gründen unzumutbar, wenn in seinem Betrieb kein freier Arbeitsplatz vorhanden ist, auf dem der Auszubildende mit seiner durch die Ausbildung erworbenen Qualifikation dauerhaft beschäftigt werden kann. Maßgeblich sind die Verhältnisse im Ausbildungsbetrieb.

Personalplanung Bestandteil der unternehmerischen Freiheit

Unzumutbarkeit der Übernahme aus betrieblichen Gründen bei Fehlen eines freien Dauerarbeitsplatzes

Ob ein Beschäftigungsbedarf für den durch §78a BetrVG geschützten Auszubildenden zur Verfügung steht, bestimmt sich nach den arbeitstechnischen Vorgaben und der Personalplanung des Arbeitgebers, der darüber entscheidet, welche Arbeiten im Betrieb verrichtet werden sollen und wie viele Arbeitnehmer damit beschäftigt werden. Ohne Bedeutung ist daher, ob Arbeitsaufgaben vorhanden sind, mit deren Verrichtung ein Arbeitnehmer betraut werden könnte. Der Arbeitgeber ist nicht verpflichtet, durch organisatorische Maßnahmen Arbeitsplätze neu zu schaffen, um die Weiterbeschäftigung zu gewährleisten. Von Missbrauchsfällen abgesehen ist der Arbeitgeber grundsätzlich auch nicht gehindert, durch eine Veränderung der Arbeitsorganisation Arbeitsplätze wegfallen zu lassen. Ist dagegen im Zeitpunkt der Beendigung des Ausbildungsverhältnisses ein freier Arbeitsplatz vorhanden, hat bei der Prüfung der Unzumutbarkeit einer Weiterbeschäftigung ein künftiger Wegfall von Arbeitsplätzen unberücksichtigt zu bleiben.

EinSatz von Leiharbeitnehmern begründet keine Unzumutbarkeit der Übernahme

Nach diesen Grundsätzen ist dem Arbeitgeber die Übernahme eines durch §78a BetrVG geschützten Auszubildenden aus betrieblichen Gründen nicht allein deshalb unzumutbar, weil er sich entschließt, in seinem Betrieb anfallende Arbeitsaufgaben künftig nicht mehr eigenen Vertragsarbeitnehmern, sondern Leiharbeitnehmern zu übertragen. Allein durch die Entscheidung des Arbeitgebers, künftig für die Erledigung der Arbeitsmenge Leiharbeitnehmer einzusetzen, ändert sich die Anzahl der im Betrieb eingerichteten Arbeitsplätze und damit auch der Beschäftigungsbedarf nicht.

Nach ständiger Rechtsprechung des Senats ist für die Feststellung der Unzumutbarkeit einer Weiterbeschäftigung i.S.d. §78a Abs. 4 BetrVG auf den Zeitpunkt der Beendigung des Berufsausbildungsverhältnisses abzustellen. Die Weiterbeschäftigung eines durch §78a BetrVG geschützten Auszubildenden kann dem Arbeitgeber i.S.v. §78a Abs. 4 BetrVG im Einzelfall auch zumutbar sein, wenn er einen kurz vor der Beendigung der Berufsausbildung frei gewordenen Arbeitsplatz wieder besetzt hat, statt ihn für einen nach § 78a BetrVG geschützten Auszubildenden freizuhalten. Das gilt regelmäßig bei einer Besetzung, die innerhalb von drei Monaten vor dem vereinbarten Ende des Ausbildungsverhältnisses vorgenommen wird. Der Arbeitgeber muss innerhalb des Drei-Monats-Zeitraums des § 78a Abs. 2 Satz 1 BetrVG mit einem Übernahmeverlangen rechnen. Diesem Verlangen hat er nachzukommen, wenn nicht die Ausnahmetatbestände des § 78a Abs. 4 BetrVG erfüllt sind. Aus diesem Grund führt ein zum Zeitpunkt der Beendigung der Ausbildung fehlender Beschäftigungsbedarf nicht zur Unzumutbarkeit der Weiterbeschäftigung, wenn der Arbeitgeber einen innerhalb von drei Monaten vor der vertraglich vereinbarten Beendigung des Ausbildungsverhältnisses frei gewordenen Arbeitsplatz besetzt hat und die sofortige Neubesetzung nicht durch dringende betriebliche Erfordernisse geboten war.

Pflicht des Arbeitgebers zum Freihalten eines im 3-Monats-Zeitraum freiwerdenden geeigneten Arbeitsplatzes

(...) Im Übrigen ist der Arbeitgeber nicht verpflichtet, durch eine Änderung seiner Arbeitsorganisation einen neuen Arbeitsplatz zu schaffen, um die Weiterbeschäftigung zu gewährleisten. Das gilt auch für die Entscheidung, ob durch den Abbau von Überstunden zusätzliche Einstellungsmöglichkeiten geschaffen werden sollen. Es unterliegt der unternehmerischen Freiheit des Arbeitgebers zu entscheiden, ob durch Abbau von Überstunden ein Arbeitsplatz geschaffen werden soll oder nicht. (...)"
(BAG, Beschluss v. 8.9.2010 – 7 ABR 33/09)

Pflicht des Arbeitgebers zum Freimachen eines bisher von einem Leiharbeitnehmer besetzten eingerichteten Dauerarbeitsplatzes

„Dem Arbeitgeber ist die Übernahme eines durch § 78a BetrVG geschützten Auszubildenden aus betrieblichen Gründen nicht allein deshalb unzumutbar, weil sich der Arbeitgeber entschließt, die in seinem Betrieb anfallenden Arbeitsaufgaben künftig nicht mehr eigenen Vertragsarbeitnehmern, sondern Leiharbeitnehmern zu übertragen.

Maßgeblichkeit der Umstände des Einzelfalls

Beschäftigt der Arbeitgeber bereits Leiharbeitnehmer auf dauerhaft eingerichteten Arbeitsplätzen, so kann es ihm nach den Umständen des Einzelfalls zumutbar sein, einen solchen Arbeitsplatz für den zu übernehmenden Jugend- und Auszubildendenvertreter freizumachen.

Schichteinteilung als Bestandteil unternehmerischer Freiheit

Es unterliegt der unternehmerischen Freiheit des Arbeitgebers zu entscheiden, ob beispielsweise durch einen Abbau von Überstunden oder durch eine Modifikation der Schichteinteilung, ein Arbeitsplatz geschaffen werden soll oder nicht.
(...) Neben personen- und verhaltensbedingten Gründen können auch betriebliche Gründe die Auflösung des kraft Gesetzes entstandenen Arbeitsverhältnisses rechtfertigen. Die Fortsetzung des nach § 78a Abs. 2 Satz 1 BetrVG begründeten Arbeitsverhältnisses ist dem Arbeitgeber aus betrieblichen Gründen unzumutbar, wenn in seinem Betrieb kein freier Arbeitsplatz vorhanden ist, auf dem der Auszubildende mit seiner durch die Ausbildung erworbenen Qualifikation dauerhaft beschäftigt werden kann. Maßgeblich sind die Verhältnisse im Ausbildungsbetrieb.

Wegfall von Arbeitsplätzen durch Umorganisation bis zur Grenze des Rechtsmissbrauchs

Ob ein Beschäftigungsbedarf für den durch § 78a BetrVG geschützten Auszubildenden zur Verfügung steht, bestimmt sich nach den arbeitstechnischen Vorgaben und der Personalplanung des Arbeitgebers, der darüber entscheidet, welche Arbeiten im Betrieb verrichtet werden sollen und wie viele Arbeitnehmer damit beschäftigt werden. Ohne Bedeutung ist daher, ob Arbeitsaufgaben vorhanden sind, mit deren Verrichtung ein Arbeitnehmer betraut werden könnte. Der Arbeitgeber ist nicht verpflichtet, durch organisatorische Maßnahmen Arbeitsplätze neu zu schaffen, um die Weiterbeschäftigung zu gewährleisten. Von Missbrauchsfällen abgesehen ist der Arbeitgeber grundsätzlich auch nicht gehindert, durch eine Veränderung der Arbeitsorganisation Arbeitsplätze wegfallen zu lassen. Ist hingegen im Zeitpunkt der Beendigung des Ausbildungsverhältnisses ein freier Arbeitsplatz vorhanden, hat bei der Prüfung der Unzumutbarkeit einer Weiterbeschäftigung ein künftiger Wegfall von Arbeitsplätzen unberücksichtigt zu bleiben.

Nach diesen Grundsätzen ist dem Arbeitgeber die Übernahme eines durch § 78a BetrVG geschützten Auszubildenden aus betrieblichen Gründen nicht allein deshalb unzumutbar, weil sich der Arbeitgeber entschließt, die in seinem Betrieb anfallenden Arbeitsaufgaben künftig nicht mehr eigenen Vertragsarbeitnehmern, sondern Leiharbeitnehmern zu übertragen. Durch diese Entscheidung allein wird weder die Anzahl der Arbeitsplätze noch die Arbeitsmenge verändert, für deren Bewältigung der Arbeitgeber Arbeitnehmer einsetzt. Die bisher anfallenden Arbeiten werden nach wie vor von dem Arbeitgeber innerhalb seiner betrieblichen Organisation mit Arbeitskräften erledigt, die diese Arbeitsaufgaben nach seinen Weisungen für ihn ausführen. Der Arbeitgeber deckt seinen Arbeitskräftebedarf lediglich mit Arbeitnehmern eines anderen Arbeitgebers, der sie ihm auf der Grundlage eines Arbeitnehmerüberlassungsvertrags zur Förderung seiner Betriebszwecke zur Verfügung stellt. Die dem Arbeitgeber als Entleiher überlassenen Arbeitnehmer werden von diesem nach seinen Vorstellungen und Zielen in seinem Betrieb wie eigene Arbeitnehmer eingesetzt. Durch den EinSatz von Leiharbeitnehmern entfällt daher lediglich der Bedarf an der Beschäftigung von Arbeitnehmern, die in einem durch Arbeitsvertrag begründeten Arbeitsverhältnis zum Betriebsinhaber stehen. Dies führt nicht zur Unzumutbarkeit i.S.d. § 78a Abs. 4 BetrVG, weil sich allein durch die Entscheidung des Arbeitgebers, künftig für die Erledigung der Arbeitsmenge Leiharbeitnehmer einzusetzen, die Anzahl der im Betrieb eingerichteten Arbeitsplätze und damit auch der Beschäftigungsbedarf nicht ändert.
Auch dann, wenn sich der Arbeitgeber nicht erst anlässlich der Übernahme des nach § 78a BetrVG geschützten Auszubildenden zum künftigen EinSatz von Leiharbeitnehmern entschließt, sondern wenn er bereits Leiharbeitnehmer auf dauerhaft eingerichteten, ausbildungsadäquaten Arbeitsplätzen beschäftigt, kann es ihm zumutbar sein, einen solchen Arbeitsplatz für den zu übernehmenden Jugend- und Auszubildendenvertreter freizumachen. Die Zumutbarkeit richtet sich nach den Umständen des Einzelfalls. Sie lässt sich generell weder bejahen noch verneinen. Für ihre Beurteilung können berechtigte betriebliche Interessen an der Weiterbeschäftigung gerade dieses Leiharbeitnehmers oder vertragliche Verpflichtungen des Arbeitgebers gegenüber dem Verleiher von Bedeutung sein. (...)"
(BAG, Beschluss v. 17.2.2010 – 7 ABR 89/08)

Pflicht des Arbeitgebers zum Freihalten eines im 3-Monats-Zeitraum freiwerdenden geeigneten Arbeitsplatzes

sofortige Neubesetzung bei dringenden betrieblichen Erfordernissen

„(...) Die Weiterbeschäftigung eines durch § 78a BetrVG geschützten Auszubildenden kann dem Arbeitgeber i.S.d. § 78a Abs. 4 BetrVG im Einzelfall auch zumutbar sein, wenn er einen kurz vor der Beendigung der Berufsausbildung frei gewordenen Arbeitsplatz wieder besetzt hat, statt ihn für einen nach § 78a BetrVG geschützten Auszubildenden freizuhalten. Das gilt regelmäßig bei einer Besetzung, die innerhalb von drei Monaten vor dem vereinbarten Ende des Ausbildungsverhältnisses vorgenommen wird, da der Arbeitgeber innerhalb des Drei-Monats-Zeitraums des § 78a Abs. 2 Satz 1 BetrVG mit einem Übernahmeverlangen rechnen muss. Diesem Verlangen muss er entsprechen, wenn nicht die Ausnahmetatbestände des § 78a Abs. 4 BetrVG vorliegen. Aus diesem Grund führt ein zum Zeitpunkt der Beendigung der Ausbildung fehlender Beschäftigungsbedarf nicht zur Unzumutbarkeit der Weiterbeschäftigung, wenn der Arbeitgeber einen innerhalb von drei Monaten vor der vertraglich vereinbarten Beendigung des Ausbildungsverhältnisses frei gewordenen Arbeitsplatz besetzt hat und die sofortige Neubesetzung nicht durch dringende betriebliche Erfordernisse geboten war. (...)"
(BAG, Beschluss v. 17.2.2010 – 7 ABR 89/08)

Übertragung von Arbeiten auf Leiharbeitnehmer begründet keine Unzumutbarkeit der Übernahme des Auszubildenden

„Dem Arbeitgeber ist die Übernahme eines durch § 78a BetrVG geschützten Auszubildenden aus betrieblichen Gründen nicht allein deshalb unzumutbar, weil er sich entschließt, die in seinem Betrieb anfallenden Arbeitsaufgaben künftig Leiharbeitnehmern zu übertragen.
(BAG, Beschluss v. 25.2.2009 – 7 ABR 61/07)

„(...) Neben personen- und verhaltensbedingten Gründen können auch betriebliche Gründe die Auflösung des kraft Gesetzes entstandenen Arbeitsverhältnisses rechtfertigen. Die Fortsetzung des nach § 78a Abs. 2 BetrVG begründeten Arbeitsverhältnisses ist dem Arbeitgeber aus betrieblichen Gründen unzumutbar, wenn er keinen andauernden Bedarf für die Beschäftigung eines Arbeitnehmers hat. Maßgeblich sind die Verhältnisse im Ausbildungsbetrieb. Ob ein Beschäftigungsbedarf für den durch § 78a BetrVG geschützten Auszubildenden zur Verfügung steht, bestimmt sich nach den arbeitstechnischen Vorgaben und der Personalplanung des Arbeitgebers, der darüber entscheidet, welche Arbeiten im Betrieb verrichtet werden sollen und wie viele Arbeitnehmer damit beschäftigt werden. Ohne Bedeutung ist daher, ob Arbeitsaufgaben vorhanden sind, mit deren Verrichtung ein Arbeitnehmer betraut werden könnte. Aus diesem Grund liegt kein Beschäftigungsbedarf für einen durch § 78a BetrVG geschützten Amtsträger vor, wenn sich der Arbeitgeber entschlossen hat, eine bestimmte Arbeitsmenge nicht durch die Einrichtung eines Arbeitsplatzes, sondern durch Mehrarbeit der regelmäßig im Betrieb beschäftigten Arbeitnehmer zu erledigen. Der Arbeitgeber ist nicht verpflichtet, durch organisatorische Maßnahmen Arbeitsplätze neu zu schaffen, um die Weiterbeschäftigung zu gewährleisten. Von Missbrauchsfällen abgesehen ist der Arbeitgeber grundsätzlich auch nicht gehindert, durch eine Veränderung der Arbeitsorganisation Arbeitsplätze wegfallen zu lassen. Ist hingegen im Zeitpunkt der Beendigung des Ausbildungsverhältnisses ein freier Arbeitsplatz vorhanden, hat bei der Prüfung der Unzumutbarkeit einer Weiterbeschäftigung ein künftiger Wegfall von Arbeitsplätzen unberücksichtigt zu bleiben.

Unzumutbarkeit der Übernahme aus personen-, verhaltens- und betriebsbedingten Gründen

Bewältigung der Arbeitsmenge durch Anordnung von Mehrarbeit hinzunehmende Vorgabe des Arbeitgebers

Nach diesen Grundsätzen ist dem Arbeitgeber die Übernahme eines durch § 78a BetrVG geschützten Auszubildenden aus betrieblichen Gründen nicht allein deshalb unzumutbar, weil sich der Arbeitgeber entschließt, die in seinem Betrieb anfallenden Arbeitsaufgaben künftig nicht mehr Arbeitnehmern zu übertragen, mit denen er selbst einen Arbeitsvertrag abgeschlossen hat, sondern Leiharbeitnehmern. Durch diese Entscheidung allein wird weder die Anzahl der Arbeitsplätze noch die Arbeitsmenge, für deren Bewältigung der Arbeitgeber Arbeitnehmer einsetzt, verändert. Die bisher anfallenden Arbeiten werden nach wie vor von dem Arbeitgeber innerhalb seiner betrieblichen Organisation mit Arbeitskräften erledigt, die diese Arbeitsaufgaben nach seinen Weisungen für ihn ausführen. Der Arbeitgeber deckt seinen Arbeitskräftebedarf lediglich mit Arbeitnehmern eines anderen Arbeitgebers, der sie ihm auf der Grundlage eines Arbeitnehmerüberlassungsvertrags zur Förderung seiner Betriebszwecke zur Verfügung stellt. Die dem Arbeitgeber als Entleiher überlassenen Arbeitnehmer werden von diesem nach seinen Vorstellungen und Zielen in seinem Betrieb wie eigene Arbeitnehmer eingesetzt. Durch den EinSatz von Leiharbeitnehmern entfällt daher lediglich der Bedarf an der Beschäftigung von Arbeitnehmern, die in einem durch Arbeitsvertrag begründeten Arbeitsverhältnis zum Betriebsinhaber stehen. Dies führt nicht zur Unzumutbarkeit i.S.d. § 78a Abs. 4 BetrVG, weil sich allein durch die Entscheidung des Arbeitgebers, künftig für die Erledigung der Arbeitsmenge Leiharbeitnehmer einzusetzen, die Anzahl der im Betrieb eingerichteten Arbeitsplätze und damit auch der Beschäftigungsbedarf nicht ändert.

(...) Die Weiterbeschäftigung eines durch § 78a BetrVG geschützten Auszubildenden kann dem Arbeitgeber i.S.d. § 78a Abs. 4 BetrVG im Einzelfall auch zumutbar sein, wenn er einen kurz vor der Beendigung der Berufsausbildung frei gewordenen Arbeitsplatz wieder besetzt hat, statt ihn für einen nach § 78a BetrVG geschützten Auszubildenden freizuhalten. Das gilt regelmäßig bei einer Besetzung, die innerhalb von drei Monaten vor dem vereinbarten Ende des Ausbildungsverhältnisses vorgenommen wird, da der Arbeitgeber innerhalb des Drei-Monats-Zeitraums des § 78a Abs. 2 Satz 1 BetrVG mit einem Übernahmeverlangen rechnen muss. Diesem Verlangen muss er entsprechen, wenn nicht die Ausnahmetatbestände des § 78a Abs. 4 BetrVG vorliegen. Aus diesem Grund führt ein zum Zeitpunkt

keine Pflicht des Arbeitgebers zur Schaffung eines Dauerarbeitsplatzes

der Beendigung der Ausbildung fehlender Beschäftigungsbedarf nicht zur Unzumutbarkeit der Weiterbeschäftigung, wenn der Arbeitgeber einen innerhalb von drei Monaten vor der vertraglich vereinbarten Beendigung des Ausbildungsverhältnisses frei gewordenen Arbeitsplatz besetzt hat und die sofortige Neubesetzung nicht durch dringende betriebliche Erfordernisse geboten war. (...)"
(BAG, Beschluss v. 25.2.2009 – 7 ABR 61/07)

„Die Übernahme eines durch § 78a BetrVG geschützten Auszubildenden ist dem Arbeitgeber nicht allein deshalb unzumutbar, weil er sich entschlossen hat, einen Teil der in seinem Betrieb anfallenden Arbeitsaufgaben künftig Leiharbeitnehmern zu übertragen.
(BAG, Beschluss v. 16.7.2008 – 7 ABR 13/07)

„(...) Die Weiterbeschäftigung eines durch § 78a BetrVG geschützten Auszubildenden kann dem Arbeitgeber i.S.d. § 78a Abs. 4 BetrVG im Einzelfall auch zumutbar sein, wenn er einen kurz vor der Beendigung der Berufsausbildung frei gewordenen Arbeitsplatz wieder besetzt hat, statt ihn für einen nach § 78a BetrVG geschützten Auszubildenden freizuhalten. Das gilt regelmäßig bei einer Besetzung, die innerhalb von drei Monaten vor dem vereinbarten Ende des Ausbildungsverhältnisses vorgenommen wird, da der Arbeitgeber innerhalb des Drei-Monats-Zeitraums des § 78a Abs. 2 Satz 1 BetrVG mit einem Übernahmeverlangen rechnen muss. Diesem Verlangen muss er entsprechen, wenn nicht die Ausnahmetatbestände des § 78a Abs. 4 BetrVG vorliegen. Aus diesem Grund führt ein zum Zeitpunkt der Beendigung der Ausbildung fehlender Beschäftigungsbedarf nicht zur Unzumutbarkeit der Weiterbeschäftigung, wenn der Arbeitgeber einen innerhalb von drei Monaten vor der vertraglich vereinbarten Beendigung des Ausbildungsverhältnisses frei gewordenen Arbeitsplatz besetzt hat und die sofortige Neubesetzung nicht durch dringende betriebliche Erfordernisse geboten war.

Auswahlentscheidung des Arbeitgebers bei mehreren Übernahmeverlangen im Hinblick auf weniger Dauerarbeitsplätze

(...) Hat danach entweder ein für die Besetzung mit dem Beteiligten zu 2) geeigneter freier Dauerarbeitsplatz bestanden oder war dessen Besetzung mit einem anderen Arbeitnehmer nicht durch dringende betriebliche Erfordernisse geboten, wäre der Auflösungsantrag unbegründet. Die Arbeitgeberin kann die Unzumutbarkeit nicht damit begründen, dass sie in diesem Fall zwischen den drei Mitgliedern der bei ihr gebildeten Jugend- und Auszubildendenvertretung, deren Berufsausbildungsverhältnis im September 2005 geendet hat, eine Auswahlentscheidung getroffen hätte, bei der sie sich für einen der anderen Auszubildenden entschieden hätte. Es bedarf im Streitfall keiner Entscheidung, nach welchen Kriterien und bis zu welchem Zeitpunkt eine solche Auswahlentscheidung des Arbeitgebers zu erfolgen hat.

Kriterien und Zeitpunkt offen

Die Arbeitgeberin hätte sich auf die nur beschränkt zur Verfügung stehenden Dauerarbeitsplätze nur dann berufen können, wenn sie überhaupt eine Auswahlentscheidung getroffen hätte, was vorliegend nicht der Fall ist. Die Arbeitgeberin hat ihre Anträge nach § 78a Abs. 4 BetrVG gegenüber sämtlichen Mitgliedern der Jugend- und Auszubildendenvertretung ausschließlich mit dem Fehlen einer dauerhaften Beschäftigungsmöglichkeit begründet. (...)"
(BAG, Beschluss v. 16.7.2008 – 7 ABR 13/07)

Bestehen eines freien ausbildungsadäquaten Dauerarbeitsplatzes als Voraussetzung für Zumutbarkeit der Übernahme

„Voraussetzung für die Weiterbeschäftigungspflicht nach § 78a Abs. 2 BetrVG ist das Bestehen eines freien Dauerarbeitsplatzes im Betrieb.
(...) Der Arbeitgeber ist nach der gesetzlichen Regelung in § 78a BetrVG nur zu einer ausbildungsadäquaten Weiterbeschäftigung des Auszubildenden im Rahmen eines unbefristeten Arbeitsverhältnisses verpflichtet, wenn zum Zeitpunkt der Beendigung der Berufsausbildung im Ausbildungsbetrieb eine der Ausbildung entsprechende Beschäftigungsmöglichkeit vorhanden ist.

Maßgeblichkeit der Verhältnisse im Ausbildungsbetrieb

(...) Es ist daher ohne Bedeutung, ob im Unternehmen der Arbeitgeberin

oder in anderen Unternehmen des Konzerns freie Stellen vorhanden waren, auf denen die Beteiligte zu 2) in einem Dauerarbeitsverhältnis entsprechend ihrer durch die Berufsausbildung erworbenen beruflichen Handlungsfähigkeit (§ 1 Abs. 2 BBiG) hätte beschäftigt werden können. (...) Voraussetzung für die Weiterbeschäftigungspflicht nach § 78a Abs. 2 BetrVG ist das Bestehen eines freien Dauerarbeitsplatzes im Ausbildungsbetrieb. Dem Arbeitgeber ist die Weiterbeschäftigung nach ständiger Rechtsprechung des Bundesarbeitsgerichts ua. dann unzumutbar i.S.v. § 78a Abs. 4 BetrVG, wenn zum Zeitpunkt der Beendigung des Berufsausbildungsverhältnisses in seinem Betrieb kein freier Arbeitsplatz vorhanden ist, auf dem der Auszubildende mit seiner durch die Ausbildung erworbenen Qualifikation dauerhaft beschäftigt werden kann. Die Prüfung der ausbildungsadäquaten Weiterbeschäftigungsmöglichkeit durch den Arbeitgeber ist, wie der Senat mehrfach entschieden hat, auf den Ausbildungsbetrieb beschränkt. Der Arbeitgeber ist nach § 78a BetrVG nicht zur Weiterbeschäftigung des Auszubildenden verpflichtet, wenn seine ausbildungsgerechte Beschäftigung in einem unbefristeten Arbeitsverhältnis nur in anderen Betrieben des Unternehmens möglich ist. (...)"
(BAG, Beschluss v. 8.8.2007 – 7 ABR 43/06)

keine unternehmensweite Übernahmepflicht

„(...) Die Eignung eines Arbeitsplatzes setzt allgemein voraus, daß der Auszubildende mit seiner durch die Ausbildung erworbenen Qualifikation bzw. mit ausbildungsadäquaten Arbeiten beschäftigt werden kann. (...)"
(BAG, Beschluss v. 28.6.2000 – 7 ABR 57/98)

ausbildungsgerechter Arbeitsplatz

„(...) Die Entscheidung, ob einem anderen Arbeitnehmer eine höherwertige Stelle übertragen werden soll oder nicht, fällt in den Bereich der unternehmerischen Freiheit des Arbeitgebers. Er ist nicht verpflichtet, eine den Auszubildenden nicht unmittelbar berührende Personalentscheidung so zu treffen, daß über eine „Kettenreaktion" eine für den Auszubildenden geeignete Stelle frei wird. Diese Personalentscheidung unterliegt im Hinblick auf § 78 a BetrVG allenfalls einer Mißbrauchskontrolle. (...)"
(BAG, Beschluss v. 28.6.2000 – 7 ABR 57/98)

keine Pflicht des Arbeitgebers zu „mittelbaren" Personalentscheidungen

„(...) Wenn sich infolge einer Umorganisation zwar Zuordnung und Zuschnitt der Stellen, nicht aber deren Anzahl ändert und der Arbeitgeber die Organisationsentscheidung getroffen hat, diese Stellen wieder mit den bisherigen Beschäftigten zu besetzen, gibt es keine freie Stelle. (...)"
(BAG, Beschluss v. 28.6.2000 – 7 ABR 57/98)

betriebliche (Um-)Organisation als Bestandteil unternehmerischer Freiheit

„Die Weiterbeschäftigung eines nach den Bestimmungen des § 78a BetrVG geschützten Auszubildenden ist dem Arbeitgeber unzumutbar, wenn im Betrieb bei der Beendigung des Ausbildungsverhältnisses kein freier Arbeitsplatz vorhanden ist (ständige Rechtsprechung). Das gilt auch dann, wenn fünf Monate zuvor freie Arbeitsplätze mit Arbeitnehmern besetzt wurden, die ihre Ausbildung vorzeitig beendet haben. Der Arbeitgeber ist zu dieser Zeit regelmäßig nicht verpflichtet zu bedenken, daß fünf Monate später nach § 78a BetrVG geschützte Auszubildende ihre Ausbildung beenden werden und Übernahmeverlangen stellen könnten.
Deshalb besteht regelmäßig auch keine Pflicht des Arbeitgebers, zu diesem Zeitpunkt zu prüfen, ob Arbeitsplätze für die geschützten Auszubildenden freizuhalten sind. Das gilt insbesondere dann, wenn die Entscheidung zur Nichtübernahme von Auszubildenden in ein Arbeitsverhältnis, die ihre Ausbildung künftig beenden werden, erst mehrere Wochen nach der Besetzung der seinerzeit freien Arbeitsplätze getroffen wird.
(...) Der Begriff der Unzumutbarkeit im Sinne des § 78 a Abs. 4 BetrVG ist unabhängig von den zu § 626 Abs. 1 BGB entwickelten Grundsätzen zu bestimmen. Denn während diese Vorschrift darauf abstellt, ob dem Arbeitgeber die Fortsetzung des Arbeitsverhältnisses lediglich bis zum Ablauf der

Möglichkeit der Besetzung freier Arbeitsplätze vor 3-Monats-Zeitraum ohne Berücksichtigung zukünftiger Übernahmeverlangen

Kündigungsfrist bzw. bis zur vereinbarten Beendigung zugemutet werden kann, ist bei §78 a Abs. 4 BetrVG zu entscheiden, ob ihm die Weiterbeschäftigung des Arbeitnehmers in einem unbefristeten Arbeitsverhältnis zumutbar ist. Dies ist grundsätzlich zu verneinen, wenn der Arbeitgeber keinen andauernden Bedarf für die Beschäftigung eines Arbeitnehmers hat. Ob der Arbeitgeber einen andauernden Beschäftigungsbedarf hat und mithin ein freier Arbeitsplatz für den durch §78 a BetrVG geschützten Auszubildenden zur Verfügung steht, bestimmt sich nicht danach, ob Arbeitsaufgaben vorhanden sind, mit deren Verrichtung ein Arbeitnehmer betraut werden könnte. Jedenfalls in der Privatwirtschaft richtet sich das Bestehen eines freien Arbeitsplatzes nicht danach, ob eine freie „Planstelle" vorhanden ist oder eine nach objektiven Kriterien meßbare Arbeitsmenge zu erledigen ist. Welche Arbeiten im Betrieb verrichtet werden sollen und wieviele Arbeitnehmer damit beschäftigt werden, bestimmt vielmehr der Arbeitgeber durch seine arbeitstechnischen Vorgaben und seine Personalplanung. Entscheidet er sich dafür, keine Arbeiten durch zusätzlich Arbeitnehmer verrichten zu lassen, und hat er mithin keinen Einstellungsbedarf, so ist ein freier Arbeitsplatz nicht vorhanden. Von Mißbrauchsfällen abgesehen ist deshalb der Arbeitgeber grundsätzlich auch nicht gehindert, durch eine Veränderung der Arbeitsorganisation Arbeitsplätze wegfallen zu lassen.

Rechtsmissbrauch unternehmerischer Freiheit bei Umorganisation zur Verhinderung von „Übernahmemöglichkeiten"

(...) Der Arbeitgeber ist nach der ständigen Rechtsprechung des Bundesarbeitsgerichts grundsätzlich nicht verpflichtet, durch eine Änderung seiner Arbeitsorganisation einen neuen Arbeitsplatz zu schaffen, um einen durch §78a BetrVG geschützten Auszubildenden weiterbeschäftigen zu können. Dies gilt insbesondere auch hinsichtlich der Entscheidung, ob durch den Abbau von Überstunden zusätzliche Einstellungsmöglichkeiten geschaffen werden sollen. Denn jedenfalls soweit der Arbeitgeber mit seinen Organisationsmaßnahmen nicht erkennbar das Ziel verfolgt, gerade die Übernahme der durch §78 a BetrVG geschützten Auszubildenden zu verhindern, steht es in seiner durch diese Vorschrift nicht eingeschränkten, sondern allenfalls einer Mißbrauchskontrolle unterliegenden unternehmerischen Entscheidungsfreiheit, wieviele Arbeitnehmer die anfallenden Arbeiten verrichten sollen.

keine Pflicht des Arbeitgebers zur Freikündigung eines ausbildungsgerechten Arbeitsplatzes

Auch die Ansicht der Rechtsbeschwerde, der Arbeitgeber müsse notfalls einem anderen Arbeitnehmer kündigen, um für den durch §78 a BetrVG geschützten Auszubildenden einen Arbeitsplatz freizumachen, widerspricht der ständigen Rechtsprechung des Bundesarbeitsgerichts.

Entgegen der Ansicht der Rechtsbeschwerde spricht für das Bestehen eines Bedarfs an einer Beschäftigung des Beteiligten zu 2) auch nicht der Umstand, daß er von der Arbeitgeberin nach der Beendigung seiner Berufsausbildung tatsächlich weiterbeschäftigt wird.

tatsächliche Umsetzung der gesetzlichen Weiterbeschäftigungpflicht durch Arbeitgeber kein Indiz für Beschäftigungsmöglichkeit

Soweit diese Weiterbeschäftigung auf §78 a Abs. 2 BetrVG beruht, besagt sie ohnehin nichts für das Bestehen eines Beschäftigungsbedarfs. Denn zu dieser Weiterbeschäftigung ist der Arbeitgeber kraft Gesetzes selbst dann verpflichtet, wenn sie ihm wegen Fehlens jedes Beschäftigungsbedarfs tatsächlich unzumutbar sein sollte. Die Unzumutbarkeit der Weiterbeschäftigung führt erst zur Beendigung des Arbeitsverhältnisses ab Rechtskraft einer im Verfahren nach §78 a Abs. 4 BetrVG ergehenden Auflösungsentscheidung.

Für das Bestehen eines auch nach Ansicht des Arbeitgebers zu befriedigenden Beschäftigungsbedarfs und damit für das Bestehen eines freien Arbeitsplatzes kann allerdings eine Weiterbeschäftigung aufgrund eines vom Arbeitgeber freiwillig eingegangenen befristeten Arbeitsverhältnisses sprechen. Im Entscheidungsfalle hat die Arbeitgeberin jedoch dargelegt, daß die Beschäftigung des Beteiligten zu 2) über den tatsächlichen Bedarf hinaus und allein aus sozialen Überbrückungsgesichtspunkten erfolgte. Gegen diese Darlegungen der Arbeitgeberin ist kein substantiierter Einwand erhoben worden.

Zwar kann es an der Unzumutbarkeit im Sinne des §78 a Abs. 4 BetrVG fehlen, wenn der Arbeitgeber den Beschäftigungsbedarf für einen durch §78 a BetrVG geschützten Auszubildenden dadurch hat entfallen lassen, daß er kurz vor dem für die Unzumutbarkeit maßgeblichen Zeitpunkt der Beendigung des Ausbildungsverhältnisses einen Arbeitsplatz, der sonst zu diesem Zeitpunkt frei gewesen wäre, ohne hinreichend dringende betriebliche Gründe anderweitig besetzt. Das gilt regelmäßig aber nur bei Besetzungen innerhalb von drei Monaten vor dem vereinbarten Ende des Ausbildungsverhältnisses. Das folgt aus den Fristenregelungen des §78 a BetrVG. So kann der Auszubildende nicht früher rechtswirksam erklären, daß er in ein Arbeitsverhältnis übernommen werden möchte. Der Arbeitgeber kann somit seine betrieblichen Dispositionen nicht verläßlich auf einen eventuellen Übernahmewunsch von durch §78 a BetrVG geschützten Auszubildenden ausrichten. Vorher hat der Arbeitgeber keine Mitteilungspflicht nach §78 a Abs. 1 BetrVG. Daraus folgt u.a., daß der Arbeitgeber keine längerfristige Personalplanung für die z.B. in einem halben Jahr die Ausbildung beendenden Auszubildenden vornehmen muß. (...)"
(BAG, Beschluss v. 12.11.1997 – 7 ABR 73/96)

„Die Weiterbeschäftigung eines nach den Bestimmungen des §78a BetrVG geschützten Auszubildenden kann dem Arbeitgeber im Sinne des §78a Abs. 4 BetrVG zuzumuten sein, wenn er einen innerhalb von drei Monaten vor der vertraglich vereinbarten Beendigung des Ausbildungsverhältnisses frei werdenden Arbeitsplatz besetzt und die sofortige Neubesetzung nicht durch dringende betriebliche Erfordernisse geboten ist.
(...) Der Senat hält an dem GrundSatz fest, daß der Zeitpunkt der Beendigung des Ausbildungsverhältnisses für die Beurteilung der Unzumutbarkeit maßgebend ist. Dieser GrundSatz bedeutet indessen nicht, daß das Vorhandensein eines freien Arbeitsplatzes kurz vor diesem Zeitpunkt bei der Beurteilung der Unzumutbarkeit stets außer Betracht zu bleiben hätte. Der Begriff der Unzumutbarkeit ist ein unbestimmter Rechtsbegriff, bei dessen Ausfüllung alle Umstände des Einzelfalls zu berücksichtigen und zu bewerten sind, wie §78 a Abs. 4 Satz 1 BetrVG ausdrücklich bestimmt. Das Landesarbeitsgericht ist daher im Ergebnis zu Recht davon ausgegangen, daß es dem Arbeitgeber im Einzelfall zumutbar sein kann, den Jugend- und Auszubildendenvertreter auf Dauer in einem Arbeitsverhältnis zu beschäftigen, weil er einen kurz vor der Beendigung der Berufsausbildung frei gewordenen Arbeitsplatz wieder besetzt hat, statt ihn für einen nach §78 a BetrVG geschützten Auszubildenden freizuhalten. Das gilt regelmäßig bei einer Besetzung, die innerhalb von drei Monaten vor dem vereinbarten Ende des Ausbildungsverhältnisses vorgenommen wird. Das folgt aus dem Zweck der Schutzbestimmungen des §78 a Abs. 2 und Abs. 4 BetrVG. Der Arbeitgeber muß innerhalb des Drei-Monatszeitraumes des §78 a Abs. 2 mit einem Übernahmeverlangen rechnen. Er muß dem Verlangen entsprechen, wenn nicht die Ausnahmetatbestände des §78 a Abs. 4 BetrVG vorliegen. Daraus folgt seine ergänzende Pflicht, bei Einstellungsvorhaben in diesem Zeitraum die Möglichkeit eines Übernahmeverlangens gemäß §78 a Abs. 2 BetrVG und damit das Entstehen eines Arbeitsverhältnisses kraft Gesetzes zu berücksichtigen.

Bedeutung einer Anfrage des Arbeitgebers beim Auszubildenden vor Neubesetzung eines freien geeigneten Arbeitsplatzes

Berücksichtigung der Reaktion des Auszubildenden

Bei der abschließenden Entscheidung, ob der Arbeitsplatz für den Auszubildenden freigehalten wird oder nicht, hat der Arbeitgeber alle Umstände des Falles zu würdigen. Dazu kann die Reaktion des geschützten Auszubildenden auf eine eventuell abgegebene Erklärung nach §78 a Abs. 1 BetrVG gehören, insbesondere seine Antwort auf eine ausdrückliche Anfrage des Arbeitgebers über seine Vorstellungen hinsichtlich seiner beruflichen Zukunft. Allerdings ist dabei zu beachten, daß der Auszubildende das Übernahmeverlangen noch bis zum letzten Tag des Berufsausbildungsverhältnisses stellen kann. Da der Arbeitgeber mithin während des Drei-Monatszeitraums stets mit dem späteren Entstehen

Darlegungs- und Beweislast für Unzumutbarkeit beim Arbeitgeber

eines Arbeitsverhältnisses auch gegen seinen Willen rechnen muß, liegt es in seinem eigenen Interesse, sich vor der Neubesetzung eines für den Auszubildenden geeigneten Arbeitsplatzes beim Auszubildenden nach dessen etwaigem Übernahmewunsch zu erkundigen. Wenn allerdings der Auszubildende einen solchen Wunsch zunächst verneint bzw. trotz Anfrage des Arbeitgebers keine Stellungnahme abgibt, kann dies bei der Würdigung der Unzumutbarkeit zu seinen Lasten berücksichtigt werden.
Regelmäßig hat der Arbeitgeber vor der Entscheidung über die Neubesetzung eines freien Arbeitsplatzes die Dauer der Vakanz einerseits und die Dringlichkeit des betrieblichen Interesses an der sofortigen anderweitigen Besetzung des Arbeitsplatzes zu berücksichtigen. Je kürzer die Dauer der Vakanz, desto dringlicher muß das Interesse des Arbeitgebers an der sofortigen Neubesetzung sein.
Die tatsächlichen Grundlagen für die Entscheidung und die vom Arbeitgeber hierzu angestellten Überlegungen hat dieser im Auflösungsverfahren darzulegen. (...)"
(BAG, Beschluss v. 12.11.1997 – 7 ABR 63/96)

„Die Weiterbeschäftigung eines Jugend- und Auszubildendenvertreters in einem nach § 78a Abs. 2 BetrVG entstandenen Arbeitsverhältnis kann dem Arbeitgeber nicht zugemutet werden, wenn beim Abschluß der Ausbildung kein freier Arbeitsplatz vorhanden ist. Für die Feststellung, ob ein freier Arbeitsplatz vorhanden ist oder nicht, sind regelmäßig die Vorgaben des Arbeitgebers maßgebend, welche Arbeiten im Betrieb mit welcher Anzahl von Arbeitnehmern verrichtet werden sollen."
(BAG, Beschluss v. 6.11.1996 – 7 ABR 54/95)

keine Berücksichtigung des künftigen Wegfalls von Arbeitsplätzen

„Ist im Zeitpunkt der Beendigung des Ausbildungsverhältnisses ein freier Arbeitsplatz vorhanden, hat bei der Prüfung der Unzumutbarkeit einer Weiterbeschäftigung ein künftiger Wegfall von Arbeitsplätzen unberücksichtigt zu bleiben.
(...) Danach können betriebliche Gründe nur ausnahmsweise zur Unzumutbar-keit der Weiterbeschäftigung eines Jugend- und Auszubildendenvertreters führen. Dazu ist Voraussetzung, daß im Betrieb des Arbeitgebers im Zeitpunkt der Beendigung des Ausbildungsverhältnisses kein freier, auf Dauer angelegter Arbeitsplatz zur Verfügung steht, auf dem der Jugendvertreter mit seiner durch die Ausbildung erworbenen Qualifikation beschäftigt werden kann (ständige Rechtsprechung). Als frei ist ein Arbeitsplatz anzusehen, der unbesetzt ist. (...) Fehlt es dagegen an geeigneten Beschäftigungsmöglichkeiten im Betrieb, verlangt der Schutzzweck der Norm es vom Arbeitgeber nicht, neue Arbeitsplätze zu schaffen oder vorhandene Arbeitsplätze freizukündigen. (...)

keine Pflicht des Arbeitgebers zur Schaffung oder Freikündigung von Arbeitsplätzen

Entgegen der Ansicht der Rechtsbeschwerde können geplante Einsparungsmaßnahmen, die erst künftig einen Wegfall von Arbeitsplätzen zur Folge haben werden, bei der Prüfung der Unzumutbarkeit einer Weiterbeschäftigung nicht berücksichtigt werden. Ob im rechtserheblichen Zeitpunkt der Beendigung des Ausbildungsverhältnisses ein freier Arbeitsplatz vorhanden ist, entscheidet sich nicht anhand einer Prognose über den künftigen, sondern aufgrund eines zu diesem Zeitpunkt tatsächlich vorhandenen Arbeitskräftebedarfs. Die Berücksichtigung einer Vorausschätzung des von wirtschaftlichen und unternehmerischen Entwicklungen abhängigen Arbeitskräftebedarfs würde nicht nur zu erheblichen Anwendungsschwierigkeiten und damit verbundenen Rechtsunsicherheiten führen, sondern auch mit dem Schutzzweck der Norm nicht vereinbar sein. Die Kontinuität der Amtsführung eines betriebsverfassungsrechtlichen Organs wird in erheblichem Maße beeinträchtigt, wenn ein Jugend- und Auszubildendenvertreter nur wegen eines künftig erst auftretenden Ereignisses an der Fortsetzung seiner Amtstätigkeit gehindert wird. Dagegen erschwert seine Weiterbeschäftigung es dem Arbeitgeber nicht, den geplanten Stellenab-

keine Umgehung des besonderen Kündigungsschutzes durch Berücksichtigung des künftigen Beschäftigungsbedarfs

bau umzusetzen. Steht aufgrund einer unternehmerischen Entscheidung fest, daß in einem Betrieb für eine bestimmte Anzahl der Arbeitnehmer keine Weiterbeschäftigungsmöglichkeit besteht, hat der Arbeitgeber nach § 1 Abs. 3 KSchG eine Sozialauswahl vorzunehmen, die der personellen Konkretisierung der zu kündigenden Arbeitnehmer dient. Mitglieder der Jugend- und Auszubildendenvertretung sind während ihrer Amtszeit und eines einjährigen Nachwirkungszeitraums vor dem Ausspruch einer ordentlichen Kündigung geschützt (§ 15 Abs. 1 KSchG) und damit einer sozialen Auswahl im Rahmen eines Personalabbaus entzogen. Das Entstehen des Amtsträgerschutzes und die daran anknüpfende Einschränkung der Auswahlbefugnis des Arbeitgebers läßt sich nicht dadurch umgehen, daß der Arbeitgeber schon im Vorgriff auf eine erst künftig vorzunehmende – wenn auch konkret absehbare – Verringerung der Beschäftigtenzahl trotz eines zum Ausbildungsende vorhandenen freien Arbeitsplatzes eine Weiterbeschäftigung für unzumutbar hält. Das führt nicht zu einer nach § 78 BetrVG verbotenen Bevorzugung eines Mitglieds der Jugend- und Auszubildendenvertretung, sondern ist Folge des in § 15 KSchG normierten Amtsträgerschutzes. (...)"
(BAG, Beschluss v. 16.8.1995 – 7 ABR 52/94)

drittmittelfinanzierte Arbeitsplätze keine geeigneten Dauerarbeitsplätze

„(...) Das Landesarbeitsgericht hat (...) rechtsfehlerfrei festgestellt, daß dem Arbeitgeber keiner der beiden unbefristeten Arbeitsplätze für eine Weiterbeschäftigung der Beteiligten R und D zur Verfügung stand. Aber auch eine unbefristete Weiterbeschäftigung der Beteiligten auf den jeweils nur befristet zur Verfügung stehenden drittmittelfinanzierten Arbeitsplätzen hat das Landesarbeitsgericht zu Recht als für den Arbeitgeber unzumutbar angesehen. Da durch § 78 a Abs. 2 bzw. Abs. 3 BetrVG ein unbefristetes Arbeitsverhältnis begründet wird, kommt es für die Frage, ob dieses Arbeitsverhältnis gemäß § 78 a Abs. 4 BetrVG aufzulösen ist, darauf an, ob dem Arbeitgeber im Zeitpunkt der Beendigung des Berufsausbildungsverhältnisses ein auf Dauer angelegter Arbeitsplatz zur Verfügung stand, auf dem er den Auszubildenden unbefristet weiterbeschäftigen konnte. Um derartige auf Dauer angelegte Arbeitsplätze handelte es sich nach den nicht angegriffenen Feststellungen des Landesarbeitsgerichts bei den drittmittelfinanzierten Arbeitsplätzen nicht. Ihre Finanzierung war jeweils nur für einen begrenzten Zeitraum gesichert; ohne Verstoß gegen die auf den beteiligten Arbeitgeber anwendbaren haushaltsrechtlichen Vorschriften durfte er auf ihnen Arbeitnehmer nicht unbefristet einstellen. (...)"
(BAG, Beschluss v. 24.7.1991 – 7 ABR 68/90)

Beachtung haushaltsrechtlicher Vorgaben im öffentlichen Dienst

„(...) Angesichts der besonderen Bedeutung, die das Gesetz einer ordnungsgemäßen Personalplanung unter Beteiligung des Betriebsrats beimißt (§§ 92 – 95), kann nicht davon ausgegangen werden, daß der Arbeitgeber ohne jede Rücksicht auf Planungen und Bedarfslage durch § 78 a BetrVG etwa verpflichtet werden sollte, neue Arbeitsplätze zu schaffen. Es ist nicht der Sinn des § 78 a BetrVG, jedem in Berufsausbildung befindlichen Mitglied eines Betriebsverfassungsorgans ohne Rücksicht auf entgegenstehende zwingende betriebliche Notwendigkeiten, einen Arbeitsplatz zu garantieren. Vielmehr würde eine die betrieblichen Notwendigkeiten nicht berücksichtigende Auslegung des § 78 a Abs. 4 BetrVG in der Praxis dazu führen, daß das Angebot an Ausbildungsplätzen nicht vermehrt, sondern vermindert würde. Dies jedoch würde dem allgemeinen Bemühen entgegenstehen, mehr Ausbildungsplätze zu schaffen. Die Schaffung neuer Arbeitsplätze kann nicht über den Weg des § 78 a BetrVG erzwungen werden. (...)"
(BAG, Urteil v. 16.1.1979 – 6 AZR 153/77)

Schaffung neuer Arbeitsplätze nicht Zweck des § 78a BetrVG

„(...) Erfordert der zu besetzende Arbeitsplatz nach seinem Anforderungsprofil aber besondere Qualifikationen, die höher sind als die der erfolgreichen Ausbildung, steht dies grundsätzlich einem Übernahmeverlangen

Arbeitsplatz mit erforderlichen Zusatzqualifikationen

entgegen. Ein Mitglied der Jugend- und Auszubildendenvertretung kann nicht kraft Amtes verlangen, fehlende Zusatzqualifikationen, die nicht Gegenstand der Ausbildung sind, nunmehr im Wege einer Spezialausbildung vermittelt zu bekommen. Grundsätzlich ist der Arbeitgeber nicht verpflichtet, anderweitige, unter Umständen zeitaufwändige und im Erfolg ungewisse Zusatz- oder Spezialausbildungen anzubieten, damit der Mandatsträger nach Abschluss seiner Ausbildung nicht einen seiner Ausbildung entsprechenden, sondern einen höher bewerteten Arbeitsplatz mit überwiegend fachfremden Tätigkeiten einnehmen kann. Etwas anderes kann allenfalls dann gelten, wenn der Auszubildende den Arbeitsplatz nach einer angemessenen Einarbeitungszeit ausfüllen und die erforderlichen Zusatzqualifikationen – ggf. unter Inanspruchnahme betrieblicher Schulungsmaßnahmen – innerhalb eines vergleichsweise kurzen Zeitraums erwerben kann. (...)"
(LAG Hamm, Beschluss v. 11.1.2013 – 10 TaBV 5/12)

4. Personenbedingte Gründe

„(...) Zuzustimmen ist zwar dem Landesarbeitsgericht im Ausgangspunkt, daß die Fälschung von 19 Unterschriften des Ausbildungsbeauftragten durch den Beklagten grundsätzlich geeignete Auflösungstatsachen im Rahmen des § 78 a Abs. 4 Satz 1 Nr. 2 BetrVG darstellen können, jedenfalls dann, wenn die Einholung dieser Unterschriften durch den Beklagten zu seinen Pflichten aus dem Ausbildungsverhältnis gehörte.

grobe Verletzung der Pflichten aus dem Ausbildungsverhältnis als Grund für Unzumutbarkeit der Übernahme

(...) Zwar ist für die Annahme der Unzumutbarkeit der Weiterbeschäftigung nach § 78 a Abs. 4 BetrVG nicht erforderlich, daß die Unterschriftsfälschungen des Beklagten auch Straftatbestände erfüllen. Vielmehr können diese Tatsachen dazu ausreichen, die Unzumutbarkeit der Weiterbeschäftigung zu rechtfertigen, wenn sich dieses Verhalten des Beklagten als grobe Verletzung seiner Ausbildungspflichten darstellt, das die Befürchtung rechtfertigt, er werde auch in seinem Arbeitsverhältnis in grober Weise entsprechend gegen seine Pflichten aus dem Arbeitsvertrag verstoßen. (...)"
(BAG, Urteil v. 15.12.1983 – 6 AZR 60/83)

5. Verhaltensbedingte Gründe

Verhaltensbedingte Gründe zur Begründung der Unzumutbarkeit

„(...) Neben personenbedingten und betrieblichen Gründen können auch verhaltensbedingte Gründe die Auflösung des kraft Gesetzes entstandenen Arbeitsverhältnisses rechtfertigen . Ein Fehlverhalten des Auszubildenden führt nur dann zur Unzumutbarkeit der Weiterbeschäftigung, wenn es sich als grobe Verletzung der Ausbildungspflichten darstellt, das die Befürchtung rechtfertigt, der Auszubildende werde auch in seinem Arbeitsverhältnis in grober Weise gegen seine Pflichten aus dem Arbeitsvertrag verstoßen. Hierfür bedarf es einer umfassenden Würdigung aller Umstände. In Betracht kommen etwa Straftaten, Tätlichkeiten, beharrliche Arbeitsverweigerung, hartnäckige unberechtigte Arbeitsversäumnis, schwere Verstöße gegen die betriebliche Ordnung oä.. Für die Feststellung der Unzumutbarkeit der Weiterbeschäftigung iSd. § 78a Abs. 4 BetrVG ist auf den Zeitpunkt der Beendigung des Berufsausbildungsverhältnisses abzustellen. (...)

Zeitpunkt der Beendigung des Ausbildungsverhältnisses maßgeblich

Berücksichtigung früherer Abmahnung

Der Auflösung des Arbeitsverhältnisses steht nicht entgegen, dass der Arbeitgeber den Auszubildenden im Berufsausbildungsverhältnis wegen eines pflichtwidrigen Verhaltens bereits eine Abmahnung erteilt hatte. Der Arbeitgeber ist nicht gehindert, die Unzumutbarkeit der Weiterbeschäftigung mit den abgemahnten Vorgängen zu begründen. Mit der Erteilung der Abmahnung erhält sich der Arbeitgeber die Möglichkeit, im Falle einer während des Ausbildungsverhältnisses auftretenden einschlägigen erneuten Pflichtverletzung eine Kündigung aus wichtigem Grund nach § 22 Abs. 4 BBiG auszusprechen und zur Begründung auch die Abmahnung heranzuziehen. Die Abmahnung bezieht sich auf das Ausbildungsverhältnis, das nur von vorübergehender Dauer ist und dessen Abschluss der Arbeitgeber dem Auszubildenden ggf. trotz eines erheblichen Fehlverhaltens ermöglichen will. Der Auflösungsantrag nach § 78a Abs. 4 BetrVG soll hingegen das im Anschluss an das Ausbildungsverhältnis entstandene unbefristete Arbeitsverhältnis beenden, weil eine dauerhafte Beschäftigung für den Arbeitgeber unzumutbar ist. Es kann regelmäßig nicht davon ausgegangen werden, dass sich der Arbeitgeber dieser Gestaltungsmöglichkeit begeben will, wenn er dem Beschäftigten während des Ausbildungsverhältnisses eine Abmahnung erteilt."
(BAG, Beschluss v. 18.09.2019 – 7 ABR 44/17 -)

6. Unanwendbarkeit der §§626 Abs.2 BGB, 22 Abs.4 BBiG

„Die Ausschlußfrist nach §626 Abs.2 BGB und nach §15 Abs.4 BBiG ist auf das Verfahren nach §78a Abs.4 S. 1 Nr.2 BetrVG nicht anwendbar.
(...) Nach dem Wortlaut von §78 a Abs.4 Satz1 Nr.2 BetrVG kann der Arbeitgeber den Auflösungsantrag innerhalb von zwei Wochen nach Beendigung des Berufsausbildungsverhältnisses stellen. Eine §626 Abs.2 BGB und §15 Abs.4 BBiG entsprechende Ausschlußfrist bezüglich der Kenntniserlangung der zur Unzumutbarkeit herangezogenen Tatsachen enthält §78 a BetrVG nicht. Auch eine entsprechende Anwendung dieser Vorschriften auf §78 a BetrVG kommt nicht in Betracht. (...)"
(BAG, Urteil v. 15.12.1983 – 6 AZR 60/83)

keine Verfristung der die Unzumutbarkeit begründenden Tatsachen

7. Rechtsmissbräuchliche Umgehung

rechtsmissbräuchliche Verhinderung der Übernahme durch zweckgerichtete Umorganisation

„(...) Eine missbräuchliche Umgehung der Übernahmeverpflichtung aus §78a Abs.2 Satz1 BetrVG kommt in Betracht, wenn der Arbeitgeber eine Veränderung seiner Arbeitsorganisation allein zu dem Zweck vornimmt, eine Übernahme der durch §78a BetrVG geschützten Personen zu verhindern. Hiermit ist es vergleichbar, wenn ein Arbeitgeber die Ausschreibung einer von ihm zur (Neu-)Besetzung vorgesehenen geeigneten Stelle nur deswegen

– vorübergehend – zurückzieht, um seiner Übernahmeverpflichtung zu entgehen. (...)"
(BAG, Beschluss v. 8.9.2010 – 7 ABR 33/09)

Kontrolle der Ausübung unternehmerischer Entscheidungsfreiheit auf Rechtsmissbrauch

„(...) Denn jedenfalls soweit der Arbeitgeber mit seinen Organisationsmaßnahmen nicht erkennbar das Ziel verfolgt, gerade die Übernahme der durch § 78 a BetrVG geschützten Auszubildenden zu verhindern, steht es in seiner durch diese Vorschrift nicht eingeschränkten, sondern allenfalls einer Mißbrauchskontrolle unterliegenden unternehmerischen Entscheidungsfreiheit, durch wieviele Arbeitnehmer er die anfallenden Arbeiten verrichten läßt. (...)"
(BAG, Beschluss v. 6.11.1996 – 7 ABR 54/95)

VII. Auflösung des Arbeitsverhältnisses nach § 78a Abs. 2 BetrVG

Auflösung des gesetzlich begründeten Arbeitsverhältnisses erst mit Rechtskraft der gerichtlichen Entscheidung

„(...) im Beschlussverfahren nach § 78a Abs. 4 Satz 1 Nr. 2 BetrVG steht das Fortbestehen des Arbeitsverhältnisses bis zur Rechtskraft der gerichtlichen Entscheidung fest. Der Auflösungsantrag des Arbeitgebers nach § 78a Abs. 4 Satz 1 Nr. 2 BetrVG zielt nicht auf eine feststellende, sondern eine rechtsgestaltende gerichtliche Entscheidung. Diese entfaltet erst mit ihrer Rechtskraft Wirkungen für die Zukunft. Der Auflösungsbeschluss löst das Arbeitsverhältnis erst mit Rechtskraft auf. Bis zu diesem Zeitpunkt besteht das Arbeitsverhältnis mit allen sich hieraus ergebenden rechtlichen Folgen. (...)"
(BAG, Urteil v. 24.08.2016 – 5 AZR 853/15)

Auflösung des gesetzlich begründeten Arbeitsverhältnisses erst mit Rechtskraft der gerichtlichen Entscheidung

„(...) Die Unzumutbarkeit der Weiterbeschäftigung führt erst zur Beendigung des Arbeitsverhältnisses ab Rechtskraft einer im Verfahren nach § 78 a Abs. 4 BetrVG ergehenden Auflösungsentscheidung. (...)"
(BAG, Beschluss v. 12.11.1997 – 7 ABR 73/96)

keine rückwirkende Auflösung des Arbeitsverhältnisses durch gerichtliche Entscheidung

„(...) § 78 a BetrVG normiert die Voraussetzungen für das Zustandekommen eines unbefristeten Arbeitsverhältnisses zwischen dem Arbeitgeber und einem Auszubildenden, der Mitglied eines der in § 78 a Abs. 1 BetrVG genannten betriebsverfassungsrechtlichen Organe ist. Sind die dort genannten Voraussetzungen erfüllt, kommt ein Arbeitsverhältnis zustande. Es bleibt bis zur Rechtskraft einer gerichtlichen Auflösungsentscheidung bestehen, auch wenn dem Arbeitgeber eine Weiterbeschäftigung unzumutbar ist. Die gerichtliche Auflösungsentscheidung wirkt nur zukunftsbezogen. (...)"
(BAG, Beschluss v. 16.8.1995 – 7 ABR 52/94)

Vergütungsansprüche für die Dauer des Bestehens des Arbeitsverhältnisses

„Der Senat hält daran fest, daß in einem Verfahren nach § 78a Abs. 4 BetrVG mit der Begründung, dem Arbeitgeber sei die Weiterbeschäftigung unzumutbar, nur ein rechtsgestaltender Auflösungsbeschluß ergehen kann. Der Senat erwägt, daß im Beschlußverfahren nach § 78a Abs. 4 BetrVG auch über einen Feststellungsantrag des Arbeitgebers entschieden werden kann, ein Arbeitsverhältnis sei wegen Fehlens der Voraussetzungen der Absätze 2 und 3 des § 78a BetrVG nicht begründet worden.
(...) Entgegen der Würdigung des Landesarbeitsgerichts ist das gemäß § 78 a Abs. 2 und 3 BetrVG durch das Weiterbeschäftigungsverlangen des Klägers entstandene Arbeitsverhältnis durch den Beschluß des Arbeitsgerichts Krefeld lediglich mit dessen Rechtskraft aufgelöst worden. Für den Klagezeitraum steht mithin dem Kläger der geltend gemachte Lohnanspruch aus dem Gesichtspunkt des Annahmeverzuges zu.
(...) Das Landesarbeitsgericht hat seiner Entscheidung auch zutreffend die neuere Rechtsprechung des Senats zur Beendigung dieses gesetzlich begründeten Arbeitsverhältnisses durch die Rechtskraft eines Auflösungs-

beschlusses nach §78 a Abs. 4 BetrVG zugrunde gelegt, auch wenn es diese Rechtsprechung als teilweise verfehlt kritisiert.

Antragstellung und Antragsänderung im gerichtlichen Auflösungsverfahren

Nach dieser neueren Senatsrechtsprechung hindert entgegen der früheren Rechtsprechung des Bundesarbeitsgerichts auch ein vor dem Ende des Berufsausbildungsverhältnisses mit dem Wortlaut des §78 a Abs. 4 Satz 1 Nr. 1 BetrVG gestellter Antrag des Arbeitgebers nicht das Entstehen eines Arbeitsverhältnisses, sondern führt ebenso wie ein erst nach Beendigung des Berufsausbildungsverhältnisses mit dem Wortlaut des §78 a Abs. 4 Satz 1 Nr. 2 BetrVG gestellter Antrag nur zur Auflösung des Arbeitsverhältnisses mit Rechtskraft eines stattgebenden Beschlusses. Ist über einen vor dem Ende des Berufsausbildungsverhältnisses gestellten Antrag nach §78 a Abs. 4 Satz 1 Nr. 1 BetrVG im Zeitpunkt des Endes des Berufsausbildungsverhältnisses noch nicht rechtskräftig entschieden, so wandelt sich dieser Antrag mit diesem Zeitpunkt automatisch in einen Auflösungsantrag nach §78 a Abs. 4 Satz 1 Nr. 2 BetrVG, ohne daß es einer Antragsänderung bedarf. Selbst wenn der Tenor des stattgebenden Beschlusses den Wortlaut der Nr. 1 des §78 a Abs. 4 Satz 1 BetrVG hat, handelt es sich nach dieser Senatsrechtsprechung bei diesem Beschluß „der Sache nach" bzw. „seinem Inhalte nach" um einen rechtsgestaltenden Auflösungsbeschluß. An dieser Rechtsprechung, daß in einem Verfahren nach §78 a Abs. 4 BetrVG mit der Begründung der Unzumutbarkeit der Weiterbeschäftigung nur ein rechtsgestaltender Auflösungsbeschluß ergehen kann, hält der Senat auch nach erneuter Überprüfung fest.

Eine Rechtsprechungsänderung, auf die es allerdings im Entscheidungsfalle noch nicht ankommt, erwägt der Senat indessen zur Frage, in welcher Verfahrensart über ein Begehren des Arbeitgebers zu entscheiden ist, die Nichtbegründung eines Arbeitsverhältnisses wegen Nichtvorliegens der Voraussetzungen nach §78 a Abs. 2 und 3 BetrVG festzustellen. In seinem bereits angeführten Beschluß vom 29. November 1989 hat der Senat hierzu die Auffassung vertreten, dies sei nur in einem gesonderten Urteilsverfahren möglich. Inzwischen neigt der Senat jedoch (...) dazu, dem Arbeitgeber zu ermöglichen, in einem einheitlichen Beschlußverfahren (gegebenenfalls auch durch Kombination von Haupt- und Hilfsanträgen) sowohl die Feststellung der Nichtbegründung des Arbeitsverhältnisses wegen Fehlens der Voraussetzungen des §78 a Abs. 2 und 3 BetrVG als auch die Auflösung eines solchen Arbeitsverhältnisses wegen Unzumutbarkeit der Weiterbeschäftigung nach §78 a Abs. 4 BetrVG zu verfolgen.

(...) Nach der oben angeführten neueren Rechtsprechung des Senats (...) handelt es sich bei allen stattgebenden Beschlüssen nach §78 a Abs. 4 BetrVG um Auflösungsbeschlüsse, auch wenn sie mit dem Wortlaut der Nr. 1 des §78 a Abs. 4 Satz 1 BetrVG tenoriert sind. (...)"

(BAG, Beschluss v. 11.1.1995 – 7 AZR 574/94)

Auflösung des Arbeitsverhältnisses erst mit Eintritt der Rechtskraft der gerichtlichen Entscheidung

„(...) Das Landesarbeitsgericht hat dem Antrag des Arbeitgebers zu Recht stattgegeben. Bei diesem Antrag handelte es sich seit dem 30. Januar 1990 (Tag der Beendigung der Berufsausbildungsverhältnisse) der Sache nach um den Antrag, die gemäß §78 a Abs. 2 BetrVG begründeten Arbeitsverhältnisse der Beteiligten R und D durch gerichtliche Entscheidung aufzulösen. Daß die für eine derartige Auflösungsentscheidung in §78 a Abs. 4 BetrVG aufgestellten Voraussetzungen hier erfüllt sind, hat das Landesarbeitsgericht rechtsfehlerfrei festgestellt. Die Arbeitsverhältnisse der Beteiligten R und D enden daher mit Rechtskraft des vorliegenden Beschlusses. (...)

Dem Entstehen der Arbeitsverhältnisse aufgrund des §78 a Abs. 2 BetrVG steht nicht entgegen, daß der Arbeitgeber bereits vor Beendigung der Berufsausbildungsverhältnisse einen Antrag nach §78 a Abs. 4 BetrVG gestellt hatte und sich dieser Antrag letztlich als erfolgreich erweist. Wie der erkennende Senat im Beschluß vom 29. November 1989 unter Aufgabe der früheren abweichenden Rechtsprechung entschieden und näher begründet hat, hindert auch ein Feststellungsantrag nach §78 a Abs. 4 Satz 1 Nr. 1

BetrVG, den der Arbeitgeber bis zur Beendigung des Berufsausbildungsverhältnisses stellen kann, das Entstehen eines Arbeitsverhältnisses nach § 78 a Abs. 2 bzw. Abs. 3 BetrVG nicht, wenn diesem Antrag im Zeitpunkt der Beendigung des Berufsausbildungsverhältnisses noch nicht rechtskräftig stattgegeben worden ist. Ein derartiger Feststellungsantrag wandelt sich vielmehr in einem solchen Falle im Zeitpunkt der Beendigung des Berufsausbildungsverhältnisses in einen Antrag nach Nr. 2 dieser Vorschrift auf Auflösung des nunmehr begründeten Arbeitsverhältnisses um, ohne daß es einer förmlichen Antragsänderung bedarf. (...) Nach Ansicht des Senats ist deshalb eine sowohl den GleichheitsSatz des Art. 3 GG als auch den Gesetzeszweck beachtende Auslegung nur in der Weise möglich, daß beide Anträge des § 78 a Abs. 4 Satz 1 BetrVG erst ab Rechtskraft einer dem Antrag stattgebenden gerichtlichen Entscheidung das Entstehen bzw. Fortbestehen eines Arbeitsverhältnisses verhindern. (...)"
(BAG, Beschluss v. 24.7.1991 – 7 ABR 68/90)

Bestehen des Arbeitsverhältnisses mit allen Rechten und Pflichten bis zur rechtskräftigen gerichtlichen Auflösung

„(...) Im Falle des Auflösungsantrages nach § 78 a Abs. 4 Satz 1 Nr. 2 BetrVG bleibt das im Anschluß an das Berufsausbildungsverhältnis nach § 78 a Abs. 2 oder 3 BetrVG begründete Arbeitsverhältnis bis zur Rechtskraft der gerichtlichen Auflösungsentscheidung mit allen beiderseitigen Rechten und Pflichten bestehen, obwohl dem Arbeitgeber die Weiterbeschäftigung bereits bei Begründung dieses Arbeitsverhältnisses unzumutbar war. Die gerichtliche Auflösungsentscheidung wirkt nicht auf den Zeitpunkt der Begründung des Arbeitsverhältnisses und auch nicht auf den Zeitpunkt der Einreichung des Auflösungsantrags bei Gericht zurück; sie hat nur Wirkung für die Zukunft und befreit den Arbeitgeber erst vom Zeitpunkt ihrer Rechtskraft ab von dem ihm kraft gesetzlicher Fiktion aufgebürdeten Arbeitsverhältnis. (...)"
(BAG, Beschluss v. 29.11.1989 – 7 ABR 67/88)

Beschäftigungs- und Vergütungsanspruch des (ehemaligen) Auszubildenen

Beschäftigungspflicht des Arbeitgebers

„(...) Die Klägerin ist aufgrund des mit der Beklagten zustande gekommenen Arbeitsverhältnisses jedenfalls bis zur Rechtskraft des seine Auflösung aussprechenden Urteils verpflichtet, die Beklagte grundsätzlich entsprechend deren Ausbildung, d.h. als Chemie-Laborantin zu beschäftigen. Dementsprechend hat die Klägerin den sich nach § 612 BGB ergebenden üblichen Lohn zu zahlen. (...)"
(BAG, Urteil v. 15.1.1980 – 6 AZR 361/79)

VIII. Verfahren vor dem Arbeitsgericht nach § 78a Abs. 4 BetrVG

1. Gegenstand des Verfahrens

keine Auflösungsmöglichkeit für tariflich begründete Arbeitsverhältnisse

„Ein auf tariflicher Grundlage (hier: § 23 Abs. 4 Manteltarifvertrag für den Einzelhandel in Nordrhein-Westfalen) entstandenes Arbeitsverhältnis kann nicht nach § 78a Abs. 4 S. 1 Nr. 2 BetrVG aufgelöst werden. Die gesetzliche Auflösungsmöglichkeit des § 78a Abs. 4 S. 1 Nr. 2 BetrVG erfasst nur das auf der Grundlage von § 78a Abs. 2 S. 1 BetrVG begründete Arbeitsverhältnis. (...) Die tatsächlichen Feststellungen des Landesarbeitsgerichts lassen schließlich auch keine abschließende Beurteilung zu, ob zwischen der Arbeitgeberin und dem Beteiligten zu 3. nach § 23 Abs. 4 MTV ein Arbeitsverhältnis zustande gekommen ist. Ein solches auf tariflicher Grundlage entstandenes Arbeitsverhältnis könnte nicht nach § 78a Abs. 4 Satz 1 Nr. 2 BetrVG aufgelöst werden. Die gesetzliche Auflösungsmöglichkeit des § 78a Abs. 4 Satz 1 Nr. 2 BetrVG erfasst nur das auf der Grundlage von § 78a Abs. 2 Satz 1 BetrVG begründete Arbeitsverhältnis. Sollte die Entscheidung des Senats vom 29. November 1989, die offen lässt, ob durch Weiterarbeit nach

§17 BBiG aF (heute: §24 BBiG) ein Arbeitsverhältnis begründet wurde (– 7 ABR 67/88 – zu B II 2 aE der Gründe, BAGE 63, 319), anders zu verstehen sein, hält der Senat an dieser Auffassung nicht länger fest. (...)"
(BAG, Beschluss v. 8.9.2010 – 7 ABR 33/09)

2. Antrag

Auflösungsantrag bei Gemeinschaftsbetrieb

„(...) Der Antrag auf Auflösung eines nach §78a Abs. 4 Nr. 2 BetrVG begründeten Arbeitsverhältnisses braucht nicht von allen an einem Gemeinschaftsbetrieb beteiligten Unternehmen, sondern nur vom Ausbildungsunternehmen gestellt werden.
(...) Die Auflösung eines nach §78a Abs. 2 Satz 1 BetrVG begründeten Arbeitsverhältnisses betrifft nicht die betriebsverfassungsrechtliche Arbeitgeberstellung aller an einem Gemeinschaftsbetrieb beteiligten Unternehmen, sondern nur die des Vertragsarbeitgebers des ehemaligen Auszubildenden.

Vertragsarbeitgeber als richtiger Antragsteller

Vertragsarbeitgeber ist die natürliche oder juristische Person, mit dem das Mitglied der in §78a Abs. 1 BetrVG genannten Arbeitnehmervertretungen ein Berufsausbildungsverhältnis abgeschlossen hat. Durch das in §78a Abs. 4 Satz 1 Nr. 2 BetrVG vorgesehene Verfahren hat der Vertragsarbeitgeber die Möglichkeit, sich bei Vorliegen der dort genannten Voraussetzungen aus dem gesetzlich begründeten Arbeitsverhältnis zu lösen. Der Streit geht allein um die Aufrechterhaltung der vertragsrechtlichen Bindung zwischen den ehemaligen Parteien des Berufsausbildungsverhältnisses. (...)"
(BAG, Beschluss v. 17.2.2010 – 7 ABR 89/08)

„Arbeitgeber i.S.d. §78a Abs. 4 BetrVG ist nur der Vertragsarbeitgeber.
(...) Arbeitgeber i.S.d. §78a Abs. 4 BetrVG ist nur der Vertragsarbeitgeber. Dies ist die natürliche oder juristische Person mit dem das Mitglied der in §78a Abs. 1 BetrVG genannten Arbeitnehmervertretungen ein Berufsausbildungsverhältnis abgeschlossen hat. Zwar wird im Betriebsverfassungsgesetz mit dem Ausdruck „Arbeitgeber" regelmäßig der Inhaber der betrieblichen Leitungsmacht bezeichnet. Dies kann bei Vorliegen der Voraussetzungen des §1 Abs. 1 Satz 2 BetrVG der im einem Gemeinschaftsbetrieb von mehreren Unternehmen errichtete einheitliche Leitungsapparat sein, der die in einer Betriebsstätte vorhandenen materiellen und immateriellen Betriebsmittel für einen einheitlichen arbeitstechnischen Zweck zusammengefasst, geordnet und gezielt einsetzt. Bei einer Auseinandersetzung um Ansprüche, die den Status oder den Inhalt der nur mit einem Vertragsarbeitgeber des Gemeinschaftsbetriebs bestehenden Rechtsbeziehung betreffen, ist aber nur dieser als Arbeitgeber anzusehen. Danach konnte der Auflösungsantrag allein durch die Arbeitgeberin gestellt werden.

Auflösungsantrag bei Gemeinschaftsbetrieb

Die Auflösung eines nach §78a Abs. 2 Satz 1 BetrVG begründeten Arbeitsverhältnisses betrifft nicht die betriebsverfassungsrechtliche Arbeitgeberstellung aller an einem Gemeinschaftsbetrieb beteiligten Unternehmen, sondern nur die des Vertragsarbeitgebers des ehemaligen Auszubildenden. Nach der genannten Vorschrift wird durch ein form- und fristgerecht erklärtes Übernahmeverlangen eines Mitglieds der in §78a Abs. 1 BetrVG genannten Arbeitnehmervertretungen ein Arbeitsverhältnis mit der Vertragspartei des bisherigen Berufsausbildungsverhältnisses begründet.

Vertragsarbeitgeber als richtiger Antragsteller

Durch das in §78 Abs. 4 Satz 1 Nr. 2 BetrVG vorgesehene Verfahren hat diese die Möglichkeit, sich bei Vorliegen der dort genannten Voraussetzungen aus dem gesetzlich begründeten Arbeitsverhältnis zu lösen. Dieser Streit betrifft nicht die betriebsverfassungsrechtliche Stellung des ehemaligen Auszubildenden in dem Gemeinschaftsbetrieb, sondern allein die Aufrechterhaltung der vertragsrechtlichen Bindung zwischen den ehemaligen Parteien des Berufsausbildungsverhältnisses.
Davon zu unterscheiden ist die prozessrechtliche Frage nach der betriebsverfassungsrechtlichen Betroffenheit eines weiteren am Gemeinschaftsbe-

trieb beteiligten Unternehmens durch das Auflösungsverfahren. Dieses ist nach §83 Abs. 3 ArbGG am Verfahren beteiligt, weil von dem Verfahren nach §78a Abs. 4 Satz 1 Nr. 2 BetrVG auch die personelle Zusammensetzung der Jugend- und Auszubildendenvertretung abhängt. (...)"
(BAG, Beschluss v. 25.2.2009 – 7 ABR 61/07)

„Es bleibt offen, ob im Beschlußverfahren nach §78a Abs. 4 BetrVG über ein Feststellungsbegehren des Arbeitgebers entschieden werden kann, wonach ein kraft Gesetzes begründetes Arbeitsverhältnis mit einem Jugend- und Auszubildendenvertreter vor Rechtskraft einer gerichtlichen Auflösungsentscheidung aus anderen Gründen beendet worden ist.
(...) Vorliegend beruft sich die Arbeitgeberin nicht nur auf die Unzumutbarkeit einer Weiterbeschäftigung, sondern auch auf eine Vereinbarung, nach der das Arbeitsverhältnis bis zum 31. Juli 1993 befristet war. Ob eine Befristungsvereinbarung Gegenstand eines Beschlußverfahrens nach §78a Abs. 4 BetrVG sein kann, hat der Senat bisher nicht entschieden. Die Auflösung eines Arbeitsverhältnisses setzt vorgreiflich dessen Bestehen noch im Zeitpunkt der letzten mündlichen Verhandlung voraus. Das könnte es nahelegen, auch im Beschlußverfahren zu prüfen, ob das zunächst kraft Gesetzes begründete Arbeitsverhältnis vor Schluß der mündlichen Verhandlung bereits auf andere Weise beendet worden ist. Ob das Verfahren nach §78 a Abs. 4 BetrVG seinem Gegenstand nach allein auf die Klärung der Unzumutbarkeit einer Weiterbeschäftigung beschränkt ist oder auch die Prüfung anderer Beendigungstatbestände zum Gegenstand haben kann, bedurfte vorliegend keiner Entscheidung. Auf die Klärung dieser Rechtsfrage kommt es nicht an, weil der Arbeitgeberin die Weiterbeschäftigung des Beteiligten zu 2) nicht unzumutbar ist und die Befristung des Arbeitsverhältnisses vom 31. Juli 1993 nur vorbehaltlich des Nichtbestehens eines unbefristeten Arbeitsverhältnisses erfolgt war. (...)"
(BAG, Beschluss v. 16.8.1995 – 7 ABR 52/94)

Streitgegenstand eines Beschlussverfahrens nach §78a Abs. 4 BetrVG

„(...) Wenn das Gesetz dem Arbeitgeber nach §78a Abs. 4 Satz 1 BetrVG zwei Antragsalternativen zur Verfügung stellt, so trägt es damit dem Umstand Rechnung, daß durch ein form- und fristgerechtes Weiterbeschäftigungsverlangen des Auszubildenden nach §78 a Abs. 2 BetrVG ein Arbeitsverhältnis zwischen dem Auszubildenden und dem Arbeitgeber gemäß Abs. 2 oder 3 des §78 a BetrVG erst im Anschluß an das Berufsausbildungsverhältnis begründet wird, der Arbeitgeber aber auch schon vorher die Unzumutbarkeit der Weiterbeschäftigung des Auszubildenden gerichtlich geltend machen und das Arbeitsgericht hierüber entscheiden kann. Für den Fall, daß das Arbeitsverhältnis bereits entstanden ist, sieht das Gesetz den Auflösungsantrag, für den Fall, daß es noch nicht begründet worden ist, den Feststellungsantrag vor. (...)
Beide Antragsalternativen des §78 a Abs. 4 Satz 1 BetrVG zielen damit in gleicher Weise auf ein rechtsgestaltendes Eingreifen des Gerichts unter der für beide Antragsalternativen gleichen Voraussetzung, daß dem Arbeitgeber die Weiterbeschäftigung nicht zuzumuten ist. Welche der beiden Antragsalternativen im Einzelfall in Betracht kommt, richtet sich nach dem Zeitpunkt, in dem die gerichtliche Entscheidung erbeten und getroffen wird. Solange das Berufsausbildungsverhältnis noch besteht und ein Arbeitsverhältnis deshalb noch nicht begründet worden ist, kann es auch nicht aufgelöst werden. Da der Arbeitgeber aber schon vorher die Unzumutbarkeit der Weiterbeschäftigung geltend machen und das Gericht hierüber auch schon vorher entscheiden kann, hat der Gesetzgeber dem Arbeitgeber für diesen Fall den Feststellungsantrag nach Nr. 1 des §78a Abs. 4 Satz 1 BetrVG zur Verfügung gestellt, der auf eine den Eintritt der Fiktionswirkung des §78a Abs. 2 BetrVG verhindernde gerichtliche Entscheidung abzielt. Wird jedoch über einen Feststellungsantrag bis zur Beendigung des Berufsausbildungsverhältnisses nicht rechtskräftig entschieden, so

Antragsalternativen des §78a Abs. 4 BetrVG

Rechtsgestaltung durch das Gericht

keine förmliche Antragsänderung erforderlich

gilt beim Vorliegen der Voraussetzungen des § 78a Abs. 2 oder 3 BetrVG ein Arbeitsverhältnis als begründet, das nur durch eine rechtskräftige gerichtliche Auflösungsentscheidung wieder beseitigt werden kann. Da aber der Feststellungs- und der Auflösungsantrag nach § 78a Abs. 4 Satz 1 BetrVG die gleiche Funktion haben und auf das gleiche Ziel gerichtet sind, bedarf es in einem solchen Falle keiner förmlichen Antragsänderung; vielmehr wandelt sich der Feststellungsantrag seinem Gegenstand nach ohne weiteres in einen Auflösungsantrag (ebenso für das Verhältnis von Feststellungs- und Auflösungsantrag nach § 9 Abs. 4 BPersVG: Beschluß des Bundesverwaltungsgerichts vom 30. Oktober 1987 - BVerwG 6 P 26.85 - BVerwGE 78, 223, 226). Das bedeutet zugleich, daß eine dem Feststellungsantrag stattgebende gerichtliche Entscheidung in dem Fall, daß sie erst nach der Beendigung des Berufsausbildungsverhältnisses des Weiterbeschäftigungsberechtigten rechtskräftig wird, mit dem Eintritt ihrer Rechtskraft rechtsgestaltend die Auflösung des zwischenzeitlich nach § 78 a Abs. 2 oder 3 BetrVG begründeten Arbeitsverhältnisses herbeiführt, und zwar - ebenso wie bei einer dem Auflösungsantrag nach Nr. 2 des § 78 a Abs. 4 Satz 1 BetrVG stattgebenden gerichtlichen Entscheidung - mit Wirkung für die Zukunft. (...)“
(BAG, Beschluss v. 29.11.1989 – 7 ABR 67/88)

3. Frist zur Anrufung des Arbeitsgerichts

Rechtsverlust bei Versäumung der Antragsfrist

„Der Arbeitgeber kann nach § 78a Abs 4 S 1 Nr 2 BetrVG spätestens bis zum Ablauf von zwei Wochen nach Beendigung des Berufsausbildungsverhältnisses beim Arbeitsgericht beantragen, das nach § 78a Abs 2 S 1 BetrVG begründete Arbeitsverhältnis aufzulösen, wenn Tatsachen vorliegen, aufgrund derer ihm die Weiterbeschäftigung unter Berücksichtigung aller Umstände nicht zugemutet werden kann. Die Nichteinhaltung der zweiwöchigen Antragsfrist hat zur Folge, dass der Arbeitgeber die Möglichkeit verliert, das nach § 78a Abs 2 BetrVG begründete Arbeitsverhältnis unter Berufung auf die Unzumutbarkeit der Weiterbeschäftigung in Frage zu stellen.
Die rechtswirksame Stellung des Auflösungsantrags nach § 78a Abs 4 S 1 Nr 2 BetrVG durch einen Verfahrensbevollmächtigten des Arbeitgebers setzt über diese prozessualen Vorgaben hinaus nicht voraus, dass dessen Bevollmächtigung bis zum Ablauf der zweiwöchigen Antragsfrist durch Vorlage einer von dem Arbeitgeber unterzeichneten Originalvollmacht nachgewiesen wird. (...) Dem Wortlaut von § 78a Abs. 4 Satz 1 BetrVG ist eine solche Anforderung nicht zu entnehmen. (...) Auch Sinn und Zweck von § 78a Abs. 4 Satz 1 BetrVG erfordern eine derartige Voraussetzung nicht. Die Antragsfrist soll der Rechtssicherheit dienen. Nach Ablauf der Frist hat der Arbeitnehmer die Sicherheit, dass nunmehr endgültig ein Arbeitsverhältnis auf unbestimmte Zeit besteht, das durch den Arbeitgeber nur unter Beachtung der Vorschriften über die Kündigung und den Kündigungsschutz von Arbeitsverhältnissen beendet werden kann (BT-Drs. 7/1334 S. 3). Diese Sicherheit hat der Arbeitnehmer nur dann, wenn innerhalb der Frist kein Auflösungsantrag bei Gericht eingeht. Wird innerhalb der Frist ein Auflösungsantrag gestellt, muss der Arbeitnehmer grundsätzlich bis zur rechtskräftigen Entscheidung hierüber mit der Auflösung des Arbeitsverhältnisses rechnen. Dies gilt auch dann, wenn zweifelhaft ist, ob der Antrag formal ordnungsgemäß von einem dazu berechtigten Vertreter des Arbeitgebers gestellt wurde.
Zwar hat das Bundesverwaltungsgericht zu der für das Personalvertretungsrecht geltenden, inhaltlich mit § 78a Abs 4 BetrVG übereinstimmenden Vorschrift in § 9 Abs 4 BPersVG entschieden, dass die Antragsfrist nur gewahrt ist, wenn innerhalb der Frist eine schriftliche, von dem zur Entscheidung über den Auflösungsantrag zuständigen gesetzlichen Vertreter des öffentlichen Arbeitgebers unterzeichnete Vollmacht für denjenigen, der den

Auflösungsantrag stellt, zu der Gerichtsakte gelangt. Diese Rechtsprechung beruht jedoch auf Besonderheiten des öffentlichen Dienstes und ist auf die Antragsfrist nach § 78a Abs 4 BetrVG nicht übertragbar. (...)"
(BAG, Beschluss v. 18.09.2019 – 7 ABR 44/17)

2-wöchige Ausschlussfrist

„(...) Beide Anträge sind an die Einhaltung einer Ausschlußfrist von zwei Wochen nach Beendigung des Berufsausbildungsverhältnisses gebunden. Versäumt der Arbeitgeber diese Frist, ist er mit diesen Anträgen ausgeschlossen, ein trotzdem gestellter Antrag müßte als unzulässig abgewiesen werden. (...)"
(BAG, Urteil v. 13.3.1986 – 6 AZR 424/85)

4. Beteiligung der Jugend- und Auszubildendenvertretung an dem Verfahren

Beteiligung der JAV

„(...) Die Jugend- und Auszubildendenvertretung (...) war gemäß § 78a Abs. 4 Satz 2 BetrVG von Anfang an am Verfahren beteiligt. (...)"
(BAG, Beschluss v. 29.11.1989 – 7 ABR 67/88)

5. Kosten des Verfahrens

keine gesonderte Vertretung der JAV durch Rechtsanwalt

„Nach § 40 Abs. 1 BetrVG trägt der Arbeitgeber die durch die Tätigkeit des Betriebsrats entstehenden Kosten. Hierzu gehören auch die Honorarkosten für einen Rechtsanwalt, dessen Heranziehung der Betriebsrat in einem arbeitsgerichtlichen Beschlussverfahren in Wahrnehmung seiner betriebsverfassungsrechtlichen Rechte für erforderlich halten durfte.
In einem Verfahren nach § 78a Abs. 4 S. 1 BetrVG darf der Betriebsrat neben der Mandatierung eines ihn vertretenden Rechtsanwalts regelmäßig nicht die weitere Beauftragung eines Rechtsanwalts zur gesonderten Vertretung der Jugend- und Auszubildendenvertretung für erforderlich halten."
(BAG, Beschluss v. 18.1.2012 – 7 ABR 83/10 – AP Nr. 108 zu § 40 BetrVG 1972 = EzA § 40 BetrVG 2001 Nr. 22 = NZA 2012, 683 = NJW 2012, 1979)

keine Kostentragungspflicht des Arbeitgebers bzgl. Rechtsanwaltskosten des JAV-Mitglieds im Auflösungsverfahren

„Der Arbeitgeber hat nicht die Kosten einer anwaltlichen Tätigkeit zu tragen, die einem Mitglied der Jugend- und Auszubildendenvertretung in einem Verfahren nach § 78a Abs. 4 BetrVG entstanden sind.
(...) Dem Betriebsrat stand gegenüber der Arbeitgeberin kein Anspruch auf Freistellung von den Kosten der anwaltlichen Tätigkeit des Antragstellers für ein Mitglied der Jugend- und Auszubildendenvertretung zu. Es fehlt bereits an einem die Kostentragungspflicht auslösenden Betriebsratsbeschluß zur Beauftragung des Antragstellers für das damalige Beschlußverfahren. Nach der ständigen Rechtsprechung des Bundesarbeitsgerichts hat der Arbeitgeber nur diejenigen Kosten einer anwaltlichen Tätigkeit zu tragen, die auf eine Beauftragung des Anwalts aufgrund eines Beschlusses des Betriebsrats zurückgehen. Der Betriebsrat handelt als Kollegialorgan, das seine Meinungsbildung durch Beschlußfassung vollzieht. An den vom Betriebsrat gefaßten Beschluß knüpft das BetrVG weitreichende Folgen nicht nur für die Arbeitnehmer, sondern auch für den Arbeitgeber. Dazu gehört auch dessen Kostentragungspflicht nach § 40 Abs. 1 BetrVG. Das verlangt, daß sich der Betriebsrat als Gremium mit dem zur Entscheidung anstehenden Sachverhalt befaßt und ihn einer einheitlichen Willensbildung durch Abstimmung zuführt, die in der Beschlußfassung zum Ausdruck kommt. Die stillschweigende Hinnahme einer anwaltlichen Tätigkeit ohne ausdrücklichen Beschluß des Betriebsrats löst daher keine Kostenerstattungspflicht des Arbeitgebers aus. (...)
Das unmittelbar betroffene Mitglied der Jugend- und Auszubildendenvertretung konnte von der Arbeitgeberin ebenfalls keine Kostenerstattung verlangen. (...)

Nach der ständigen Rechtsprechung des Bundesarbeitsgerichts ist die Jugend- und Auszubildendenvertretung kein eigenständiger Repräsentant der jugendlichen Arbeitnehmer und kein selbständiges Mitwirkungsorgan der Betriebsverfassung. Ihre Rechte und Pflichten und diejenigen ihrer Mitglieder bestehen gegenüber dem Betriebsrat, nicht gegenüber dem Arbeitgeber. Geht ein Mitglied der Jugend- und Auszubildendenvertretung zur Erfüllung seiner Aufgaben nach dem Betriebsverfassungsgesetz Zahlungspflichten ein, sind diese Teil der vom Betriebsrat verursachten Kosten, die der Arbeitgeber bei Vorliegen der Voraussetzungen des §40 Abs. 1 BetrVG zu tragen hat.

Zu den vom Arbeitgeber nach §40 Abs. 1 BetrVG zu tragenden Kosten der Tätigkeit des Betriebsrats können auch solche gehören, die durch das Führen von Rechtsstreitigkeiten in betriebsverfassungsrechtlichen Angelegenheiten entstehen, in denen die betriebsverfassungsrechtliche Rechtsstellung eines Mitglieds eines Betriebsverfassungsorgans betroffen ist. Deswegen sind bei einem Mitglied der Jugend- und Auszubildendenvertretung ebenso wie bei einem Betriebsratsmitglied die Kosten aus der Hinzuziehung eines Anwalts erstattungsfähig, die zur sachgerechten Verteidigung ihrer Rechtsstellung in einem Ausschlußverfahren nach §23 Abs. 1 BetrVG erforderlich sind. In einem solchen Verfahren wird das Mitglied der Jugend- und Auszubildendenvertretung ausschließlich wegen seiner betriebsverfassungsrechtlichen Rechtsstellung und mit dem Ziel seines Ausschlusses aus einem gesetzlichen Gremium der Betriebsverfassung in Anspruch genommen.

Kostentragungspflicht des Arbeitgebers im Verfahren nach §23 Abs. 1 BetrVG

Dagegen besteht nach der ständigen Rechtsprechung des Senats kein betriebsverfassungsrechtlicher Kostenerstattungsanspruch, wenn ein Mitglied eines betriebsverfassungsrechtlichen Gremiums seine individual-rechtlichen Interessen gegenüber dem Arbeitgeber wahrnimmt. Deshalb sind Anwaltskosten, die einem Betriebsratsmitglied aufgrund seiner Beteiligung in einem Verfahren nach §103 Abs. 2 BetrVG entstanden sind, nicht nach §40 Abs. 1 BetrVG erstattungsfähig, weil es sich nicht um eine Betriebsratstätigkeit handelt und die in diesem Verfahren zu berücksichtigenden kollektiven Interessen vom Betriebsrat selbst zu wahren sind. Nichts anderes gilt für die Beteiligung eines Mitglieds der Jugend- und Auszubildendenvertretung in einem Beschlußverfahren, das die Auflösung eines Arbeitsverhältnisses im Anschluß an den Abschluß der Ausbildung zum Gegenstand hat. In einem solchen Verfahren ist der Betriebsrat zu beteiligen, um das kollektive Interesse der Belegschaft an der Kontinuität der Amtsführung der Jugend- und Auszubildendenvertretung in das Verfahren einzubringen. Die Beteiligung des jeweiligen Mitglieds der Jugend- und Auszubildendenvertretung dient ausschließlich dessen individual-rechtlichen Interesse an der Fortsetzung seiner Tätigkeit bei dem Arbeitgeber aufgrund eines Arbeitsverhältnisses, das infolge eines schriftlichen Weiterbeschäftigungsverlangens entstanden war. Das zeigt auch die Nachwirkungsvorschrift des §78 a Abs. 3 BetrVG. Sie verdeutlicht, daß ein Auflösungsverfahren nach §78 a Abs. 4 BetrVG nicht einmal das Bestehen einer Mitgliedschaft in der Jugend- und Auszubildendenvertretung bei Einleitung des Beschlußverfahrens voraussetzt.

Auflösungsverfahren betrifft individualrechtliche Interessen des JAV-Mitglieds

Die Kostentragungspflicht des Mitglieds der Jugend- und Auszubildendenvertretung für eine anwaltliche Vertretung in einem Verfahren nach §78 a Abs. 4 BetrVG verletzt im Streitfall auch nicht das Benachteiligungsverbot des §78 Satz 2 BetrVG. Nach dieser Vorschrift dürfen die Mitglieder der Jugend- und Auszubildendenvertretung wegen ihrer Tätigkeit nicht benachteiligt oder begünstigt werden. Das verbietet nach dem Schutzzweck der Norm die Benachteiligung eines Amtsträgers ua. wegen seiner Amtsstellung, also seiner Zugehörigkeit zu einem der in §78 BetrVG genannten Betriebsverfassungsorgane. Danach kann eine unzulässige Benachteiligung eines Mitglieds der Jugend- und Auszubildendenvertretung im Vergleich zu den übrigen Arbeitnehmern darin liegen, daß es allein wegen seiner Amtsstellung mit Vermögensaufwendungen belastet wird, die bei einem sonstigen Arbeitnehmer ohne betriebsverfassungsrechtliches Amt nicht

kein Verstoß gegen Benachteiligungsverbot nach §78 Satz 2 BetrVG

den Arbeitnehmer, sondern den Arbeitgeber treffen würden.
Eine gesetzeswidrige Benachteiligung des damaligen Mitglieds der Jugend- und Auszubildendenvertretung liegt aber nicht vor. Das Mitglied der Jugend- und Auszubildendenvertretung war dem Beschlußverfahren nach §78 a Abs. 4 BetrVG nicht wegen seiner Amtsstellung ausgesetzt, sondern weil er als Auszubildender seine Weiterbeschäftigung nach Abschluß der Ausbildung verlangt hatte. Gegenüber anderen Arbeitnehmern, die sich gegen entsprechende Feststellungsklagen des Arbeitgebers auf Nichtbestehen eines Arbeitsverhältnisses zu Wehr setzen müßten, wird er nicht benachteiligt. Auch sie müßten im Urteilsverfahren im Falle eines Prozeßverlustes oder der Rücknahme des Rechtsmittels die Kosten ihrer anwaltlichen Vertretung selbst tragen. (...)"
(BAG, Beschluss v. 5.4.2000 – 7 ABR 6/99)

IX. Klage des Jugend- und Auszubildendenvertreters

Urteilsverfahren als richtige Verfahrensart

„(...) Der erkennende Senat folgt der ständigen Rechtsprechung des Ersten und des Sechsten Senats des Bundesarbeitsgerichts. Danach ist der Antrag des Auszubildenden auf Feststellung des Bestehens eines Arbeitsverhältnisses im Urteilsverfahren zu verfolgen, denn es handelt sich bei dem auf §78 a Abs. 2 BetrVG gestützten Anspruch des Klägers um eine individualrechtliche Streitigkeit im Rahmen des §2 Abs. 1 Nr. 3 b, Abs. 5 i.V.m. §§46 ff. ArbGG. Dies gilt auch, wenn mit der Entscheidung über den Antrag des Auszubildenden auch über dessen betriebsverfassungsrechtliches Amt entschieden wird. Der erkennende Senat teilt auch die Rechtsansicht des Sechsten Senats des Bundesarbeitsgerichts, nach der für die Klage eines Auszubildenden auf Feststellung des Bestehens eines Arbeitsverhältnisses nach §78 a Abs. 2 BetrVG ein Feststellungsinteresse i.S.v. §256 Abs. 1 ZPO stets zu bejahen ist, wenn der Arbeitgeber zwar die Begründung des Arbeitsverhältnisses aufgrund des Weiterbeschäftigungsbegehrens des Auszubildenden leugnet, die nach §78 a Abs. 4 BetrVG vorgesehenen Anträge aber nicht stellt. Auch das hat entsprechend zu gelten, wenn lediglich über den Inhalt des durch §78 a Abs. 2 BetrVG begründeten Arbeitsverhältnisses gestritten wird. (...)"
(BAG, Urteil v. 13.11.1987 – 7 AZR 246/87)

Urteilsverfahren als richtige Verfahrensart

„(...) Der Senat hat in ständiger Rechtsprechung entschieden, daß über den Antrag eines Auszubildenden, der den Schutz nach §78 a BetrVG in Anspruch nehmen und das Bestehen seines Arbeitsverhältnisses festgestellt wissen will, jedenfalls dann im arbeitsgerichtlichen Urteilsverfahren entschieden werden muß, wenn der Arbeitgeber zwar den Bestand des Arbeitsverhältnisses oder die Mitgliedschaft in einem der in §78 a Abs. 1 BetrVG genannten betriebsverfassungsrechtlichen Organe leugnet, die nach §78 a Abs. 4 BetrVG vorgesehenen Anträge aber nicht stellt. Das gilt gleichermaßen für Anträge eines Auszubildenden nach §9 BPersVG. (...)"
(BAG, Urteil v. 13.3.1986 – 6 AZR 381/85)

keine Beteiligung von Betriebsrat und JAV

„(...) Das Landesarbeitsgericht hat den Betriebsrat und die Jugendvertretung zu Recht nicht am vorliegenden Rechtsstreit beteiligt. Sie sind im vorliegenden Rechtsstreit nicht Verfahrensbeteiligte. Hier klagt der Auszubildende gemäß §78 a Abs. 2 Satz 1 auf Feststellung der Begründung eines Arbeitsverhältnisses. Auf die Problematik, in welcher Form Betriebsrat und Jugendvertretung in dem vom Arbeitgeber nach §78 a Abs. 4 BetrVG eingeleiteten Verfahren zu beteiligen sind, kommt es hier nicht an, da nach §78 a Abs. 4 Satz 2 BetrVG die Beteiligung der dort genannten Organe nur für jenes Verfahren angeordnet ist.

Rechtsschutzinteresse des JAV-Mitglieds

Das Rechtsschutzinteresse für die Klage ist ebenso zu bejahen wie das Feststellungsinteresse. Der Gesetzgeber ist zwar bei Erlaß der Regelung nach §78 a BetrVG augenscheinlich davon ausgegangen, daß es einer Kla-

ge des Auszubildenden zur Durchsetzung seines Anspruchs auf Weiterbeschäftigung in einem Arbeitsverhältnis nicht bedarf, sondern hat umgekehrt dem Arbeitgeber auferlegt, die nach § 78 a BetrVG eintretende Rechtsfolge durch Klage zu beseitigen. Gleichwohl ist das Rechtsschutzinteresse für die Klage des Klägers schon deshalb zu bejahen, weil die Beklagte die Anwendbarkeit des § 78 a BetrVG ernstlich bestritten hat; das Feststellungsinteresse nach § 256 ZPO ist gegeben, weil der Kläger sein Begehren nicht allein mit einer Leistungsklage verfolgen kann. Er erstrebt eine umfassende Klärung seiner arbeitsrechtlichen Beziehungen zu der Beklagten. (...)"
(BAG, Urteil v. 15.1.1980 – 6 AZR 726/79)

N. Schutzbestimmungen

§78 BetrVG	Die Mitglieder ... der Jugend- und Auszubildendenvertretung, der Gesamt-Jugend- und Auszubildendenvertretung, der Konzern-Jugend- und Auszubildendenvertretung, ... dürfen in der Ausübung ihrer Tätigkeit nicht gestört oder behindert werden. Sie dürfen wegen ihrer Tätigkeit nicht benachteiligt oder begünstigt werden; dies gilt auch für ihre berufliche Entwicklung.

Benachteiligung durch Verweigerung eines Folgevertrages

„(...) Mandatsträger dürfen bei der Entscheidung über eine etwaige Anschlussbeschäftigung nach § 78 Satz 2 BetrVG nicht wegen ihres betriebsverfassungsrechtlichen Mandats benachteiligt werden. Benachteiligt der Arbeitgeber unter Verstoß gegen § 78 Satz 2 BetrVG ein befristet beschäftigtes Betriebsratsmitglied, indem er wegen dessen Betriebsratstätigkeit den Abschluss eines Folgevertrags ablehnt, hat das Betriebsratsmitglied sowohl nach § 280 Abs. 1 Satz 1 und Satz 2 BGB als auch nach § 823 Abs. 2 Satz 1 und Satz 2 BGB Anspruch auf Schadensersatz, der im Wege der Naturalrestitution auf den Abschluss des verweigerten Folgevertrags gerichtet ist. (...)"
(BAG, Beschluss v. 17.06.2020 – 7 ABR 46/18)

Begriff der Benachteiligung

objektive Schlechterstellung wegen der Amtstätigkeit

einseitige Maßnahmen und Vereinbarungen erfasst

Unterlassung als Benachteiligung

„(...) Nach §78 Satz 2 BetrVG dürfen Betriebsratsmitglieder wegen ihrer Betriebsratstätigkeit weder benachteiligt noch begünstigt werden. Diese Regelung ergänzt §37 Abs. 1 BetrVG, wonach die Mitglieder des Betriebsrats ihr Amt unentgeltlich als Ehrenamt führen. Das Ehrenamtsprinzip wahrt die innere und äußere Unabhängigkeit der Betriebsratsmitglieder. §78 Satz 2 BetrVG schützt ebenso wie §78 Satz 1 BetrVG die Betriebsratsmitglieder als Personen und den Betriebsrat als Organ. Die Vorschrift gilt unabhängig davon, ob das Betriebsratsmitglied in einem unbefristeten, einem befristeten oder auflösend bedingten Arbeitsverhältnis steht. Eine Benachteiligung iSv. §78 Satz 2 BetrVG ist jede Schlechterstellung im Vergleich zu anderen Arbeitnehmern, die nicht auf sachlichen Gründen, sondern auf der Tätigkeit als Betriebsratsmitglied beruht. Eine Benachteiligungsabsicht ist nicht erforderlich. Es genügt die objektive Schlechterstellung gegenüber Nichtbetriebsratsmitgliedern. Die verbotene Benachteiligung kann sowohl in einer einseitigen Maßnahme des Arbeitgebers als auch in einer vertraglichen Vereinbarung liegen. Eine Maßnahme rechtsgeschäftlicher oder tatsächlicher Art kann in einem Unterlassen bestehen, etwa indem einem von §78 Satz 2 BetrVG geschützten Mandatsträger Vorteile vorenthalten werden, die der Arbeitgeber anderen Arbeitnehmern gewährt. (...)"
(BAG, Urteil v. 20.06.2018 – 7 AZR 690/16)

Begünstigung als sachgrundlose Besserstellung wegen der Amtstätigkeit

„(...) Eine nach §78 Satz 2 BetrVG untersagte Begünstigung ist jede Besserstellung im Vergleich zu anderen Arbeitnehmern, die nicht auf sachlichen Gründen, sondern auf der Tätigkeit als Betriebsratsmitglied beruht. Sie liegt vor bei jeder Zuwendung eines Vorteils, der ausschließlich wegen der Amtstätigkeit erfolgt. Nicht erforderlich ist, dass der Amtsträger zu einem bestimmten Handeln oder Unterlassen veranlasst werden oder im Nachhinein für ein bestimmtes Verhalten belohnt werden soll. Vereinbarungen, die gegen das Begünstigungs- oder Benachteiligungsverbot verstoßen, sind nach §134 BGB nichtig. (...)

Aufhebungsvertrag mit Abfindung keine Begünstigung

(...) Ein Betriebsratsmitglied wird durch einen im Zuge einer kündigungsrechtlichen Auseinandersetzung abgeschlossenen Aufhebungsvertrag in der Regel auch dann nicht unzulässigerweise begünstigt iSv. §78 Satz 2 BetrVG, wenn der Aufhebungsvertrag besonders attraktive finanzielle oder sonstige Konditionen enthält, die einem Arbeitnehmer ohne Betriebsratsamt nicht zugestanden worden wären. Diese Begünstigung beruht regelmäßig auf dem besonderen Kündigungsschutz des Betriebsratsmitglieds nach

§ 15 Abs. 1 KSchG, § 103 BetrVG, der seine Rechtsposition gegenüber anderen Arbeitnehmern ohne vergleichbaren Sonderkündigungsschutz erheblich verbessert. Es kommt daher nicht darauf an, ob die in dem Aufhebungsvertrag vereinbarten Leistungen unter Berücksichtigung der Umstände des Einzelfalls angemessen sind. (...)"
(BAG, Urteil v. 21.03.2018 – 7 AZR 590/16)

Vereinbarung einer Vergütung für Amtstätigkeit als unzulässige Begünstigung

„(...) Das Begünstigungsverbot des § 78 Satz 2 BetrVG lässt die Vereinbarung einer pauschalen Stundenvergütung zur Abgeltung von Betriebsratstätigkeiten nicht zu, wenn sie ohne sachlichen Grund wegen der Betriebsratstätigkeit gewährt wird und zu einer Verdiensterhöhung führt. Betriebsratsmitglieder erhielten andernfalls einen Sondervorteil gegenüber anderen Arbeitnehmern, die keine Verdiensterhöhung erlangen können. Entsprechende Vereinbarungen sind gemäß § 134 BGB nichtig. Eine Begünstigungsabsicht ist nicht erforderlich. Es genügt die objektive Besserstellung gegenüber Nichtbetriebsratsmitgliedern (...)
(...) § 78 Satz 2 BetrVG ergänzt § 37 Abs. 1 BetrVG, wonach die Mitglieder des Betriebsrats ihr Amt unentgeltlich als Ehrenamt führen. Das Ehrenamtsprinzip wahrt die innere und äußere Unabhängigkeit der Betriebsratsmitglieder. Es stärkt zudem maßgeblich das Vertrauen der vom Betriebsrat vertretenen Arbeitnehmer darauf, dass die Wahrnehmung der Mitbestimmungsrechte durch den Betriebsrat nicht durch die Gewährung oder den Entzug materieller Vorteile für die Betriebsratsmitglieder beeinflussbar sind. § 78 Satz 2 BetrVG soll nicht allein die Gewährung von Begünstigungen verhindern, sondern auch deren Entgegennahme durch das Betriebsratsmitglied und die betreffende Vermögensverschiebung unterbinden.

unbeeinflusste Amtsausübung als Schutzzweck des Begünstigungsverbots

Die Bestimmung schützt damit nicht allein die Betriebsratsmitglieder als Personen, sondern auch den Betriebsrat als Organ und dessen Funktionsfähigkeit sowie das Interesse der vertretenen Arbeitnehmer an einer durch Begünstigungen nicht beeinflussten Amtsausübung durch die sie vertretenden Betriebsratsmitglieder. (...)"
(BAG, Urteil v. 08.11.2017 – 5 AZR 11/17)

Begriff der Behinderung umfassend zu verstehen

Absicht der Behinderung nicht erforderlich

„(...) Auch ist der Begriff der Behinderung in § 78 Satz 1 BetrVG umfassend zu verstehen. Er betrifft jede unzulässige Erschwerung, Störung oder gar Verhinderung der Betriebsratsarbeit. Ein Verschulden oder eine Behinderungsabsicht des Störers ist nicht erforderlich. (...)"
(BAG v. 09.09.2015 – 7 ABR 69/13)

„Benachteiligt ein Arbeitgeber ein befristet beschäftigtes Betriebsratsmitglied, indem er wegen dessen Betriebsratstätigkeit den Abschluss eines Folgevertrags ablehnt, hat das Betriebsratsmitglied gemäß § 78 Satz 2 BetrVG iVm. § 280 Abs. 1, § 823 Abs. 2, § 249 Abs. 1 BGB Anspruch auf Schadensersatz. Dieser ist im Wege der Naturalrestitution auf den Abschluss des verweigerten Folgevertrags gerichtet.

Benachteiligung durch Verweigerung eines Folgevertrages bei Befristung

abgestufte Darlegungslast

Besteht zwischen einem Betriebsratsmitglied und dem Arbeitgeber Streit darüber, ob der Arbeitgeber das Betriebsratsmitglied durch die Ablehnung eines Folgevertrags unzulässig wegen seiner Betriebsratstätigkeit benachteiligt hat, gilt im Prozess ein abgestuftes System der Darlegungs-, Einlassungs- und Beweislast. Dabei trägt grundsätzlich das Betriebsratsmitglied, das den Arbeitgeber auf Abschluss eines Folgevertrags in Anspruch nimmt, die Darlegungs- und Beweislast für das Vorliegen einer unzulässigen Benachteiligung.
(...) § 78 Satz 2 BetrVG iVm. § 280 Abs. 1, § 823 Abs. 2, § 249 Abs. 1 BGB können einen Anspruch eines befristet beschäftigten Betriebsratsmitglieds auf Abschluss eines Folgevertrags begründen, wenn der Arbeitgeber einen solchen gerade wegen der Betriebsratstätigkeit ablehnt.
Nach § 78 Satz 1 BetrVG dürfen die Mitglieder des Betriebsrats und anderer – näher bezeichneter – Gremien in der Ausübung ihrer Tätigkeit nicht gestört oder behindert werden. Gemäß § 78 Satz 2 BetrVG dürfen sie wegen ihrer

Tätigkeit nicht benachteiligt oder begünstigt werden; dies gilt auch für ihre berufliche Entwicklung. Eine Benachteiligung iSv. §78 Satz 2 BetrVG ist jede Schlechterstellung im Vergleich zu anderen Arbeitnehmern, die nicht auf sachlichen Gründen, sondern auf der Tätigkeit als Betriebsratsmitglied beruht. Eine Benachteiligungsabsicht ist nicht erforderlich. Es genügt die objektive Schlechterstellung gegenüber Nichtbetriebsratsmitgliedern. Die verbotene Benachteiligung kann sowohl in einer einseitigen Maßnahme des Arbeitgebers als auch in einer vertraglichen Vereinbarung liegen. Eine Maßnahme rechtsgeschäftlicher oder tatsächlicher Art kann auch in einem Unterlassen liegen, etwa indem einem von §78 Satz 2 BetrVG geschützten Mandatsträger Vorteile vorenthalten werden, die der Arbeitgeber anderen Arbeitnehmern gewährt. Die Nichtübernahme eines befristet beschäftigten Betriebsratsmitglieds in ein unbefristetes oder auch nur in ein weiteres befristetes Arbeitsverhältnis stellt daher eine nach §78 Satz 2 BetrVG unzulässige Benachteiligung dar, wenn sie gerade wegen der Betriebsratstätigkeit oder wegen des Betriebsratsmandats erfolgt.

Benachteiligung als Schlechterstellung ohne sachlichen Grund

Schlechterstellung durch Unterlassen

Benachteiligt der Arbeitgeber unter Verstoß gegen §78 Satz 2 BetrVG ein befristet beschäftigtes Betriebsratsmitglied, indem er wegen dessen Betriebsratstätigkeit den Abschluss eines Folgevertrags ablehnt, hat das Betriebsratsmitglied sowohl nach §280 Abs. 1 Satz 1 und Satz 2 BGB als auch nach §823 Abs. 2 Satz 1 und Satz 2 BGB Anspruch auf Schadensersatz. §78 Satz 2 BetrVG begründet ein gesetzliches Schuldverhältnis, auf das, wie auf andere gesetzliche Schuldverhältnisse, §280 Abs. 1 BGB Anwendung findet. §78 Satz 2 BetrVG ist, jedenfalls soweit er Benachteiligungen verbietet, auch ein Schutzgesetz iSv. §823 II BGB. Nach §249 Abs. 1 BGB hat, wer zum Schadensersatz verpflichtet ist, den Zustand herzustellen, der bestehen würde, wenn der zum Ersatz verpflichtende Umstand nicht eingetreten wäre. Der Schaden ist durch Naturalrestitution auszugleichen. Wenn daher ohne die gegen §78 Satz 2 BetrVG verstoßende Benachteiligung ein Folgevertrag mit dem Betriebsratsmitglied abgeschlossen worden wäre, kann dieses als Schadensersatz den Abschluss eben eines solchen Vertrags verlangen.

(...) Besteht zwischen einem Betriebsratsmitglied und dem Arbeitgeber Streit darüber, ob der Arbeitgeber das Betriebsratsmitglied durch die Ablehnung eines Folgevertrags unzulässig wegen seiner Betriebsratstätigkeit benachteiligt hat, gilt im Prozess ein abgestuftes System der Darlegungs-, Einlassungs- und Beweislast.

Grundsätzlich trägt das Betriebsratsmitglied, das den Arbeitgeber auf Abschluss eines Folgevertrags in Anspruch nimmt, die Darlegungs- und Beweislast für das Vorliegen einer unzulässigen Benachteiligung. Das entspricht dem allgemeinen Grundsatz, wonach derjenige, der ein Recht für sich in Anspruch nimmt, die Darlegungs- und Beweislast für die anspruchsbegründenden Tatsachen trägt.

Es gibt keinen Erfahrungssatz, wonach die Entscheidung eines Arbeitgebers, mit einem befristet beschäftigten Betriebsratsmitglied keinen Folgevertrag zu schließen, auf dessen Betriebsratstätigkeit beruht. Daher ist weder Raum für eine entsprechende tatsächliche Vermutung noch für die Grundsätze des Anscheinsbeweises. Auch die Beweislastregel des §22 AGG findet weder unmittelbar noch entsprechend Anwendung. Allerdings ist durchaus die darin zum Ausdruck kommende gesetzgeberische Wertung zu berücksichtigen, wonach es demjenigen, der eine Benachteiligung aus einem von der Rechtsordnung missbilligten Grund geltend macht, nicht durch die prozessuale Verteilung der Beweislast in unzumutbarer Weise erschwert werden darf, die sich daraus ergebenden Ansprüche gerichtlich durchzusetzen. Insbesondere ist dem Umstand Rechnung zu tragen, dass es sich bei der Frage, ob der Abschluss eines Folgevertrags vom Arbeitgeber wegen der Betriebsratstätigkeit abgelehnt wird, um eine in der Sphäre des Arbeitgebers liegende „innere Tatsache“ handelt, die einer unmittelbaren Wahrnehmung durch den Arbeitnehmer oder Dritte nicht zugänglich ist.

Hieraus folgt zum einen, dass der klagende Arbeitnehmer trotz fehlender genauer Kenntnis ohne Verstoß gegen seine zivilprozessuale Wahrheitspflicht (§ 138 Abs. 1 ZPO) die Behauptung aufstellen darf, ihm sei gerade wegen seiner Betriebsratstätigkeit der Abschluss eines Folgevertrags verweigert worden. Der beklagte Arbeitgeber muss sich zu der Behauptung wahrheitsgemäß erklären (§ 138 Abs. 1 und Abs. 2 ZPO). Bestreitet er diese nicht ausdrücklich, gilt sie nach Maßgabe des § 138 Abs. 3 ZPO als zugestanden. Eine Erklärung mit Nichtwissen ist, nachdem dem Arbeitgeber seine eigenen Motive bekannt sind, nicht zulässig.

keine Benachteiligungsabsicht erforderlich

Der Umstand, dass es sich bei der entscheidungserheblichen Haupttatsache um eine „innere Tatsache" des Arbeitgebers handelt, bedeutet zum anderen, dass der Arbeitnehmer für das Vorliegen dieser Tatsache – außer einem Antrag nach § 445 Abs. 1 ZPO auf Vernehmung des Arbeitgebers als Partei – keinen unmittelbaren Beweis antreten kann. Vielmehr ist er auf eine Beweisführung durch den Vortrag von Hilfstatsachen (Indizien) verwiesen, die ihrerseits den Schluss auf die zu beweisende Haupttatsache rechtfertigen. So kann das Betriebsratsmitglied etwa darlegen, dass der Arbeitgeber allen anderen Arbeitnehmern Folgeverträge angeboten hat, oder es kann Äußerungen des Arbeitgebers im Zusammenhang mit der Betriebsratstätigkeit des Arbeitnehmers schildern, welche darauf schließen lassen, dass der Arbeitgeber einen Folgevertrag gerade wegen der Betriebsratstätigkeit abgelehnt hat. Auch zu diesen Hilfstatsachen muss sich der Arbeitgeber nach § 138 Abs. 2 ZPO im Einzelnen konkret erklären. Er hat die Möglichkeit, die Hilfstatsachen zu bestreiten oder seinerseits Umstände darzutun, die geeignet sind, die Indizwirkung der vom Arbeitnehmer vorgetragenen Hilfstatsachen zu entkräften. Insbesondere kann er die Gründe offenlegen, die für ihn maßgeblich waren, mit dem Arbeitnehmer keinen Folgevertrag zu schließen. Hierzu kann sich sodann wiederum der Arbeitnehmer erklären.
(BAG v. 25.06.2014 – 7 AZR 847/12)

keine tatsächliche Vermutung für Benachteiligung bei Verweigerung des Folgevertrags

„§ 78 BetrVG enthält ein an den Arbeitgeber gerichtetes allgemeines Verbot, ein Betriebsratsmitglied wegen der Amtstätigkeit in seiner beruflichen Laufbahn zu benachteiligen. Der Arbeitgeber muss den Mitgliedern der in § 78 Satz 1 BetrVG genannten Arbeitnehmervertretungen eine berufliche Entwicklung gewährleisten, die derjenigen entspricht, die sie ohne ihre Amtstätigkeit durchlaufen hätten. Von dem Benachteiligungsverbot erfasst wird nicht nur die berufliche Tätigkeit, sondern auch das sich aus ihr ergebende Entgelt. Ein Betriebsratsmitglied, das nur infolge der Amtsübernahme nicht in eine Position mit höherer Vergütung aufgestiegen ist, kann daher den Arbeitgeber unmittelbar auf Zahlung der höheren Vergütung in Anspruch nehmen.

Vergütungsansprüche bei beruflicher Benachteiligung

Der Anspruch aus § 78 S. 2 BetrVG setzt allerdings voraus, dass dem Betriebsratsmitglied der Nachweis gelingt, dass es ohne seine Tätigkeit als Mitglied der Betriebsvertretung inzwischen mit einer Aufgabe betraut wäre, die ihm den Anspruch auf das begehrte Arbeitsentgelt geben würde."
(BAG, Urteil v. 17.8.2005 – 7 AZR 528/04)

„(...) Nach dieser Vorschrift dürfen die Mitglieder der Jugend- und Auszubildendenvertretung wegen ihrer Tätigkeit nicht benachteiligt oder begünstigt werden. Das verbietet nach dem Schutzzweck der Norm die Benachteiligung eines Amtsträgers ua. wegen seiner Amtsstellung, also seiner Zugehörigkeit zu einem der in § 78 BetrVG genannten Betriebsverfassungsorgane. Danach kann eine unzulässige Benachteiligung eines Mitglieds der Jugend- und Auszubildendenvertretung im Vergleich zu den übrigen Arbeitnehmern darin liegen, daß es allein wegen seiner Amtsstellung mit Vermögensaufwendungen belastet wird, die bei einem sonstigen Arbeitnehmer ohne betriebsverfassungsrechtliches Amt nicht den Arbeitnehmer, sondern den Arbeitgeber treffen würden. (...)"
(BAG, Beschluss v. 5.4.2000 – 7 ABR 6/99)

Belastung mit Vermögensaufwendungen wegen Amtsstellung

Schutz der Unabhängigkeit der Amtsträger als Regelungszweck

„(...) Die §§78a BetrVG, 9 BPersVG sind lediglich eine spezielle Konkretisierung der allgemeinen Schutznormen zugunsten von Betriebsverfassungs- und Personalvertretungsorganmitgliedern. Die Rechte aus diesen Bestimmungen stellen keine Bevorzugung gegenüber den Mitarbeitern dar, die keinem Organ der Betriebsverfassung oder Personalvertretung angehören bzw. zeitweise angehört haben, sondern sind notwendige Sicherung zum Schutz der Unabhängigkeit der Amtsausübung. (...)“
(BAG, Urteil v. 13.3.1986 – 6 AZR 207/85)

Schadensersatzansprüche bei Verletzung des Benachteiligungsverbots

„(...) Auch ein Verstoß gegen das Benachteiligungsverbot des §78 BetrVG ist nicht ersichtlich. Selbst wenn man annehmen wollte, das vom Kläger ausgeübte Amt des Jugendvertreters habe die Beklagte veranlaßt, eine Übernahme abzulehnen, führt auch dies nicht zu einem Anspruch auf Abschluß eines unbefristeten Arbeitsverhältnisses, wenn die Voraussetzungen des §78 a Abs.2 BetrVG nicht vorliegen. Ein Verstoß gegen das Benachteiligungsverbot kann allenfalls Schadenersatzansprüche auslösen, die der Kläger jedoch in diesem Rechtsstreit nicht geltend macht. (...)“
(BAG, Urteil v. 31.10.1985 – 6 AZR 557/84)

Schutz der Amtsinhaber

„(...) Damit beinhaltet §78a BetrVG eine gewisse Bevorzugung der Auszubildenden, die eine betriebsverfassungsrechtliche Funktion ausüben, gegenüber den übrigen Auszubildenden. Dies ist aber die notwendige Konsequenz davon, daß Mitglieder von Betriebsverfassungsorganen im Interesse der freien Ausübung ihrer betriebsverfassungsrechtlichen Aufgaben eines besonderen Schutzes bedürfen. Es geht hierbei nicht um die individuelle Besserstellung einzelner Auszubildender, sondern um den notwendigen Schutz des Amtes. (...)“
(BAG, Urteil v. 16.1.1979 – 6 AZR 153/77)

Untersagung Durchführung einer Sitzung

„Dem Betriebsrat steht bei einer Störung oder Behinderung seiner Arbeit durch den Arbeitgeber ein Unterlassungsanspruch zu. Der Anspruch eines Konzernbetriebsrats, eine Präsenzsitzung nicht untersagt zu bekommen, folgt aus § 78 S 1 BetrVG. Ein solcher Anspruch folgt aus dem Zweck der Vorschrift, die Erfüllung von Betriebsaufgaben zu sichern.
Die Durchführung von und Teilnahme an Sitzungen zählen zu der geschützten Tätigkeit der Mitglieder eines Konzernbetriebsrats. Eine Untersagung der Sitzung stellt eine Störung und Behinderung ihrer Tätigkeit dar.
(...) Gemäß § 78 Satz 1 BetrVG dürfen die Mitglieder ua. des KBR in der Ausübung ihrer Tätigkeit nicht gestört oder behindert werden. Nach der Rechtsprechung des Bundesarbeitsgerichts steht dem Betriebsrat bei einer Störung oder Behinderung seiner Arbeit durch den Arbeitgeber ein Unterlassungsanspruch zu. Ein solcher Anspruch folgt aus dem Zweck der Vorschrift, die Erfüllung von Betriebsratsaufgaben zu sichern. Die Rechtsprechung ist auf den KBR zu übertragen. Damit der KBR seine Aufgaben erfüllen kann, muss er die Unterlassung von Störungen der Tätigkeit seiner Mitglieder geltend machen können.
Durchführung der Sitzungen und Teilnahme daran zählen zu der geschützten Tätigkeit der KBR-Mitglieder. Die Untersagung der Sitzung ist eine Störung und Behinderung.
Zwar ist im Grunde keine Erlaubnis der Arbeitgeberseite erforderlich, damit der Gesamtbetriebsrat eine Sitzung durchführen kann. § 30 Satz 3, §59 Abs. 1 BetrVG verlangen nur die Mitteilung an die Arbeitgeberin über den Zeitpunkt der Sitzung. Auch bedürfen die Gremiumsmitglieder keiner besonderen Teilnahmeerlaubnis der Arbeitgeberin, sondern es reicht die Benachrichtigung des zuständigen Vorgesetzten über das Verlassen der Arbeit und deren Wiederaufnahme nach Schluss der Sitzung aus.
Dennoch kann von der Untersagung der Sitzungsdurchführung durch die Arbeitgeberseite die Störung oder Behinderung der Betriebsratsarbeit ausgehen. Die Untersagung kann Unsicherheiten über die Zulässigkeit der Sitzungstätigkeit und die diesbezüglichen Befugnisse der Arbeitgebersei-

te begründen. Es besteht die Gefahr, dass Mitglieder im Hinblick auf die Untersagung nicht an der Sitzung teilnehmen. (...)"
(LAG Berlin-Brandenburg, Beschluss v. 13.10.2020 – 26 TaBVGa 1281/20 -)

übertriebene oder polemische Äußerungen des Arbeitgebers

„Übertriebene oder polemische Äußerungen des Arbeitgebers gegenüber dem Betriebsrat im Rahmen eines betriebsverfassungsrechtlichen Streits stellen für sich genommen keine Behinderung oder Störung der Betriebsratstätigkeit im Sinne von § 78 BetrVG dar.
(...) Eine Störung bzw. Behinderung der Betriebsratstätigkeit liegt vor, wenn durch ein rechtswidriges Tun oder pflichtwidriges Unterlassen die Amtstätigkeit des Betriebsrates erschwert oder unmöglich gemacht wird. (...) Schutzbereich des Behinderungsverbotes ist schlechthin die jeweilige Amtstätigkeit des Betriebsratsmitglieds. Eine Betätigung als Funktionsträger ist soweit geschützt als sie rechtmäßig erfolgt. (...) Verboten ist dabei schon jede Handlung, die mit der Zielrichtung der Störung und Behinderung begangen wird, als auch diejenige, die nur eine unbeabsichtigte, aber objektiv feststellbare Beeinträchtigung darstellt. Bei Verstößen gegen das Behinderungsverbot im Sinne des § 78 Satz 1 BetrVG können sowohl der Betriebsrat als auch die betroffenen Mitglieder Unterlassungsansprüche geltend machen. (...)

heftiger innerbetrieblicher Streit über mitbestimmungspflichtige Angelegenheiten

Nicht jeder Streit zwischen den Betriebsparteien über mitbestimmungsrechtliche Angelegenheiten stellt eine Behinderung der Betriebsratstätigkeit dar. Dabei müssen die beiden Betriebsparteien es aushalten, wenn sie sich über eine Rechtsposition auseinandersetzen und dass unterschiedliche Auffassungen hierüber vorliegen und hierüber auch teils heftig gestritten werden kann. In diesem Zusammenhang kann es durchaus vorkommen, dass die jeweiligen Betriebspartner zu Übertreibungen tendieren und auch eine übertriebene vielleicht auch teilweise polemische Wortwahl ergreifen. Nach Ansicht der erkennenden Kammer haben dies die beiden Betriebsparteien jedoch bis zu einem gewissen Maß auch auszuhalten und müssen es auch hinnehmen, wenn sie sich für ihr Handeln rechtfertigen müssen. Erst wenn die Äußerungen tatsächlich objektiv geeignet sind den Betriebsrat von der Wahrnehmung seiner Aufgaben bzw. Tätigkeit rechtswidrig zu behindern, ist ein Unterlassungsanspruch gerechtfertigt. Im streitgegenständlichen Fall ist zu berücksichtigen, dass es sich um eine interne Kommunikation zwischen den beteiligten Betriebsparteien gehandelt hat und sich der Arbeitgeber nicht an unbeteiligte Dritte gewendet hat. Eine Behinderung der Betriebsratstätigkeit könnte erst dann anzunehmen sein, wenn ein solch moralischer Druck aufgebaut werden würde, der tatsächlich geeignet wäre, den Betriebsrat von seiner Tätigkeit abzuhalten. (...)"
(LAG Nürnberg, Beschluss v. 20.12.2018 – 5 TaBV 61/17 -)

„Ein Betriebsrat kann gemäß § 78 BetrVG verlangen, dass der Arbeitgeber Post, die der Betriebsrat im Rahmen seiner Tätigkeit versendet, nicht durch Entnahme und Verwahrung vorübergehend dem Postlauf entzieht.

Entnahme und Verwahrung von Post des Betriebsrats durch den Arbeitgeber

(...) Die Kommunikation des Betriebsrats insbesondere mit Beschäftigten stellt einen wesentlichen Aspekt der Betriebsratsarbeit dar. Dies gilt auch für eine Kommunikation auf den Postweg. Nimmt der Arbeitgeber Post, die der Betriebsrat im Rahmen seiner Aufgaben versendet, aus dem Postlauf und verwahrt sie in seinem Büro, stellt dies eine Beeinträchtigung der Betriebsratsarbeit dar. Dies gilt auch dann, wenn diese auf Aufforderung wieder herausgegeben wird, d.h. nur vorübergehend verwahrt wird. (...)"
(LAG Berlin-Brandenburg, Beschluss v. 24.08.2018 – 9 TaBV 157/18 -)

kein Verschulden erforderlich

„(...) Der Begriff der Behinderung in §78 S. 1 BetrVG ist umfassend zu verstehen. Er erfasst jede unzulässige Erschwerung, Störung oder gar Verhinderung der Betriebsratsarbeit. Ein Verschulden oder eine Behinderungsabsicht des Störers ist nicht erforderlich. Dem Betriebsrat oder dem einzelnen Betriebsratsmitglied steht bei einer Störung oder Behinderung seiner Arbeit durch den Arbeitgeber ein Unterlassungsanspruch zu. Ein

Unterlassungsanspruch

solcher Anspruch ist zwar in §78 S. 1 BetrVG nicht ausdrücklich geregelt. Er folgt jedoch aus dem Zweck der Vorschrift, die Erfüllung von Betriebsratsaufgaben zu sichern.
(...) Der Ausspruch einer mündlichen Abmahnung und die Ankündigung von arbeitsrechtlichen Sanktionen, die wegen der Ausübung der Betriebsratstätigkeit erfolgen, stellen ebenfalls eine Behinderung der Betriebsratsarbeit dar. (...) Auch die Inaussichtstellung einer Ermahnung wegen ausgeübter Betriebsratstätigkeit ist eine Benachteiligung. (...)"
(LAG Berlin-Brandenburg, Beschluss v. 20.10.2011 – 10 TaBV 567/11)

Berücksichtigung der Amtsträgerschaft bei Auswahlentscheidung durch den Arbeitgeber

„Eine von der Arbeitgeberin vorgenommene Auswahlentscheidung zwischen zwei geeigneten Bewerbern, von denen einer freigestelltes Betriebsratsmitglied ist, verstößt gegen das Benachteiligungsverbot des §78 S. 2 BetrVG, wenn die Arbeitgeberin bei dieser die Freistellung des Betriebsratsmitgliedes maßgeblich in ihre Auswahlerwägungen eingestellt hat.
Dieser Gesetzesverstoß bei der Auswahlentscheidung berechtigt den Betriebsrat gern. §99 Abs. 2 Nr. 1 BetrVG zur Zustimmungsverweigerung im Hinblick auf die Versetzung des ausgewählten Bewerbers. Zwar verstößt die personelle Maßnahme der Versetzung des ausgewählten Bewerbers als solche nicht gegen ein Gesetz. Der mit §78 S. 2 BetrVG verfolgte Zweck kann aber nur dadurch erreicht werden, dass die endgültige Versetzung jedenfalls zunächst unterbleibt. Durch die endgültige Versetzung des Bewerbers, der nicht Mitglied des Betriebsrates ist, verwirklichen sich für die Gruppe der Betriebsratsmitglieder in typischer Weise die mit der Mandatsträgerschaft verbundenen erhöhten Schwierigkeiten bei der beruflichen Entwicklung, die durch das in §78 S. 2 BetrVG normierte Benachteiligungsverbot gemindert werden sollen."
(LAG Hamburg, Beschluss v. 19.9.2012 – H 6 TaBV 2/12 – n.v.)

umfassendes Verbot der Störung oder Behinderung der Amtstätigkeit

„Das Verbot der Störung oder Behinderung des Betriebsrats gemäß §78 BetrVG ist nicht auf den Arbeitgeber beschränkt, der den Betrieb unterhält, für den der Betriebsrat gebildet worden ist. Das Verbot richtet sich vielmehr gegen jedermann.

Zutrittsrecht zum Betrieb

§78 BetrVG erfasst auch das Recht des Betriebsrats, Zutritt zum Betrieb und zu den dem Betrieb zuzurechnenden Arbeitnehmern zu haben. Eigentums- oder sonstige Herrschaftsrechte des Arbeitgebers oder sonstiger Rechtsträger wie Eigentümer, Besitzer, Vermieter, Verpächter et cetera, stehen dem grundsätzlich nicht entgegen, soweit das Zutrittsrecht im Rahmen der betriebsverfassungsrechtlichen Aufgaben des Betriebsrates beansprucht wird und ein besonderes schutzwürdiges Interesse des Arbeitgebers dem nicht entgegensteht.
Das Zutrittsrecht des Betriebsrates zu einem Betrieb des Konzerns wird nicht dadurch obsolet, dass er nicht von den Arbeitnehmern, die mit dem Betrieb durch einen Arbeitsvertrag verbunden sind, gewählt worden ist, sondern von den Arbeitnehmern eines anderen zum Konzern gehörenden Betriebs."
(LAG Bremen, Beschluss v. 30.5.2012 – 2 TaBV 36/11

„Die Forderung des Geschäftsführers des Arbeitgebers, die Arbeitnehmerin habe als Bedingung für eine Stelle ihr Amt als Betriebsratsvorsitzende aufzugeben, verstößt gegen §78 S. 2 BetrVG."
(LAG Baden-Württemberg, Urteil v. 30.12.2011)

Abmahnung als Bedrängung des Amtsinhabers

„Die individuelle Abmahnung eines Betriebsratsmitglieds wegen der Verletzung von Nebenpflichten bei der Amtsausübung ist grundsätzlich nicht betriebsverfassungsrechtswidrig. Sie verstößt nur dann gegen§78 BetrVG, wenn das gerügte Verhalten offensichtlich keine arbeitsvertragliche Pflichtverletzung beinhaltet, sondern nur der Bedrängung des Betriebsratsmitglieds dient."
(LAG Niedersachsen, Beschluss v. 30.11.2011)

„§ 14 Abs. 2 TzBfG ist nicht unionsrechtskonform dahingehend einzuschränken, dass er auf befristete Arbeitsverträge von Betriebsräten keine Anwendung findet.
Aus dem Benachteiligungsverbot des § 78 S. 2 BetrVG kann ein Anspruch des Betriebsratsmitglieds auf Abschluss eines unbefristeten Arbeitsvertrages folgen.
Die Darlegungs- und Beweislast für eine derartige Benachteiligung wegen der Betriebsratsarbeit trägt der Arbeitnehmer."
(LAG Berlin-Brandenburg, Urteil v. 4.11.2011 – 13 Sa 1549/11)

Anspruch auf unbefristeten Arbeitsvertrag

„§ 78 BetrVG schützt Betriebsratsmitglieder und amtierende Ersatzmitglieder des Betriebsrats. Wird ein Ersatzmitglied des Betriebsrats wegen seiner Amtsausübung in Fällen des Nachrückens zu einem Zeitpunkt benachteiligt, in dem es gerade nicht amtiert, kommt eine analoge Anwendung der Vorschrift in Frage.
Die Nichtverlängerung eines befristeten Arbeitsverhältnisses kann eine Benachteiligung wegen des Betriebsratsamtes beinhalten, wenn der befristete Arbeitsvertrag allein deshalb nicht verlängert wird, weil der befristet beschäftigte Arbeitnehmer Mitglied des Betriebsrats ist."
(LAG München, Urteil v. 18.2.2011 – 7 Sa 896/10)

Benachteiligung von Ersatzmitgliedern außerhalb der Amtszeit

Entscheidungsverzeichnis mit Fundstellen

Bundesarbeitsgericht

BAG v. 24.03.2021 – 7 ABR 6/20 -	NZA 2021, 1044
BAG v. 18.11.2020 – 5 AZR 103/20 -	AP Nr 15 zu § 1 MiLoG = NZA 2021, 562 = NJW 2021, 1259
BAG v. 28.07.2020 – 1 ABR 5/19 -	AP Nr 168 zu § 99 BetrVG 1972 = EzA § 25 BetrVG 2001 Nr 6 = BB 2020, 2619
BAG v. 17.06.2020 – 7 ABR 46/18 -	AP Nr 58 zu § 78a BetrVG 1972 = EzA § 78a BetrVG 2001 Nr 11 = BB 2021, 314 = NZA 2020, 1723
BAG v. 18.09.2019 – 7 ABR 44/17 -	AP Nr 57 zu § 78a BetrVG 1972 = EzA § 78a BetrVG 2001 Nr 10 = NZA 2020, 329
BAG v. 15.05.2019 – 7 AZR 396/17 -	AP Nr 174 zu § 37 BetrVG 1972 = EzA § 37 BetrVG 2001 Nr 36 = NZA 2019, 1497
BAG v. 24.10.2018 – 7 ABR 23/17 -	AP Nr 173 zu § 37 BetrVG 1972 = EzA § 40 BetrVG 2001 Nr 33 = NZA 2019, 407
BAG v. 26.09.2018 – 7 AZR 829/16 -	AP Nr 172 zu § 37 BetrVG 1972 = EzA § 37 BetrVG 2001 Nr 35 = NZA 2019, 259
BAG v. 20.06.2018 – 7 AZR 690/16	n.v.
BAG v. 21.03.2018 – 7 AZR 590/16	AP Nr 17 zu § 78 BetrVG 1972 = DB 2018, 1866 = BB 2018, 2173 = NZA 2018, 1019 = NJW 2018, 2508
BAG v. 22.11.2017 – 7 ABR 46/16	AP Nr 24 zu § 76 BetrVG 1972 Einigungsstelle = EzA § 76a BetrVG 2001 Nr 1 = NZA 2018, 732
BAG v. 16.11.2017 – 2 AZR 14/17	AP Nr 61 zu § 103 BetrVG 1972 = EzA § 103 BetrVG 2001 Nr 11 = BB 2018, 699 = NZA 2018, 240
BAG v. 08.11.2017 – 5 AZR 11/17	AP Nr 168 zu § 37 BetrVG 1972 = EzA § 37 BetrVG 2001 Nr 31 = NZA 2018, 528
BAG, v. 18.01.2017 – 7 AZR 224/15	AP Nr 167 zu § 37 BetrVG 1972 = EzA § 37 BetrVG 2001 Nr 29 = BB 2017, 1533 = NZA 2017, 791
BAG v. 24.08.2016 – 5 AZR 853/15	AP Nr 149 zu § 615 BGB = EzA § 4 TVG Ausschlussfristen Nr 215 = NZA-RR 2017, 76
BAG v. 27.07.2016 – 7 ABR 14/15	AP Nr 50 zu § 23 BetrVG 1972 = EzA § 23 BetrVG 2001 Nr 9 = BB 2017, 510 = NZA 2017, 136
BAG v. 07.06.2016 – 1 ABR 30/14	AP Nr 3 zu § 33 BetrVG 1972 = EzA § 81 ArbGG 1979 Nr 21 = BB 2016, 2555 = NZA 2016, 1350
BAG v. 18.05.2016 – 7 ABR 81/13	AP Nr 49 zu § 23 BetrVG 1972 = EzA § 23 BetrVG 2001 Nr 8 = NZA-RR 2016, 582
BAG v. 09.09.2015 – 7 ABR 69/13	NZA 2016, 57
BAG v. 09.12.2014 – 1 ABR 19/13	EzA §26 BetrVG 2001 Nr. 4 = NZA 2015, 368
BAG v. 30.09.2014 – 1 ABR 32/13	EzA §34 BetrVG 2001 Nr. 2 = BB 2015, 638 = NZA 2015, 370
BAG v. 25.06.2014 – 7 AZR 847/12	AP Nr 14 zu §78 BetrVG 1972 = EzA §78 BetrVG 2001 Nr 4 = DB 2014, 2416 = NZA 2014, 1209 = NJW 2014, 3677
BAG v. 28.05.2014 – 7 AZR 404/12	AP Nr 156 zu §37 BetrVG 1972 = EzA §37 BetrVG 2001 Nr 17 = NZA 2015, 564
BAG v. 15.04.2014 – 1 ABR 2/13 (B)	AP Nr 9 zu §29 BetrVG 1972 = EzA §29 BetrVG 2001 Nr 4 = NZA 2014, 551-557
BAG v. 19.03.2014 – 7 AZR 480/12	AP Nr 155 zu §37 BetrVG 1972 = EzA §37 BetrVG 2001 Nr 16 = DB 2014, 1558

BAG v. 06.11.2013 --7 ABR 84/11	AP Nr. 2 zu §33 BetrVG 1972 = EzA §25 BetrVG 2001 Nr 5 = NZA-RR 2014, 196
BAG v. 06.11.2013 – 7 ABR 76/11	AP Nr. 82 zu §5 BetrVG = EzA §5 BetrVG 2001 Nr. 11 = DB 2014, 903 = NZA 2014, 678
BAG v. 24.04.2013 – 7 ABR 82/11	AP Nr 11 zu §25 BetrVG 1972 = EzA §25 BetrVG 2001 Nr 4 = DB 2013, 1794 = NZA 2013, 857
BAG v. 5.12.2012 – 7 ABR 38/11	DB 2013, 1499 = NZA-RR 2013, 241
BAG v. 05.12.2012 – 7 ABR 38/11	DB 2013, 1499 = NZA-RR 2013, 241
BAG v. 27.9.2012 – 2 AZR 955/11	NZA 2013, 425 = NJW 2013, 1323
BAG v. 19.7.2012 – 2 AZR 989/11	EzA §15 n.F. KSchG Nr. 72 = DB 2013, 1057 = NZA 2013, 143
BAG v. 21.6.2012 – 2 AZR 343/11	EzA §15 n.F. KSchG Nr. 71 = NZA 2013, 224
BAG v. 19.4.2012 – 2 AZR 233/11	NZA 2012, 1449 = NJW 2012, 3740
BAG v. 15.2.2012 – 7 AZR 774/10	AP Nr. 154 zu §37 BetrVG 1972 = EzA §37 BetrVG 2001 Nr. 15 = NZA 012, 1112
BAG v. 18.1.2012 – 7 ABR 83/10	AP Nr. 108 zu §40 BetrVG 1972 = EzA §40 BetrVG 2001 Nr. 22 = NZA 2012, 683 = NJW 2012, 1979
BAG v. 15.12.2011 – 7 ABR 40/10	AP Nr. 55 zu §78a BetrVG 1972 = EzA §78a BetrVG 2001 Nr. 7 = DB 2012, 1693 = NZA-RR 2012, 413
BAG v. 15.12.2011 – 7 ABR 40/10	AP Nr. 55 zu §78a BetrVG 1972 = EzA §78a BetrVG 2001 Nr. 7 = DB 2012, 1693 = NZA-RR 2012, 413
BAG v. 16.11.2011 – 7 ABR 48/10	n.v.
BAG v. 8.9.2011 – 2 AZR 388/10	AP Nr. 70 zu §15 KSchG 1969 = EzA §25 BetrVG 2001 Nr. 3 = NZA 2012, 400
BAG v. 24.8.2011 – 7 ABR 8/10	AP Nr. 13 zu §5 BetrVG 1972 Ausbildung = EzA §42 BetrVG 2001 Nr. 1 = DB 2012, 1158 = NZA 2012, 223
BAG v. 07.07.2011 – 6 AZR 248/10	AP Nr 165 zu §102 BetrVG 1972 = EzA §26 BetrVG 2001 Nr 3 =NZA 2011, 1108 = NJW 2011, 3180
BAG v. 29.6.2011 – 7 ABR 135/09	AP Nr. 152 zu §37 BetrVG 1972 = EzA §37 BetrVG 2001 Nr. 12 = DB 2012, 747 = NZA 2012, 47
BAG v. 08.09.2010 – 7 AZR 513/09	DB 2011, 537 = NZA 2011, 159
BAG v. 17.02.2010 – 7 ABR 89/08	AP Nr.53 zu §78 a BetrVG 1972 = EzA §78a BetrVG 2001 Nr. 5
BAG v. 08.09.2010 – 7 ABR 33/09	n.v.
BAG v. 12.08.2009 – 7 ABR 15/08	AP Nr. 2 zu §34 BetrVG 2001 Nr. 1 = EzA §34 BetrVG 2001 Nr. 1 = DB 2009, 2439 = NZA 2009, 1218
BAG v. 25.02.2009 – 7 ABR 61/07	DB 2009, 1473
BAG v. 13.08.2008 – 7 AZR 450/07	AP Nr. 51 zu §78a BetrVG 1972
BAG v. 16.07.2008 – 7 ABR 13/07	AP Nr. 50 zu §78a BetrVG 1972 = EzA §78a BetrVG 2001 Nr. 4 = DB 2008, 2837 = NZA 2009, 202
BAG v. 05.12.2007 – 7 ABR 65/06	n.v.
BAG v. 10.10.2007 – 7 ABR 51/06	AP Nr. 17 zu §26 BetrVG 1972 = EzA §26 BetrVG 2001 Nr. 2 = DB 2008, 478 = BB 2008, 671 = NZA 2008, 369
BAG v. 08.08.2007 – 7 ABR 43/06	n.v.
BAG v. 13.06.2007 – 7 ABR 44/06	AP Nr. 12 zu §5 BetrVG Nr. 2 = EzA §5 BetrVG 2001 Nr. 2 = NZA-RR 2008, 19
BAG v. 06.12.2006 – 7 ABR 62/05	AP Nr. 5 zu §21b BetrVG 1972

BAG v. 15.11.2006 – 7 ABR 15/06	AP Nr. 38 zu § 78a BetrVG 1972 = EzA § 78a BetrVG 2001 Nr. 3 = DB 2007, 1646 = NZA 2007, 1381
BAG v. 21.06.2006 – 7 AZR 389/05	NZA 2006, 1417
BAG v. 21.06.2006 – 7 AZR 418/05	n.v.
BAG v. 18.01.2006 – 7 ABR 25/05	n.v.
BAG v. 17.08.2005 – 7 AZR 553/04	EzA § 78a BetrVG 2001 Nr. 2
BAG v. 17.08.2005 – 7 AZR 528/04	AP Nr. 142 zu § 37 BetrVG 1972 = EzA § 37 BetrVG 2001 Nr. 5 = NZA 2006, 448
BAG v. 25.05.2005 – 5 AZR 347/04	AP Nr. 117 zu § 611 BGB Abhängigkeit = EzA § 611 BGB 2002 Arbeitnehmerbegriff Nr. 6
BAG v. 16.02.2005 – 7 AZR 330/04	AP Nr. 141 zu § 37 BetrVG 1972 = EzA § 37 BetrVG 2001 Nr. 4 = NZA 2005, 936
BAG v. 19.01.2005 – 7 AZR 208/04	n.v.
BAG v. 19.01.2005 – 7 ABR 24/04	n.v.
BAG v. 01.12.2004 – 7 AZR 129/04	EzA § 78a BetrVG 2001 Nr. 1 = NZA 2005, 779
BAG v. 10.11.2004 – 7 AZR 131/04	AP Nr. 140 zu § 37 BetrVG 1972 = EzA § 37 BetrVG 2001 Nr. 3 = NZA 2005, 704
BAG v. 04.06.2003 – 7 ABR 42/02	AP Nr. 136 zu § 37 BetrVG 1972 = EzA § 40 BetrVG 2001 Nr. 4 = DB 2003, 2344 = BB 2003, 2517 = NZA 2003, 1284
BAG v. 19.03.2003 – 7 ABR 15/02	AP Nr. 77 zu § 40 BetrVG 1972 = EzA § 40 BetrVG 2001 Nr. 3 = DB 2003, 1911 = BB 2003, 1681 = NZA 2003, 870
BAG v. 18.02.2003 – 1 ABR 17/02	AP Nr. 11 zu § 77 BetrVG 1972 Betriebsvereinbarung = EzA § 77 BetrVG 2001 Nr. 4 = DB 2003, 2290 = NZA 2004, 336
BAG v. 21.02.2001 – 7 ABR 41/99	AP Nr. 49 zu § 19 BetrVG 1972 = EzA § 19 BetrVG 1972 Nr. 41 = DB 2002, 154 = NZA 2002, 282
BAG v. 28.06.2000 – 7 ABR 57/98	ZTR 2001, 139
BAG v. 05.04.2000 – 7 ABR 6/99	AP Nr. 33 zu § 78a BetrVG 1972 = EzA § 40 BetrVG 1972 Nr. 91 = BB 2001, 357 = NZA 2000, 1178
BAG v. 08.03.2000 – 7 ABR 11/98	AP Nr. 68 zu § 40 BetrVG 1972 = EzA § 40 BetrVG 1972 Nr. 90 = DB 2000, 1335 = BB 2000, 1626 = NZA 2000, 838
BAG v. 08.03.2000 – 7 AZR 136/99	n.v.
BAG v. 25.08.1999 – 7 AZR 713/97	AP Nr. 130 zu § 37 BetrVG 1972 = EzA § 37 BetrVG 1972 Nr. 140 = DB 2000, 883 = BB 2000, 774 = NZA 2000, 554
BAG v. 03.08.1999 – 1 ABR 30/98	AP Nr. 7 zu § 25 BetrVG 1972 = EzA § 33 BetrVG 1972 Nr. 1 = DB 2000, 626 = BB 2000, 621 = NZA 2000, 440
BAG v. 12.11.1997 – 7 ABR 73/96	AP Nr. 31 zu § 78a BetrVG 1972 = EzA § 78a BetrVG 1972 Nr. 26 = DB 1998, 1720 = BB 1998, 1638 = NZA 1998, 1057
BAG v. 12.11.1997 – 7 ABR 63/96	AP Nr. 30 zu § 78a BetrVG 1972 = EzA § 78a BetrVG 1972 Nr. 25 = DB 1998, 1423 = BB 1998, 1366 = NZA 1998, 1056
BAG v. 13.05.1997 – 1 ABR 2/97	AP Nr. 119 zu § 37 BetrVG 1972 = EzA § 37 BetrVG 1972 Nr. 135 = DB 1997, 2131 = BB 1997, 1691 = NZA 1997, 1062
BAG v. 06.11.1996 – 7 ABR 54/95	AP Nr. 26 zu § 78a BetrVG 1972 = EzA § 78a BetrVG 1972 Nr. 4 = DB 1997, 1520 = BB 1997, 1793 = NZA 1997, 783
BAG v. 12.09.1996 – 7 ABR 61/95	AP Nr. 11 zu § 5 BetrVG 1972 Ausbildung = EzA § 5 BetrVG 1972 Nr. 61 = BB 1997, 318 = NZA 1997, 273
BAG v. 20.03.1996 – 7 ABR 34/95	AP Nr. 10 zu § 5 BetrVG 1972 Ausbildung = EzA § 5 BetrVG 1972 Nr. 60 = NZA 1997, 107

BAG v. 14.02.1996 – 7 ABR 25/95	AP Nr. 5 zu § 76a BetrVG 1972 = EzA § 40 BetrVG 1972 Nr. 76 = DB 1996, 2187 = BB 1996, 1612 = NZA 1996, 892 = NJW 1996, 551
BAG v. 16.08.1995 – 7 ABR 52/94	AP Nr. 25 zu § 78a BetrVG 1972 = EzA § 78a BetrVG 1972 Nr. 23 = DB 1996, 1631 = BB 1996, 537 = NZA 96, 493
BAG v. 15.03.1995 – 7 AZR 643/94	AP Nr. 105 zu § 37 BetrVG 1972 = EzA § 37 BetrVG 1972 Nr. 124 = DB 1995, 1514 = BB 1995, 1744 = NZA 1995, 961
BAG v. 11.01.1995 – 7 AZR 574/94	AP Nr. 24 zu § 78a BetrVG 1972 = EzA § 78a BetrVG 1972 Nr. 22 = DB 1995, 1418 = NZA 1995, 647
BAG v. 31.08.1994 – 7 AZR 893/93	AP Nr. 98 zu § 37 BetrVG 1972 = EzA § 611 BGB Abmahnung Nr. 33 = DB 1995, 1235 = NZA 1995, 225
BAG v. 30.03.1994 – 7 ABR 45/93	AP Nr. 42 zu § 40 BetrVG 1972 = EzA § 40 BetrVG 1972 Nr. 71 = DB 1994, 2295 = BB 1994, 2347 = NZA 1995, 283
BAG v. 26.01.1994 – 7 ABR 13/92	AP Nr. 54 zu § 5 BetrVG 1972 = EzA § 5 BetrVG 1972 Nr. 57 = DB 1994, 1371 = NZA 1995, 120
BAG v. 26.01.1994 – 7 AZR 593/92	AP Nr. 93 zu § 37 BetrVG 1972 = EzA § 37 BetrVG 1972 Nr. 118 = DB 1994, 1244 = BB 1994, 1215 = NZA 1994, 765
BAG v. 30.06.1993 – 7 ABR 45/92	AP Nr. 8 zu § 12a ArbGG 1979 = EzA § 12a ArbGG 1979 Nr. 10 = BB 1993, 2449 = NZA 1994, 284
BAG v. 22.06.1993 – 1 ABR 62/92	AP Nr. 22 zu § 23 BetrVG 1972 = EzA § 23 BetrVG 1972 Nr. 35 = DB 1994, 234 = NZA 1994, 184
BAG v. 28.10.1992 – 7 ABR 14/92	AP Nr. 4 zu § 29 BetrVG 1972 = EzA § 29 BetrVG 1972 Nr. 2 = DB 1993, 840 = BB 1993, 580 = NZA 1993, 466
BAG v. 28.07.1992 – 1 ABR 22/92	AP Nr. 7 zu § 87 BetrVG 1972 Werkmietwohnungen = EzA § 87 BetrVG 1972 Werkswohnung Nr. 8 = DB 1993, 740 = NZA 1993, 272
BAG v. 15.07.1992 – 7 AZR 466/91	AP Nr. 9 zu § 611 BGB Abmahnung = EzA § 611 BGB Abmahnung Nr. 26 = DB 1993, 438 = NZA 1993, 220
BAG v. 13.05.1992 – 7 ABR 72/91	AP Nr. 4 zu § 5 BetrVG 1972 Ausbildung = EzA § 5 BetrVG 1972 Nr. 54 = DB 1993, 1244 = NZA 1993, 762
BAG v. 12.02.1992 – 7 ABR 42/91	AP Nr. 52 zu § 5 BetrVG 1972 = EzA § 5 BetrVG 1972 Nr. 53 = NZA 1993, 334
BAG v. 15.01.1992 – 7 ABR 23/90	AP Nr. 41 zu § 40 BetrVG 1972 = EzA § 40 BetrVG 1972 Nr. 68 = DB 1992, 2504 = BB 1993, 138 = NZA 1993, 189
BAG v. 13.11.1991 – 7 ABR 18/91	AP Nr. 3 zu § 27 BetrVG 1972 = EzA § 27 BetrVG 1972 Nr. 7 = DB 1992, 1986 = NZA 1992, 989
BAG v. 30.10.1991 – 7 ABR 11/91	AP Nr. 2 zu § 5 BetrVG 1972 Ausbildung = EzA § 5 BetrVG 1972 Nr. 50 = DB 1992, 1635 = NZA 1992, 808
BAG v. 23.10.1991 – 7 AZR 249/90	AP Nr. 5 zu § 43 BetrVG 1972 = EzA § 43 BetrVG 1972 Nr. 2 = DB 1992, 689 = NZA 1992, 557
BAG v. 28.08.1991 – 7 AZR 137/90	AP Nr. 16 zu § 46 BpersVG = EzA § 37 BetrVG 1972 Nr. 107 = NZA 1992, 709
BAG v. 24.07.1991 – 7 ABR 68/90	AP Nr. 23 zu § 78a BetrVG 1972 = EzA § 78a BetrVG 1972 Nr. 21 = DB 1992, 483 = BB 1992, 352 = NZA 1992, 174
BAG v. 13.03.1991 – 7 ABR 89/89	AP Nr. 2 zu § 60 BetrVG 1972 = DB 1992, 99 = BB 1992, 66 = NZA 1992, 223
BAG v. 17.10.1990 – 7 ABR 69/89	AP Nr. 8 zu § 108 BetrVG 1972 = EzA § 40 BetrVG 1972 Nr. 65 = DB 1991, 1523 = BB 1991, 1264 = NZA 1991, 432
BAG v. 27.06.1990 – 7 ABR 43/89	AP Nr. 78 zu § 37 BetrVG 1972 = EzA § 37 BetrVG 1972 Nr. 105 = DB 1991, 973 = BB 1991, 759 = NZA 1991, 430
BAG v. 08.05.1990 – 1 ABR 7/89	AP Nr. 80 zu § 99 BetrVG 1972 = EzA § 99 BetrVG 1972 Nr. 88 = DB 1990, 2124 = NZA 1990, 896
BAG v. 14.02.1990 – 7 ABR 13/88	BB 1990, 1625
BAG v. 29.11.1989 – 7 ABR 67/88	AP Nr. 20 zu § 78a BetrVG 1972 = EzA § 78a BetrVG 1972 Nr. 20 = DB 1991, 234 = BB 1991, 65 = NZA 1991, 233

BAG v. 25.10.1989 – 7 ABR 1/88	AP Nr. 40 zu § 5 BetrVG 1972 = EzA § 5 BetrVG 1972 Nr. 48 = DB 1990, 1192
BAG v. 07.06.1989 – 7 AZR 500/88	AP Nr. 72 zu § 37 BetrVG 1972 = EzA § 37 BetrVG 1972 Nr. 102 = DB 1990, 995 = BB 1990, 993 = NZA 1990, 531
BAG v. 25.05.1988 – 7 AZR 627/87	AiB 1989, 81
BAG v. 28.04.1988 – 6 AZR 405/86	AP Nr. 2 zu § 29 BetrVG 1972 = EzA § 29 BetrVG Nr. 1 = DB 1988, 2259 = NZA 1989, 223
BAG v. 27.11.1987 – 7 AZR 29/87	AP Nr. 7 zu § 44 BetrVG 1972 = EzA § 44 BetrVG 1972 Nr. 8 = DB 1988, 810 = NZA 1988, 661
BAG v. 26.11.1987 – 6 ABR 8/83	AP Nr. 36 zu § 5 BetrVG 1972 = EzA § 5 BetrVG 1972 Nr. 46 = DB 1988, 972 = NZA 1988, 505
BAG v. 13.11.1987 – 7 AZR 246/87	AP Nr. 18 zu § 78a BetrVG 1972 = EzA § 78a BetrVG 1972 Nr. 19 = DB 1988 2414 = BB 1988, 2244 = NZA 1989, 439
BAG v. 05.05.1987 – 1 AZR 292/85	AP Nr. 4 zu § 44 BetrVG 1972 = EzA § 44 BetrVG 1972 Nr. 7 = DB 1987, 2154 = BB 1988, 343 = NZA 1987, 853
BAG v. 05.05.1987 – 1 AZR 665/85	AP Nr. 5 zu § 44 BetrVG 1972 = EzA § 44 BetrVG 1972 Nr. 5 = DB 1987, 1945 = BB 1987, 1809 = NZA 1987, 712
BAG v. 05.05.1987 – 1 AZR 666/85	AP Nr. 6 zu § 44 BetrVG 1972 = EzA § 44 BetrVG 1972 Nr. 6 = DB 1987, 1947 = NZA 1987, 714
BAG v. 05.09.1986 – 7 AZR 175/85	AP Nr. 26 zu § 15 KSchG 1969 = EzA § 15 nF KSchG Nr. 36 = DB 1987, 1641 = BB 1987, 1319
BAG v. 31.07.1986 – 6 AZR 146/85	n.v.
BAG v. 13.03.1986 – 6 AZR 424/85	n.v.
BAG v. 13.03.1986 – 6 AZR 381/85	AP Nr. 2 zu § 9 BPersVG = EzA § 78a BetrVG 1972 Nr. 16
BAG v. 13.03.1986 – 6 AZR 207/85	AP Nr. 3 zu § 9 BpersVG = EzA § 78a BetrVG 1972 Nr. 17 = DB 1986, 2235 = BB 1987, 686 = NZA 1986, 836
BAG v. 31.10.1985 – 6 AZR 557/84	AP Nr. 15 zu § 78a BetrVG 1972 = EzA § 78a BetrVG 1972 Nr. 15 = DB 1986, 700 = BB 1986, 1223
BAG v. 22.08.1985 – 6 AZR 504/83	AP Nr. 50 zu § 37 BetrVG 1972 = EzA § 37 BetrVG 1972 Nr. 82 = DB 1986, 599 = NZA 1986, 263
BAG v. 22.11.1984 – 6 ABR 9/84	AP Nr 1 zu § 64 BetrVG 1972 = EzA § 64 BetrVG 1972 Nr 1 = DB 1985, 1534 = NZA 1985, 715
BAG v. 15.11.1984 – 2 AZR 341/83	AP Nr. 2 zu § 25 BetrVG 1972 = EzA § 102 BetrVG 1972 Nr. 58 = DB 1985, 1028 = NZA 1985, 367
BAG v. 23.08.1984 – 2 AZR 391/83	AP Nr. 17 zu § 103 BetrVG 1972 = EzA § 103 BetrVG 1972 Nr. 30 = DB 1985, 554 = BB 1985, 335 = NZA 1985, 254
BAG v. 15.12.1983 – 6 AZR 60/83	AP Nr. 12 zu § 78a BetrVG 1972 = EzA § 78a BetrVG 1972 Nr. 13 = DB 1984, 1101 = BB 1984, 1364 = NZA 1984, 44 = NJW 1984, 2598
BAG v. 22.09.1983 – 6 AZR 323/81	AP Nr. 11 zu § 78a BetrVG 1972 = EzA § 78a BetrVG 1972 Nr. 12 = DB 1984, 936 = BB 1984, 1682 = NZA 1984, 45
BAG v. 23.06.1983 – 6 AZR 595/80	AP Nr. 10 zu § 78a BetrVG 1972 = EzA § 78a BetrVG 1972 Nr. 11 = DB 1984, 1786 = NJW 1984, 1779
BAG v. 23.06.1983 – 6 ABR 65/80	AP Nr. 45 zu § 37 BetrVG 1972 = EzA § 37 BetrVG 1972 Nr. 78 = DB 1983, 2419
BAG v. 18.08.1982 – 7 AZR 437/80	AP Nr. 24 zu § 102 BetrVG 1972 Nr. 48 = EzA § 102 BetrVG 1972 Nr. 48 = DB 1983, 288 = BB 1983, 251 = NJW 1983, 2836
BAG v. 29.07.1982 – 6 ABR 41/79	n.v.
BAG v. 27.05.1982 – 6 ABR 66/79	AP Nr. 1 zu § 34 BetrVG 1972 = EzA § 34 BetrVG 1972 Nr. 1 = DB 1982, 2578
BAG v. 21.01.1982 – 6 ABR 17/79	AP Nr. 1 zu § 70 BetrVG 1972 = EzA § 70 BetrVG 1972 Nr. 2 = DB 1982, 1277

BAG v. 17.12.1981 – 6 AZR 546/78	AP Nr. 41 zu § 37 BetrVG 1972 = EzA § 37 BetrVG 1972 Nr. 75 = BB 1982, 1546
BAG v. 24.09.1981 – 6 ABR 7/81	AP Nr. 26 zu § 5 BetrVG 1972 = DB 1982, 606
BAG v. 06.08.1981 – 6 AZR 1086/79	AP Nr. 40 zu § 37 BetrVG 1972 = EzA § 37 BetrVG 1972 Nr. 74 = DB 1982, 758
BAG v. 17.02.1981 – 1 AZR 290/78	AP Nr. 11 zu § 112 BetrVG 1972 = EzA § 112 BetrVG 1972 Nr. 21 = DB 1981, 1414 = BB 1981, 1092 = NJW 1982, 69
BAG v. 10.02.1981 – 6 ABR 86/78	AP Nr. 25 zu § 5 BetrVG 1972 = EzA § 5 BetrVG 1972 Nr. 37 = DB 1981, 1935
BAG v. 15.01.1980 – 6 AZR 726/79	AP Nr. 8 zu § 78a BetrVG 1972 = EzA § 78a BetrVG 1972 Nr. 9 = DB 1980, 1649
BAG v. 15.01.1980 – 6 AZR 361/79	AP Nr. 9 zu § 78a BetrVG 1972 = EzA § 78a BetrVG 1972 Nr. 7 = DB 1980, 1647 = NJW 1980, 2271
BAG v. 15.01.1980 – 6 AZR 621/78	AP Nr. 7 zu § 78a BetrVG 1972 = EzA § 78a BetrVG 1972 Nr. 8 = DB 1980, 1648
BAG v. 06.09.1979 – 2 AZR 548/77	AP Nr. 7 zu § 15 KSchG = EzA § 15 KSchG nF Nr. 23 = DB 1980, 451 = BB 1980, 317
BAG v. 21.08.1979 – 6 AZR 789/77	AP Nr. 6 zu § 78a BetrVG 1972 = EzA § 78a BetrVG 1972 Nr. 6 = DB 1980, 454 = BB 1980, 314 = NJW 1980, 1541
BAG v. 19.06.1979 – 6 AZR 638/77	AP Nr. 36 zu § 37 BetrVG 1972 = EzA § 37 BetrVG 1972 Nr. 65 = DB 1980, 546
BAG v. 03.04.1979 – 6 ABR 64/76	AP Nr. 1 zu § 13 BetrVG 1972 = EzA § 40 BetrVG 1972 Nr. 45 = DB 1979, 2091
BAG v. 17.01.1979 – 5 AZR 891/77	AP Nr. 5 zu § 15 KSchG 1969 = EzA § 15 nF KSchG Nr. 21 = DB 1979, 1136 = BB 1979, 888
BAG v. 16.01.1979 – 6 AZR 153/77	AP Nr. 5 zu § 78a BetrVG 1972 = EzA § 78a BetrVG 1972 Nr. 5 = DB 1979, 1138 = BB 1979, 1037
BAG v. 16.01.1979 – 6 AZR 683/76	AP Nr. 5 zu § 38 BetrVG 1972 = EzA § 38 BetrVG 1972 Nr. 9 = DB 1979, 1516 = BB 1979, 1772
BAG v. 08.02.1977 – 1 ABR 82/74	AP Nr. 10 zu § 80 BetrVG 1972 = EzA § 70 BetrVG 1972 Nr. 1 = DB 1977, 914 = BB 1977, 647
BAG v. 11.12.1975 – 2 AZR 426/74	AP Nr. 1 zu § 15 KSchG 1969 = EzA § 15 n.F. KSchG Nr. 6 = DB 1976, 679
BAG v. 10.06.1975 – 1 ABR 140/73	AP Nr. 1 zu § 73 BetrVG 1972 = EzA § 37 BetrVG 1972 Nr. 42 = DB 1975, 2234
BAG v. 10.06.1975 – 1 ABR 139/73	AP Nr. 6 zu § 65 BetrVG 1972 = EzA § 65 BetrVG 1972 Nr. 6 = DB 1975, 1947 = BB 1975, 1112
BAG v. 06.05.1975 – 1 ABR 135/73	AP Nr. 5 zu § 65 BetrVG 1972 = EzA § 65 BetrVG 1972 Nr. 5 = DB 1975, 1706
BAG v. 10.05.1974 – 1 ABR 57/73	AP Nr. 3 zu § 65 BetrVG 1972 = EzA § 65 BetrVG 1972 Nr. 2 = DB 1974, 1773
BAG v. 10.05.1974 – 1 ABR 60/73	AP Nr. 4 zu § 65 BetrVG 1972 = EzA § 37 BetrVG 1972 Nr. 23 = DB 1974, 1772 = BB 1974, 1205
BAG v. 10.05.1974 – 1 ABR 47/73	AP Nr. 2 zu § 65 BetrVG 1972 = EzA § 65 BetrVG 1972 Nr. 4 = DB 1974, 2162 = BB 1974, 1206
BAG v. 11.12.1973 – 1 ABR 37/73	AP Nr. 5 zu § 80 BetrVG 1972 = EzA § 40 BetrVG 1972 Nr. 12 = DB 1974, 880 = BB 1974, 602
BAG v. 20.11.1973 – 1 AZR 331/73	AP Nr. 1 zu § 65 BetrVG 1972 = EzA § 65 BetrVG 1972 Nr. 1 = BB 1974, 416 = NJW 1974, 879

BAG v. 16.02.1973 – 1 ABR 18/72	AP Nr. 1 zu § 19 BetrVG 1972 = EzA § 19 BetrVG 1972 Nr. 1 = DB 1973, 1254 = BB 1973, 1071
BAG v. 30.01.1973 – 1 ABR 22/72	AP Nr. 1 zu § 37 BetrVG 1972 = EzA § 37 BetrVG 1972 Nr. 5 = DB 1973, 1025 = BB 1973, 847
BAG v. 03.06.1969 – 1 ABR 1/69	AP Nr. 11 zu § 37 BetrVG = EzA § 37 BetrVG Nr. 3 = DB 1969, 1705
BAG v. 05.09.1967 – 1 ABR 1/67	AP Nr. 8 zu § 23 BetrVG = EzA § 23 BetrVG Nr. 1 = DB 1967, 1990 = BB 1967, 1335
BAG v. 01.06.1966 – 1 ABR 18/65	AP Nr. 16 zu § 18 BetrVG = EzA § 27 BetrVG Nr. 1 = DB 1966, 1357 = NJW 1966, 1939
BAG v. 29.01.1965 – 1 ABR 8/64	AP Nr. 8 zu § 27 BetrVG = DB 1965, 856 = BB 1965, 584
BAG v. 26.09.1963 – 2 AZR 220/63	AP Nr. 2 zu § 70 PersVG Kündigung = BB 1963, 1421
BAG v. 26.01.1962 – 2 AZR 244/61	AP Nr. 8 zu § 626 BGB Bedingung = DB 1962, 744 = BB 1962, 598 = NJW 1962, 1413
BAG v. 22.05.1959 – 1 ABR 2/59	AP Nr. 3 zu § 23 BetrVG = BB 1959, 848
BAG v. 04.05.1955 – 1 ABR 4/53	AP Nr. 1 zu § 44 BetrVG

Landesarbeitsgerichte

LAG Frankfurt, v. 08.02.2021 – 16 TaBV 185/20 -	ArbR 2021, 229
LAG Berlin-Brandenburg, v. 13.10.2020 – 26 TaBVGa 1281/20 -	n.v.
LAG Köln v. 14.08.2020 – 9 TaBV 4/20 -	n.v.
LAG Frankfurt v. 24.07.2020 – 14 Sa 264/19 -	n.v.
LAG Rheinland-Pfalz v. 21.07.2020 – 8 TaBV 12/19 -	n.v.
LAG Düsseldorf v. 23.06.2020 – 14 TaBV 75/19 -	BB 2020, 1524
LAG Schleswig Holstein v. 10.06.2020 – 6 Sa 179/19 -	n.v.
LAG Mecklenburg-Vorpommern v. 05.03.2020 – 5 TaBV 9/19 -	LAGE § 626 BGB 2002 Nr 96 = NZA-RR 2020, 419
LAG Berlin-Brandenburg v. 26.11.2019 – 11 TaBV 837/19 -	n.v.
LAG Mecklenburg-Vorpommern v. 30.07.2019 – 5 Sa 246/18 -	LAGE § 626 BGB 2002 Nr 87
LAG Köln, Urteil v. 06.06.2019 – 4 Sa 18/19 -	LAGE § 626 BGB 2002 Nr 85
LAG Rheinland-Pfalz v. 07.05.2019 – 6 Sa 15/19 -	n.v.
LAG Niedersachsen, v. 31.01.2019 – 10 TaBVGa 6/19 -	LAGE § 37 BetrVG 2001 Nr 18
LAG Nürnberg v. 20.12.2018 - 5 TaBV 61/17 -	BB 2019, 1534
LAG Baden-Württemberg v. 05.12.2018 – 10 TaBV 1/18 -	ArbR 2019, 187
LAG Berlin-Brandenburg v. 24.08.2018 – 9 TaBV 157/18 -	LAGE § 78 BetrVG 2001 Nr 13
LAG Frankfurt, v. 26.03.2018 – 16 TaBV 215/17 -	LAGE § 40 BetrVG 2001 Nr 29
LAG Mecklenburg-Vorpommern v. 10.07.2018 – 2 TaBV 1/18	n.v.
LAG Frankfurt v. 19.03.2018 – 16 TaBV 185/17	n.v.
LAG Hamm v. 08.12.2017 – 13 TaBV 72/17	n.v.
LAG Rheinland-Pfalz v. 09.11.2017 – 2 Sa 27/17	n.v.
LAG Rheinland-Pfalz, v. 24.10.2017 – 8 TaBV 19/17	n.v.
LAG Berlin-Brandenburg v. 25.07.2017 – 7 TaBV 358/17	LAGE § 25 BetrVG 2001 Nr 3

LAG Mecklenburg-Vorpommern v. 11.07.2017 – 5 TaBV 13/16	LAGE § 103 BetrVG 2001 Nr 24
LAG Berlin-Brandenburg v. 31.05.2017 – 15 TaBV 1979/16	n.v.
LAG Schleswig-Holstein v. 31.05.2017 – 1 TaBV 48/16	NZA-RR 2017, 596
LAG Rheinland-Pfalz v. 26.04.2017 – 4 Sa 372/16	n.v.
LAG Hamm v. 14.03.2017 – 7 Sa 1191/16	n.v.
LAG Frankfurt v. 23.02.2017 – 9 TaBV 140/16	n.v.
LAG München v. 17.01.2017 – 6 TaBV 97/16	LAGE § 23 BetrVG 2001 Nr 12
LAG Schleswig-Holstein v. 29.11.2016 – 1 TaBV 30/16	AiB 2017, Nr 5, 63
LAG Berlin-Brandenburg v. 08.09.2016 – 5 TaBV 780/15	n.v.
LAG Rheinland-Pfalz v. 03.02.2016 – 7 TaBV 20/15	n.v.
LAG Mecklenburg-Vorpommern v. 20.01.2016 – 5 TaBV 11/15	n.v.
LAG Hamm v. 09.06.2015 – 7 TaBV 29/15	n.v.
LAG München v. 28.05.2015 – 4 TaBV 4/15	n.v.
LAG Hamm v. 24.04.2015 – 13 Sa 1794/14	n.v.
LAG Frankfurt v. 12.03.2015 – 5 TaBV 124/14	n.v.
LAG Hamburg v. 24.02.2015 – 2 TaBV 10/14	n.v.
LAG Mecklenburg-Vorpommern v. 18.12.2014 – 5 TaBV 7/14	n.v.
LAG Rheinland-Pfalz v. 13.10.2014 – 3 TaBV 2/14	n.v
LAG Frankfurt v. 25.07.2014 – 14 Sa 167/13	n.v.
LAG Hamm v. 04.04.2014 – 13 Sa 40/14	NZA-RR 2014, 342
LAG Frankfurt v. 19.09.2013 – 9 TaBV 225/12	n.v.
LAG Frankfurt v. 23.05.2013 – 9 TaBV 17/13	n.v.
LAG Hamm v. 11.1.2013 – 10 TaBV 5/12	n.v.)
LAG Berlin-Brandenburg v. 12.11.2012	17 TaBV 1318/12 – NZA-RR 2013, 293
LAG Schleswig-Holstein v. 1.11.2012 – 5 TaBV 13/12	DB 2012, 2814
LAG Frankfurt v. 25.10.2012 – 9 TaBV 129/12	AiB 2013, 326
LAG Nürnberg v. 16.10.2012 – 7 TaBV 28/12	NZA-RR 2013, 23
LAG Hamburg v. 19.9.2012 – H 6 TaBV 2/12	n.v.
LAG Frankfurt v. 13.9.2012 – 9 TaBV 79/12	n.v
LAG Berlin-Brandenburg v. 7.9.2012 – 10 TaBV 1297/12	n.v.
LAG Bremen v. 30.5.2012 – 2 TaBV 36/11	n.v.
LAG Nürnberg v. 25.4.2012 – 4 TaBV 58/11	
LAG Düsseldorf. 7.3.2012 – 4 TaBV – 87/11	n.v.
LAG Rheinland-Pfalz v. 10.2.2012 – 6 TaBV 17/11	n.v.
LAG Köln v. 3.2.2012 – 4 Sa 888/11	n.v.
LAG Baden-Württemberg v. 30.12.2011 – 14 Sa 103/11	n.v.
LAG Berlin-Brandenburg v. 4.11.2011 – 13 Sa 1549/11	LAGE § 14 TzBfG Nr. 67
LAG Berlin-Brandenburg v. 20.10.2011	10 TaBV 567/11 – n.v.)
LAG Berlin-Brandenburg v. 16.8.2011 – 3 TaBV 326/11	n.v.
LAG Frankfurt v. 14.7.2011 – 9 TaBV 192/10	n.v.
LAG München v. 14.6.2011 – 7 TaBV 84/10	n.v.

LAG Hamm v. 1.7.2011 – 10 Sa 2223/10	n.v.
LAG München v. 14.6.2011 – 7 TaBV 84/10	n.v.
LAG Düsseldorf v. 15.4.2011 – 6 Sa 857/10	LAGE § 13 BetrVG 2001 Nr. 1
LAG Hamm v. 1.4.2011 – 10 TaBV 109/10	EzB BetrVG § 78a Nr. 18
LAG Niedersachsen v. 10.3.2011 – 5 TaBV 96/10	NZA-RR 2011, 465
LAG München v. 18.2.2011 – 7 Sa 896/10	n.v.
LAG Hamm v. 14.1.2011 – 10 TaBV 58/10	EzB BetrVG § 78a Nr. 17
LAG Rheinland-Pfalz v. 17.12.2009 – 5 TaBV 16/09	n.v.
LAG Hamm v. 14.08.2009 – 10 TaBV 175/08	n.v.
LAG Frankfurt v. 11.12.2008 – 9 TaBV 141/08	n.v.
LAG Hamm v. 23.04.2008 – 10 TaBV 117/07	n.v.
LAG Hamm v. 10.03.2006 – 10 TaBV 151/05	NZA-RR 2006, 581
LAG Frankfurt v. 30.08.2005 – 4/18 TaBV 67/05	n.v.
LAG Berlin v. 01.03.2005 – 7 TaBV 2220/04	NZA-RR 2006, 32
LAG Düsseldorf v. 16.12.2004 – 11 TaBV 79/04	LAGE § 25 BetrVG 2001 Nr. 2
LAG Niedersachsen v. 25.10.2004 – 5 TaBV 96/03	NZA-RR 2005, 530
LAG Hamm v. 19.03.2004 – 13 TaBV 146/03	n.v.
LAG Schleswig-Holstein v. 25.02.2003 – 2 TaBV 39/02	NZA-RR 2004, 251
LAG Frankfurt v. 06.09.2001 – 12 TaBV 47/01	LAGReport 2002, 133
LAG Köln v. 15.12.2000 – 11 TaBV 63/00	LAGE § 23 BetrVG 1972 Nr. 39 = NZA-RR 2001, 371
LAG Köln v. 25.11.1998 – 2 TaBV 38/98	LAGE § 33 BetrVG 1972 Nr. 2 = NZA-RR 1999, 245
LAG Hamm v. 10.06.1998 – 3 TaBV 15/98	AiB 1999, 461
LAG Brandenburg v. 09.06.1995 – 5 Sa 205/95	LAGE § 15 KSchG Nr. 12
LAG Frankfurt v. 12.08.1993 – 12 TaBV 203/92	n.v.
LAG Düsseldorf v. 13.10.1992 – 8 TaBV 119/92	DB 1993, 45 = BB 1993, 141 = NZA 1993, 474
LAG München v. 26.08.1992 – 5 TaBV 43/92	LAGE § 23 BetrVG 1972 Nr. 29
LAG Hamm v. 22.10.1991 – 13 TaBV 36/91	LAGE § 611 BGB Direktionsrecht Nr. 11 = BB 1992, 430
LAG Hamm v. 22.08.1990 – 3 TaBV 54/90	DB 1990, 2531
LAG Baden-Württemberg v. 29.09.1983 – 7 TaBV 12/82	EzB BetrVG § 71 Nr 1 = DB 1984, 409
LAG Düsseldorf v. 23.06.1977 – 3 TaBV 8/77	DB 1977, 2191

Arbeitsgerichte

ArbG Köln v. 22.09.2017 – 1 BV 122/17	BB 2017, 2548
ArbG Potsdam v. 29.04.2015 – 4 Ca 271/15	n.v.
ArbG Köln v. 12.11.2014 – 17 BV 296/14	n.v.
ArbG Kempten v. 21.8.2012 – 2 BV 16/12	n.v.
ArbG Cottbus v. 15.8.2012 – 2 Ca 147/12	n.v.
ArbG Hamburg v. 27.6.2012 – 27 BV 8/12	n.v.
ArbG Hagen v. 6.10.2011 – 4 BV 39/10	ArbuR 2012, 180
ArbG Essen v. 14.4.2011 – 2 BVGa 3/11	LAGE § 44 BetrVG 2001 Nr. 1 = NZA-RR 2011, 579
ArbG Marburg v. 12.11.2010 – 2 BV 4/10	DB 2011, 360
ArbG Wesel v. 16.10.2008 – 5 BV 34/08	NZA-RR 2009, 21
ArbG München v. 25.09.2006 – 22 BV 219/06	AuA 2007, 58
ArbG Wuppertal v. 05.07.2006 – 6 BV 9/06	n.v.
ArbG Marburg v. 28.05.1999 – 2 BV 4/99	NZA-RR 2001, 94
ArbG Marburg v. 28.05.1999 – 2 BV 3/99	NZA-RR 2001, 91
ArbG Bielefeld v. 12.08.1998 – 3 BV 23/98	AiB 1999, 341
ArbG Freiburg v. 15.10.1997 – 6 BV 2/97	AiB 1998, 402
ArbG Krefeld v. 06.02.1995 – 4 BV 34/94	NZA 1995, 803
ArbG Berlin v. 19.05.1981 – 10 Ca 72/81	ArbuR 1982, 260
ArbG Cottbus v. 15.8.2012 – 2 Ca 147/12	n.v.